感谢澳门基金会赞助

旅游
与会展发展论丛

梁文慧◎主编

中国社会科学出版社

图书在版编目（CIP）数据

旅游与会展发展论丛/梁文慧主编．—北京：中国社会科学
出版社，2016.6
ISBN 978 – 7 – 5161 – 7988 – 8

Ⅰ.①旅…　Ⅱ.①梁…　Ⅲ.①旅游—研究②展览会—研究
Ⅳ.①F590②G245

中国版本图书馆 CIP 数据核字（2016）第 074834 号

出 版 人	赵剑英
责任编辑	张　林
特约编辑	文一鸥
责任校对	高建春
责任印制	戴　宽

出　　版	中国社会科学出版社
社　　址	北京鼓楼西大街甲 158 号
邮　　编	100720
网　　址	http://www.csspw.cn
发 行 部	010 – 84083685
门 市 部	010 – 84029450
经　　销	新华书店及其他书店

印　　刷	北京明恒达印务有限公司
装　　订	廊坊市广阳区广增装订厂
版　　次	2016 年 6 月第 1 版
印　　次	2016 年 6 月第 1 次印刷

开　　本	710 × 1000　1/16
印　　张	32.25
插　　页	2
字　　数	536 千字
定　　价	118.00 元

编辑委员会

序　言

正值金秋季节，澳门城市大学创办至今短短五年，我们用创新的思维和开放的理念培养人才，用饱满的热忱和实干的精神建设校园，无论在教学、科研和行政体制建设方面还是在师资、管理队伍建设方面，都取得了长足的进步，获得了校内外瞩目的成绩。尤其是我校的国际旅游与管理学院在海内外专家学者以及合作伙伴的关心和支持下，经过四年多的发展已经取得了可喜的成绩。学院全日制学生人数已经达到近 3000 人的规模，人才培养的层次和学制均已十分健全，国际款待与旅游业管理硕士学位课程也成功获得了联合国世界旅游组织的 TedQual 优质旅游教育认证。在2015—2016 学年，大学更是迁入凼仔校区，翻开了澳门城市大学发展历史上的新篇章。

在未来的日子里，澳门城市大学将一如既往，不断完善校园的建设，并致力在生源国际化、课程品牌化、师资精英化等方面取得更加丰硕的成果。同时，澳门城市大学也积极开拓适应本澳经济和社会发展的新兴学科，努力培养具有扎实基本功、高度适应性和强势竞争力并且品学兼优的人才，同时，将通过高水平师资队伍的建设，通过更大规模学术研究的投入和产出，进一步提升澳门城市大学的层次，扩大服务社会的宽度和广度。

澳门城市大学一向大力支持和鼓励本校学术人员在教学的同时，也致力开展和社会经济息息相关的课题研究和出版工作，我校在这方面也取得可喜的成绩。例如，"旅游研究丛书"系列研究之《旅游与会展发展论丛》是一本针对旅游和会展业发展所面临的一系列重大和迫切的课题，进而提出前瞻性及务实性兼备的各种对策的专论。它既有助于人们认识旅游和会展发展之现况，为未来如何实施澳门地区龙头经济产业的旅游会展提供了可资参照的建议，还使旅游会展的研究题材更具前瞻性并为此类主题研究增添了鲜活的色彩，堪称我校近期高水平的研究成果。

陈明金

澳门城市大学校监

2016 年 1 月于澳门

编者序

随着内地旅游政策的进一步开放及泛珠三角区域合作优势的展现，澳门近年来不断加大旅游发展的力度，并持续扩大发展的规模，一直与粤港两地的旅游单位、业界及传媒保持良好的合作关系，联手推广整个区域的旅游业，成绩立竿见影。旅游业作为今年起飞的"朝阳产业"，借着它的蓬勃发展，可带动和促进其他产业、行业的发展。面对这个新的经济增长点，澳门以至整个亚太地区可以利用旅游和会展业作为促使文化产业腾飞的一双强而有力的翅膀，直接带动当地的经济发展，从而提高澳门以至整个亚太地区的综合经济水平。

在如此强劲的发展下所产生的人力资源的需求缺口，促使澳门地区旅游与会展业和相关教育业于近十年内取得了空前的发展，为了更有效地提高澳门和邻近地区旅游和会展业的水平，加强旅游及相关专业的品牌专业建设，编者得到有关专家学者的支持，通过集中展示大陆、台湾、香港、澳门旅游学术研究的成果，编定出版"旅游研究丛书"系列研究之《旅游与会展发展论丛》，希望有助于我们进一步了解有关旅游和会展的发展和展望，为澳门及邻近地区旅游业的发展提供指导，为旅游学科的成长作出贡献。论丛整合论文 30 多篇，通过结集，主要围绕以下内容进行研讨：

（一）旅游和会展教育发展的历史回顾与前景分析；

（二）旅游和会展品牌的专业建设与发展路径；

（三）旅游和会展与泛珠旅游会展合作的优势互补和资源利用；

（四）旅游和会展课程改革与实践研究；

（五）旅游和会展课程建设与教材编制；

（六）旅游和会展企业人力资源开发管理成功模式。

为更有效地向读者展示本书的结构框架，编者拟以导读的形式，对各篇进行粗浅的介绍。

专栏一：历史回顾与前景分析，聚焦在高等教育变革发展、专业人才培养模式及旅游经济的视角，正如：魏周《我国教育变革背景下的高等旅游教育发展》把握住高等教育发展宏观脉搏，从优化的角度切入，对我国近年高等教育变革的现状进行反思，深入分析在这种变革背景下，我国高等旅游教育所面临的困境，后以西安为例，探讨解决问题的相应策略；黄细嘉《旅游管理"创意·创新·创业"人才培养的改革探索》侧重探讨教育"趋同化"改革的必要性，明确改革目标，为培养复合型专门人才，整合提出新型教学理念及培养模式；邵士权、黄美凤、许紫薇《中国大陆高等院校旅游会展教育官产学研结合走势与对策分析》综合回顾了高等旅游教育的发展历程后，注重实践，落脚到官产学研的合作模式，并就此进行深入思考；黄华干《国内旅游会展教育国际化途径探析》针对国内旅游教育发展滞后与会展国际化专业人才需求紧缺的矛盾，将人才培养标准提升至国际化的层面，分析探讨培养相应人才的有效途径；周霄《高校旅游管理类专业人才培养的目标定位与理念创新》将培养人才分类，以培养具有高度专业认同感和远大职业抱负的中高级职业经理人为目标，提出发展"精英化"的方案，拟合 5 个施教维度建构新型教育理念；张海英、方凯《本科院校会展专业人才培养需要"大学人文精神"》根据"以人为本"的教育理念为出发点，看到目前人才培养趋于"工具化"的现状，就此论证了会展教育中"人文精神"培养的重要性；李颜《基于制度经济学的珠海澳门旅游一体化分析》从区域化发展双赢的角度，分析珠海澳门旅游经济的发展优劣势，以制度经济学为现实依据，参考二者博弈后的结果，提出对两地发展都有激励和约束作用的制度安排或制度创新的思考。

专栏二：专业建设与发展路径，多方探讨了旅游专业建设与发展问题，主要包括：博彩旅游、会展经济、志愿者旅游、人才培养、区域旅游、行业联合、宗教旅游等研究主题，简介如：曾韬、孔繁帆《基于多重对应分析的博彩消费者动机差异研究》紧握博彩业高速增长背后的社会问题，从消费者的角度出发，探讨与了解不同博彩消费者的动机差异情况，为打造"负责人博彩"文化，以期减少博彩活动引起的负面问题，方可提升澳门的旅游形象；王春雷《会展经济与管理：是一门学科还是一个领域？》辨析了会展经济与管理成为一门学科的合法性，提出会展学是一门新兴的交叉学科，但目前尚处于"前科学"阶段。把握中国会展业发展的实情，结合现有发展条件及经验设计出具有解释力度的会展学学科分析框架；陈海明《志愿者旅游服务价值、服务满足与自我效能关系研究》从精神满足的角度探讨旅游志愿者及其服务价值、服务满足与自我效能的关系，倡导积极发展志愿者旅游；甘巧林《关于旅游人才培养中的文化休闲教育问题初探》就旅游与文化休闲结合的趋势中观察到，目前中国国内大学生的休闲技巧缺乏，因此，力推培养旅游人才应注重文化休闲教育的同时也要培养旅游服务技能；郑向敏、皮常玲、郭伟峰《澳门产业经济适度多元化与会展旅游业发展》主要通过分析澳门会展旅游业发展环境和发展弱势，借鉴两种较为成熟的旅游发展战略，提出适合澳门会展业运营的三种策略；郑迪《珠江—西江经济带区域旅游合作发展路径研究》从探讨经济带的区域旅游合作必然性出发，以珠江—西江为实例，乘着政府发展规划公文的政策支持，回顾三个发展阶段，剖析三种发展模式，终为此区域旅游合作发展提供参考性建议；马勇、刘佳诺《中国旅游房地产职业经理人能力建设研究》留意到旅游业与房地产业间关系的微妙变化，为响应两业态间发展的时代需求，提出构建旅游地产职业经理人模型以引领旅游业与房地产业未来发展走势；周霄、单初《乡村地区旅游城镇化发展模式研究》明确城镇化是我国现代化建设的历史任务，也是扩大内需的最大潜力所在，研究者通过结合湖北省的实践，总结出产业带动、产业集聚、产业融合、产业转型四种具有代表性的乡村地区旅游城镇化发展模式；李嘉伟《浅析澳门宗教旅游发展路径》通过结合澳门城市特色，顺应文化旅游发展趋势，提出五种澳门宗教旅游的形式，暨"出家＋宗教旅游"；"义工＋宗教旅游"；"婚庆＋宗教旅游"；"心理＋宗教旅游"；"养生＋宗教旅游"，以期实现澳门旅游业又好又快的发展。

专栏三：优势互补和资源利用，综合阐述了会展发展、品牌建构、旅游竞争力三个面向，简述如下：殷杰、饶亚玲、郑向敏、吴倩倩、董斌彬《基于 VECM 模型的澳门会展业发展与经济增长的动态关系研究》通过构建 VECM 模型，对澳门会展业发展与其经济增长的动态相互关系进行探究，主要采用 Granger 因果检验、脉冲响应分析及方差等量化研究方法；刘军《澳门会展业与第三产业互动发展研究》回顾澳门会展业三个发展阶段后，通过引入 DEA 方法对澳门第三产业之会展业的效率进行评价来探寻两者之间的互动关系，并提出四大建议；李欢《世界遗产地品牌价值三维价值体系构建研究》主要通过分析我国世界遗产地品牌价值研究背景基础上，梳理中外已有研究，构建世界遗产地品牌价值的"本底价值"、"功能价值"和"象征价值"三维价值体系；汪威、葛明芳《从公共营销服务视角探讨城市旅游竞争力提升》以提升城市旅游整体竞争力为目标，结合中外相关文献，以荆门市为例，探讨其旅游竞争优劣势，联动产业发展，提出相关建议。

专栏四：改革与实践研究，表现为世界文化遗产、旅游商品、旅游发展动力、会展旅游、博彩旅游、高端酒店、工业旅游、现代旅游服务、创意旅游与国际管家服务等主题，囊括如：徐雅雯、甘巧林《世界文化遗产地中旅游非正式部门的半正式化趋势》为探究旅游非正式部门新的发展特色，通过在世界文化遗产地西递古村的扎根调查，总结出世界文化遗产地中的旅游非正式部门的经营特点与趋势；周一汀《旅游商品区域性整合营销传播初探》紧扣旅游商品对旅游活动产生的效益，以宁夏地区旅游商品资源的现状为例，通过区域和整合营销传播的视角透视了宁夏地区旅游商品市场存在的问题并提出相应对策；段兆雯、李开宇《西安城郊乡村旅游发展动力系统评价研究》从动力系统的评价指标体系和主导动力因素情况对西安城郊乡村旅游发展情况进行了测算和分析，并总结出影响其发展的四个主导因素分别为供给动力因素、需求动力因素、资源动力因素和区位动力因素；李嘉伟《澳门会展旅游的 SWOT 分析及对策研究》使用 SWOT 分析法，综合分析了澳门会展业的实况，并提出与博彩旅游业互动发展，打造特色会展产品，与香港、珠三角区域联合发展及培训和引进会展人才四点建议；曾韬、孔繁帆《基于 IPA 分析的澳门博彩娱乐场服务感知价值测评研究》透过感知价值视角，以澳门知名娱乐场为例，剖析七个博彩娱乐场服务感知价值维度，并采用重要性—绩效IPA 模型，深入探讨博彩娱乐场对七个维度的发展对策；陈海明《高端酒店服务接触、服务质量、感知价值与关系质量的关系研究》顾客对酒店服务的直观感受可影响顾客与酒店的关系质量，研究者通过探讨服务接触、服务质量、感知价值与关系质量的关系，对澳门高端酒店发展提出建议；魏卫、雷鹏《广东工业旅游发展创新研究》着眼于工业旅游的发展现状及存在问题，运用文献和网络分析法进行实证调查，结合广东工业旅游实际，提出创新型发展路径；张文建、彭丽娜《旅游业"移动革命"的服务应用创新与前景》提出现代服务业和现代信息技术的发展驱动着旅游移动服务的应用与创新，研究者通过总结提出旅游移动服务应用的发展展望；张胜男、李欣《创意旅游与北京城市发展互动机制研究》依托北京城市特有的生态环境和文化资源，通过针对游客参与的生产与消费模式研究，构建特别的"旅游空间"，探索不同功能类型的城市经济文化发展的地域模式，探索北京经济型旅游业向文化型旅游业转型之路；李家乐《国际管家的服务价值提升与品牌创新》从国际管家的服务价值提升和品牌创新两个方面来探讨并提出相应的创新策略，以提升国际管家竞争力及进行可持续发展。

专栏五：课程建设与教材编制，着重介绍了会展教育与教育法对旅游业的影响，代表为：邓爱民、万芬芬《中国会展教育与专业课程设计研究》通过总结中国会展业人才培养及会展专业课程设计的主要特点和方式，以中国会展人才培养设计与专业课程之间的联系为突破点，找到中国高素质会展专业人才培养的着力点，从而实现中国会展业人才战略；刘炯超、许丹、梁宝儿《情境教学法对培训澳门旅游从业人员的影响研究》指出目前澳门旅游从业人员的培训课程主要以传统教学模式为主，无法满足学习者在工作中面对复杂多变的工作环境，因此提出在教学过程中引用情境教学法，让学习者在投身现实工作环境前亦能对工作有比较实在的了解及认知，以提升澳门旅游从业人员的整体素质。

专栏六：成功模式，纵观全局，以产业规划统领旅游各分支发展，尤以王河《新型城镇化下中国旅游产业规划设计的三观六要素》为代表，若想缓解我国旅游产业逆差的问题和改善国内旅游发展不均衡态势，必须从旅游产业的规划建设入手，创建新型旅游格局。

在本书将与广大读者见面之即，我要借此机会向资助此项课题研究和论著撰写的澳门基金会和澳门城市大学表示诚挚的谢意。另外，还要向支持此书出版的中国社会科学出版社编辑致谢，同时在本课题的研究和本书编写过程中还得到了学界诸位专家学者、业界中众位行业精英，以及多位校内外优秀学生的大力支持和帮助，特此感谢。

由于时间紧迫和知识水平所限，疏漏之处在所难免。因此，恳请广大读者多多批评指正，以便能够不断提升、完善。最后，我真诚地希望本书能够在促进旅游和会展发展方面起到一定的积极推动作用，为澳门乃至海内外旅游和会展发展做出有益贡献。

梁文慧谨识

于澳门城市大学

2016 年 1 月

作者简介

【专家学者】

邓爱民

博士，副教授，中南财经政法大学旅游规划设计研究中心主任，武汉市江夏区人民政府旅游发展顾问、武汉市东西湖区人民政府旅游发展顾问、黄冈市人民政府旅游发展顾问。同时还兼任多家酒店、旅行社和房地产公司投资与发展顾问，出版专著 7 部；各级教材 10 余部；发表论文 100 余篇；主持各级政府和企业委托的项目 100 余项。

段兆雯

博士，副教授，区域经济专业硕士研究生导师，西安外国语大学会展经济与管理系主任。2012 年获西北农林科技大学博士学位，主要研究方向为区域经济发展与规划。先后在《人文地理》《西北大学学报》《世界地理研究》等核心期刊上发表学术论文 10 余篇。主持和参与国家基金项目 3 项、省部级项目 2 项，地厅级项目 4 项。

方凯

博士，副教授，现任仲恺农业工程学院经贸学院副院长。主持《广东省应急物流系统发展战略研究等省市级课题多项，在《农业技术经济》《华中农业大学学报》等核心期刊上发表《基于绿色供应链的我国冷链物流企业效率分析》《"公司＋合作社＋农户"模式下农户参与质量可追溯体系的意愿分析》等学术论文 30 多篇。

甘巧林

经济学教授，华南师范大学旅游管理系主任，城市休闲与旅游规划中心主任，广东省政协委员，民盟广东省委员，广东省工商局特邀监察员，中国地理学会乡村地理专业委员会委员，旅游管理专业、人文地理学专业硕士生导师。

黄美凤

湖北大学研究生处主任科员，副编审。

黄细嘉

博士，教授，旅游管理、人文地理学硕士生导师。江西省高校学科带头人，省级教学名师。从事旅游规划与开发的研究。现为南昌大学经济与管理学院副院长、旅游管理系主任、江西省人文社会科学重点研究基地—南昌大学旅游规划与研究中心主任、校学术委员会委员。主要学术兼职为江西省旅游规划设计所常务副所长，江西省旅游文化研究会会长、专家组组长，江西省旅游协会常务理事，中国旅游协会理事、旅游教育分会常务理事。

梁文慧

教授，现任职澳门城市大学副校长，大学董事会成员。2011 年 9 月加入澳门城市大学，创办并分管国际旅游与管理学院、教育学院、继续教育学院、澳门发展研究所和旅游博彩研究所等。

梁教授长期从事旅游管理及教育相关的研究。曾经带领研究团队成功优质地完成了澳门政府委托的 20 多项大型研究项目。荣获多项优秀学术研究成果奖、国际研讨会最佳/优秀论文奖。曾在国际和国内期刊发表关于教育及旅游会展领域论文 110 多篇，出版专著 6 本，主编专论 4 本。联系方式：alianaleongmw@gmail.com.

李开宇

教授，博士，硕士研究生导师。1999 年于陕西师范大学旅游与环境学院硕士毕业，进入西安外国语大学人文地理研究所工作，主要从事人文地理学、城市与旅游规划、GIS 的研究与教学工作。2007 年毕业于中山大学地理科学与规划学院，获人文地理学专业博士学位。现主要从事城市与区域规划教学与研究。先后参与或主持国家基金项目 3 项，多项省级项目以及横向课题，发表学术论文 20 篇。

李玺

华东师范大学城市与区域经济博士。澳门城市大学国际旅游与管理学院客座教授，副院长，博士导师。曾参与过 20 余项国家及省部级研究课题及澳门基金会和政府研究专案，研究方向包括旅游目的地管理与会展管理。李博士学术成果卓著，著有多篇学术论文发表。

李颜

教授，主讲管理学、旅游经济学、会展旅游（公共选修课）、旅游统计学、旅游心理学、旅游学概论、西方经济学、区域分析与规划等课程。先后发表学术论文 40 多篇，出版著作 2 部，参与撰写著作 2 部，出版教材 1 部，主持、主研和参与各类课题项目 15 项，指导广东省级大学生创新项目 2 项。

刘军

现任湖北大学教育学院讲师，研究方向为高等教育管理，主持省级项目 2 个，主要著作和论文 3 篇。

马勇

博士，教授，湖北省人民政府命名的"湖北十大名师"。湖北大学旅游发展研究院院长、湖北大学中国会展研究中心主任，同时兼任教育部工商管理学科教学指导委员会委员、中国旅游地理专业委员会副主任、湖北省旅游学会理事长。《旅游管理》、《旅游科学》、《人文地理》等六大旅游学科专业杂志编委，厦门大学、北京第二外国语学院、重庆旅游学院、中南财经政法大学等校客座教授。

马勇教授自 1982 年开始从事旅游规划和旅游战略管理及中外会展业管理的教学与科研工作以来，先后主持近百项国家级、省部级旅游规划和旅游企业战略管理科研与规划课题，公开出版学术专著 8 部，另外出版全国统编教材《旅游学概论》等三大系列 30 余部，还公开发表旅游规划、旅游企业战略管理及中外会展管理等方面的学术论文近百篇。现已获得国家级和省部级等政府及部门科研规划成果奖 10 余项，并于 2003 年被评为"中国十大会展新闻人物"和 2004 年度"中国十大会展理论新锐"。

邵士权

高等教育学专业博士、湖北大学教务处处长。

王春雷

同济大学管理学博士，现为上海对外经贸大学会展与旅游学院副教授，硕士研究生导师，主要研究城市发展、目的地营销、会展与节事管理。美国乔治·华盛顿大学、荷兰 INholland 大学和美国威斯康星州立大学访问学者，主要社会兼职有中国民族学民俗学学会节庆专业委员会副主任、上海旅游发展研究中心研究员、中国会展经济研究会学术委员会委员、长三角城市会展联盟和上海市会展行业协会专家委员会委员，吉林大学珠海学院、重庆文理学院客座教授。

王河

广州大学建筑设计研究院副院长，建筑总工程师，澳门城市大学国际旅游与管理学院博士导师，广州市第十四届人大代表，荣获 2011 年"广东省五一劳动奖章"称号；1986 年毕业于广州美术学院，2011 年获得华南理工大学建筑学博士学位；中国建筑学会理事，中国建筑学会学术委员会副主任委员，中国建筑学会建筑历史分会学术委员，中国建筑学会室内设计分会理事；在各级学术期刊发表论文 50 多篇。

魏卫

教授，华南理工大学经济与贸易学院旅游与酒店管理系主任，社会兼职主要包括湖北省旅游学会理事、湖北省人文社科重点旅游研究基地研究员等，主持参与横纵向项目 17 个，发表专著论文等 20 余篇。

魏周

现任西安外国语大学旅游学院副院长，旅游学院英语专业骨干教师，"中外旅游文化"教学团队成员。2007 年 9 月至今在英国爱丁堡大学攻读中国文化方向的博士学位。近年来参与编写了《模拟导游教程》（修订版）等教材 5 部，《陕西英语导游》等专著 2 部，其中《模拟导游教程》获得 2007 年陕西省优秀教材奖。

许紫薇

湖北大学教务处主任科员。

张海英

澳大利亚新南威尔士大学，曾任职于中山大学、广东省旅游集团公司新白云宾馆有限公司，2013 年任仲恺农业工程学院经贸学院会展经济与管理系，任会展系主任。2003 年以来，共主持和参与了省级、厅级和校级课题 10 余项，在《农业技术经济》等期刊公开发表论文 20 余篇。

张胜男

博士，首都师范大学资源环境与旅游学院副教授，硕士生导师。主要研究方向为旅游文化管理、饭店管理。主持"《旅行社礼仪》北京市精品教材立项"、"首都休闲创意产业对旅游业发展模式影响研究"等省部级科研项目，参加国家社科基金重大项目、国家科技支撑计划项目等。出版教材与专著 6 部。在《光明日报》等刊物发表学术论文 30 余篇。

张文建

教授，上海师范大学旅游学院企业管理硕士点负责人，并任旅游管理专业和人文地理专业硕士研究生导师。从事旅游会展经济与服务管理、区域文化资源开发与管理方面研究，曾出版《旅游服务管理》等4部著作及发表多篇学术论文。旅游服务管理课程被评为上海市教委重点课程。

郑向敏

华侨大学旅游学院院长、旅游科学研究所所长、闽澳研究所所长，旅游管理专业硕士点导师组组长、旅游管理（四个研究方向）博士点导师组组长。主持并承担国家社科科研课题1项、国家"十五"规划教材项目1项、海外合作研究项目3项、省部级科研课题5项、横向科研课题40余项。在国内外学术刊物发表论文200余篇；主编全国性教材两套，出版专著、教材15部。

周霄

武汉工业学院旅游系主任、旅游研究所所长，兼任湖北省旅游重点研究基地特约研究员、湖北省旅游学会理事。曾出版《WTO与中国旅游产业发展新论》等著作4部，主持并参与各类省部级、厅局级课题10余项，发表学术论文30篇。

【硕博士研究生】

曾　韬　澳门城市大学国际旅游与管理学院博士研究生。

陈海明　澳门城市大学国际旅游与管理学院博士研究生。

单　初　武汉轻工大学经济与管理学院硕士研究生。

董斌彬　华侨大学旅游学院硕士研究生。

方　草　中南财经政法大学旅游管理系硕士研究生。

高俊辉　澳门城市大学国际旅游与管理学院硕士研究生。

葛明芳　三峡大学经济与管理学院MBA。

郭伟峰　华侨大学旅游学院硕士研究生。

黄华干　贺州学院经济与管理学院硕士研究生。

孔繁帆　澳门城市大学国际旅游与管理学院博士研究生。

雷　鹏　华南理工大学旅游管理专业硕士研究生。

李　欢　湖北大学旅游发展研究院硕士研究生。

李家乐　湖北大学旅游发展研究院硕士研究生。

李嘉伟　澳门城市大学国际旅游与管理学院博士研究生。

李　欣　首都师范大学资源环境与旅游学院硕士研究生。

刘佳诺　湖北大学旅游发展研究院硕士研究生。

刘炯超　澳门城市大学教育学院硕士研究生。

彭丽娜　上海师范大学人文地理学系硕士研究生。

皮常玲　华侨大学旅游学院硕士研究生。

饶亚玲　华侨大学旅游学院硕士研究生。

汪　威　澳门城市大学国际旅游与管理学院博士研究生。

万芬芬　中南财经政法大学旅游管理系硕士研究生。

吴倩倩　华侨大学旅游学院硕士研究生。

徐雅雯　华南师范大学旅游管理学院硕士研究生。

许　丹　澳门城市大学教育学院硕士研究生。

殷　杰　华侨大学旅游学院硕士研究生。

郑　迪　华南师范大学旅游管理学院硕士研究生。

周一汀　澳门城市大学国际旅游与管理学院博士研究生。

（按姓氏音序排序）

目　录

一　历史回顾与前景分析

二　专业建设与发展路径

三　优势互补和资源利用

四　改革与实践研究

五　课程建设与教材编制

六　成功模式

一

历史回顾与前景分析

我国教育变革背景下的高等旅游教育发展

——以西安为例

魏　周

西安外国语大学

摘　要：高等旅游教育一直是推动我国旅游业发展至关重要的因素。本文首先对我国近年高等教育变革的现状进行反思，接着以西安为例，深入分析在这种变革背景下，我国高等旅游教育所面临的包括学科发展遭遇瓶颈、人才培养与市场需求脱节、就业竞争加剧、行业内就业率低、产学研一体化和人才培养国际化需进一步推进等在内的一系列典型问题。作者认为，西安地区的旅游教育应在旅游管理专业学科地位上升、本地旅游资源丰富、行业需求量大的优势条件下深化改革，加快提升旅游教育质量，切实达到教育服务社会的目标。

关键词：教育变革，高等旅游教育，供需错位，资源整合，国际化

The Development of Higher Tourism Education in Chinese Education Reform—Taking Xi'an for Example

Wei Zhou

Xi'an International Studies University

Abstract：Higher tourism education has always been a vital factor of

Chinese tourism development. Firstly, the researcher did some reflection of current situation after the higher education reform in recent years. Then, took Xi'an as an example to further study typical problems like: the bottlenecks of Chinese higher tourism education development, talents cultivation barely meeting the market demands, an aggravation of employment competition, a low employment rate internal, the advanced promotion of Company-University-Research integration and the cultivation of internationalized talents. The researcher believes that tourism education in Xi'an should carry out an education reform under the circumstances of the promotion of professional status of tourism management programs, abundant local travel resources and large demands of this industry to accelerate the improvement of tourism education quality and realize the target of education to service society.

Key words: education reform, higher tourism education, disequilibrium of supply and demand, resource integration, international

我国旅游业经过近几十年的发展，取得了举世瞩目的成绩，与此同时，也面临着世界经济一体化、体制转轨、管理创新、旅游消费方式转变、产业结构升级，以及教育变革等一系列现实的挑战。旅游教育在过去30多年发展过程中，经历了观念转变、模式改革等过程，但面对新时期行业的新需求，仍需总结经验，寻求进一步发展之路。地处我国中部的西安，所面临的问题同样凸显。因此，认真分析当前旅游教育得失，对旅游业进一步发展显得尤为重要。本文以当前教育变革主要趋势为背景，总结了我国旅游教育所存在的主要问题，重点以西安地区一所高校为例，指出了其旅游教育现阶段面临的困境，最后对解决这些问题提出了一些建议。

一 当前教育变革的显著特征

近20年来，随着世界经济社会的快速发展和国际化程度的加深，高等教育界变革的浪潮不断涌动，高等院校的功能和形态发生了深刻的变化。尤其是进入21世纪以来，世界上很多发展中国家产生了对高等教育更为广泛的需求，经历了从精英化教育到大众化教育的转变（卢晓中，陈先哲，2013）。与之相应，这些国家的高等教育体系呈现出多样化显著特征：公立高校不再是唯一提供高等教育的机构，职业类院校和民办高校快速成长，构成了层次和类型多样化的高等教育体系，从很大程度上满足了全社会对普及高等教育的需求。我国高等教育从1999年开始进行扩招，走过了一条快速发展的道路，同样经历了从精英教育到大众教育的转变。

另一个高等教育变革的明显趋势是，近年来，消费主义在高等教育领域逐渐兴起，高校学生作为教育消费者的身份特质日益明显。这一趋势的形成与高校扩招及收费水平上涨、就业市场需求对高校办学影响增强等方面的关系密不可分。随着学生对自身作为消费者的身份认识的增强，他们要求高校履行提供更好的教育与服务的义务，并通过自由择校报考、参与满意度调查等形式，对高校的教学质量和服务水平等实现监督，施加压力，使其达到更高的发展水平。同时，由于社会对高等教育的需求增长迅猛，民办高校迅速兴起，它们与高职高专院校一起为无法进入公办高校的学生群体提供了更多以就业为导向、更为实用的教育服务。此外，学生出国留学的现象日益普遍，跨国高等教育机构为不同背景的学生提供各类教学服务，学生就学的范围大大拓宽，流动性空前增强。

当前教育变革的第三个显著趋势是，以现代新兴信息技术为标志的科技革命使现代教育模式，尤其是知识的传播方式，发生了重大的变化。多媒体、互联网等使学生获取知识的管道发生了根本性的变革，两年前兴起的"慕课"（MOOCs）作为新兴的大规模网络在线课堂，正掀起一股席卷全世界的风潮，彻底地改变了传统的知识传授和分享的方式，拓宽了学习管道，为学生提高学习效率奠定了重要基础。将来，随着信息技术和其他科技的进一步发展，全人类获取知识信息的管道将有可能发生进一步的变革。

二　高等旅游教育现存主要问题

上述教育变革趋向深深地影响着我国现阶段高等教育的方方面面，从教学资源、教学主题、教学模式、教学效果等不同环节改变着各个学科的教育教学面貌。其中高等旅游教育也不例外。

据世界旅游组织统计数据显示，世界旅游业发展正处在稳步上升的阶段，而且这种上升的势头在近年将持续不变。旅游业的进一步发展需要更多的专门人才，就国内而言，《中国旅游业"十二五"人才发展规划》预计，到2015年，我国旅游业从业人员会达到1.149亿人，其中，直接从业人员为1 650万人，每年新增旅游就业60万人，间接从业人员为9 750万人，大专以上学历旅游人才会达到347万人。从理论上讲，旅游专业的毕业生在就业方面前景是十分乐观的。然而，在如此大量的人才需求形势下，学生对行业发展趋势的确切认知和对于个人未来在行业内发展规划并没有相应地呈增长趋势。旅游业行业内就业率偏低的现象多年来没有得到根本性改善。如何使学生对行业形成高度认可，并将专业学习与未来就业规划高度结合起来，将会是旅游类院校在未来较长一段时间内需要攻克的一道难题。

国内不少专业学者对我国高等旅游教育所面临的问题已经进行过研究和梳理，但一些关键问题在全国范围内似乎并没有得到很好的解决。如刘连银（2009）从旅游教育自身的"天然缺陷"和旅游教育与行业双向互动缺失等两个方面分析了我国当前旅游教育为何无法与旅游行业实现良好对接。从当前形势观察，全国高等旅游教育领域具有普遍性的问题表现在如下几个方面。

一是培养模式仍然与市场要求不相符，呈现出供需错位的现象。当今旅游行业发展日新月异，用人单位对高校旅游专业毕业生的要求也相应提高了。但是，高校人才培养计划不能及时根据市场需求变化做出相应调整，学生所学知识和接受的实践训练不能很好地适应行业需要。从师资角度看，国内旅游专业教师队伍中，"双师型"的专业教师占比不大，多数教师获得旅游专业的高学历无可非议，但是在从业经验方面却相对欠缺。在旅游教育相对发达的国家，从事旅游高等教育的教师在课堂教学与行业实践结合得十分紧密。在美国和瑞士等地，专业师资都是专业基础扎实、实践经验丰富、理论水平高超的专家型教师，如瑞士洛桑学院要求专业教师必须严格遵循"学校—企业—学校"的特定职业发展模式，具有酒店工作经验是其从事教学工作的一项必要条件，且每过三到五年必须到企业从事专门工作，积累最新的工作经验，以应用于日后教学工作。国内这种教学与市场不相符，导致供需错位主要体现在：一方面各类高校持续培养相当数量的旅游类专业毕业生，另一方面学生在旅游业行业内就业比例低，而在选择到旅游行业就业的学生中，很大一批也因为无法适应具体岗位工作要求、职位升迁机遇与个人预期不相符等原因在一两年内选择离开该行业。近年来，我国旅游业总体平均利润率下降，加之旅游新业态的兴起以及国际化竞争的加剧对学生就业提出了更大的挑战，旅游业就业吸引力呈持续减弱的趋势。由此产生了旅游教育高投入和行业就业低适应的矛盾。而这种供需错位现象的持续存在，更进一步加剧了社会对旅游业认同度低的问题，更不利于旅游专业招生。

二是教学媒介仍然处于相对落后的水平，实践教学没有得到全面的推广。首先，随着近年来信息技术等现代科技的进步，使用黑板、粉笔的传统课堂教学方式得到改进，计算机、投影仪或模拟实验室成为很多高校旅游课程的重要教学媒介。但是，真正最为有效的教学媒介，还不仅是经过改良了的教室或实验室，而应该是真实的行业工作环境。纵观全国，一些高校目前虽有一部分旅游课程实现了课程实习、毕业实习与课堂教学相结合的培养模式，但很多课程实践实习的时长是有限的，往往还达不到帮助学生真正掌握行业具体岗位工作要求并相对熟练地开展工作的理想效果。这种时长不够、效果不佳的问题主要应归结于培养方案灵活度不够、实践资源开发有限等。

另一个较为突出的问题是，高校与行业虽建立了合作关系，但实质性的实习实践类教学活动尚得不到特别有效的实施。主要表现在如下几个方面：一是部分学生在行业实习达不到预期效果，有的学生不能坚持完成预定的实习期，主要是由于工作职务与个人预期落差大，或者待遇低，接受培训条件不佳。二是有的企业单位不愿提供灵活的就业时长和选择余地较大的工作岗位，学生工作所用职业知识与课堂所学理论知识差距大，造成学生工作压力大或者缺少兴趣。三是在实习单位，许多用人单位对不同学历的学生并不加以区别对待，忽视学生不同知识储备和发展潜质等，这种现象往往使本科生产生心理落差，离职更快。这当然与本科生不能正确认识实习实践工作的目的和个人定位的误差有不可分割的关系，部分学生仍然不能清楚地认识和接受当今社会就业竞争残酷、学历学位并不能起到求职过程中决定性因素的这种现实。但与此同时，应如何最大限度调动不同学生实践工作的热情，如何使实践教学成果更加显性化，也是实践教学合作单位应该深入思考的问题。

三　以西安外国语大学旅游学院为例

西安外国语大学旅游学院成立于 1985 年，是经教育部批准，在全国最先开始开办旅游本科教育的八所高等院校之一，2007 年，旅游学院和人文地理研究所合并。院所开设有英语（旅游）、旅游管理、会展经济与管理、酒店管理、人文地理与城乡规划五个本科专业，具有旅游管理学、人文地理学和旅游翻译等三个硕士专业（方向）的学位授予权。经过近三十年发展，院所已成为以旅游学科为核心，专业设置完整、特色突出的教学研究型学院，师资队伍机构基本合理，在产学研一体化方面做了许多有益的尝试。在人才培养方面，具有外语突出的优势，并积极开拓国际化和开放式培养模式。学院近三十年发展所取得的成绩是比较显著的，但是，正如国内大多数旅游院校一样，当前面临的困境也比较突出。

一是招生方面的问题。长期以来，考生对旅游业认知存在缺失或误差，受社会对行业认可度低下的消极影响程度较深，而学校在招生宣传方面尚未找到特别有效的方式。如何通过宣传和沟通，让考生更加客观了解旅游专业的真正特点，以便理性报考，并对个人未来职业发展做出明确规划，将是学院面临的一大难题。

二是"双师型"教师队伍建设存在实质性困难。现有多数专业教师在课堂教学方面的能力占优势，而行业实践能力相对较弱则是一个无法回避的现实。随着当前全国范围高校招生总人数大致稳定，旅游专业教师队伍已经形成并将相对固定，现有教学工作模式将使专业教师在行业实践方面水平的提高成为一个近期难以实现的目标。在这种情况下，旅游行业与高校紧密配合，提供教师岗位培训机会，并提供行业专家担任兼职教师和专业教学及研究顾问，就成了切实提高旅游专业学生职业素质和实践能力十分重要的一种手段，而这种手段能否真正落实又将受到诸多因素的影响。

三是实践实习教学尚不能完全落到实处，规模不大，效果有待优化。通过多年建设，学院与一批旅游企业建立了合作关系，共建了一批实习实践基地。在一段时间内，学生能到这些单位进行课程和毕业实习。但是许多项目未能得到很好的持续推进，从长期发展角度看，实践实习的效果和力度未能得到很好的保障。分析问题产生的原因，主要在于实习单位除了为学生提供工作机会以外，在岗位培训和协同教育方面做得还不够，同时，学生对实习工作岗位的认可度有待于进一步提高。

四是教学研究和教材建设相对滞后。多年来，学院的旅游专业教材建设有所成就，但是数量不多，占总教材数量不到三成。且自编教材对专业内各研究方向覆盖面不够广。就目前而言，各年级所使用的教材主要以国内知名旅游院校和出版社出版的教材为主，同时选用国外专业教材的翻译版本，英语原版教材也有所引进，但数量不多。从自编教材来看，也存在编辑合成内容多、原创研究内容少，理论性的多、实操性的少等特点，教师们科学研究和教学研究成果直接转换成教材及相关教学资源的尚不足以真正支撑学科建设。究其原因，一方面是教师教学研究和科学研究与课堂教学结合方面投入不够，另一方面与整个社会重科研、轻教学的大风气有很大关系。

五是国际化程度有待于进一步提高。目前我国旅游类院校"国际化"的管道和方式主要分为合作开办学院或专业、联合培养、海外实习等，较为知名的例子有广州大学、中山大学、北京第二外国语学院、桂林旅游高等专科学校、中国旅游管理干部学院等。而西安尚未出现与上述院校合作规模和程度相似的项目，其原因除了专业培养方案灵活度不够，学生难以承担合作培养费用之外，还有其他一些更深层次的因素。

四　对现存问题的一些思考

上述困境并非新近出现，包括高校、行业和专家学者等在内的社会各方面对此也有较为全面的认识。然而，多年来各方努力并未使问题得到完全的解决，其中原因还有待进一步深入探讨。这里，笔者仍以工作所在高校为出发点，对解决现有问题提出如下几点粗浅的认识。

其一，通过全方位适当宣传，使社会对旅游行业产生客观的认知，避免因为信息管道不畅或者信息传递有误而影响学生报考旅游专业，以保证一定的报考率。个人认为，在目前国内统一招考制度尚未大规模改革的情况下，在这方面产生改变将有较大难度。

其二，完善办学条件。作为一个实践性很强的专业，旅游专业教育效果好坏很大程度上直接依赖于办学条件的好坏。与当今旅游教育发达的国家相比，我们很难在近期实现旅游教育设施的完善。虽然多媒体教学设施得到一定程度的普及，但是，真正能促进旅游教学的模拟实验室，如客房、餐厅、酒店、会展厅等功能齐备的设施还不能很快建立。这就要求学校与企业通过实践实习项目进行合作，充分利用社会现有资源，尽快实现旅游教育的现代化。

其三，建设精英教师队伍，推行现代教学理念。要想在新时期培养出符合行业需求的旅游人才，教师首先应具有国际视野和实践意识。随着近年来世界信息化进程的加快，越来越多的现代信息技术被运用到了旅游教学过程中，使传统的教学方法和教学手段得到更新，教学效果得到提升。但是，要实现教学效果的最优化，单纯依靠信息技术的更新是不够的，更为重要的应该是教学理念的更新。"以学生发展为中心""学生全面发展""实现学生个性化发展"等现代教学理念应该被广泛地应用于旅游教育中。为每一位公民提供职业技能培训，受到了包括美国、英国、澳大利亚、新加坡等许多国家的重视（陶西平，2014）。在我国高等旅游教育领域里，增强未来学生的职业能力，也应作为一项重要任务来抓。一方面我们应该致力于提高学生在旅游行业内就业的比例，另一方面，也应该尊重学生的自主选择，在旅游业以外更大范围内就业。从宏观层面看，学生就业能力的培养能够帮助学生快速满足国家对技能型人才的需求，在更为广泛的领域内为国家经济社会发展做贡献。

其四，加强学生的职业道德素养和人文素养教育。为了提高我国旅游行业从业人员的国际竞争力，还需要重视旅游专业人才的职业道德素养教育，不以个人经济利益为从业的唯一驱动力，不追求短期效应，通过较高的职业素养，改变社会对旅游行业的一些成见，消除社会对行业的信任危机。同时，应该在旅游教育中强化学生的综合人文素养的培养，在向消费者提供个性化基本服务的同时，能同时提供高层次的文化服务，从而充分发掘和利用西部丰富的旅游资源，提高西部旅游在国内外的行业竞争力。

其五，切实推进产学研一体化，实现更大程度上的国际化。充分开发国际合作资源，在专业设置、课程资源、师资建设、实践实习、联合培养、职业认证等方面开展双方合作，加快推荐西部旅游院校国际化进程，从而跟上国际旅游教育发展的步伐。

结　语

正如戴晓霞（2013）所说，"无论是高等教育规模的扩张，还是大学自身发展的要求，都决定了大学必须面对市场的竞争，接受市场的调节。然而，大学作为一种学术性组织，维护自身的传统，保持一种自律是大学得以延续的基础。大学不能完全进入市场，面对资本市场、科技市场的种种诱惑，大学要有所选择，有所超越。"面对"应变"和"坚守"双重使命，无论是旅游专业，还是我国高等教育中其他专业，未来并非坦途。

2008年9月，参加中国旅游协会教育分会成立大会的专家就我国旅游教育在经过30年发展后仍然存在的问题达成了共识：供求关系紧张、学科地位低下、教育资源分散、精品教材缺乏等（杨卫武，2008）。六年后的今天，当我们反思我国高等旅游教育现状时，发现上述问题仅得到部分解决。旅游专业学科地位提升了，但是，供需之间的错位、学科地位的进一步巩固、学校与政府和行业资源的整合，以及产学研一体化的推进和国际化程度的提升等，仍将会是我国旅游类院校在未来一段时间需要着力解决的问题。而对于中西部旅游业发展与沿海地区的差异，以及由此产生的高校旅游人才培养模式差异，则更需要各地高校认真思考和深入分析，探索出一条行之有效的发展道路。

参考文献

戴晓霞等（2005）。高等教育市场化。北京：北京大学出版社，64-65。

胡锦涛（2011）。提高质量是高等教育改革发展最核心任务，取自World Wide Web：http://www.chinanews.com/gn/2011/04-24/2993738.shtml.

李成明（2014）。高等教育变革的新趋势：知识与市场视角。无锡职业技术学院学报，13（5），5-7，11。

刘连银（2009）。论我国旅游教育与旅游产业的双向互动。现代商贸工业，20，76-78。

刘璇、罗琼、李艳（2007）。西部旅游高等教育发展刍议。新西部，22，24-25。

刘延东（2010）。加快建设中国特色现代化高等教育，努力实现高等教育的历史性跨越。中国高等教育,18，4－9。

卢晓中、陈先哲（2013）。论高等教育变革背景下的高等教育发展研究。高等教育研究,34（12），1－7。

潘素玲（2009）。中国旅游高等教育发展的问题及对策研究。重庆大学学报,15（5），161－166。

陶西平（2014）。涌动的国际高等教育变革潮流。北京广播电视大学学报,83（2），3－13。

王春春、张男星（2013.12.16）。中国高等教育发展呈现七大趋势。中国教育报,第8版。

王金伟（2012）。旅游教育的几个基本问题的探讨。高等财经教育研究,15（1），30－36。

乌永志（2012）。旅游高等教育人才培养现状与教学模式创新。陕西教育,5，55－65。

杨卫武（2008）。30年来我国高等旅游教育的回顾和展望。2008年高等教育国际论坛论文汇编，225－231。

易红郡、缪学超（2012）。英国高等教育市场化趋向：经费筹措视角。清华大学教育研究,33（3），89－97。

郑文俊、王金叶（2012）。西部地区高等旅游教育国际化和本土化发展思考。旅游论坛,5（5），114－116。

旅游管理"创意·创新·创业"人才培养的改革探索

——基于南昌大学旅游管理专业的教改实践与思考

黄细嘉

南昌大学

　　摘　要：旅游管理专业建设"趋同化"使教学改革具有必要性，定位的"应用型"使教学改革具有可行性，建设旅游强国战略"重要性"使教学改革具有迫切性。努力形成具有自身特色又有推广借鉴意义的旅游管理类专业"创意·创新·创业"人才培养的教育与教学模式，具体体现在师生教学互动的"双导制"，师资素养结构的"双师型"，教学环境环节的"双实化"，实践教学活动的"双向式"，教师课程讲授的"双语法"，学生实践学习的"双能性"。通过实施旅游管理"创意·创新·创业"人才培养改革，经过三年时间，从构建"三创"课程体系，"三能"师资队伍（能讲解、能模拟、能实战），"六双"培养模式，建立模拟实验教学中心、实训实习教学平台、实践创业基地等环节入手，把学生培养成为具有创意思想、创新思维、创业意识，具有旅游管理类专业知识，思想活跃、思维开阔、市场意识足、操盘能力强，具备策划、规划、设计、经营、服务、商务、公关、营销、管理等业务与创业能力，服务社会与企业，能从事旅游以及相关的文化策划、项目设计、产业规划、会展陈列、文化产业经营、工商管理工作的高素质、复合型专门人才。

关键词：旅游管理专业，创新，创意，创业，教学改革，南昌大学

An Educational Reform Exploration of Talents Cultivation with Characteristics like "Innovation, Creativity, Entrepreneurship" with Special Reference to Tourism Management Programs in Nanchang University

Huang Xijia

Nanchang University

Abstract：It was necessary to carry on an educational reform, since tourism management programs have become assimilated. Practical orientation made the educational reform feasible, and the importance of building a great tourism country made the educational reform urgent. The unique educational reform was about to explore a teaching model to cultivate talents with characteristics like 'innovation, creativity, entrepreneurship' and this model should be generalized for reference. This model included characteristics like double monitorial system of interaction between teachers and students, faculty with both teaching and industrial experience, teaching process with training and practice parts, two-way communications between teachers and students, bilingualism in teaching, possibilities of learning and practicing together. Based on the curriculum systems, teachers with certain abilities and 6 kinds of training modes to build a simulation teaching center, a teaching platform for training or practice, a base for entrepreneurial practice, three years' implementation of the educational reform has fostered qualified compound talents with innovative, creative and entrepreneurial spirits, who could understand and handle both tourism management and relative activities very well.

Key words：Tourism Management Program, innovation, creativity, entrepreneurship, educational reform, Nanchang University

南昌大学旅游管理系创立于 1993 年，当年招收文化旅游专科专业学

生，1994 年开始招收旅游管理本科生，20 余年的旅游管理办学历史，起伏较大，但学科与专业发展还是取得了一定成绩。2003 年旅游管理专业成为江西省首届优秀品牌专业，《导游业务》课程成为江西省首届精品课程，同年获得旅游管理硕士学位授权点；2006 年南昌大学旅游规划与研究中心成为江西省高校人文社科重点研究基地，同年旅游管理系与经济学系一起申报并获得人文地理学硕士学位授权点；2010 年获得全国首批旅游管理专业硕士学位授权点（MTA）。旅游研究方面也取得重要成果，分别在 2002、2005、2010、2013、2014 年获得 1 项国家自然基金和 4 项国家社科基金项目资助。2014 年旅游管理专业成为江西省人才培养综合改革项目，旅游新型业态发展与多产业融合协同创新中心成为国家中西部教育提升计划中的南昌大学学科与科研平台的重要组成部分。在人才培养方面，倡导"大众化教育背景下的精品人才培养"方法；提倡全局教育理念，创办"师生互动论坛"；形成讲授·模拟·实践三位一体的旅游规划本科人才培养模式和理论讲授和项目研练互动的旅游管理研究生人才培养模式；实施"旅途创业"工程。为了贯彻落实国务院关于促进旅游产业改革发展的若干意见，结合南昌大学旅游管理教学实践，我们将这些改革举措，进一步整合为旅游管理"创意·创新·创业"人才培养改革方案，下面主要阐述在旅游管理教学改革方面的实践与思考。

一 改革目标

（一）改革背景

1. 旅游管理专业建设的"趋同化"使教学改革具有必要性：根据《中国旅游年鉴》统计和教育部全国旅游管理类教学指导委员会的初步调查，截至 2013 年，全国共有旅游管理类（含旅游管理、酒店管理、会展经济与管理）专业院校 2 208 所，其中旅游管理类高等院校 1 115 所。在 1 000 多所旅游院校中，共有在校生约 60 万人，2012 年的招生数为 19.34 万人，2013 年招收新生近 20 万人。庞大的学生规模、千篇一律的教育与教学方式，近 30 年基本不变的专业培养模式，在全国旅游管理专业晋升为一级专业的形势下，在旅游管理类本科具有旅游管理、酒店管理、会展管理三个专业的情况下，在文化产业管理等相关专业不断涌现的趋势下，迫切要求各旅游院校进行旅游管理类专业人才培养的综合改革试点，引导旅游管理类专业走个性化、特色型、专门式、协同性的发展路子。

2. 旅游管理专业定位的"应用型"使教学改革具有可行性：旅游产业链长，关联度大，涵盖面广，综合性强，复合度高，涉及食、住、行、游、购、娱、学、疗、体、悟等十大应用性要素。旅游管理专业是应用型本科专业，思想创意、知识创新、实际创业等，是旅游管理类专业的学校教育、教师教学和学生学习的迫切追求。尤其是旅游管理类专业学生进行实际创业，可以在实训、实验、实习、实践等多个教学环节中实现，比如在实训中可以模拟仿真创业、在实验中可以探索如何创业、在实习中可以帮助老板创业、在实践中可以尝试自己创业。对于毕业生来说，容易选择并确定创业的突破口，比如旅游个性化商品的创意设计，旅行与户外专业野营装备经营，旅行社以及分支机构的创立、经营与管理，小型旅游住宿设施创意与经营等，乡村旅舍和农家乐的经营等，不但专业性强、选择面宽，而且资金弹性大、成长性良好。

3. 建设旅游强国战略的重要性使教学改革具有迫切性：建设旅游强国是我国旅游业发展的战略部署。2009 年《国务院关于加快发展旅游业的意见》，确定了将旅游业培育成为国民经济的战略性支柱产业和人民群众更加满意的现代服务业两大战略目标。2013 年《国民旅游休闲纲要》和《旅游法》相继出台。2014 年 8 月国务院常务会议讨论通过了《关于推进旅游产业发展改革的若干意见》，就旅游产业发展改革做出全面部署，尤其是在体制创新、业态创新等方面提出了新要求。就南昌大学所在的江西省来说，2009 年提出建设旅游大省，把旅游产业培育成为全省国民经济和社会发展的重要支柱产业的战略目标。2013 年 10 月实施《关于推进旅游强省建设的意见》，全力吹响了推进旅游强省建设的号角。2014 年 2 月底，江西旅游产业发展大会召开。省委书记强卫、省长鹿心社、国家旅游局局长邵琪伟出席并讲话。做大做强江西旅游，是福泽全省人民的好事，在全国旅游产业加快发展的新形势下，江西省旅游产业发展水平与旅游资源丰富程度还不相称，同其他旅游大省相比也有较大差距。为此，省委书记强卫要求全省上下像抓工业化城镇化一样抓旅游产业。要着力推动江西旅游产业跨越发展，努力把旅游产业打造成为江西最大的特色、最大的优势、最大的亮点，打造成为绿色崛起的第一窗口、第一名片、第一品牌。这就要进行旅游产业的创新改革，需要一大批有创意思想、有创新思维、有创业意识的旅游管理专业人才。

目前，我国和江西省旅游产业经营与管理水平总体偏低，旅游业的发展过分关注旅游景区和旅游项目的开发和建设，整个行业均以景区经营为中心，造成行业对门票收入依赖非常大，凤凰古城收取门票引起全国范围的非议就是突出的例子。其实旅游产业创意的潜力、旅游管理创新的领域、旅游实践创业的空间非常广大，吸引经过专业训练的高素质人才，在旅游与文化类行业内创意、创新、创业与发展，对于改变单纯依靠门票收入的模式，增加旅游目的地综合经济收益，提升旅游产业的核心竞争力具有重要的实际价值。本项目的实施，对于培养适应旅游产业发展需要的人才，具有明显的现实意义。

（二）建设目标

1. 基本目标

在教育部、省教育厅和财政厅相关文件精神指导下，在校—产合作、景—校合作、校—企合作三个平台基础上，在近三年实施的南昌大学"双实＋双能"旅游职业经理人培养模式创新实验区工程和"旅途创业"专业综合改革试点工程的基础上，进一步把该工程的建设内容拓展至教育教学、实验实训、实习实践等全过程和环节。经过3—5年时间，从培养模式、教学团队、课程教材、教学方式、教学管理等专业发展的重要环节入手，对旅游管理专业进行综合改革，将旅游管理专业建成教育观念先进、教学方法科学、教学手段多样，改革成效显著、教学效果良好、专业特色鲜明的省级特色示范专业，并带动相关专业群的发展，增强学生在旅游与文化类企业的就业、创业能力，既提高南昌大学旅游管理专业的教学实力和人才培养对旅游与文化行业的贡献度，又引领示范带动同类型高校相关专业的改革、建设与发展，促进高等学校旅游管理类专业人才培养水平的整体提升。

2. 具体目标

通过实施旅游管理"创意·创新·创业"人才培养改革工程，经过三年时间，从构建"三创"课程体系、"三能"师资队伍（能讲解、能模拟、能实战）、"六双"培养模式，建立模拟实验教学中心、实训实习教学平台、实践创业基地等环节入手，把学生培养成为具有创意思想、创新思维、创业意识，德、智、体、美、劳全面发展，具有旅游管理类专业知识，思想活跃、思维开阔、市场意识足、操盘能力强，具备策划、规划、设计、经营、服务、商务、公关、营销、管理等业务与创业能力，服务社会与企业，能从事旅游以及相关的文化策划、项目设计、产业规划、会展陈列、文化产业经营、工商管理工作的高素质、复合型专门人才。

经过3—5年的建设，除了培养适应旅游与文化类产业需要的"创意·创新·创业"人才外，实现边际效应最大化，实现以下具体建设目标：

（1）在专业建设上，南昌大学旅游管理专业成为江西特色示范专业，南昌大学成为区域有影响、全国有特色的旅游管理人才培养基地；

（2）在课程建设上，形成适应"应用型"本科专业、适应"三创"人才培养模式教学需要的课程体系，力争增加省级或国家级优质资源共享课程；

（3）在教材建设上，出版若干具备"三创"人才培养特色的旅游管理专业教材，力争一本教材成为国家级规划教材；

（4）在教学环节上，建立模拟实验教学中、实训实习教学平台、实践创业基地或旅游管理综合实验室等适应"三创"人才培养模式的教学环节；

（5）在教学团队建设上，打造具备"三创"品牌效应的教学团队，力争产生一名国家教学名师；

（6）在旅游管理与文化产业管理专业基础上，条件成熟时申报酒店管理专业，根据发展需要决定是否申报会展经济与管理专业。

二　建设方案

综合性大学旅游管理类专业是培养旅游"创意·创新·创业"人才的重要阵地，通过实施旅游管理"创意·创新·创业"人才培养改革工程，发挥南昌大学作为江西旅游教育重镇和人才群的积极性、主动性和创造性，推进培养模式、教学团队、课程教材、教学方式、教学管理等专业发展重要环节的综合改革，形成教育观念先进、改革成效显著、专业特色鲜明的旅游管理省级特色专业和品牌专业示范点，促进南昌大学和江西高等旅游管理人才培养水平的整体提升。

（一）建设原则：凸显业态特色，培养"三创"人才

根据旅游管理类专业发展要求，进一步凝练专业发展方向，稳定专业特色方向，优化学科专业结构；合理配置教学资源，进一步提高师资队伍整体素质；强化优势课程，培育新兴课程；提高专业建设总体水平。

同时，结合旅游业态和专业特色，遵循人才培养内在规律，合理调整本专业人才培养目标，以教学团队建设为基础，突出重点，培育特色，整体设计，分步推进，进一步完善和推进业已实施的一系列旅游管理类教学质量提升工程，打造旅游与文化创意、创新、创业等"三创"一体的人才培养模式相匹配的优质品牌专业，提高旅游管理类专业人才的创造能力，培养能适应江西省及我国旅游经济与文化产业发展要求的优质人才，提升南昌大学旅游管理类专业的影响力和行业认可度，为江西和国家旅游产业核心竞争力的提升添砖加瓦。

（二）建设方案：做到四个融合，实现四个共享

按照《关于启动实施江西省普通本科高校专业综合改革试点项目的通知》（赣教高字〔2012〕111号）精神规定的"专业综合改革试点项目"建设目的，提出如下建设方案：即做到"四个融合"，实现"四个共享"，在人才培养模式构建、教学团队建设、课程体系优化、教学方式完善、教学管理提升、培养模式推广等六个方面进行改革创新。

做到四个相互融合：一是在课程设计上做到国内外、校内外课程体系的相互融合；二是在教学管理上做到课堂内外、校院系间管理链条相互融合；三是在师资队伍建设上做到培养、引进、特聘等方法的相互融合；四是在科研与教学互动关系上做到科研成果与教学内容相互融合。

实现四个师生共享：一是课程与教材建设成果师生共享；二是先进教育理论与教学研究心得师生共享；三是科学教学方法与实践教学经验师生共享；四是科研项目与社会服务课题师生共享。

1. 培养模式的构建

（1）1+N"双导制"教学资源互动模式的实施

2007年以来，南昌大学旅游管理系结合学校按学科门类招生的改革试点，率先提出并实施了全员导师制、全面师导制的本科生培养方式，全员导师制即每个老师均担任本科生导师，每个学生都有自己的导师，就是每名教师负责联系不同年级的数名学生，从三年级专业确定后直到毕业离校，为期两年。全面师导制即每名教师必须对所联系的学生进行全面的指导和帮助，包括学习、生活、实习、论文指导、就业、创业等。为了确保"双导制"实施效果，给每名学生都发放了记录本，全系还组织了经验交流会。当时，大类招生、专业分流的情况下，选择旅游管理专业的学生相对较少，我们把这种状态下的"双导制"戏谑地称为"大众化"教育形势下的"精品化"培养模式。自2010年以后，学校针对实际情况，恢复了旅游管理专业的单列招生资格，但"双导制"作为一项受师生欢迎的制度，得到进一步巩固和发展，取得了很好的效果。据2014年当年学生考研结果计算，一个50余人的旅游管理班级，有9名同学通过考试和推免考上了硕士研究生，其中除了校内推荐的3名学生属于211大学，1名学生考试达到985学校录取线，但因名额少而被调剂到其他院校外，其他5名同学全部进入985院校深造，当年旅游管理专业的考研率和985学校的录取率创历史新高。在这种"精品化"培养模式的基础上，引导、指导学生进行创意、创新和创业，对教与学、师与生双方都是一种激励、促进和鼓舞。

（2）"双实化＋双能性"旅游职业经理人培养模式的探索

2011年5月，南昌大学旅游管理系申请获批了学校"双实＋双能"旅游职业经理人工程项目，作为人才培养创新实验区进行建设。旅游职业经理人是指具有创新精神，能够适应市场发展的需要，针对不断创新的旅游业态，适时提出对应的管理思路并付诸行动的人。从职业性质而言，他们是受薪人员而非授薪人员；就其内在品质来说，包括道德、思维、行为层面的诸多要求。旅游职业经理人是旅游企业人力资源的重要组成部分，也是旅游产业的核心竞争力。

"双实＋双能"是指学生在校期间，专业学习要参加校内实训、校外实践两个环境的锻炼，实践过程中既要掌握操作技能，又要习得管理能力。这里的"双实双能"是人才培养的手段和途径，而职业经理人则是人才培养的目标和归宿。

明确提出把学生作为旅游职业经理人来培养，是一种积极的人才培养模式的初步尝试。通过近3年来的教育与教学实践证明，旅游管理本科学生在旅游规划与文化创意等领域善学习、懂理论、有知识，会策划、干实事、能创新的教育教学成效逐渐显现。在此基础上，根据不同专业方向、不同家庭条件的学生特点，积极引入创业理念，引导学生理论联系实际开展多种形式的创业活动，即在实训中模拟仿真创业、在实验中探索如何创业、在实习中帮助老板创业、在实践中尝试自己创业、在大赛中设计创业方案。这样做既是对学生就业的指导与引领，也是旅游管理类专业建设与发展的重要途径。

（3）"创意·创新·创业"旅游管理类专业改革方案的形成

自 1993 年创办南昌大学旅游管理专业以来，南昌大学已有 20 多年的旅游管理本科专业教育教学实践，通过积极总结和大胆探索，努力形成既具有自身特色又有推广借鉴意义的旅游管理类专业"创意·创新·创业"人才培养的教育与教学模式，具体体现在如下"六双"上：

第一，师生教学互动的"双导制"：全员导师制就是所有的老师均要担任本科生导师，所有的本科生都有自己的导师；全面师导制就是导师对学生进行全方位的引导、辅导和教导。

第二，师资素养结构的"双师型"：教师既是传授理论知识的老师，又是能够指导实践操作的教师。

第三，教学环境环节的"双实化"：教学环境是实景化，教学环节的实践化（也可以说学生的专业学习要参加校内实训、校外实践两个环境与环节的锻炼）。

第四，实践教学活动的"双向式"：即景校互动、校企互动的教学实践活动。

第五，教师课程讲授的"双语法"：即有条件的教师通过多种形式实现使用汉语和外语两种语言进行课程讲授和开展教学活动。

第六，学生实践学习的"双能性"：即学生实践学习活动过程中既要掌握操作技能，更要习得管理能力。

2. 教学团队的建设

围绕旅游管理类专业主干课程群，以省级教学名师和一批具有博士学位的优秀教师为带头人，建设热爱教学，教学改革意识强，学缘与学位、年龄与职称结构合理，能够贯彻"三创"内容、互动强、教学质量高的优秀教学团队。教学团队的教学理念要与国际接轨、与先进院校接轨、与旅游产业发展实践接轨，瞄准"六双"、"三创"教学改革目标，实施符合"三创"人才的培养方案，建立教学团队运行和激励机制，健全中青年教师培训机制。

在教学团队运行与激励机制和中青年教师培训培养机制上实施"七个一"工程:(1)每年指导一个大学生创业设计大赛;(2)每年完成一项面向旅游业的社会服务项目;(3)每三年资助参加一次高水平的教育教学培训工程;(4)每学期进行一次教学心得与经验交流;(5)每学期召开一次师生共同参加的教学研讨活动;(6)轮流让青年教师到旅游景区和企业挂职锻炼一年;(7)每十年提供一次到国外大学进修与访学的机会。真正建设一支优质的"三能"师资队伍:即能讲解、能模拟、能实战的教师队伍。

3. 课程体系的优化

瞄准旅游管理乃至文化产业管理等专业发展前沿,面向区域旅游经济与文化产业和社会发展需求,借鉴一切有益和有效的国内外课程改革成果,充分利用现代信息技术,更新与完善教学方法与方式,围绕"三创"旅游人才培养,一方面优化专业课程体系,形成体现创意化、创新型、创业式、创造性的旅游管理类专业主干课程群。另一方面要优化课程内容体系,将"三创"内容贯彻到所有课程中,为此,必须加强课程与教学资源的协同开发,建立开放共享的课程资源库,形成与旅游管理"三创"人才培养目标、方案和模式相适应的优质教学资源。

通过参与旅游产业发展实践,通过学习和借鉴国内其他院校旅游管理类专业建设的经验,了解业界和学界对旅游管理与文化产业类专业人才最新的知识和素质要求,结合"三创"人才培养方案和课程体系的适应性等情况,对课程体系改革的方向和内容进行研讨,优化教学大纲,完善教学方法,改善教学手段,支持网络课程建设,选编优质的教材及教学参考书,完善教学考核制度和办法。

认真选择旅游创业可行性较大的领域,编写若干体现创意思想、创新思维、创业意识的教材,例如《旅游商品策划》《客源学》《游线学》《游介学》。

在拥有1门省级精品课程、1门校级精品课程、2门校级网络辅助优质资源共享课程的基础上,力争建设1门国家级优质资源共享课程、1门省级优质资源共享课程及2门校级优质资源共享课程。

4. 教学方法的完善

在注重因材施教、更新教学观念的基础上,积极探索适应培养"三创"旅游人才需求的启发式、探究式、讨论式、参与式、互动式教学方式，充实实验、实训、实习、实践、实战等教学环节和内容，既调动学生学习积极性，又激励学生自主学习兴趣；既让学生学会思考，又让学生学会动手。建立促进把科研成果转化为教学内容的激励机制，实现科研与教学无缝对接，全方位互动，要让科研好的老师有从事教学工作的积极性。通过老师的科学研究项目和社会服务对策研究课题，支持更多的本科生参与科研和社会调研活动，制定《学生科研训练创新性学分任务表》，真正让学生进课题、进实验室、进基地、进团队。

结合旅游管理类专业特点和"三创"人才培养要求，加强实验室、实习实训基地和实践教学共享平台建设，建立模拟实验教学中心、实训实习教学平台、实践创业基地或旅游管理综合实验室等，增加实践教学比重。同时，改革实践教学内容，改善实践教学条件，创新实践教学模式，增加综合性、设计性实践教学环节，倡导自选性、协作性实验教学课程。鼓励高水平教师承担实践教学工作并编写实践教学教材。

推行教学方法和手段的改革，加强学生的自学能力、创新能力和创业能力的培养，在实际的教学过程中采用"讲授·模拟·实践"三位一体的包括课堂讲授、案例讨论、情景模拟、社会调查、专家讲座等多样化在内的教学方式与方法，将课堂讲授与学生独立思考和相互讨论相结合，增强教育及教学效果。

第一，在学校领导和职能部门的支持下，科学制定具有"三创"特征的旅游管理类专业课程体系和人才培养方案；

第二，改革课程讲授内容与方式，融入"创意·创新·创业"内容，设计旨在提高学生创造能力的全过程讲授环节；

第三，发挥现有优势，在地方政府和旅游主管部门支持下，参与乡村旅游景区、农家乐、旅游购物店、文化主题园的实习创业活动与实践，由学生提交创业方案，供企业参考实施；

第四，就创业教育来说，建设成为系友创业示范点，将靖安乡村农宿文化旅游点建设成为学生创业实践基地，将南昌大学旅游管理综合实验室建设成为模拟创业实验室；

第五，开展一系列模拟创业竞赛活动。

5. 教学管理的提升

树立全员教学、全局教学、全校教学的教育理念，将教学管理渗透到全体员工、所有部门、整个校园，加强教学过程管理，形成有利于支撑教学改革，有利于教学团队静心教书、潜心育人、全心服务，有利于学生全面发展、优质发展、特色发展相辅相成的管理制度和评价办法。确立一切为了育人的宗旨，建立健全严格的教学管理制度，鼓励在旅游管理专业建设的管理创新、服务创新、制度创新等重要领域进行探索。

发挥教研室和旅游综合实验室的功能，定期开展教学研究、教学经验、实践教学交流活动，提升整体和各个环节的教学质量；鼓励教师积极从事教学研究、建立教师听课制度和学生评教及教师评学制度。

"双实＋双能"职业经理人培养工程分为两个部分，分别在校内和企业实施。为了确保运行效果，设立领导小组，根据教学要求进行协调与督促。下设项目小组，负责任务落实。校内实训是基础，内容结合课程教学进行，由任课教师负责；校外实践是重点，合同由领导小组与企业具体商讨签订，必须高度重视换岗实践和管理能力条款的明确。各项目小组进行检查督促，专业教师和实践导师负责指导学生具体实施。

6. 培养模式的推广

通过申报各级教学改革研究项目，形成可资借鉴和有价值的课题研究报告，提供给高教管理部门和决策部门参考；编写具有"三创"特征的旅游管理课程教材，推广已成熟的教育教学模式；探讨旅游管理类"三创"人才培养规律和经验，撰写高质量教学研究论文，予以发表，供学界和业界借鉴。

三 建设进度

旅游管理"创意·创新·创业"人才培养改革，既是旅游与文化产业发展和旅游管理类专业教育教学互动对接的现实需求，同时也是一项涉及面广、需要长期计划的事。按照"规划先行、重点突出、循序渐进"的原则，切实推进建设工作。建设和完成此项改革时间一般为三年，以下是分阶段的工作安排。

（一）第一阶段

1. 科学调整专业培养方案：根据旅游产业发展改革的新需求和学生就业诉求与创业导向，按照"三创"人才培养模式要求，完成南昌大学旅游管理类专业培养方案修订工作并付诸实施。

2. 课程改革：按照"三创"人才培养模式，完成旅游管理类专业第一批10门主干课程的改革与建设。狠抓课程的创新与特色建设工作，通过创新突出特色，通过特色提升课程层次。启动省级优质资源共享课程、国家级优质资源共享课程的资助建设计划。

3. 教材建设：完善配套教材、教学课件、多媒体网络辅助课程等多维教学资源；有选择地引进国外高水平原版教材；启动并着手编写具有本校特色的、高水平的教材；启动"十二五"国家级规划教材申报工作。

4. 师资建设和对外交流：招收具海外留学经历的有博士学位的青年教师；有计划地选派优秀青年教师到国内、外重点高校进修或访问学习，不断扩充团队的教学实力。选派教师参加国内外重要教研会议；邀请国内、外知名学者来院讲学或短期讲课。推荐教师参加国家旅游局青年旅游学者评选。

5. 实验和实践教学：加强学生实习与实践的管理和协调工作；建设、巩固、完善现有的签约实习基地。

（二）第二阶段

1. 课程改革：有计划地启动具有"三创"特征的旅游管理类课程建设，将其列入建设省级和校级优质资源共享课程建设计划；结合当前旅游产业发展形势，深度分析创业导向的专业需求，优化课程教学理念和教学内容。启动国家级优质资源共享课程、江西省优质资源共享课程的申报工作。

2. 教材建设：将教材建设与教学改革密切结合；进一步完善配套教材、教学课件等教学资源；出版具有本校特色的、高水平的教材。

3. 师资建设和对外交流：培养省级教学名师；聘请校外兼职教师；增加对"三能"教师的培养力度，选派教师到旅游相关部门挂职锻炼；选派教师到国外大学进修和访学。

4. 实践教学：增加具有新兴业态的旅游实习基地，以不断满足实践教学的需要；进行旅游管理类综合实验室的配套改建；推进第二课堂（创业课堂）活动的制度化，并从人力、财力、物力等方面给予大力支持。

（三）第三阶段

1. 课程改革：总结教学改革的经验，进一步优化课程体系并成为全省示范课程体系。在原有基础上，加强已有精品课程的建设，继续努力申报省级和国家级优质资源共享课程；优质资源共享课程建设与和"三创"教学方法紧密结合。

2. 教材建设：主干课程和特色课程的系列教材编写和出版，形成具有旅游管理专业办学特色的、高品质、多品种并不断优化配套的教材体系。

3. 师资建设和对外交流：力争在教学团队中能够培养出国家级教学名师；邀请国内外知名专家教授和企业家进行学术交流，组织专业教师参加行业活动或国外考察。

4. 实践教学：一是完成系友创业示范点建设；二是完成校外创业实践基地建设；三是进行校内创业实验室建设。

四　预期成果

（一）主要成果

1. 确立"以生为本、以业为基、以创为导"的先进教学理念，建设一支省内领先全国有影响的体现"三创"精神的教学团队；

2. 建立国内先进的课程多维网络教学方式，完善符合旅游管理"三创"人才培养的课程体系；

3. 出版若干具有创意思想、创新思维、创业意识的主干课程教材，建设符合旅游管理"三创"人才培养的教材体系；

4. 建立模拟实验教学中心、实训实习教学平台、实践创业基地或旅游管理综合实验室等，引领国内先进实验教学方法，夯实实践教学建设。

具体成果如下：

1. 教学团队建设成果：实现 45 岁以下教师博士化；造就一支学术造诣好、教学水平高、科研能力强、师资结构优的教学科研团队，力争有教师成为全省乃至全国教学名师，并产出有重大影响的原创性教学研究成果。承担一批校级和省级教改课题，出版若干种旅游教育教学研究专著，发表一批教学专题研究论文。

2. 课程体系建设成果：以"三创"人才培养为核心，改革专业主干课程体系、每门课程的内容体系、"讲授·模拟·实践"教学方法体系，建设课程多维网络教学平台，形成比较成熟的能提升学生"三创"能力的培养方案和课程体系。力争有课程成为国家级优质资源共享课程。

3. 教学资源建设成果：在现有教学资源条件的基础上，构建一套理念先进、内容科学，符合"三创"人才培养的教材体系；建立网络教学平台和系列多媒体辅助网络教学课件；在教材编写与选用方面，逐步形成国际、国内、自编三者的有机结合的教材体系。编写若干种具有"三创"特征的旅游管理专业教材，力争有教材入选国家级规划教材。

4. 实践教学建设成果：不断完善旅游管理类专业实践教学规划和环节流程，建设模拟实验教学中心、实训实习教学平台、实践创业基地或旅游管理综合实验室等实践教学场所设施，丰富教学实践基地的类别与功能。完成系友创业示范点、校外创业实践基地、校内创业实验室建设。

5. 社会影响：切实提高本科生的培养质量和社会声誉度，提升一次性就业率和研究生录取率；将本专业打造成为全国有影响的具有"三创"特征的旅游管理人才培养基地。

（二）主要特色

旅游管理"三创"人才培养模式改革工程，体现了"加强学科基础、拓宽专业领域、优化教师素质、更新课程内容、改善教学方式、培养三创能力、注重创业实践"的专业综合改革建设思路。此种改革面向学生、面向行业、面向实践、面向创新、面向创业，体现了"过程的实践培养、方法的创业培养、学习的能力培养、人才的精品培养、目标的个性培养"等五大特色。

五　实施保障

（一）政策支持

建议学校继续历年来对该专业采取的倾斜支持政策，从专业培养方案的制定，到多样化教学模式的探索；从特色师资队伍的建立，到教材建设和科研项目设立；从课程体系改革和课程内容的优化，到实验实践教学环节的建设等，采取更加开放、鼓励、支持的态度，保证给予其充分的运作和发展空间，给予相对于其他专业更多的自主创新权。

（二）经费保障

学校在图书资料共享、实验室开放、教学信息管理系统、网络平台方面投入了较多资金，还将结合旅游学科建设、教学改革，拨出更多经费用于人才引进、外聘人员、进修访学、团队建设、课程优化、教材出版、实验室建设、实习基地设立、实践教学改革等方面，确保人才培养改革各项任务的顺利推进。在旅游管理"三创"人才培养改革工程申报成为各级教学质量工程后，提请学校按照有关规定加以配套，并实行经费专款专用。

（三）人才保障

学校应出台较为优厚的人才引进政策，建立有利于优秀人才脱颖而出的培养机制，实行引进与培养相结合，支持聘请高级专家和创业人员授课；建设一支安心工作、静心科研、专心教学的优秀师资队伍。同时，鼓励教师攻读博士学位，每年都有国内、外知名大学访问学者和著名大学对口支援的教师进修名额，这些机会向旅游管理专业倾斜。

（四）硬件保障

学校在教学硬件，如教学、管理、实验用房和网络教学资源建设与维护等方面予以保障，对旅游管理专业实验室的建设和改造给予大力支持。改善校外实践和校内实训基地等硬件条件。

参考文献

国家旅游局（2008）。中国旅游协会。全国旅游教育改革创新研讨会（材料）。杭州：会务组编印。

国家旅游局人事司（2010）。北京第二外国语学院、北京旅游发展研究基地。中俄旅游教育论坛论文集。北京：旅游教育出版社。

杨卫武（2008）。旅游与会展管理专业人才培养方案探索。上海：上海人民出版社。

杨主泉（2013）。旅游管理专业教育教学改革研究与实践。北京：旅游教育出版社。

中国经济管理基础课程教学高层论坛组委会（2008）。首届中国经济管理基础课程教学高层论坛论文集。北京：高等教育出版社。

中国经济管理基础课程教学高层论坛组委会（2011）。第二届中国经济管理基础课程教学高层论坛论文集。北京：高等教育出版社。

邹统钎（2013）。国际化旅游职业经理人培养模式。旅游管理国家级特色专业论文集。北京：旅游教育出版社。

中国大陆高等院校旅游会展教育官产学研结合走势与对策分析

邵士权　黄美凤　许紫薇

湖北大学

摘　要：高等院校是会展旅游人才培养的重要基地。中国大陆旅游高等教育经历了萌芽、整合发展、学科独立以及内涵发展等阶段，实践教学环节不断加强，官产学研合作模式逐渐成熟，但国家、学校和企业应进一步推进。

关键词：旅游会展教育，产学研结合，高等院校

The Trend and Countermeasure Analysis on MICE Education of Chinese Colleges about Government-Business-University-Research Cooperation

Shao Shiquan, Huang Meifeng, Xu Ziwei

Hubei University

Abstract：Universities and colleges in China are important bases to cultivate MICE tourism talents. Generally, universities and colleges in China went through four stages: emerging, integrated development, disciplinary independence and content development, which strengthened the teaching-practice procedure, accelerating the maturity of government-business-university-research cooperation gradually. These are the reasons why it still needed a further promotion.

Key words：MICE education，government-business-university-research cooperation，Universities and colleges in China

旅游会展包括各类专业会议、展览会与博览会、奖励旅游、大型文化体育盛事等活动在内的综合性旅游形式。旅游会展教育是应旅游会展的发展而诞生的一种教育，目前它已成为旅游教育持续发展和内涵延伸而形成的一个新的专业方向和领域。旅游会展教育是以系统地传授会展旅游专业知识和加强实践技能的培养和训练为教学模式的学历教育和职业培训。高等院校旅游会展教育是会展旅游人才培养的重要基地。高等院校旅游会展教育能培养出具有一定专业水平和专业背景的、符合旅游会展企业要求的人才，提高旅游会展人才的整体素质和能力。旅游会展人才经过高等院校的系统教育，具有扎实的专业基础，学习和吸收新知识的能力较强，能够在实践中迅速发展起来，成为旅游会展人才的主力军。

中国会展及旅游会展业始于"广交会"，兴于20世纪80年代，与国际其他国家相比，起步较晚。中国大陆会展教育滞后于会展业的发展，高等院校旅游会展教育刚刚起步，但呈现出良好的发展势头。官方、高校、企业正逐步加强合作，以期加强旅游会展教育官产学研合作实践，提高旅游会展人才的培养质量。

一　中国旅游高等教育发展演变

中国旅游专业学历教育始于20世纪70年代末。1978年及1979年9月，中国第一所旅游中等专业学校南京旅游学校和第一所旅游高等学校上海旅行游览专科学校（上海旅游高等专科学校的前身）相继建立，翻开了旅游学历教育的新篇章。

1987年12月，教育部颁布《普通高等学校社会科学本科专业目录》（［87］教高一字022号），将原有的98个经济管理学类专业减少至48个，其中，原有的旅游经济、旅游经济管理、旅游管理专业被统一称为旅游经济专业。专业名称的统一，促进了旅游教育的发展。

1998年，教育部颁布新的《普通高等学校本科专业目录》（教高［1998］8号），调整本科学科专业目录，在管理学门类工商管理一级学科下，设旅游管理二级学科，旅游学历教育进入新的发展阶段。

2009 年 10 月，国务院颁布 41 号文件，将旅游业定位为"战略性支柱产业"，强调和提升了旅游产业的重要地位。这一全新定位，对旅游业的发展起到了重要的推动作用，对旅游教育领域的影响则主要体现在确立了旅游教育的主流学科地位方面。《中国旅游业"十二五"人才规划（2011—2015）》的颁布实施，确立了"旅游人才在旅游业发展中优先发展的战略地位"；指明了"发展方式由关注劳动力及资本投入为主向关注科技创新、管理创新为主转变，发展模式由数量规模扩张型为主向质量效益提高型为主转变"的方向；确定了"加大旅游人才开发力度，努力形成旅游人才竞争的比较优势、培养造就一支规模宏大、素质优良、结构合理、与旅游业发展相匹配的旅游人才队伍"的目标。面对难得的发展机遇，以及飞速发展的旅游行业对高素质旅游人才的新需求，旅游教育进入了内涵式、集约化发展的新阶段。

2012 年 10 月教育部颁布《普通高等学校本科专业目录（2012 年）》，指出将旅游管理独立成为管理学学科门类下的一级学科，分设旅游管理、酒店管理以及会展经济与管理三个专业，此次本科专业目录调整，是中国旅游教育理念转型升级的里程碑，旅游会展教育地位凸显。

二　旅游高等教育重视实践教学环节

随着中国加入 WTO 和市场经济的深入发展，人们已经充分认识到企业竞争的关键在于人才的竞争，能否有效地进行人力资源配置、使用和开发，是关系企业生存发展的重大问题。各旅游企业要想在日益激烈的市场竞争中站稳脚跟，就必须在人力资源管理与开发方面寻求新的突破与创新。中国旅游局人事教育司陈志学副司长指出：改进旅游人才培养的机制首先是高等院校要根据旅游业的发展和人才市场的需求来调整和确定人才培养计划，尽可能做到"以需定产"。高等院校应根据人才市场的需求，调整教育、教学要求和培训要求，大力培养适销对路的旅游经营管理人才。

《2003—2007 年教育振兴行动计划》提出：各类高等学校和中等职业技术学校都要加强实践教学环节，密切与行业、企业和有关部门的联系，建立一批长期稳定的就业、创业和创新基地。并把就业率和就业质量作为衡量高等学校办学水平的重要指标之一。旅游专业只有主动走出去，与旅游企业建立广泛的合作，培养出企业需要的人才，才能保证实现较高的就业率，才能保证本专业的生存与发展。

2012 年 2 月，教育部公布了《教育部等部门关于进一步加强高校实践育人工作的若干意见》，其中明确提出要强化高校实践教学环节，规定了不同类型高校实践学分所占的最低比例，其中高职高专类学校实践教学比重最高，要求不少于 50%。意见指出，各高校要结合专业特点和人才培养要求，增加实践教学比重，确保人文社会科学类本科专业不少于总学分（学时）的 15%、理工农医类本科专业不少于 25%、高职高专类专业不少于 50%，师范类学生教育实践不少于一个学期，专业学位硕士研究生不少于半年。高等院校旅游专业应全面落实本科专业类教学质量国家标准对实践教学的基本要求，加强实践教学管理，提高实验、实习、实践和毕业设计（论文）质量。

高校实践教学模式有以下四种：教学与培训一体化、技能与素养一体化、第二课堂实践教学一体化、产学研合作实践教学。产学研合作实践教学是一种以就业为导向的综合性社会适用型人才培养模式。"产"即社会生产，"学"指专业知识教育教学；"研"意味着研究、钻研。随着中国高等教育的发展，产学研合作实践教学在高等教育中的重要作用和地位日益为教育界所认知，教育部门在对高等教育本科教学人才培养水平评估标准中，把"产学研"结合列为重要的评估指标。产学研合作实践教学能够实现旅游专业知识、素养与能力的一体化培养。

三　旅游高等教育官产学研合作的几种模式

（一）高校与政府合作模式

高校可以运用自身的教育资源，为政府主管部门提供智力支持，较为常见的是通过举办培训班、学历班及讲座等形式，帮助政府部门培养专业人才。例如北京第二外国语学院与北京市旅游局合作，承办呼伦贝尔市饭店管理人员培训班等。政府主管部门则可以向旅游院校提供实习岗位和专业培训。例如中山大学旅游学院与黄山市、桂林市政府合作，在市内建立旅游专业实习基地，培养旅游人才。

（二）高校与企业合作模式

高校与企业基于平等互惠的原则，由旅游院校为企业提供人才及智力支持，而企业则为学生提供实践岗位、实践教育等。学校通过与旅游企业的长期合作、交流，充分了解其对毕业生的需求，据此调整教学计划、授课内容及方式，培养"适销"人才，达到双赢。学校建立校外生产实习模式，由学校统筹安排或者是学校统筹与自主选择实习相结合；聘请旅游企业高层担任兼职教师，如华侨大学旅游学院聘请了40多位来自企业的高管担任客座教授或讲师；举办交流会和座谈会，邀请企业管理人员与学校教师及学生进行面对面的交流；通过开设培训班、学历班，举办讲座等形式，为企业培训人才，如暨南大学深圳旅游学院与深圳华侨城有限公司联合举办的华侨城旅游讲习所就定期开展内部培训活动，等等。

（三）高校与高校合作模式

院校联合培养模式，是指合作的旅游院校双方通过合作、互助，取长补短，达到双赢的设立合作办学机构或项目，建立合作办学关系，通过不同院校的优势互补，进行旅游人才培养工作。另一种是交流合作，即合作的院校之间并不设立合作办学机构或合作办学项目，主要是采取联合培养学生、跨校选课、师资交流与培训、聘请兼职教授、客座教授、部分教学设施等资源共享、学术讲座及科研合作等方式，建立一种交流式的合作关系，以此来开阔师生的能力及视野。由于相对于前者，合作交流的学校可以保持独立的身份，在招生、教学管理以及经费管理等方面均不受合作学校影响，更具有灵活性及可操作性，因此，目前大多数院校采取的都是交流合作的院校合作培养模式。

（四）多方联合培养模式

多方联合培养模式指旅游院校与政府、旅游组织及相关企业多方联合，为培养人才开展合作。最典型的例子就是广州大学中法旅游学院，其理事会的参与方多达14个。

四　旅游高等教育官产学研合作现状的思考与对策

（一）政府层面

政府有必要出台一定的政策，使产学研合作教育模式在制度上符合市场经济的规律，使学校与企业之间互惠互利，以此来提高校企结合的积极性。就目前来看，政府还没有任何一部关于产学研合作方面的法律法规。因此，有必要出台产学研合作教育相关方面的政策法规，规范和约束学校、政府、企业这三方的行为，建立和完善其保障机制，使我国旅游高等教育产学研乃至所有学科产学研走上健康发展的道路。

高等院校招生可根据相关企业用人要求而采取"订单"培养模式、"校企合作"工学结合（即旅游淡季上课、旺季实习的弹性学制）等多样化培养方式，向社会旅游企业高效的输送具备"双能"性人才（学术技能和实践技能），这样才能在根本上实现旅游高等教育产学、产研及学研的真正结合。

（二）学校层面

在旅游高等教育教师队伍中，普遍存在专业技能单一化、实战能力差等特点。可通过将旅游专业教师放置到企业中挂职锻炼、考取相应专业证书、参加景区景点岗位实践等方式提高其实践技能，通过设立"双师"培养基金、跨校交流等方式提高其积极性，同时通过聘请部分相关旅游企业的精英作为兼职教师，不断提高我国旅游高校"双师"素质。

高校课程体系需要改革。培养目标上由校企共同制定人才需求目标；课程设置可借鉴国外的市场化定制，以适应市场需求；在教学方面采取瑞士洛桑模式的店校合一模式并结合自身院校的特点，创办一定的经济实体（例如校内酒店、旅行社等），方便教学的同时提高学生的实践操作能力。

（三）企业层面

纵观各旅游高校产学研合作建设发现，普遍存在着旅游企业方面的积极性不高的问题，真正积极融入旅游产学研合作教育模式的企业还只是少数。旅游产学研合作教育要想得到健康发展，就必须通过各种途径来调动旅游相关企业与旅游高校联合的积极性。这就需要政府在两者中间进行协调，通过给予一定的财政补贴和政策法规支持等方式来激发旅游企业的积极性，同时学校也要积极主动与企业协作。只有这样，政府、旅游院校、旅游相关企业三者才能在旅游高等教育产学研合作发展上达到共赢。

参考文献

金辉（2003）。国际旅游院校会展教育的现状和我国的差距。旅游科学,1。

刘大可（2006）。中国高等会展教育发展态势分析。北京第二外国语学院学报(旅游版),5。

马勇等（2013）。基于新专业目录调整下旅游管理国家级特色专业点建设优化研究。当代继续教育,10。

邓峰（2014）。高校旅游管理专业产学研合作实践教学模式的探索。湘南学院学报,2。

金辉（2013）。国际旅游院校会展教育的现状和我国的差距。旅游科学,1。

国内旅游会展教育国际化途径探析

黄华干

贺州学院

摘　要：旅游会展已成为旅游业发展的主要方向之一，旅游会展也随之迅速发展起来。随着全球化的不断扩大与深入，国内旅游会展行业对旅游会展国际化专业人才不断增长的需求与国内旅游会展教育滞后的矛盾日益凸显。努力实现旅游会展教育理念与国际接轨，培养符合国内旅游会展行业需求的国际化旅游会展专业人才，是国内旅游会展教育的落脚点。基于对国内旅游会展教育现状的分析，国际化窗口的打造、官产学研创新合作、专业国际化建设、跨国联合培养等角度，探讨旅游会展教育国际化的有效途径。

关键词：旅游会展，教育，国际化，途径

Explore Ways to Internationalize Chinese MICE Education

Huang Huagan

Hezhou College

Abstract：MICE have already become one of the main developing directions of tourism. With globalization, contradictions between the increasing needs of international professional MICE talents and relevant education supplies become sharper. The targets of developing MICE education are trying to meet the requirements of international standard and cultivating professional MICE talents who are qualified in Chinese tourism markets. This study, based on the analysis of current MICE education evaluation, focuses on making an international platform, promoting government-industry-research cooperation, building major courses in an international standard, and training talents in different countries to explore effective ways to internationalize Chinese MICE education.

Key words: MICE, education, international, methods

一　前言

旅游会展业在我国作为一个新兴产业，其与旅游业互为依存、相互推动，但比旅游业具有更强的专业性和系统性，已成为一个集商品展销、经济洽谈、信息交流、文化交往、旅游观光度假等功能于一体的现代经济产业，以其令人瞩目的经济效益和社会效益成为一个新的经济增长点，也成为现代旅游业的主要发展方向。为了适应会展业发展对人才的需求，旅游会展教育在我国蓬勃兴起。早在 2005 年 1 月，时任国务院副总理吴仪在首届中国会展经济国际合作论坛上就曾明确指出：中国会展业必须要向国际化方向发展。之后的全国出国经贸展览工作会议上，"中国贸促会"会长万季飞也明确指出要走"会展国际化"的道路，随着全球化的不断扩大与深入，国内旅游会展行业对旅游会展国际化专业人才不断增长的需求与国内旅游会展教育滞后的矛盾日益凸显。旅游会展国际化专业人才匮乏问题已成为旅游会展业持续发展的"瓶颈"。因此，基于对国内旅游会展教育现状的分析，国际化窗口的打造、官产学研创新合作、专业国际化建设、跨国联合培养等角度，探索旅游会展教育国际化的有效途径意义重大。

二　国内旅游会展教育概况

改革开放以来，中国会展业经历了突飞猛进的发展，国家"十一五规划"更是将会展业列为国家重点发展产业。会展业素有"城市面包"和"经济的晴雨表"之称。美国有一位市长曾说："如果在一座城市举办会展，就好比有一架飞机在该城市的上空撒美元！"会展能为城市发展经济带来诸多好处。会展经济有助于中心城市增强面向周边地区的辐射力和影响力，增强对周边地区的服务功能。在华东地区的各个城市中，上海的基础设施条件最好、商务信息最为快捷、外商光临频率最高、人才相应集中，因而周边省市也希望上海能够成为华东地区的会展龙头，因为上海发展会展经济，受益的将是整个华东地区。

与国外先进国家会展教育相比，国内旅游会展教育存在着起步晚、底子薄、师资弱、理念旧等一系列问题。这些问题阻碍培养具备国际化视野和核心竞争力的国际化会展专业人才，难以为国内会展行业提供优秀的国际化会展人才，严重制约国内会展业的发展。高素质的会展人才脱离不了高质量的会展教育，会展行业的特点决定了会展教育必须是精英式的培养，国内传统闭门造车的粗放式传统教育无法适应时代潮流，不可能培养出优秀的国际化旅游会展人才。因此，国内应借鉴国际先进的旅游会展教育经验，充分吸收和学习国际先进的会展教育理念，结合自身实际，建立中国特色的国际化旅游会展专业人才教育培养体系。

如何全方位融入国际会展市场，并增强国内会展业的国际竞争力？国际化会展专业人才是关键。培养国际化的旅游会展专业人才应综合分析国内实际情况，与国际先进的会展教育理念和模式接轨（蒋旭，2014）。

三　国内旅游会展教育国际化途径

（一）基于 CEPA 打造国际化窗口

2003 年，中国商务部分别与香港和澳门签署了《内地与香港关于建立更紧密经贸关系的安排》（CEPA）、《内地与澳门关于建立更紧密经贸关系的安排》（CEPA）。虽然 CEPA 主要是一个侧重于经济贸易方面的协议，但其对教育体制、人才培养模式的影响也是深远和全方位的（苏淑欢，2005）。随着 CEPA 的逐步完善与落实，港澳与内地应寻求全方位的教育合作机会，在旅游会展教育合作方面，应积极打开局面，将局限于"珠三角"范围内的旅游会展教育合作延伸至内地，将港澳打造成国内旅游会展教育国际化窗口。首先，在统一主权不同制度下，内地、港澳三方应努力消除各种体制性障碍，理顺各种关系，通过多种管道实现旅游会展专业人才的联合培养，以促进内地旅游会展教育的国际化。其次，港澳与内地应以共同提高三方旅游会展教育国际化水平为出发点，构建宽领域、创新型、高成效的旅游会展教育合作框架。最后，基于 CEPA 框架培育和构建统一、开放、规范的教育合作市场，实现港澳和内地旅游会展教育资源共享。

在 CEPA 下打造旅游会展教育国际化窗口，可为内地提供快速国际化的发展机遇，内地旅游会展教育机构可共享港澳地区的国际化教育资源和经验，加快国际化进程。同时，随着合作的推进，港澳将获得更大的发展空间，利于促进港澳旅游会展教育事业的发展。由于港澳与内地在教育体制、发展模式等方面存在较大的差异，在推进旅游会展教育合作方面，三方仍有许多障碍要克服，如税收、学分互认、学历互认、学位等值等，均须在基于共同发展战略认识的前提下，由港澳和内地旅游会展业界及相关机构共同协商加以解决（黄其新，2010）。

（二）官产学研合作创新

官产学研合作创新，是国家创新体系、区域创新体系及其功能开发多元化、市场化和社会化的成功尝试。旅游会展教育机构通过官产学研合作创新水平的提高不仅对提升自身产业化能力，而且对旅游会展行业创新能力和区域创新能力提高都具有重要的意义。对于旅游会展教育实现官产学研合作创新，提出以下几点建议：

（1）促进旅游会展教育机构与官产学研各方知识流动

旅游会展教育机构（尤其高校）在创新开放化和互动化条件体系建设方面极具优势，通过建立官产学研各方的开放性、知识共享机制，加快对新知识的反应，增强旅游会展教育机构与官产学研各方知识流动的紧密度。

（2）建立"三位一体"合作创新机制

建立政府、产业、学术界"三位一体"的密切合作创新机制，以基础研究为中心的重点开发领域，这为官产学研合作机制的建立提供了有利条件。同时相关政府部门制订"教育创新经费倍增计划"，进一步强化旅游会展教育创新体系建设中的官产学研合作创新的引导功能。

（3）提高知识流动和人才配置效率

借鉴欧美先进国家官产学研合作模式，增强旅游会展教育机构研究与开发资源的社会化能力，在全球范围内提高旅游会展知识流动和人才配置效率。如美国高校研究与开发资金配置的社会化途径有三个方面：一是联邦政府、州政府用于产学研合作项目的专门基金；二是企业的合作投入与捐款，不少企业与大学进行合作研究，每年定额划拨经费给合作高校，一些大公司通常将其利润的 10% 左右捐助给大学；三是地方当局和小区的经费来源，这提供了高校服务于地方经济的能力。

（4）以行业需求为导向

根据国内目前实际情况，官产学研合作创新主体应以政府、教育机构、旅游会展典型企业为主，向政府引导、多方共同参与的格局转变。旅游会展教育的官产学研合作创新模式必须改变传统的合作方式，应以行业需求为导向。同时要搭建官产学研合作创新信息交流平台，通过有效的信息服务实现跨领域的旅游会展教育资源共享。

（三）旅游会展专业国际化建设

专业建设应以市场需求为导向，由此统领人才培养的方向。旅游会展国际化专业人才的培养就要求专业建设的国际化，对于旅游会展专业国际化建设，提出以下几点建议：

（1）构建国际化会展学科理论体系

引进德国、美国、日本等先进国家成熟的会展学科理论，并与国内会展学科理论交叉融合，结合旅游会展行业特点，从科学研究、课程设计、教学风格突出会展学科理论特色。同时，通过动态整合提升国内会展学科理论国际化的广度和深度，以构建有中国特色的国际化会展学科理论体系。

（2）制定国际化旅游会展教育模式

作为世界会展强国的德国，其会展教育模式以校企合作办学、注重行业实践等特色而举世闻名。中国旅游会展教育起步虽晚，但可根据中国旅游会展特点有选择地借鉴德国先进的会展教育模式，对德国模式进行中国化，制定有中国特色的国际化教育模式。教育行政管理部门可引导部分高校和企业尝试新型的校企合作培养方式。高校善于理论研究，企业善于实务操作，因此双方可以优势互补，尝试校企合作投资创办旅游会展学院，高校负责提供师资和组织教学活动，企业参与招生选拔、接纳学生实习和就业（岑健、顾爱怡，2010）。

（3）师资队伍国际化建设

国际化旅游会展专业人才的培养，归根结底要有国际化的师资队伍。引进和培养高水平的有国际视野的学者，是提高国内旅游会展专业教学与科研整体国际化水平的关键因素。旅游会展专业师资建设必须走国际化道路，相关的教育行政主管或科研规划部门，应在项目、师资培训等方面给予资金和政策扶持，为旅游会展教育工作者提供更多的国外培训机会，以便吸收国内外最新知识与研究成果。

（四） 跨国联合培养

跨国联合培养节约学科建设、专业建设、师资队伍建设的经济成本和时间成本，可让学生快速、直接接受国外先进的教育模式。在国内跨国联合培养人才已很普遍，但在旅游会展专业人才培养方面涉及甚少。可借鉴国内成熟的跨国联合培养人才的模式，寻求与国外旅游会展教育先进的高校（如德国的瑞文斯堡大学、巴登霍恩夫国际应用技术大学和英国的谢菲尔德哈勒姆大学等）合作，建立旅游会展国际化人才的跨国、跨学科、跨文化人才培养模式及教育体系，实施与国际接轨的办学运行机制、质量保障体系和教学管理体系，实现"跨国、跨学科、双边对等招生、联合培养、联合答辩、联合授双学位、融合文化"跨国联合培养模式。

四 结语

随着全球化的不断扩大与深入，国内旅游会展行业对旅游会展国际化专业人才不断增长的需求与国内旅游会展教育滞后的矛盾日益凸显。国内旅游会展教育应在 CEPA 下积极与港澳合作，将港澳打造成国内旅游会展教育国际化的窗口。同时，从官产学研合作创新、专业国际化建设、跨国联合培养等角度寻求国际化途径，培养符合国内旅游会展行业需求的国际化旅游会展专业人才，以促进国内旅游会展业持续健康发展。

参考文献

岑健、顾爱怡（2010）。德国会展教育模式在中国的适应性研究。商业时代，26，131。

黄其新（2010）。CEPA下澳门与内地旅游会展教育合作机制建设研究。青岛酒店管理职业技术学院学报，2（1），59－60。

蒋旭（2014.04.11）。高校会展教育与国际先进会展教育理念接轨的必要性及现实意义。取自 World Wide Web：http：//www.cnki.net/kcms/detail/11.3173.G4.20140411.1108.010.htm.

苏淑欢（2005）。EPA下政府对粤港澳高校教育合作支持的思考。广州广播电视大学学报，5（1），6－10。

高校旅游管理类专业人才培养的
目标定位与理念创新

周　霄

武汉轻工大学

摘　要：高校旅游管理类专业学科地位的提升给其人才培养模式提出了创新要求。在分析高校旅游管理类专业人才培养现实困境的基础上，指出应以培养具有高度专业认同感和远大职业抱负的中高级职业经理人作为人才培养的目标定位，走"精英化"发展的必由之路，同时从素能结合、德艺共育、学思相成、知行合一、因材施教五个维度构建了高校旅游管理类专业人才培养的全新理念。

关键词：旅游管理类专业，人才培养目标，理念创新

A Theory Contribution and Target Positioning
in CultivatingProfessional Tourism
Management Talents in Colleges

Zhou Xiao

Wuhan Polytechnic University

Abstract：New conditions are required as Chinese tourism management is being upgraded. This study, based on analyzing the realistic dilemma of cultivating college tourism management talents, pointed out the cultivating target talents were senior professional managers' elites with highly professional identity and big career dreams. The contribution of this study was to build a new theory system which could balance the ability and humanity, morality and accomplishment, learning and reflection, knowledge and action, and individualization educating in cultivating talents.

Key words: Tourism Management major, talents training objectives, theory contribution

一　引言

在教育部 2012 年 10 月最新颁布的《普通高等学校本科专业目录（2012）》中，旅游管理专业由原来工商管理门类下辖的一个二级专业升级为管理学科下与工商管理门类并列的一个独立门类，现行的旅游管理门类下辖旅游管理、酒店管理、会展经济与管理、旅游管理与服务教育四个二级专业，其中旅游管理与服务教育为特批设置专业。这一变化使旅游管理的学科专业地位得到极大提升，是我国旅游产业稳步迈向国民经济战略性支柱产业的必然结果。新的时期和新的形势对我国高等学校旅游管理类专业的人才培养也提出了新的要求，迫切需要创新旅游高等教育人才培养模式，而准确的培养目标定位和科学的教育教学理念恰恰是人才培养模式创新的基础。需要指出的是，本文的研究对象特指高校本科层次旅游管理类的专业人才培养，仅涉及旅游管理、酒店管理、会展经济与管理三个行业特色鲜明的二级专业。

二　高校旅游管理类专业人才
培养的现实困境

我国的旅游高等教育伴随着改革开放的步伐和旅游产业的壮大从无到有、从小到大，经过 30 余年的高速发展，取得了较为显著的成就。客观地讲，在旅游高等教育规模化扩张的背后也显露出一些亟待解决的现实问题。

1. 体制障碍导致选才标准缺失。旅游行业的特殊性给其从业人员提出了基本的身体素质标准，然而在现行的招生体制下，旅游管理类专业对人才的这类特殊要求难以得到满足，因此给学校培养高质量的人才带来不少困难。绝大多数高校的本科旅游管理类专业在招生过程中都没有面试环节，即使极少数高校安排了面试，但迫于招生压力及招录政策规定必须按高分到低分录取的现实，面试也就成了走过场，这就致使一些身高、面貌、体态等不符合旅游类专业要求的学生也被录取进来培养，为其今后的就业和职业生涯发展埋下隐患。因而在招生阶段对高校旅游管理类生源的自然条件有所选择是对学生负责的重要手段。

2. 缺乏认同导致人才严重流失。中国旅游研究院院长戴斌在2014年10月举办的第二届旅游教育与培训国际论坛上指出："认同与热爱是旅游人才培养的核心导向"。诚然，缺乏对旅游行业的认同感已经成为现时广大旅游管理类大学生的普遍心理共性，受传统思想和社会偏见的影响，他们认为服务性行业"层次低"，不屑于从事旅游行业尤其是一线工作，扭曲的专业心态造成其毕业生的大量流失。有关统计资料显示，上海某高校旅游管理专业毕业生，毕业后第一年的流失率就高达50%，其后两年中，流失率甚至攀升至80%。五年后，只有少数几个人依旧坚守在旅游企业。由此可见，培养学生的专业兴趣，端正学生的职业思想，树立学生的职业抱负成为高校旅游管理类专业人才培养工作的重中之重。

3. 目标失当导致市场供需错位。高校旅游管理类专业本科教育是介于专科教育和研究生教育之间的核心层次，专科教育专精于培养掌握一定专业理论知识、较强操作技能的应用型人才，研究生教育侧重于培养具备扎实理论基础、较强研发能力的研究型人才，而本科教育的人才培养目标到底应该是什么？这一实际问题给很多旅游高等院校造成困扰，模糊而失当的人才培养目标加上一味追求规模扩张必然带来市场供需错位的结果。以酒店管理专业为例，据三星级宾馆抽样统计，员工中75%左右为中专学历、20%左右为专科学历，本科学历所占比例仅为5%左右。而现状是我国许多地区出现本科生与专科生在校人数上的"倒挂"现象，这也预示着旅游管理类专业本科生在人才市场上供过于求的局面难以避免。

三　高校旅游管理类专业人才培养的目标定位

培养目标是高等学校一切教学活动的出发点和归结点。高校旅游管理类专业人才培养目标必须适应现代高等教育发展的趋势和旅游产业发展的需求，强调在管理学科平台上实现素质、能力、品德、知识等要素的有机复合。按照旅游管理门类的专业细分，其人才培养应主要面向旅行社业、酒店业和会展业，同时兼顾相关行业和社会公共领域的用人需求，以培养行业精英为己任。关于精英人才的内涵，学术界呈现出百家争鸣、聚讼纷纭的局面，笔者比较认同的观点是：真正意义上的社会精英应该有着远大的社会理想，有着肯关注社会基层和从社会基层做起的人生规划，渴求在各自领域为社会创造更多的精神财富和物质财富，彰显出自身更大的人生价值。

在上述认识的基础上，高校旅游管理类专业人才的培养目标可以表述为：培养热爱社会主义祖国，德、智、体全面发展，具有高度的旅游专业认同感和远大的职业抱负，掌握系统的旅游管理专业知识体系，具备人文与科学素养、创新精神和实践能力，能够胜任旅游企业中高级管理岗位工作的复合型人才。简而言之，培养专心服务于旅游企业的中高级职业经理人，成为高校旅游管理类专业本科教育应当承载的社会责任。需要指出的是，尽管我们提出将高校旅游管理类专业人才培养的目标定位为旅游企业的中高级职业经理人，但并不意味着将刚刚走出校门的毕业生直接送上旅游企业的管理岗位，旅游产业涉及的相关行业都是操作实践性很强的行业，它要求管理者必须熟悉基层的业务工作，甚至需要从最基层的岗位干起。

表1　三大旅游高等教育层次人才培养目标定位对比

	专科教育层次	本科教育层次	研究生教育层次
人才培养类型	应用型技能人才	复合型管理人才	研究型创新人才
知识结构要求	具备一定的理论知识、较强的实务技能	具备较强的理论知识、一定的业务技能和综合的管理能力	具备扎实的理论知识、较强的研发能力
职业生涯定位	一线首席员工、基层管理人员	中高级职业经理人	专业教师、研究人员

四　高校旅游管理类专业人才培养理念的五维构建

教育教学理念是高等学校人才培养工作的指导思想，体现了人们对高校教育教学工作持有的基本态度和看法，反映出人们对于高校教育教学活动内在规律的认知。在既定的高校旅游管理类专业人才培养目标框架下，坚持科学的教育教学理念是有效提升人才培养质量的重要保障。基于对当前我国高校旅游管理类专业人才培养过程中普遍存在的重能力轻素质、重知识轻思想、重灌输轻启发、重理论轻实践、重共性轻个性等弊端的反思，提出"素能结合"、"德艺共育"、"学思相成"、"知行合一"、"因材施教"的创新理念。

1. 坚持"素能结合"的理念。素质是指人所具有的基本特点和修养，它构成了高校旅游管理类专业人才培养的基本选才标准，主要包括自然素质和社会素质两个方面。自然素质与生俱来，具有一定的先赋性，如较好的体格特征、外向型的性格特征等；社会素质则是在后天的生长环境中习得或形成的，如良好的文化修养、求真务实的科学精神等。能力是指能够完成某种活动或某项事业所必须具备的个性心理和行为特征，它为高校旅游管理类专业人才培养提出了明确的规格要求，包括良好的学习能力、适应能力、沟通能力、组织能力、决策能力、创新能力和专业能力等诸多方面。"素能结合"的导向有助于在选才、育才、成才的全过程严格控制人才培养质量。

2. 坚持"德艺共育"的理念。所谓"德艺共育"是指高校旅游管理类专业人才培养要遵循"德才兼备、以德为先"的基本原则，这里的"德"是一个泛化的概念，涵盖社会层面和职业层面的双重内涵。就社会层面来说，"德"的内涵包括坚定的政治立场、觉悟和信仰，强烈的社会责任感和社会主义荣辱观，较强的公民意识和法制观念，科学的世界观、人生观和爱国主义、集体主义思想等；就职业层面来说，"德"的内涵则包括热爱旅游事业，对旅游职业高度的认同感，远大的职业抱负和为旅游事业执着奋斗的信念，爱岗敬业的职业道德情感和强烈的职业忠诚度等。"德艺共育"的理念体现出现代全人教育思想的核心。

3. 坚持"学思相成"的理念。长期以来，我国高校旅游管理类专业人才培养尤其是课堂教学过程中普遍采取单向灌输式的知识传播方法，致使教师的教学和学生的学习都显得比较被动，教学效果差强人意。学生学习的主观能动性没有得到很好的调动，不能变"我要学"为"要我学"，应该是形成这种状况的主要原因之一。在"学思相成"的理念指引下，讲授式教学的比重会降低，而且在讲授方式上更加注重"论而有道"，不仅要让学生在接受知识时"知其然"，还要"知其所以然"。相对而言，案例式、启发式、探究式、讨论式甚至辩论式教学的比重则会有所增加，旨在为学生营造独立思考、自由探索、勇于创新的良好学习环境。

4. 坚持"知行合一"的理念。"知行合一"的理念强调理论联系实践，要求高校旅游管理类专业人才培养在教学流程设计中兼顾课堂上的课程教学环节与课外的实践性教学环节。由于课堂上的课程教学主要为学生提供以书面知识为主的知识体系和结构，帮助其建立具有一定基础性和专业性的知识背景，在学生素质和能力培养方面往往显得力所不逮，而加强实训实习、课外活动、社会实践等实践性教学环节则可以弥补这方面的不足，上述这些实践性教学环节又有多种不同的形式，如实训实习包括军事训练、模拟训练、专业实习、毕业实习；课外活动包括以体现群体合作为目的的社团活动、以体现社会责任为目的的公益活动等；社会实践包括以了解社会现实为目的的社会调查、以积累工作经验为目的的企业实习等。

5. 坚持"因材施教"的理念。进入大众化教育阶段后，随着我国高校旅游管理类专业学生人数的急剧膨胀，人才培养方式"工厂化"的痕迹越来越明显，学生被当作标准化产品在教学流水线上批量生产，人才质量同质化严重，毫无个性与创造力可言。显然，这种异化模式中培养出的毕业生很难适应社会和行业对人才的多元化需求。"因材施教"的理念关注学生的个性差异，致力于发展每一个学生的优势潜能。然而，践行这一理念要求旅游高等院校做出适当的经济利益让渡，首先需考虑适当控制人才培养的规模，其次应积极探索教学管理制度改革，如推行"本科生导师制"、"分层教学制"等，使教学工作有的放矢。

参考文献

黄其新、陈燕妮（2013）。从办学使命看我国大学教育的异化与回归。华北电力大学学报(社会科学版),6。

教育部高等学校工商管理类学科专业教学指导委员会（2010）。全国普通高等学校本科工商管理类专业育人指南。北京：高等教育出版社。

田里、马勇、杜江（2007）。中国旅游管理专业教育教学改革与发展战略研究。北京：高等教育出版社。

吴必虎、胡晓芬、张丽（1998）。中国旅游教育体系的结构研究。桂林旅游高等专科学校学报,9。

武嵩昊（2007）。浅析大众化教育时代的精英教育。黑龙江教育(高教研究与评估),7/8。

周霄、马勇、刘名俭（2012）。高校旅游管理专业应用型人才培养创新模式系统构建研究——基于"素能结合"的导向。现代商业,6。

本科院校会展专业人才培养需要"大学人文精神"

张海英　方　凯

仲恺农业工程学院

摘　要：促进会展业健康发展，人才培养是关键。我国的高等教育忽略对本科会展人才大学人文精神的培养，不利于培养会展业健康发展需要的高级会展人才。从会展业对社会的重要作用、会展业本身的特点，以及为保证会展教育中政产学研协同育人的效果等几方面来看，本科会展人才的培养不能缺失大学人文精神。培养具有人文精神的本科会展人才过程中，如何充分利用政产学研一体化协同培育、专业教育与人文素养如何有机结合的问题值得思考。

关键词：本科会展人才，大学人文精神，会展业，政产学研

College Humanity Spirit Is Needed in Cultivating MICE Talents

Zhang Haiying, Fang Kai

Zhongkai University of Agriculture and Engineering

Abstract：Cultivating talents is the key to promote MICE. The ignorance of College Humanity Spirit in fostering talents in China higher education may not be supportive in cultivating high-ranking MICE talents. College Humanity Spirit is needed to cultivate MICE talents because of the following reasons：the importance of MICE to society, its natural characteristics, and the warranty of nurturing MICE talents with the method of gov-ernment-industry-college-research, among many others. However, some problems deserve a thorough consideration in best synthesizing the govern-ment-industry-college-research method, professional education and human-istic quality.

Key words: MICE talents, MICE, government-industry-college-re-search, college humanity spirit

　　会展业作为一个城市、地区和国家经济与社会发展的"助推器"，越来越受到各国重视，我国"十二五规划"就明确提出要促进会展业健康发展。促进会展业健康发展，人才培养是关键，而致力于培养行业骨干和精英的本科高等院校被寄予厚望。我国的本科会展人才培养从 2004 年 3 月国家教育部正式首次批准上海师范大学旅游学院和上海对外贸易学院设立"会展经济与管理专业"才开始起步，2010 年前，对"会展人才培养"的专门研究很少。上海世博会前后，对会展专业人才培养的探讨开始迅速升温，从宏观的会展高等教育的理论和方法探讨，到会展专业人才培养的理论和方法研究、人才培养模式的构建，细到人才结构、教师队伍、课程包括理论课程和实践课程的设置、教材开发，具体到课程课堂设计、实训操作案例等，取得了不少成果，尤其是在产学研合作、协同培养会展人才方面的积极探讨，有效地提高了我国会展本科人才的教育质量，促进了我国会展业的迅速发展。然而，纵观这些研究成果，发现在本科会展人才培养中存在"大学人文精神"缺失的问题，不重视这个问题，会展高等教育中政产学研一体化就将失去"精神"支持，输送出去的学生也无法在需要高度敬业精神、服务精神和很强责任感的会展业发挥有效作用。本文从大学人文精神着手，探讨培养本科会展人才大学人文精神的重要性，并就培养方法提出了一些思考。

一　什么是"大学人文精神"

　　关于"大学人文精神"，我国最早在《大学》里有论述："大学之道，在明明德，在亲民，在止于至善"，虽然这里的"大学"不同于我们现在所讲的大学，但实际上阐明了大学的宗旨，即大学人文精神的根本在于培养"具有完善人格的人"。柏林大学首任校长著名哲学家费希特认为"大学的根本任务是培养人，即以人为本。不仅要传授学生专业知识，更要培养他们的人文精神"，并以此引领现代大学的人文精神信仰，使人文精神成为现代大学教育的核心。可以说，大学教育成功与否，很大程度上取决于能否给予学生正确的人文精神教育。所以，郭明顺（2008）认为"大学最根本的职能和最核心的价值始终是促进人的发展，培养有修养、个性和谐、全面发展的人"。

那何谓"大学的人文精神"？大学的人文精神是在大学的历史发展过程中长期积淀下来的正确处理人与自然、人与社会、人与他人、人与自身关系的价值观和行为规范（白雪峰，2010）。不同文化背景的学校有其各具特色的人文精神，很难给出一个准确定义。陈胜婷（2008）在《试论大学人文精神的构建》中认为"大学人文精神"的内涵包括：高扬人的价值，追求人自身的健全和理想的达成；谋求个性解放，建立自由、平等、和谐的人际关系；秉承理性原则和主体意识；重视终极追求，执着探索超越现实的理想世界和理想人格；拥有强烈的社会责任心和历史使命感，以及永恒的道德精神；倡导人与自然的可持续发展。从人才培养的角度，其实质主要包含两个方面的内容：一是培养"完全的人"，"以人为本"，重视个体的独特性，突出人格培养，强调人的全面、和谐发展；二是培养"社会人"，强调社会责任感和道德情操的品性养成。

二　我国本科会展专业人才
培养中人文精神的缺失

1. "本科会展专业人才"的独特性被忽略

根据"以人为本"的教育理念，"本科会展专业人才"的培养应该有它自己的独特性和规律，不同于其他类别会展人才的培养。但目前为了适应快速发展的会展业的需要，以及为了推行应用型人才培养，会展专业"本科人才"的提法被淡化，有趋同于高职会展人才的趋势，这从本科类会展人才培养的研究中可见一斑：到目前为止，很少全面探讨"本科会展人才"与其他层次的会展人才应该具有什么样的识别度以及如何培养会展业的本科类人才的文章。以中国知网的查询为例，用篇名查询，输入"本科会展人才培养"、"本科会展人才"或者"会展本科人才"，查询结果均为

"0"。改用摘要查询，输入"本科会展人才"，查询结果为"0"；输入"会展人才"，然后输入"本科"进行二次搜索，选择"结果中检索"输入"本科会展人才"，查询结果为"0"；输入"会展本科人才"，结果为"1"。改用全文查询，输入"本科会展人才"，查询结果为"2"。用篇名查询，输入"高校会展人才培养"，结果为"14"；输入"高校"并含"会展人才"，查询结果为"19"。文字的表述也许不能说明很大问题，但至少表明很少有研究者重视"本科会展人才"区别于"会展人才"、"高职会展人才"的独特性。

2. "本科会展人才"被"工具化"，忽视其人文精神的培养

随着我国高等教育的大众化，我国本科人才被"工具化"早已不是秘密，而新生的"本科会展人才"因为会展学科很强的应用性，"工具化"程度更高。仔细查看搜寻到的文章，几乎所有关于"会展人才培养"的研究，无论是本科教育还是高职教育都基本是建立在把"会展人才"定义为"会展业工具人"的人才观基础上，表现在：

第一，研究者不重视对会展人才人文精神的研究。同样以中国知网查询为例，用摘要查询，输入"会展人才（培养）"并含"人文精神"，查询结果为"0"。用全文查询，输入"会展人才（培养）"并含"人文精神"，查询结果为"57"。仔细查看这57篇文章，几乎没有在实质上涉及要重视会展人才人文精神的培养的。

第二，忽视会展人才人文精神的培养。这体现在探讨会展人才培养时几个方面的局限：

在论述"会展人才"需要满足的条件方面，只强调知识与技能方面的要求，如余国扬等（2004）、陈天培等（2008）的文章，只提出会展人才培养中的知识与技能要求。即便有提到素质教育要求的，也仅仅把它作为一种补充，如李秀斌等（2010），虽然也提出大学教育不能庸俗化，要注重博雅教育，以提高人文素质，但这些观点只是一笔带过，论文探讨的主要是会展产业如何参与到会展人才的创造与培养中，以便批量地提供经过系统知识传授和专业技能训练的高层次劳动力。再如刘大可（2006），虽也坚持大学要教学生做人，教学生学会思考，但在其对中国高等会展教育未来发展的建议中根本未提及这方面内容。

在培养方法和途径上，大多数会展人才培养（模式）的探讨，都着重在知识结构的构建、专业能力和综合能力的培养方面，而应用型会展人

才培养（模式）的探讨尤其是产学研联合培养或校企合作培养方面的探讨文章基本忽略提及人文精神，关注的是课程体系建设、实践教学手段创新、联合培养方法创新等。如陈兴等（2013）提出的应用型会展专业本科人才培养思路中，探讨的是培养目标、课程体系建设、实践教学安排、师资力量培养、教学方法和手段创新等系列环节。

在培养目标方面，实质都是培养具有鲜明职业特点的专业人才。查看一些综合性大学中会展专业的人才培养方案，可以发现这些大学对人才基本素养的培养要求仅限于文字，没有像美国会展专业本科教育中列出人类学、社会学、哲学、艺术、民间传说、音乐等通识课程作为支撑，直接导致诸如"德智体美等全面发展"、"培养适应社会主义市场经济需要，具有良好的职业道德和服务精神"等最后只能沦为一句空话。即使是关于研究型大学会展专业人才培养的研究，也忽略大学人文精神，把大学沦为高级管理人员专业知识和职业技能的培训场所。如张俐俐等（2008）认为研究型大学会展专业的培养应该以市场需求为导向，培养出"具有良好创意、策划、组织、管理与协作能力，既掌握会展设计的基本方法和技能，又具有现代会展管理理论和知识，能对会展及相关活动进行设计、规划与管理的技术应用型与复合型人才"。并把计算机技术基础系列课程、人文经管系列课程、科学技术系列课程作为其素质教育的内容。

这样的会展人才观实际是把会展人才定义为在会展领域中掌握相关专业知识、具备一定专业技能、拥有一定素质、为会展活动提供各种服务的"人力资源"或者说是"劳动力"。而仅仅作为"人力资源"的"人"严格说只能是"工具人"，而不是和谐社会需要的"具有鲜明道德意识、人格健全的社会人"（郭明顺，2008）。

3. 培养过程缺少对学生的人文关怀

一是学校缺乏人文情怀，没有"以人为本"的教育理念。长期以来，中国大学的行政化导致官本位思想严重，对师生都缺少人文关怀，教育管理不够人性化，忽视学生个体发展，无法满足学生的个性需求，更忽略了学生健康人格的精心呵护和培育。大学在忙于新校区建设、应付各种教学检查、教学评估中，为了达到各项硬性指标的合格，匆忙上项目，花大笔钱装点门面，却在教师队伍等软件建设上斤斤计较，吝于投资。会展专业作为新专业，在硬件软件尤其是亟待解决的师资建设上得不到应有的扶持，这直接影响会展人才培养质量。

　　二是大学本身在扩招过程中出现一些弊端使会展专业人才培养过程无法实现人文关怀。"会展热"导致的高校会展专业扩招与会展师资的缺乏使高校会展专业的师生比严重失调，大班上课，无法实现因材施教；大学城或新校区远离市区让需要更多实习实操训练的会展专业学生失去很多实践机会；很多高校近两年才开始设立会展专业，教学硬件软件都在建设中，学生无法享受专业教育应该给予的学习资源；高校女性教师多，由于承载家庭、事业的责任，教学、科研压力又大，还要在新旧校区间来回奔波，很多时候无暇顾及学生，造成学生无处求教，师生沟通严重欠缺，学生无法得到人文关怀。

　　三是教育者本身缺乏对学生人文精神培养的热情。大学现行机制没有有效激励教师关注学生人文精神的培养。另外转型时期社会普遍浮躁，功利主义、利己主义、拜金主义等不良风气也对大学教师队伍造成不良影响，教师本身也缺乏人文精神。

三　培养本科会展人才不能缺失大学人文精神

　　1. 从会展业对社会产生的重要影响看，合格的"本科会展人才"需要拥有"大学人文精神"。会展业是"经济与社会发展的助推器和晴雨表"、"城市建设的加速器"、社会进步和发展的展示窗口、高效的交易中心（金辉，2011），这就要求高级会展人才必须有高度的社会责任感和使命感，良好的奉献精神和服务精神，以及高尚的人文情怀。而本科教育就应担负起输送这类会展人才的重任，为社会培养"脊梁"，换句话说，大学会展专业应该为社会发展输送出合格的"本科会展人才"。

　　何谓合格的"本科会展人才"？探讨此问题要回归到"本科人才"的界定。毋庸置疑，本科院校人才的培养应该区别于高职教育，回到大学的本质。武汉大学前校长著名教育家刘道玉（2008）认为，"大学的具体培养目标主要体现在三方面：一是强调完整的、全面发展人的培养，形成健康向上的人生价值观；二是强调从综合和整体层面上获得知识和文化素质的养成；三是强调基本思维方法与能力的训练"。反思我国的大学教育，我们在打破自己的传统后先学西方后学苏联，后又转过头来学西方的过程中没有建立起适合自己的教育理念，因而在大学前的"素质教育和应试教育"、大学中的"通才教育和专才教育"之间徘徊不定，缺乏对学生人文精神的培养，导致社会转型期间丧失了人文精神滋养的大学校园近几年来不断出现学生诚信缺失、道德素质低下、普遍的迷失等现象，所以，中国大学只有回归大学理念，重构大学人文精神，坚持大学教育本质即首先培养"人"，然后才成"才"，才能培养出真正的"中国脊梁"。正如傅雷在家书中教导儿子傅聪"首先要成为一个人，其次是成为一个艺术家，最后才是成为一个钢琴家"。基于此，合格的"本科会展人才"首先是拥有健全的人格、高尚的情操、完善的道德、社会责任感和宇宙眼光、具有人文精神的"人"，其次才是具有完备的会展专业知识和很强专业能力的专业人士。

2. 从会展业本身的特点来看，"本科会展人才"的培养不能缺失大学人文精神。只有综合素质高、全面发展、具有人文精神的高级会展专业人才，才能推动会展行业的可持续发展。这是因为：

第一，会展业导向性强、凝聚性高，办好会展本身就需要贯彻人文精神。从会展业的导向性看，会展业是展示人类智慧、展现人类社会发展成果、代表人类社会发展方向的产业，要引导人类智慧与自然和谐相处、引导产业健康持续发展、人类文明持续进步，都离不开人文精神。从会展业的凝聚性看，会展要把巨大的人流汇聚在一起，必须选择人性化程度高、安全优美的宜居地区。

第二，会展业综合性高、联动性大、交融性强，需要会展人有良好的团队协作精神、高度的社会责任心，甚至使命感。尤其像一些关系到一个城市、地区和国家形象和发展的大型会议、节事活动、赛事或博览会，需要全体会展人精诚合作、全情投入，比如中国办奥运会，是举一国之力向世人展示中国，宣传中国，所有参加人员都必须具有高度的社会责任心、为国争光的使命感。

第三，会展业属于服务行业，需要会展人具备良好的职业道德、敬业精神、服务精神。培养这些精神在功利主义和享乐主义盛行、道德意识缺失现象很普遍的当代中国大学尤显迫切。

3. 会展教育中开展政产学研协同育人需要大学人文精神的支撑。会展业对社会经济发展的重要性、会展实践发展快、会展专业应用性强等特点，加上专业师资缺乏使会展教育必然地要选择政产学研协同育人的道路。而政产学研协同育人，从学生角度看能否产生成效主要决定于以下两方面，这两方面都需要学生具备大学人文精神，抛弃功利心，踏踏实实在实践中成长，进而真正达到育人目标：一方面是学生的态度。学生只有真正认同这种育人的价值而予以积极配合，才能主动学习和感知并进而真正受益。如从与企业的合作来看，最初的、学生能大量参与的合作都只能是会展业中支持性或辅助性的工作如现场服务、布展、接待等，核心工作如策划、运营只能容纳少量的学生作为协助人员参与，苦、累甚至脏是正常的。从一线工作做起，说起来容易，但在实践中，没有正确价值观和敬业精神的学生对这些基本相当于基层服务性质的工作会产生抗拒，大大影响合作意向和效果。另一方面是合作是否顺利。有效协调各方利益是政产学研协同育人顺利进行的关键，而学生群体作为受益方之一和主要人力资源，他们是否有良好的合作精神、敬业精神以及很强的服务意识和责任心，不斤斤计较于报酬，会直接影响协调的效果。从我们开展过的校企合作实践中，有时候由于学生缺乏以上提到的素质，导致合作不顺利，甚至不得不中断合作。

四　培养本科会展人才人文精神中的一些问题

大学人文精神的培养主要可以从以下几方面着手：一是树立"以人为本"的教育理念，实现真正以学生为中心，尊重学生需求，注重学生个性发展；二是建立人性化的教学管理制度，运用灵活多样的、更富人文关怀的教育方法。如导入导师制、助教制，多渠道建立师生沟通通道，多采用探究式、小组讨论、团队项目驱动等教学方法，实现真正的因材施教，帮助学生成为"我自己"；三是在校园中营造良好的人文氛围，加强校园文化建设；四是重视教育者人文精神的培养。这些途径同样适用于会展专业，只是会展专业更要强调社会责任感、敬业精神和服务精神的培养。由于本科学生人文精神培养途径的相关论述还比较多，这里不多赘述。在此，根据会展业和会展专业的特点，提出培养本科会展人才"人文精神"的一些思考：

1. 如何充分利用政产学研一体化，协同培育具有人文精神的专业人才。以上提到政产学研协同培育是会展专业人才培养的必需选择，因此很有必要探讨在政产学研一体化中，如何充分利用各种资源因势利导合力培养学生的"人文精神"。首先合作各方应该对此达成共识，在制定合作目标时，增加学生"人文精神"的培养内容；其次在培养策略上，应根据各方优势分工协作，如政府可以着重培养学生有长远目光、有使命感和社会责任感等，企业着重培养员工爱岗敬业、吃苦耐劳的精神等，学校着重引导学生深入思考、严谨好学等；最后在培养方法上应注意精心设计、有意引导但润物无声，避免说教，导入体验式教学方法，引导学生会心领悟。

2. 专业教育与人文素养如何有机结合。根据西方大学经验，培养人文精神一般通过通识教育，国内结合中国传统文化提出博雅教育。目前，具体课程的开设还有待进一步研究论证。值得注意的是：会展是一门专业性、应用性和综合性很强的学科，探讨重视本科会展专业人才人文精神的培养，并不意味着忽略专业教育。相反，在帮助学生塑造"完全的人"和"社会人"的过程中，专业知识和技能作为他们"成人"的立身之本，应该强化而不是弱化。两者要齐头并进，如何协调才能不顾此失彼？在专业教育中渗透人文精神，在人文精神的培育中有意识地结合专业技能，是一种可行的办法。不过这对教师的要求很高，目前师资严重缺乏的情况下，组织编写一些这样的专业教材以及技能培训资料不失为应急的可行办法。

参考文献

郭明顺（2008）。大学理念视角下本科人才培养目标反思。高等教育研究,12, 84。

白雪峰（2010）。当代中国大学人文精神的培养。未发表之博士论文，辽宁大学，沈阳。

陈胜婷（2008）。试论大学人文精神的构建。攀枝花学院学报,25(2), 119。

余国扬、钟汉均（2004）。高校会展人才培养研究。广州大学学报(社会科学版), 72 – 76。

陈天培、王东强（2008）。应用型高校会展专业人才培养探讨。职教论坛,9（下）, 38 –40。

李秀斌、吴建华（2010）。高等教育大众化背景下的会展专业与会展产业。广州大学学报(社会科学版),4 , 64 –68。

刘大可（2006）。中国高等会展教育发展态势分析。北京第二外国语学院学报（旅游版），5，81－84。

陈兴、崔佳春、张国平、卢海霞（2013）。应用型会展专业本科人才培养思路探索。当代教育理论与实践，7，88－90。

张俐俐（2008）。庞华研究型大学会展专业人才的培养模式。旅游科学，6，55－58。

郭明顺（2008）。华中科技大学教育科学研究院。高等教育研究，12，86。

金辉（2011）。会展概论。上海：上海人民出版社。

刘道玉（2008）。论大学本科培养人才的模式。中国地质大学学报（社会科学版），2，4。

基于制度经济学的珠海澳门
旅游一体化分析

李　颜

惠州学院

摘　要：珠海澳门旅游一体化源自 20 世纪 80 年代。概述珠海澳门旅游业发展状况、分析珠海澳门旅游业的比较优劣势、考察珠海澳门旅游一体化问题的演进史，最后基于制度经济学的视角，指出区域旅游一体化本质上要通过某种制度安排或制度创新来促进区域旅游发展，但这种制度安排或制度创新是博弈的结果。珠澳旅游市场一体化要进一步发展，关键是要实施能够对两地都有激励和约束作用的制度安排或制度创新。

关键词：旅游业，旅游一体化，珠海，澳门

The Integration of Regional Tourism between
Macau and Zhuhai Based on Institutional Economics Analysis

Li Yan

Huizhou University

Abstract：The integration of regional tourism between Macau and Zhuhai was from the 1980's. This study briefly introduces the current development status of Zhuhai and Macau, and then analyzes the comparative advantages and disadvantages of Macau and Zhuhai tourism industry, followed by summarizing evolution history. It is obvious that the nature of integration of regional tourism is to facilitate the development of regional econo-my via institutional innovation. The key to further promote the integration of regional tourism between Zhuhai and Macau is to implement or arrange some stimulating and constraint polices on both sides.

Key words：tourism，integration of tourism，Zhuhai，Macau

一　珠海澳门旅游业发展状况

（一）珠海旅游业发展状况

改革开放尤其是设立经济特区以来，珠海市历届政府充分利用珠海毗邻港澳的区位优势发展旅游业，珠海旅游业得到迅速发展并成为珠海的支柱产业之一，珠海也是广东省 21 个城市中旅游排名居前的城市和广东省旅游强市。2000—2012 年，旅游收入由 70.13 亿元增加到235.83 亿元，增长 3.36 倍；接待过夜旅游者人数从 382.93 万人次增加到 1 596.37 万人次，增长 4.17 倍。2012 年珠海拥有宾馆（酒店）480 个（其中五星级 9 个、四星级 8 个、三星级 62 个）、客房 38 996间、床位 60 444 张；旅行社组团 1 209 834 人次，同比增长 3.5%。珠海先后获得了"中国旅游胜地四十佳"、首批"全国优秀旅游城市"、"国家园林城市"、"国家环保模范城市"、"国家卫生城市"、"国家级生态示范区"、"中国优秀旅游城市"、"中国最具幸福感的城市"、"中国和谐名城"等称号和联合国人居中心颁发的"国际改善居住环境最佳范例奖"。

（二）澳门旅游业发展状况

澳门 400 多年前开埠时就已经有了旅游业，1937 年澳门开设第一家赌博公司和赌场，澳门旅游业从此逐步形成规模（王建军，2012）。澳门回归后，澳门政府于 2000 年制定了以"旅游博彩业为龙头，服务业为主体，其他行业协调发展"的经济发展战略。为促进旅游产业结构调整和加快旅游业发展，澳门政府除了兴建澳门博物馆、澳门文化中心、会议展览中心、黑沙公园、郊野公园、竹湾公园及海洋公园等旅游景点，举办澳门国际音乐节、国际烟花汇演、车赛、澳门艺术节、龙舟赛及各种大型国际性会议等文化活动及积极完善旅游基础设施建设外，还加强与珠海等内地的旅游联系，澳门旅游业呈现快速发展的态势。2000—2013 年接待旅游者人数从 916 千人次上升到 29 325 千人次，增长 3.2 倍。

表1 2012—2013 年澳门旅游酒店及公寓接待情况

	2013	2012	按年变动（%）
旅客			
入境旅客（千人次）	29 325	28 082	4.4
平均逗留时间（日）	1.0	1.0	–
随团旅客（千人次）	9 776	9 122	7.2
酒店及公寓			
住客（千人次）	10 671	9 541	11.8
客户（间）	27 764	26 069	6.5
平均入住率（%）	83.1	83.6	- 0.5
平均留宿时间（晚）	1.4	1.4	–
旅客消费			
总消费（百万澳门元）	59 541	52 345	13.7
人均消费（澳门元）	2 030	1 864	8.9
留宿旅客	3 475	3 229	7.6
不过夜旅客	662	586	12.9
外游居民（千人次）			

资料来源：澳门旅游统计（2013）。

根据表1，相对于 2012 年，澳门接待入境旅客增长 4.4%（其中过夜旅客增长 11.8%），过夜旅客增长 11.8%，三星级以上酒店入住率比较高（图1），客房数增长 6.5%，旅客消费增长 13.7%，澳门居民外出旅游增长 12%。

二 珠海澳门旅游业的优劣势

（一）比较优势

1. 珠海旅游业比较优势

一是土地资源丰富，生态环境良好。旅游业是土地和环境依赖型产业。珠海是广东省闲置土地最多的城市，可供旅游开发的土地资源比较

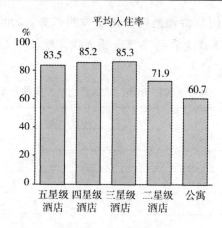

平均入住率

图1   2013年澳门旅游酒店入住率

多。珠海成立经济特区后，非常注意保护生态环境，是我国少有的留住青山绿水的城市，良好的生态环境是珠海宝贵的资产，是吸引旅游者的重要因素。

二是旅游资源丰富，种类多。珠海是珠江口西岸美丽的滨海城市，有146个海岛，海岸线长700千米，海域面积6 339平方千米，海滩30多万亩；地处亚热带气候区，一年四季既无严寒亦无酷暑，气候宜人，发展休闲旅游得天独厚。据2008年调查，游客受珠海自然美景、休闲度假胜地、体验海洋海岛风情吸引的比例分别达31.47%、36.76%和16.81%。

三是旅游区划见成效。形成了以市区为中心，东西区为两翼的旅游发展格局。市区以圆明新园、珠海渔女、石景山公园、白莲洞公园、珍珠乐团、国际赛车场等景点为主，以澳门环岛游、农业观赏为补充；西区是以白藤湖水乡游、三灶金海滩海滨游、五山狩猎为代表的特色游系列；东区是海岛风情游。两年一度的珠海航展和珠海国际赛车场是珠海著名的品牌，尤其是珠海航展每次都吸引了大量的游客，大大地提高了珠海的知名度和美誉度。

2. 澳门旅游业比较优势

其一，拥有良好的发展旅游的制度环境。澳门是国际贸易自由港，货物、资金、外汇、人员进出自由，特区政府也把维护和完善市场经济制度作为经济施政的主线，营造受国际社会认同、自由开放、公平竞争和法治严明的市场环境，确保经济制度不受干扰和影响。因此，澳门开展旅游尤其是国际旅游的制度条件好。

其二，中西两种异质文化交融，文化吸引力强。400多年来中西文化在澳门融合形成了澳门独有的本土文化，如保存完好的中西古建筑、中外美食、葡国风情等（澳门历史城区2005年成为世界文化遗产），这些都有利于激发人们的旅游动机。意识到了这点，澳门特区政府加强了文化遗产旅游的开发力度，整合宣传"澳门历史城区"，设计文化遗产旅游路线等。

其三，澳门是珠江三角洲西部地区的服务中心，除了与内地经贸来往密切外，传统上还和亚太地区、欧盟、拉丁语系国家尤其是与葡语国家联系密切。

其四，旅游博彩业已经成为澳门富有竞争力的旅游品牌，围绕旅游博彩业兴建了各种休闲、度假和会展设施，使澳门旅游功能更为齐全，为澳门带来了大量的游客和旅游收益。最后，澳门市场经济历史悠久，谙熟旅游业运作与管理"诀窍"。

（二）比较劣势

1. 珠海旅游业的比较劣势

一是观光旅游产品为主。虽然珠海拥有国内知名度较高的旅游景点，如珠海渔女、圆明新园、梅溪牌坊、海滨公园、石景山公园、飞沙滩、淇澳岛、御温泉、金台寺、海泉湾等，丽新星艺文创天地、世茂项目、喜来登、洲际等大型旅游项目纷纷落户，长隆国际海洋度假区、华南珍稀动物物种保护中心、动物暂养基地、海洋王国鲸鲨馆和白鲸室内表演区等或在建或建成投入使用，但这些旅游产品大多是观光型产品，难以满足旅游者的体验需求。

二是旅游产品缺乏文化内涵。珠海文化底蕴丰厚，古迹有新石器时代文化遗址、宝镜湾摩崖石刻（距今3 000年左右）、近代建筑梅溪牌坊和唐家共乐园，名人有中华民国第一任总理唐绍仪、清朝首任旧金山总领事陈芳、华南地区第一位马克思主义传播者杨鲍安、中华全国总工会第一任委员长林伟民、省港大罢工领导人苏兆征、清华大学第一任校长唐国安等等（珠海市统计局，2013）。但是，珠海现有旅游产品没有很好地体现这些文化元素。按照国外旅游发展规律，人均GDP 1 000～3 000美元时，文化与旅游便会实现自然的结合，因此，研究和开发具有珠海鲜明特色的文化旅游产品，才能更好地满足市场的需要，提升珠海旅游业的竞争力。

三是旅游产品开发能力弱。珠海虽然编制了旅游总体规划，但由于缺乏具有实际操作意义的配套实施细则，以致珠海许多旅游产品市场定位不准、档次不高、没有特色。如圆明新园缺乏新意，游客的回头率低，经营状况并不理想；海滨公园、石景山公园、白莲洞公园等公园的功能定位模糊，特色并不突出，娱乐项目和自然景观缺乏吸引力，不能有效地吸引旅游者，目前已经成为珠海居民休闲和运动健身的场所。

四是旅游基础设施配套不佳。主要是一些景点周边配套设施没有跟进，如御温泉、凤凰山、圆明新园、金台寺等景区周边缺少提供食宿的酒店和宾馆，也无旅游购物场所；游客较多的珠海渔女周边设施极其简单，没有供旅游者休息的椅子；情侣路只是一条具有交通辅助功能的普通公路（王建军，2012）。

五是珠海旅游在广东的地位有下降趋势。20世纪下半叶，广东旅游前三强是广州、深圳和珠海，但2001年开始珠海被东莞赶超，现在惠州、肇庆和江门也大有赶上珠海的态势。

2. 澳门旅游业的比较劣势

一是旅游产品结构不合理。澳门旅游产品结构是博彩独大（占澳门财政收入的三分之二），来澳门的游客多数都是冲着博彩而来的，其他休闲性、观光性、度假性和人文性旅游产品所占比重非常小。究其原因，主要是澳门面积狭小，土地是澳门最稀缺资源，兴建休闲性、观光性、度假性和人文性旅游设施要占用大量土地资源，而博彩不需要占用很多土地资源，是澳门最经济的产业之一。但是，博彩旅游对外界具有严重的依赖性，风险较高，极其脆弱，因此，澳门旅游业需要转型。

二是过夜旅游者在澳门停留时间比较短。根据表2可知，澳门接待的过夜旅游者在澳门停留时间比较短，大多为1天半以内，主要原因是澳门面积狭小，可看的景点不多，用不了那么多时间。反正到澳门旅游主要是博彩体验，也不需要花费过多时间。澳门应该努力开发出更多的富有体验性的其他旅游产品，延长旅游者停留时间，进一步增加旅游收益。

表2　2013年澳门旅游酒店及公寓营运情况

	酒店住客（千人次）	客房（间）	平均留宿时间（晚）
酒　店	10 504	27 128	1.4
五星级	6 382	18 371	1.5
四星级	2 703	5 565	1.2
三星级	1 069	2 412	1.2

续表

	酒店住客（千人次）	客房（间）	平均留宿时间（晚）
二星级	350	780	1.2
公　寓	167	636	1.4

资料来源：澳门旅游统计（2013）。

三是澳门旅游者旅游消费不是为澳门旅游产品所吸引，而是澳门比较便宜的商品（澳门实施自由开放的贸易政策）。表3及图2显示，澳门旅游者旅游消费主要是购物，其中手信食品占22%，珠宝手表和成衣各占19%，鞋、手袋及钱包占16%，化妆品及香水占13%。旅游目的虽然主要是度假（图3），但这是一种博彩和购物型的度假，并不是说澳门旅游产品很有吸引力和澳门旅游业很有竞争力。

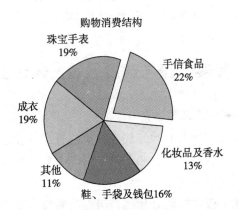

图2　2013年旅游者澳门购物消费结构图

表3　2013年旅游者澳门消费结构表

	旅客	留宿旅客	不过夜旅客
购物	49	45	70
住宿	25	30	-
餐饮	19	20	16
对外交通	4	2	10
其他	3	3	4

注：对外交通费不包括检票费用。

资料来源：澳门旅游统计（2013）。

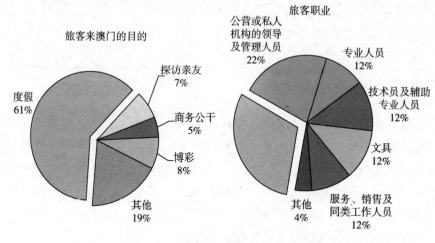

图 3 2013 年旅游者澳门旅游目的图

资料来源：澳门旅游统计（2013）。

三 制度安排与珠澳旅游一体化发展

（一）珠澳旅游一体化演进史

区域旅游一体化是指具有地缘优势、旅游资源互补性强的地区通过某种制度安排，实现旅游市场的互相开放、资源要素自由流动和旅游服务标准一体化等，从而达到共赢的一种局面。

澳门与珠海陆地仅在拱北处相连，历史上同属一个治域，可谓唇齿相依、脉搏共通。由于外国侵略，四百多年前澳门被迫与珠海分开，1999年澳门回归后实施"一国两制"，澳门与珠海仍然是制度上分开的两个区域。旅游产业是高度关联性的产业。由于旅游业同是澳门和珠海的支柱产业，基于区位及旅游经济方面存在的比较优势，探讨两地旅游合作、实施一体化发展的行动自 20 世纪 80 年代以来一直在进行。

1984 年澳门旅游司司长马树道认为澳门旅游业应当以广东为后盾，1987 年澳门社会科学学会理事会副会长杨允中提出"澳穗港旅游大三角"概念、广东省旅游局提出"粤港澳大三角国际旅游区"构想并主持召开粤港澳大三角旅游发展研讨会，从此"粤港澳大三角国际旅游区"普遍得到重视与支持。1993 年粤港澳三地旅游主管部门在香港成立"港澳珠江三角洲旅游推广机构"，共同推广和发展三地旅游业。1997 年 2 月三地旅游部门召开"粤港澳旅游发展研讨会"，就旅游资源开发、景区酒店规划建设、信息交流、人才培训等方面展开合作进行探讨。1999 年 6 月的"粤港澳旅游发展研讨会"深入地就合理协调和配置三地旅游资源，旅游产品互补，区内旅游良性循环，区内、国内、国外全方位市场开拓，区域旅游交通，区域旅游形象和宣传及生态旅游等问题进行探讨。2003 年，中央政府与香港、澳门特区政府分别签署了内地与香港、澳门《关于建立更紧密经贸关系的安排》（简称"CEPA"），2004 年、2005 年、2006 年又分别签署了《补充协议》、《补充协议二》和《补充协议三》，标志着珠澳合作进入国家层次阶段。2004 年 6 月涉及珠澳合作的又一制度框架《泛珠三角区域框架协议》签署，形成了泛珠三角区域"9 + 2"在 CEPA 协议的框架内广泛而深入的合作。2005 年珠海、澳门和中山三地提出开展区域旅游合作，打造"中珠澳—大香山旅游文化"。2006 年 2 月，召开珠海、澳门、中山旅游合作会议，提出建立三地旅游局长亲自挂帅、召集人三地轮值等合作机制，迈出了三地旅游合作关键性第一步；2006 年 9 月 29 日《澳门、珠海、中山旅游合作备忘录》正式签署，标志着三地"大香山旅游"合作进入实质性阶段，2007 年三地以"昔日大香山，今日中珠澳"为题，制作了《中珠澳旅游地图》、《中珠澳旅游指南》和《中珠澳高尔夫游》宣传资料等。这也意味着中、珠、澳三地的旅游产业将进入深层次合作发展阶段。此后珠海、澳门、中山三地旅游局共同制定旅游市场推广目标，并多次前往海外举行联合推广活动，形成了三地联机旅游，极大地提升了城市旅游产业形象和知名度。为了应对美国次贷危机演化而来的新一轮全球金融危机，2008 年 12 月国务院审议并通过的《珠江三角洲地区改革发展规划纲要》及 2011 年 3 月《粤澳合作框架协议》正式签署，珠澳间的区域合作再次迈入一个新阶段。尤其值得一提的是，2009 年国务院批准实施的《横琴总体发展规划》将横琴岛定位于"一国两制"下探索粤港澳合作新模式的示范区、深化改革开放和科技创新的先行区及促进珠江口西岸地区产业升级的新平台。横琴的创新通关模式，实施"分线管理创新通关"，横琴岛与内地之间新设立"二线管理"通道，而将原在一线口岸的功能移到二线完成，突破了内地现有通关制度。从关口的设置看，横琴岛等同于澳门土地的一部分。珠海澳门"同城化"（即实施包括跨境基础及交通对接、通关便利、产业合作、服务一体等在内的多方面交流与合作）将是珠澳旅游一体化的最终方向，是两地政府共同推进的目标。综上所述，由于 2003 年以来政府政策的大力支持，极大地推动了珠澳旅游经济的发展。2011 年，澳门旅客来珠海星级宾馆过夜的人数 71.76 万人次，是 2001 年的 6.14 倍；珠海旅行社组团澳门游 100 119 人次，是 2001 年 42 163 人次的 2.37 倍。珠海与澳门的旅游合作内容：一是共同开拓市场，如珠海广深珠联合旅游推介活动把澳门纳入推介内容，珠海的旅游杂志、旅游网站会定期推介澳门的旅游资源；澳门除组织人员到珠海旅游外，还通过其设在全世界的 15 个办事处推广珠海的旅游景点。二是加强旅游沟通，如对赴澳门旅游的内地游客，珠海统一办理过境手续，澳门统一组织安排游客旅游活动；旅游高峰期，珠海向澳门方面发布旅游团队信息，分流旅客通关。三是共同设立旅游路线。四是珠海利用澳门旅游局驻世界各地的办事处宣传珠海的旅游资源。

总之，21 世纪初以来促进珠澳旅游合作从地区战略上升到国家战略，两地旅游业进行了优势互补、互通有无的合作，在利用地理同源、历史同根、文化同祖等先天优势的基础上，进一步加强了旅游资源合作开发、旅游线路便利共享、旅游营销合力推广等方面的工作，共同促进珠澳旅游市场的一体化进程。

（二）珠海澳门旅游一体化的制度经济学思考

传统上，人们认为决定经济增长和经济发展的因素是劳动、资本、土地和企业家才能，现代经济学的发展表明，还要添加制度因素。制度包括正式制度和非正式制度，如法律、规章、政策、管理、习惯、观念和文化等，是人们行为的规范。

经济发展（经济发展与经济增长是有区别的，但在许多研究中往往把两者不加区别地使用）是一个涉及数量扩张并包括制度、技术、文化等非数量因素变化的过程（速水佑次郎，1995），如图 4 所示。图的下面部分描述的是作为社会子系统的经济部门，它由技术（生产函数）和资源（生产要素）之间的相互作用构成，技术是利用特定的生产要素组合生产产品价值的决定因素。由资源禀赋和技术组成的经济子系统的生产力是以社会中的文化和制度为条件的，文化和制度对经济子系统施加重大影响。

区域旅游一体化是要通过实施一系列制度安排，促进区域旅游经济发

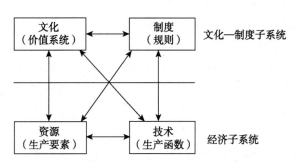

图4　经济发展模型

展，但区域旅游一体化目标不是立刻就能够实现的——由于各个行为主体的功利倾向，最后达成一个有约束力、实现双赢的安排要有一个过程，因此，区域旅游一体化实质上是一种博弈关系。假设有甲、乙两个区域的旅游业面临实施一体化即合作和不实施一体化即不合作两种策略的选择，则两者的博弈模型如图5所示。在这个模型中，都选择合作，各得1 800；一方合作另一方不合作，合作方得1 000，不合作方得2 000；双方都不合作，各得1 500，纳什均衡是（不合作，不合作）。显然，最好的结果是（合作，合作），各得1 800。

		乙	
		合作	不合作
甲	合作	1 800，1 800	1 000，2 000
	不合作	2 000，1 000	1 500，1 500

图5　区域旅游一体化的博弈模型

　　实际上，博弈双方都意识到合作是最好的，但是，这个帕累托改进如果没有一个约束机制（制度）去规范、监督，就算达成协议，也没有人认真执行。制度促进或者限制经济增长取决于制度对努力工作的保护，为专业化所提供的机会以及所允许的活动的自由（刘易斯，1955）；制度的建立可以减少由于专业化和劳动分工发展引致的不断增加的交易成本，减少个人收益与社会收益之间的差异，激励个人和组织从事生产性活动，最终导致经济增长（道格拉斯，1988）。虽然珠澳旅游合作、旅游一体化在政府、业界等的共同推进下取得了不错的成绩，但是，在很多具体的合作问题上，仍存在诸如合作心态不统一、产业政策的引导不足、体制性差异导致沟通不畅等问题（中共珠海市委党校 2012 年第一期中青二班第一课题组，2012），影响着珠澳旅游市场一体化的纵深发展，这也将考验着珠澳两地政府。实施有激励和约束作用的制度安排或制度创新对珠澳旅游市场一体化发展是非常关键的，是珠澳两地政府今后共同努力的方向。

参考文献

速水佑次郎（2003）。发展经济学——从贫困到富裕。北京：社会科学文献出版社。

王建军（2012）。珠澳旅游市场一体化发展战略研究。未出版硕士论文，吉林大学，长春。

中共珠海市委党校 2012 年第一期中青二班第一课题组（2012）。新形势下珠澳合作现状、困境和路径选择，10。

珠海市统计局（2013）。珠海概览 2013。

二

专业建设与发展路径

基于多重对应分析的博彩消费者
动机差异研究
——以澳门博彩娱乐场为例

曾　韬　孔繁帆

澳门城市大学

摘　要： 澳门博彩业在高速增长的背后也面临着内外的激烈竞争与日益增加的社会问题。因此，从消费者角度出发，探讨与了解不同博彩消费者的动机差异情况，帮助博彩企业管理者满足消费者的不同需求，进而赢得消费者忠诚与竞争优势，同时正确认识与引导消费者健康的博彩动机，打造"负责任博彩"文化与博彩业，从而减少博彩活动引起的负面问题与提升澳门旅游形象，已成为澳门政府与博彩企业需要关注的重点问题。据此，本研究开发出适合博彩娱乐场消费动机的测量工具，于澳门知名娱乐场搜集翔实可靠的实证素材。研究测评与剖析博彩消费动机，提出五维度结构，根据样本博彩动机强度的差异情况，将澳门博彩消费者聚类为5个组群；在此基础上运用多重对应分析探讨不同动机组群的消费者与不同人口属性存在的差异情况。最后基于分析结果，为澳门博彩企业依据不同博彩消费者组群在相关人口特征方面的差异，有针对性地作出更有效的服务对策与更积极推广"负责任博彩"，从而增加娱乐场吸引力及减少负面博彩问题，进而提升澳门正面旅游形象提供科学合理的参考建议。

关键词： 澳门，博彩消费者，负责任博彩，动机，差异，组群，多重对应分析

Gaming Consumers' Motivation Differences Based on Multiple Correspondence Analysis with Special Reference to Macao's Casinos

Zeng Tao, Kong Fanfan

City University of Macau

Abstract: Macao's gaming industry, faces fierce competition from both home and abroad, and witnesses an increasing number of social problems. Consequently, it has become a central issue of great concern for Macao government and various casinos in Macao to figure out different gaming consumers' motivation differences from the perspective of consumers in order to help the administrators in each casino to meet the different needs of consumers and to win consumer loyalty and competitive advantages, to give consumers guidance on how to cultivate a healthy gaming consumer motivation, and to establish a "responsible gaming" culture and a gaming industry so as to reduce the negative impact resulting from gaming and to improve the tourism image of Macao. In view of this, the present research has developed measurement tools suitable for measuring consumers' consumer motivation in Macao's casinos with detailed and reliable empirical data collected from the casinos in Macao. It proposes, based on the research of the measurement and the analysis of gaming consumer motivation, that Macao's casinos exhibit a structure of five dimensions and that gaming consumers in Macao be clustered in 5 groups according to the differences of gaming motivation intensity. In accordance with the analysis of the differences between different gaming consumer groups concerning relevant population attributes for gaming enterprises in Macao, it concludes that pertinent and more effective service strategies should be adopted and greater efforts should be made to promote "responsible gaming" in order to enhance the appeal of casinos to consumers and to reduce the negative impact of gaming. It is hoped that this research can serve as a scientific and rational reference for Macao's improvement of its positive tourism image in the days to come.

Key words：Macao，gaming consumers，responsible gaming，motivation，differences，group，multiple correspondence analyses

一　引言

（一）现实背景

随着社会经济的进步，人们对休闲活动类型的需求越来越多，包括博彩在内的特殊兴趣旅游已成为相当广泛的、可被接受的休闲行为（阮建中，2010）。在博彩全球化发展的推动下（Goodman，1996），澳门博彩业在实行赌权开放后迅速崛起成为最具规模的世界级产业（龚唯平，2007），让澳门从一个默默无闻的小城华丽转身为世界知名的旅游城市。然而，在肯定博彩业十多年来为澳门经济和社会所带来的辉煌成绩同时，博彩业"井喷式"增长的背后也日益暴露出诸多矛盾和结构冲突（王钰，2013）。

第一，澳门博彩业面临着来自内外的激烈竞争。外因方面，澳门周边的国家如韩国、马来西亚、新加坡等陆续或打算开放博彩业，对澳门博彩客源与收入造成不小影响（郝雨凡、吴志良，2012）；内因方面，自2007年金融危机以来，旅游业多元化发展备受澳门政府重视（郭永中，2010），文化遗产旅游、节事旅游、影视旅游等产业的兴起开始撼动澳门博彩业的主导地位；同时，澳门博彩品牌繁多，市场占有率此增彼长，博彩企业之间的竞争愈演愈烈（周岩、姜凌，2012）。第二，内地为澳门博彩收入的最大贡献地区，但由于内地经济的放缓与反腐等问题（苏国京，2014），内地旅客博彩开支受到制约，导致澳门博彩收入开始持续下跌（穆迪，2014），如何维持内地的客源对澳门各博彩企业是个极大挑战。第三，澳门博彩业的繁荣发展在活跃社会氛围上起着积极作用，但也产生不可回避的负面效应如助长侥幸心理等（Edington，1996；Reith，2006），带来社会赌博化、病态赌徒问题等严峻的社会问题（林双凤，2012），不仅对澳门国际形象及影响力的提升产生不少负面影响与制约（唐娟、高尚梅，2013），也进一步对澳门"向世界旅游休闲目的地"形象的转变造成障碍。

基于上述，面对内外的激烈竞争、发展停滞与所带来的负面影响，一是如何能正确认识与了解消费者参与博彩活动的原因（博彩动机），让博彩企业在激烈的竞争中长期吸引顾客，从而保持自身竞争力的不断提升，已成为澳门博彩企业生存发展的关键问题；二是如何营造健康博彩文化，如何打造负责任博彩业，正确引导与维持博彩消费者的健康消费动机，从而减少问题博彩与病态博彩等负面社会问题，确保博彩业伴随经济社会进步而健康发展，促进澳门国际旅游形象的提升，也成为博彩政府与博彩企业亟须重视的问题。

（二）学术背景

博彩研究是一个新兴的学术研究领域，兴起于 20 世纪 80 年代中期（Pizam，1985）。目前，国外关于博彩产业的研究成果主要集中在博彩旅游业的影响、博彩消费者研究与博彩旅游企业的经营管理三个方面（王亮，2011）。然而，碍于博彩研究内容具有敏感性，该领域的研究仍然比较缓慢，成果不够丰富，目前国外学者的研究重点依然停留在居民对当地发展博彩业的态度和感知以及博彩业发展对当地的影响等层面，而有针对性地研究博彩旅游者行为等方面的论文仍然非常少见（华钢，2014），该领域仍具有很大的拓展空间。

国内博彩研究始于 20 世纪 90 年代，相关研究主要来自澳门，由于博彩业是一项可操作性极强的服务性行业，因此国内博彩的理论成果相对落后于实践发展的需要。笔者于万方数据库、中国知网与华艺数据库等学术网站搜索关于澳门博彩研究时，发现其研究领域主要集中于博彩业对社会影响、博彩的道德问题与博彩企业发展管理，从消费者角度出发探讨博彩企业管理对策的研究较少，而有关博彩消费者动机的理论成果更为稀少。目前，博彩动机被认为是影响消费者作出博彩娱乐场消费行为决策的关键因素（Philips，2009），上述情况反映国内学术界，尤其是澳门学术界亟须全方位对博彩消费者的动机进行深入研究。

经由所述，本研究以澳门博彩娱乐场为案例，通过实证研究剖析博彩娱乐场消费者动机的内在维度，并根据样本动机的差异将博彩娱乐场消费者进行组群分类，最后运用多重对应分析方法，探讨不同动机组群的消费者在不同人口属性方面存在的差异。其一，探讨消费者动机内涵，以期拓展动机理论应用领域，同时为博彩企业管理者实践提供使用科学的测量工具；其二，有依据地为澳门博彩企业未来的服务对策改善的重心与资源分配的优化提供科学可靠依据，并为博彩娱乐场管理者更好地了解消费者心理动因，更有效地提升博彩娱乐场吸引力提出参考建议；其三，以期更好地帮助澳门博彩企业及旅游管理者正确引导与维持博彩消费者的健康消费动机，为澳门政府与博彩企业更有效地推动"负责任博彩"计划，从而促进澳门休闲娱乐氛围的提升与世界级休闲中心形象的转变提供合理化建议。

二　文献回顾

（一）消费者动机概念相关研究

动机一词源于拉丁文 Movere，有"使动"的意思，是人的思想与行为产生的驱动力，为引导与维持个人活动并使活动朝某一目标的内心倾向（孙喜林、荣晓华、范秋梅，2002）。消费动机研究则源于心理学动机理论，学者们主要借鉴心理学动机领域的驱力诱因理论（Hull，1943）与需求层次理论（Maslow，1943）等，在此基础上形成适用于消费或旅游研究的动机理论。笔者通过文献回顾，将目前旅游动机概念以三种视角分类。

第一为"推—拉"视角，该理论为消费动机领域中的代表性理论（Crompton，1979；Baloglu，& Uysal，1996；Kim，& Prideaux，2005）。Dann（1977）最早将驱力理论与诱因理论应用到旅游消费动机研究领域中，提出"推—拉"消费动机双因素理论，推的因素指由于不平衡或紧张引起的动机需求，拉的因素是指由于吸引物的特征影响消费者的购买选择。此观点得到多位学者的赞同，认为内在动因（推）为游客个体的出游愿望，外在诱因（拉）为游客个体对旅游目的地的选择（Goossens，2000；Mohammad，2010）。第二为需求层次视角，Manning（1986）在研究户外游憩行为时，认为动机是通过需求阶层的驱动力量，动机的形成分为四个阶段：（1）活动初始阶段；（2）关心环境阶段；（3）体验阶段；（4）社会心理行为阶段。Mcintosh 和 Goeldner（1990）将旅游动机从低到高分为：（1）生理动机；（2）文化动机；（3）人际动机；（4）地位声望动机。第三为逃避追求视角，Iso-Ahola 和 Allen（1982）提出旅游动机的"逃避—追求"二分法理论，他指出"逃避"为人们远离日常生活环境的愿望，"追求"则指从与日常生活不同的环境中得到的心理欲望价值。

在三种视角中，"逃避—追求"视角与"推—拉"视角相似，但前者认为两种动因都属于心理内部需求，在对动机的理解上存在局限之处。需求层次视角与"推—拉"视角能较为全面地诠释消费动机的概念。但有学者指出需求层次理论并没得到太多的实际验证，在消费领域的作用尚不显著（Iso-Ahola，1988）。对比之下，"推—拉"动机理论框架已得到旅游研究者普遍认同与广泛应用（Crompton，& Mckay，1997；Kozak，2002；Kim，Lee，& Klenosky，2003）。因此，本研究选择以"推—拉"理论为基础进行博彩消费动机的研究。

（二）旅游动机测评相关研究

由于博彩业与旅游业关系的密切性（Przybylski，1998），本研究将采用"推—拉"视角进行旅游动机维度研究的回顾，为剖析博彩消费者动机维度提供理论基础。因为研究主题、内容的多样性，学者们通过对旅游动机中的不同"推—拉"因素进行归类，产生旅游动机维度的多种研究成果。Heung，Uysal 及 Weaver（1995）将旅游动机以"推"、"拉"概念分为两个主要维度：推力维度为增广见闻、增进亲子关系、好奇冒险、娱乐/声誉、运动及暂时离开工作场地；拉力的项目为历史文化、运动、安全、自然与经济预算。Heung，Hailin 及 Raymond（2001）运用"推—拉"因素研究前往日本度假的游客，发现旅游推力动机为：冒险探索与愉悦满足；拉力动机为合理花销、世界级城市魅力、景点与文化。Benson（2009）在"推—拉"理论基础上，对南非的志愿者游客进行定量研究，通过因子分析得出志愿者旅游动机在"推"方面由逃离日常生活、获取知识、休闲放松、自我提升、社会交往与其他 6 个维度构成；"拉"方面由异国风情与自然风光 2 个维度构成。Mohammad（2010）在对约旦游客动机调查中验证旅游推力动机由声望满足、加强关联、寻找休闲、社交互动、景点观赏、精神满足、逃离日常生活与获取知识 8 个维度组成；拉力动机由节事活动、易进入性、历史文化、寻找特色、冒险活动、自然风光、文化遗产、特色景点 8 个维度组成。Kim，Goh 及 Yuan（2010）用推拉因素分析了参加美食节的游客动机，得出美食旅游动机的推力因素为：知识与教育、娱乐与新奇体验、放松与家庭；拉力因素为：场地质量、节事活动质量、美食种类。Yun 和 Yoo（2011）调查潜在的中国旅客到访美国的旅游动机，并发现了 5 个因素，其中推力因素包括：自我增值、国际视野、交流的机会；拉力因素包括财政鼓励与目的地刺激。

Chen 和 Mo（2014）通过对推力—拉力理论的使用，验证节事旅游动机为十维度结构，其中推力动机由社交、声望、娱乐、自我探索、放松与逃离6 个维度构成，拉力动机由新奇吸引物、自我发展的机会、自然资源、容易进入 4 个维度构成。

国内对旅游动机研究起步较晚，但也取得了一定研究成果。陈德广与苗长虹（2006）透过"推—拉"视角对河南开封 1 000 多名居民进行问卷调查，得出城市居民旅游动机 8 个维度，其中精神动机、渴求与享受动机、顺便旅游动机、新奇与身体动机、休闲游览动机、感情动机 6 个维度构成了"推力"因素；单位出游动机、名胜古迹动机构成了"拉力"因素。宋秋（2008）得出城市居民游憩动机的"推力"因素包括：感情交流、附带出游与求美求知；"拉力"因素为：环境质量、设施项目与服务。徐雪（2012）通过推力—拉力理论的使用，验证赴韩中国游客推力动机为：新奇、放松、心理需求、声望与人际关系 5 个维度；拉力动机为：自然文化资源、成本、服务质量与旅游形象 4 个维度。梁江川（2013）探讨入粤旅游者动机，结果显示放松、家庭、享乐与文化构成旅游推力动机，而目的地属性（环境、活动、特色、名气、交通）与旅游资源（历史人文、自然山水、现代都市）构成旅游"拉力"因素。

本研究基于上述文献内容对旅游动机"推"、"拉"因素的构成要素进行归纳总结，并结合博彩娱乐场实际情况，初步假设娱乐场消费者动机"推力"维度包括：追求新奇、逃脱压力、声誉地位、亲友关系、知识增长、休闲放松与社会交往；"拉力"维度包括：娱乐项目、基本设施、服务项目、形象与名气，在此基础上对博彩消费动机维度构成进行回顾。

（三）博彩消费动机测评相关研究

Chantal，Vallerand 及 Vallieres（1994）采用 Likert7 点量表开发出具有七维度结构的博彩动机测量工具，指出博彩动机包括：认知、刺激、达成目标、自我认可、情感形象、游戏性与无意识动机。Tarras，Singh 及Moufakkir（2000）在随后的研究中对博彩动机模型进行完善，纳入了金钱要素，他们通过调查密歇根州 2 000 名居民构建出 19 个项目的博彩动机测量量表。量表中博彩动机按重要性从高到低分为三个层次，第一层动机包括：娱乐、存在感、观赏表演、逃离日常生活；第二层动机包括：消磨时光、便利交通、追求赢钱感；第三层动机包括：认识不同人、检验能力、赢钱与保持社交。Neighbors, Lostutter, Cronce 及 Larimer（2002）关注青年群体的博彩动机，采用开放式问卷调查了 184 名大学生，发现博彩动机由挣钱、娱乐、参加社交、寻求刺激与消磨时光 5 个维度构成。

Hinch 和 Walker（2005）在调查 900 名博彩消费者的基础上得到 14 个项目的博彩动机量表，量表中包括追求刺激、社会交往、情感调节、获取知识与逃离日常问题 5 个维度。Lee, Lee, Bernhard 及 Yoon（2006）通过对韩国赌客进行调查，测评出博彩动机维度为：社交与学习、寻求挑战、逃离放松与赢取金钱。Lee, Chae, Lee 及 Kim（2007）对研究生与赛马博彩者访谈提炼出具有 51 个项目的量表，利用该量表测评 240 名韩国大学生的博彩动机，发现 5 个维度：兴奋刺激、社会交往、逃避动机、赢取金钱、情感愉悦构成博彩消费动机。Wu 和 Tang（2011）参考（Chantal et. al, 1994）的博彩动机量表，对 932 名中国大学生进行数据调研，开发出 C-GMS（Chinese Version of Gaming Motivation Scale）量表。量表维度结构为：知识获取、达成目标、追求刺激、了解博彩、情感形象、游戏性与无意识动机。

根据上述测评量表中博彩动机维度的归纳（表1），发现目前研究成果既能关注到博彩动机中"推"的因素：如追求刺激、逃离日常生活、消磨时光、赢取金钱、增强社交等；也考虑到博彩动机中"拉"的因素：如观赏表演、便利交通、游戏吸引等，均具有较好的实用性与借鉴意义，但也存在局限之处。第一，上述量表没有考虑到博彩动机中的"幸运性"因素，Rogers（1998）指出不少博彩者作出博彩活动决策的原因之一，是认为自己的运气足够好，从而能提高其博彩赢钱的随机性。因此，"检验自己足够幸运"的动机应纳入博彩动机要素中。第二，上述量表对博彩者心理中潜在的"做主"与"控制结果"需求有所忽视，Campbell（1976）在分析博彩心理时指出，在博彩活动人们可以自由选择如何下注、下注多少等，很容易给人完全自主决定的感觉，进而为了享受这种情感体验而不断重复博彩行为。同时，许多人在博彩过程中会抱有对随机事件的控制幻觉，觉得自己有能力控制博彩结果或渴望控制博彩结果（Rogers, 1998），Anthony, Anne 及 David（2001）指出"控制渴望"是人们产生博彩决策的关键因素。

因此，"追求自主决策"与"实现自我掌控结果"的动机也应补充进博彩动机要素中。

　　综上所述，通过对表 1 博彩动机维度的归纳，选出受认同较多的维度与合并部分相似的维度（如逃离放松与消磨时光合并、社会交往与身份认同合并），同时结合 2.2 中总结的旅游动机"推—拉"维度，得出博彩消费动机的初始维度为：休闲放松、探奇求知、赢取金钱、社交声望、愉悦刺激、形象吸引、娱乐与游戏性、服务项目，并于下面的量表设计中将"检验自己足够幸运"、"追求自主决策"与"实现自我掌控结果"纳入博彩动机项目中，以此为依据构建博彩动机测量问卷。

表 1　博彩动机维度归纳

		Chantal 等 1994	Tarras 等 2000	Neighbors 2002	Walker 2005	Lee 等 2006	Lee 等 2007	Wu2011	总数
测量维度	获取知识	√			√	√		√	4
	寻求刺激	√		√	√		√	√	5
	成就感	√						√	2
	身份认同	√	√					√	3
	情感形象	√						√	2
	游戏吸引	√						√	2
	无意识动机	√							2
	情感愉悦		√	√	√		√		4
	观赏表演		√						1
	逃离与放松		√		√	√	√		4
	消磨时光		√						1
	便利交通		√						1
	赢取金钱		√	√		√	√		4
	社会交往		√	√	√	√	√		5
	寻求挑战					√			1

数据来源：研究者整理。

三　研究方法

（一）研究对象

澳门博彩业现阶段保持 6 家持牌（博彩专营权）公司的竞争格局

（王珏，2013），因此本研究选取 6 间分别代表该 6 家大型博彩企业的知名娱乐场作为研究对象：新葡京娱乐场、永利娱乐场、威尼斯人娱乐场、银河娱乐场、新濠天地娱乐场与美高梅娱乐场。新葡京娱乐场隶属新葡京五星级旗舰酒店，为澳门最高、最豪华的博彩娱乐场（龚唯平，2007）；具有拉斯维加斯风格的永利赌场酒店，不仅拥有 600 间豪华客房与 200 张赌台，还设有世界名牌服装专卖店、一流的温泉浴场与美容中心；坐落于金光大道的威尼斯人娱乐场，其超大型度假村更是集会议展览中心、赌场酒店、娱乐休闲与购物于一体；银河娱乐场是澳门首个以亚洲为核心主题的综合娱乐场，更为亚洲最大规模的综合休闲度假村之一；以"水"为主题的新濠天地娱乐场，除豪华的酒店设施，还容纳 42 万平方英尺的博彩娱乐场所、17.5 平方英尺的零售空间、多家餐厅酒吧及提供非凡视听体验的天幕；美高梅娱乐场以带给顾客奢华体验闻名，曾获"中国最佳顶级奢华酒店"殊荣，它的落成也正式标志着澳门博彩业进入六分天下的局面。6 间企业娱乐场在促使澳门博彩业迅速崛起成为最具规模的世界级产业，同时带动整个澳门经济的高速增长方面起着重要作用（王五一，2012）。因此，以上述 6 间企业娱乐场为案例进行研究，具有一定的代表性与意义。

（二）问卷设计与样本确定

本研究在中外文献回顾的基础上并结合澳门娱乐场实际情况，总结出有关博彩消费者"推—拉"动机的 29 个问项，形成测评量表（见表 2）。

表 2　博彩动机量表及理论依据

娱乐场消费动机维度/问项	理论依据
推力因素	
1. 为了享受休闲时光	Tarras, Singh, & Moufakkir, 2000；Lee, Chae, Lee, & Kim, 2007
2. 为了缓解平时的压力	Heung, Uysal, & Weaver, 1995；Tarras, Singh, & Moufakkir, 2000；Hinch, & Walker, 2005
3. 为了放松身心	Neighbors, Lostutter, Cronce, & Larimer, 2002 Lee, Chae, Lee, & Kim, 2007
4. 为了逃离日常烦琐的生活	Tarras, Singh, & Moufakkir, 2000；Stewart, & Zack, 2008

续表

娱乐场消费动机维度/问项	理论依据
5. 为了满足个人好奇心	Packer, & Ballantyne, 2002；Heung, Uysal & Weaver, 1995
6. 为了获得愉悦的体验	Heung, Hailin, & Raymond, 2001；Hinch, & Walker, 2005
7. 为了获得刺激的感觉	Chantal, Vallerand, Vallieres, 1994；Neighbors, Lostutter, Cronce, & Larimer, 2002；Wu, & Tang, 2011
8. 为了获得新奇的体验	Kim, Goh, & Yuan, 2010；徐雪, 2012；Chen, & Mo, 2014
9. 为了满足个人兴趣	Neighbors, Lostutter, Cronce, & Larimer, 2002
10. 为了赢取高额金钱	Lee, Lee, Bernhard, & Yoon, 2006；Lee, Chae, Lee, & Kim, 2007
11. 为了体验赢钱的感觉	Tarras, Singh, & Moufakkir, 2000；Neighbors, Lostutter, Cronce, & Larimer, 2002；Lee, Chae, Lee, & Kim, 2007
12. 为了挣取金钱	Neighbors, Lostutter, Cronce, & Larimer, 2002；Lee, Chae, Lee, & Kim, 2007
13. 为了体验多次自主决策的感觉	Campbell, 1976；Rogers, 1998
14. 为了实现自我掌控结果的欲望	Rogers, 1998；Anthony, Anne, & David, 2001
15. 为了验印自己足够幸运	Rogers, 1998
16. 为了增加与家庭、亲友的交流时间	Tarras, Singh, & Moufakkir, 2000；Neighbors, Lostutter, Cronce, & Larimer, 2002；Lee, Chae, Lee, & Kim, 2007；
17. 为了展示自己的旅游经历	Packer, & Ballantyne, 2002
18. 为了得到别人的认可与尊重	Tarras, Singh, & Moufakkir, 2000；Lee, Chae, Lee, & Kim, 2007
19. 为了结识志同道合的朋友	Hinch, & Walker, 2005；Lee, Lee, Bernhard, & Yoon, 2006；
20. 为了了解博彩知识	Chantal, Vallerand, Vallieres, 1994；Lee, Lee, Bernhard, & Yoon, 2006；Wu, & Tang, 2011
21. 为了开阔眼界	Mohammad, 2010；Yun, & Yoo, 2011
22. 为了锻炼博彩技巧	Tarras, Singh, & Moufakkir, 2000；Wu, & Tang, 2011
拉力因素	
23. 娱乐场外观具有吸引力	Chantal, Vallerand, Vallieres, 1994；Clift, & Forrest, 1999
24. 娱乐场主题独特具有吸引力	Burton, Louviere, & Young, 2009
25. 娱乐场宣传具有吸引力	Wu, & Tang, 2011
26. 娱乐场品牌具有吸引力	Chantal, Vallerand, Vallieres, 1994；Clift, & Forrest, 1999
27. 娱乐场里面的博彩项目具有吸引力	Chantal, Vallerand, Vallieres, 1994；Wu, & Tang, 2011
28. 娱乐场里面的娱乐项目具有吸引力	Tarras, Singh, & Moufakkir, 2000；Neighbors, Lostutter, Cronce, & Larimer, 2002

娱乐场消费动机维度/问项	理论依据
29. 娱乐场里面多样的服务项目具有吸引力	Zhang, & Terry, 1999；Kozak, M, 2002

数据来源：研究者整理。

本研究以正在澳门参与博彩娱乐项目的消费者（包括旅澳游客与澳门居民）为研究样本。首先在 2014 年 8 月 6 日—8 月 25 日进行预调研，回收 100 份有效问卷，使用 SPSS 21.0 软件检验问卷 Cronbach's α 系数为 0.908，反映问卷具备良好的可靠性（卢文岱，2012），可以进行正式调研。大规模调研时间为 2014 年 9 月 6 日至 11 月 15 日，于新葡京娱乐场、永利娱乐场、威尼斯人娱乐场、银河娱乐场、新濠天地娱乐场与美高梅娱乐场向客人派发问卷，均使用现场填写并现场回收的方式，以便能随时对受访者予以解释，并保证问卷的回收率与填答结果的可靠性。大规模调研共派发问卷 642 份，回收问卷 640 份，筛选出有效问卷 617 份，有效问卷率 96.4%。

四　数据分析

本研究采用 SPSS 21.0 软件分析资料，分析步骤有：（1）描述性分析，了解受测样本的人口特征；（2）信度检验与探索性因子分析，在检验问卷项目的可靠性基础上，对问卷维度及项目进行筛选，并验证其有效性；（3）聚类分析，在萃取后的博彩动机维度变量基础上进行聚类分析，尝试划分出不同动机倾向与特征的消费者组群；（4）多重对应分析，首先利用卡方分析检验不同动机特征的消费者组群与其人口统计特征（年龄、职业、月收入、来源地等）是否存在显著关联，然后运用多重对应分析，探讨不同动机组群的消费者在不同人口统计特征方面存在何种差异。

（一）描述性分析

本研究对 617 份问卷进行描述性分析（见表 3），数据显示男性博彩消费者比例较女性略大，样本以来自内地的中青年消费者为主，其中服务、教育、企业、单位人员与学生所占比例较大，同时样本中高水平与高教育程度者较多。

表 3　博彩消费者人口属性描述性分析

基本属性	属性	个数	百分比	基本属性	属性	个数	百分比
性别	男	332	53.8	每月收入	5 000 元及以下	238	38.6
	女	285	46.2		5 001~10 000 元	190	30.8
年龄	21~30 岁	441	71.5		10 001~15 000 元	91	14.7
	31~40 岁	120	19.4		15 001~20 000 元	23	3.7
	41~50 岁	52	8.4		20 000 元以上	75	12.2
	51~60 岁	2	0.3	婚姻状况	未婚	414	67.1
	60 岁以上	2	0.3		已婚	193	31.3
教育程度	初中及以下	13	2.1		其他	10	1.6
	高中	74	12	旅游方式	随团旅游	45	7.3
	专科学院	123	19.9		单位组织	48	7.8
	本科	261	42.3		自助旅游	514	83.3
	硕士及以上	146	23.7		商务旅游	10	1.6
职业	教育研究行业	61	9.9	客源地	广东省	274	44.6
	公务员	31	5		内地广东省外	192	31.2
	事业单位人员	61	9.9		澳门	41	6.7
	服务人员	79	12.8		香港	31	5
	企业人员	87	14.1		台湾	10	1.6
	渔农业工作者	4	0.6		日本	4	0.7
	技术人员	37	6		东南亚国家	9	1.5
	学生	178	28.8		美洲	36	5.9
	其他	79	12.8		欧洲	14	2.3

数据来源：研究者整理。

（二）信效度检验与探索性因子分析

研究首先对问卷进行信度检验，结果显示博彩动机量表 Cronbach's α 系数 0.930，参考卢文岱（2012）观点，量表信度系数优秀，具备极佳的可靠性。接下来对量表进行探索性因子分析，首先检验量表 KMO 值为 0.905，Barlett 球形度检验定位卡方值 11 384.706，且显著性 0.000，参考邱皓政（2009）观点，量表非常适合进行因子分析。

探索性因子分析采用主成分方法萃取维度，通过了两次方差最大的正交旋转法解释维度。首次旋转发现"第21项　为了开阔眼界"与"第22项　为了锻炼博彩技巧"两个问项的因子负荷量存在两个数值小于0.4的情况，反映两个不同的维度能对该类问项进行解释，不符合标准，因此删除这两个项目。第二次旋转得出5个特征值大于1的维度，对量表总变异量的解释累积达到66.059%，表示5个维度能解释量表变量66.059%的变异，探索性因子分析筛选出来的问项能较好地被博彩动机5个维度所解释。表4因子分析结果中，第一个维度内容由博彩娱乐场形象（主题、宣传、品牌、外观）与项目（服务、娱乐、博彩）等元素的吸引力组成，这些元素皆与博彩娱乐场自身的特色密切相关，因此把该维度命名为"特色吸引"；第二维度由赢取金钱、追求各种自我欲望满足的动机（追求自主决策、实现自我掌控、验印自己幸运）组成，根据内容命名为"获利与自我动机"；第三维度由休闲、放松、缓解压力等内容组成，因此命名为"休闲放松"动机；第四维度由寻求尊重、与家庭亲友交流与了解博彩知识等动机组成，根据内容命名为"社交与求知"动机；第五维度由寻求愉悦、刺激、新奇情感体验动机构成，根据内容命名为"情感动机"。

　　对新生成的5个维度进行效度检验，各个问项因子负荷量在0.456～0.878，参考邱皓政（2009）标准，因子分析旋转后的博彩动机量表拥有较高构念效度（表4）。数据分析结果显示，博彩动机类型包括：特色吸引、获利与自我、休闲放松、社交与求知、情感动机。

表4　博彩动机因子分析结果

博彩动机	问项	因子负荷量
特色吸引	24. 娱乐场主题独特具有吸引力	0.850
	25. 娱乐场宣传具有吸引力	0.838
	26. 娱乐场品牌具有吸引力	0.813
	28. 娱乐场里面的娱乐项目（表演、游乐设施等）具有吸引力	0.791
	23. 娱乐场外观具有吸引力	0.780
	29. 娱乐场里面多样的服务项目（购物、餐饮）具有吸引力	0.761
	27. 娱乐场里面的博彩项目具有吸引力	0.645

续表

博彩动机	问项	因子负荷量
获利与自我	10. 为了赢取高额金钱	0.878
	11. 为了体验赢钱的感觉	0.854
	12. 为了挣取金钱	0.848
	14. 为了实现自我掌控结果的欲望	0.612
	13. 为了体验多次自主决策的感觉	0.604
	15. 为了验印自己足够幸运	0.549
	9. 为了满足个人兴趣	0.456
休闲放松	3. 为了放松身心	0.885
	2. 为了缓解平时的压力	0.870
	1. 为了享受休闲时光	0.739
	4. 为了逃离日常烦琐的生活	0.629
社交与求知	18. 为了得到别人的认可与尊重	0.795
	19. 为了结识志同道合的朋友	0.741
	16. 为了增加与家庭、亲友的交流时间	0.652
	17. 为了展示自己的旅游经历	0.605
	20. 为了了解博彩知识	0.456
情感动机	5. 为了满足个人好奇心	0.787
	8. 为了获得新奇的体验	0.719
	6. 为了获得愉悦的体验	0.635
	7. 为了获得刺激的感觉	0.622

数据来源：自行整理。

（三）聚类分析

在因子分析中得到的 5 个动机维度基础上，接下来采用聚类分析对 617 个观测样本进行聚类，尝试划分出不同博彩动机倾向的消费者组群。余建英与何旭宏（2003）指出，若观测个数在 200 个以上，宜用快速聚类法。因此利用聚类方法中的 K-means Cluster（快速聚类），通过欧氏平方算法进行迭代，尝试进行 N 类（2，3…6）不同的聚类分析。通过数据比较，发现聚类数为 5 类的划分更适合，同时保存聚类变量得分，以其为自变量对博彩动机 5 个维度进行 One-Way ANOVA（单因素方差）分析，其 Sig 值均小于 0.001，表示博彩动机 5 个聚类存在显著差异，符合聚类分析的要求。

　　聚类结果（表5）显示聚类1样本（N＝88）中，其获利与自我动机上的聚类分值显著地高于其他组群，说明此类人群赢取金钱与自我欲望动机比较强烈，他们相信自己的运气，容易认为自己对博彩随机结果具有掌控的能力，从而强烈追求在博彩活动中获利，故将此类消费者群体命名为"博利机会型"。此类人群占总体样本的14.2%；聚类2样本（N＝122）的情感动机分值为其他组群中最高，反映该类人群参加博彩活动主要目的是追求愉悦、刺激、兴奋的感觉，满足自己的情感释放需求，因此命名为"情感释放型"，该类组群占总体样本的19.8%；聚类样本3（N＝179）在社交与求知动机上的分值上最高，反映该类人群在参与博彩活动时最为注重与亲友之间的交流，同时也热衷于了解新的知识，据此命名为"社交求知型"，该类人群所占人数最多，比例达29%；聚类样本4（N＝124）中的各类型动机分值均比较低，分值最高的"获利与自我"动机得分只略高于0，反映该类群体的各项动机均较弱，其中博利与自我动机稍较其他动机强烈，但他们懂得节制，受自我掌控结果等情绪的影响不明显，也不会过分追求获利，因此命名为"保守型"，该类群体占总体样本20.1%；聚类样本5（N＝114）中的休闲放松、特色吸引的动机分值最高，说明该类群体参与博彩主要目的是享受休闲，同时也受到娱乐场博彩娱乐等特色元素的吸引，据此命名为"休闲娱乐型"，该类群体占总体样本18.5%。

表5　博彩动机聚类分析结果

博彩动机类型	博彩消费者组群类型				
	博利机会型（N＝88）	情感释放型（N＝122）	社交求知型（N＝179）	保守型（N＝124）	休闲娱乐型（N＝114）
特色吸引	−0.936 10	0.308 83	0.058 87	−0.116 68	0.453 67
获利与自我	0.875 93	−0.659 17	0.229 23	0.56 79	−0.450 24
休闲放松	0.378 05	−0.835 79	0.304 64	−0.953 23	1.087 82
社交与求知	−0.855 04	−0.188 21	1.153 36	−0.243 21	−0.701 49
情感动机	0.286 02	1.043 93	−0.024 63	−0.973 24	−0.149 12

注：N 为样本数。

数据来源：研究者整理。

（四）多重对应分析

本研究欲探讨得出的 5 类动机组群博彩消费者在不同人口属性方面的差异情况，因此采用多重对应分析进行检验。首先使用卡方分析验证不同动机组群的消费者与不同人口属性是否存在差异（关联）。结果显示，5 类组群消费者与年龄、每月收入、客源地 3 项人口特征的卡方显著性均小于 0.001，表示该 5 类人群与上述人口属性存在非常显著差异（关联），可以进行多重对应分析。

研究挑选年龄、每月收入、客源地 3 类变量与消费者组群类别进行多重对应分析，尝试采用二维空间解释变量之间的关联，结果显示两个维度的惯量（Inertia）值分别为 0.421 与 0.378，根据张文彤（2014）的观点，两个维度对变量之间差异情况的解释度为：0.421/（0.421 + 0.378）+ 0.378/（0.421 + 0.378）＝99.9%，说明两个维度构成的多重对应分析图（表 6）能比较全面地解释消费者组群类别与年龄、收入、客源地之间的差异情况。

多重对应分析图的解读原则为：从图形中心（0，0）出发，若某变量某个类别或等级的点，与其他变量某个类别或等级的点在同一方位上距离较近，则表明两者具备强烈的关联；若距离较远或不在同一方位，则两者具备明显的差异（李克均等，2007）。基于此原则，从图 1 中可以得出以下结果：

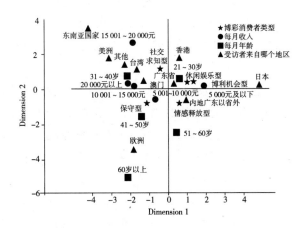

图 1　博彩消费动机多重对应分析结果

数据来源：研究者整理。

（1）"休闲娱乐型"与"博利机会型"消费者关联密切，且与"21～30岁""5 000元及以下""广东省"关系较密切。

该结果在一定程度上说明样本中来自广东省，月收入在5 000元及以下的"21～30岁"青年消费者，较容易成为"休闲娱乐型"或"博利机会型"消费者，同时，"休闲娱乐型"消费者容易转变成"博利机会型"消费者，反之亦然。该结果与现实情况相符，"21～30岁"年龄段群体一般仍在接受教育或刚参加工作，收入因此较低。起初，他们可能仅带着休闲娱乐的心态，拟轻度参与博彩活动。然而，在赢取金钱后，收获的利益与喜悦成就感等容易驱使其博彩行为多次发生（刘凯，2009），从而使其逐利与自我动机越发强烈，转变为"博利机会型"消费者。然而，过多地追求获利与自我控制欲望太强烈，有可能会导致"问题性博彩"的出现（李刚，2008）。因此，澳门博彩企业管理者需要引起注意，重点关注这一类的青年消费者，实时作出相应对策以正确引导他们的博彩动机，以最大限度控制"问题博彩"，达到"负责任博彩"的目的。

（2）"情感释放型"消费者与"内地广东省以外"密切相关。

上述分析在一定程度上反映出来自"内地广东省以外"的博彩消费者，其动机偏好于追求愉悦、兴奋、刺激的情感体验。据此，澳门博彩企业管理者需针对该情况进一步完善服务对策，可进一步增加对内地广东省以外地区的有关娱乐场刺激、新奇、愉悦体验的广告宣传，同时丰富娱乐场的娱乐项目（表演、游乐设施等），以求更好地吸引广东省外的内地游客前来博彩消费与更好地满足该类消费者的"求兴奋、求新奇、求刺激"等情感需求。

（3）"保守型"消费者与"5 001～10 000元""41～50岁"有密切联系。

上述结果在一定程度上反映：处于中老年龄段且拥有中高收入的消费者群体，容易成为"保守型"博彩消费者。推测其原因为该年龄段群体基本拥有稳定的家庭与稳定的收入，心态较青年群体沉稳与理性，在博彩活动中不容易产生过于强烈的逐利与自我欲望心态，同时中高阶段的收入在一定程度上令他们愿意花费一定金钱参与博彩活动，却又懂得控制投入，属于理性保守一类的消费群体。因此，博彩企业管理者可以对处于中高年龄与拥有中高收入的消费者予以重点关注，推出相应的宣传与服务对策，以吸引并维持该类消费群体参与博彩活动与娱乐场相关的娱乐活动。

（4）"社交求知型"消费者与"31～40岁""15 001～20 000元""澳门""台湾"有较密切的联系，而与"美洲""10 001～15 000元""20 000元以上"有一定关联。

上述分析结果在一定程度上说明拥有高收入的中青年群体容易成为"社交求知型"消费者，同时该类消费群体中，澳门本地居民、台湾地区与美洲游客人数明显高于"博利机会型""休闲娱乐型"等消费群体。该结果与现实也比较符合，第一，从上述特征来看该类群体处于黄金年龄段而且事业有成，追求高层次的享受，因此对金钱等物质的需求不会过于强烈，而倾向社交活动与获取更多知识；第二，澳门本地居民生活在"赌城"当中，往往已把身边的博彩活当成生活的一部分，因此不易像外地游客在参与博彩时追求新奇刺激的感受，同时澳门居民出入娱乐场极其便利，容易携带家人或亲友参加博彩活动，因此其社交倾向较明显；第三，台湾与美洲人以热情闻名，喜好社交活动，同时他们当中大部分素质较高，乐于获得新的知识，因此他们参与博彩活动的动机也较倾向于社交活动与了解新的知识。"社交求知型"消费者在总体样本中所占比重最高，需要重点进行关注。基于上述，博彩企业管理者也应以"社交求知型"消费者拥有的特征为依据，推出有针对性的宣传措施与适合该类群体的服务对策，以求在提升娱乐场吸引力与保持竞争力方面获得事半功倍的效果。

五　研究结论

（一）结论与建议

（1）博彩娱乐场消费动机具五维度结构

本研究以澳门知名娱乐场为案例，透过"推—拉"视角并结合澳门实际情况，构建出博彩娱乐场动机测评量表，经问卷调研与数据分析得出量表具五维度：特色吸引动机、获利与自我动机、休闲放松动机、社交求知动机、情感动机。研究结果反映出，博彩消费者既受内心需求的驱动，在参与博彩活动时追求获利、渴望愉悦刺激的情感体验、希望借此缓解日常的压力并增加与亲友的共聚时光等，同时又受娱乐场各项特色属性的吸引，在娱乐场美轮美奂的外形、激动人心的宣传、丰富多彩的博彩娱乐活动等吸引下参与博彩消费。因此，博彩娱乐企业不仅要从"硬实力"方面着手，以自身高档奢华的外观、现代化、多样化的娱乐设施吸引消费者，更要重视提升服务质量，营造企业文化，如结合澳门独特文化，定期以不同主题推出系列表演或娱乐项目，让消费者不仅只体验单一的博彩娱乐，能在多样的休闲活动中享受到更多新奇、愉悦与刺激的情感体验；又如提升服务态度，要求员工对每位顾客实行微笑服务，让客人的身心在关怀与受重视的情感中得到更有效的放松，其需求与动机得到更好的满足；再如倡导与推广负责任博彩文化，让客人在参与澳门旅游与博彩活动中也能受到更多文化教育熏陶，进一步提升客人对澳门休闲目的地形象的感知。

（2）博彩消费者可依据其动机倾向特征的差异分为五个组群

本研究依据消费者在"特色吸引、获利与自我、休闲放松、情感动机、社交求知"五类博彩动机中的倾向强弱程度，将博彩消费者组群分为五个类别：博利机会型、情感释放型、休闲娱乐型、保守型与社交求知型。澳门博彩企业管理者可以根据此五种消费者在不同动机上的倾向程度，针对性地作出娱乐场服务质量的相关改善对策与及时调整其资源投放的重心；同时，娱乐场需要对"保守型"与"博利机会型"消费者加以重视，一方面，依据"保守型"消费者理性控制投入的特点，可定期于娱乐场推行不同优惠活动，以吸引其参与博彩消费；另一方面，由于"博利机会型"消费者追求金钱与自我掌控欲望的心态较强烈，相对容易存在博彩成瘾的隐患，博彩企业需要正确引导该类客人的消费动机，可从加强"负责任博彩"相关的健康博彩文化宣传与丰富娱乐场休闲娱乐元素等方面着手，帮助"博利机会型"客人适度控制博彩时间与投入，增加他们参与娱乐场非博彩休闲项目的时间，从而更有效地控制与减少沉迷赌博等问题发生。

（3）博彩消费者类型在不同年龄、月收入与客人来源地三方面具备较显著的差异，娱乐场管理者可依据每个类型消费者的相关人口特征作出有针对性的改善对策

研究通过多重对应分析，发现不同动机类型的博彩消费者在年龄、月收入、来源地三方面具备较显著的差异。其一，来自广东省的低收入青年消费者，较容易成为"休闲娱乐型"或"博利机会型"消费者，同时两种类型消费者容易互相转化；其二，来自"内地广东省以外"的博彩消费者偏好于追求愉悦、兴奋、刺激的情感体验；其三，处于中老年龄段且

拥有中高收入的消费者群体，较容易成为"保守型"博彩消费者；其四，"社交求知型"群体具有高收入的特征，且该群体中处"31～40岁"年龄段、来自澳门或台湾的人数相对较多。基于上述分析结果，笔者对娱乐场的管理改善措施提出以下建议：

第一，澳门政府、博彩企业要高度重视"博利机会型"相对容易出现"博彩成瘾"，形成"问题博彩"的情况，也需对"休闲娱乐型"与"博利机会型"容易互相转化的情况引起注意，应亟须作出相关措施引导"博利机会型"消费者转变为"休闲娱乐型"，控制"休闲娱乐型"消费者转变为"博利机会型"的趋势。建议澳门政府要主导博彩企业，高度关注"问题博彩"这一问题，倡导负责任博彩的文化，打造负责任博彩的市场，建立负责任博彩市场行业标准，形成负责任博彩的政府、社会、行业三位一体的协同管理机制。博彩企业要担起负责任博彩的主体，在本行业内制定有效的监控和应对措施。

首先，可针对该两类消费者中，来自广东省的低收入青年较多的情况，增加向广东省投放展示娱乐场休闲娱乐等多元化主题的广告，吸引青年消费者前来参与博彩旅游活动，同时考虑年轻人上网时间较多的现象，在与澳门娱乐场或澳门博彩相关的网页中增加"健康博彩"、"适度博彩"等内容的网页链接，以此减少年轻群体沉迷赌博的现象发生；广东省，尤其是比邻澳门的珠海与深圳两地的高校也应对此情况引起注意，对学生加强有关反对沉迷博彩等的教育，从"内—外"着手减少澳门博彩所产生的不良问题。其次，澳门娱乐场应提供更多提升消费者舒适休闲感知的服务，如营造娱乐场博彩区域休闲的环境氛围（如改变灯光柔和度，增加绿色植物，调整赌桌之间的位置，减少客人的紧逼感；或考虑在每一张赌桌上放置耳麦，提供给客人柔和的轻音乐等），一方面有利于"博彩机会型"消费者的心情得到冷静放松，从而减少认为自己能控制赌局的偏执思想，另一方面也让"休闲娱乐型"消费者的"休闲减压"动机得到更好的满足。然后，娱乐场应进一步增加其非博彩娱乐项目，如特色表演、特色会展、文化节庆活动、特色餐饮购物元素等，让"博利机会型"消费者不会因只能选择博彩活动而增加其沉迷博彩的隐患，也让"休闲娱乐型"消费者需求得到更多的满足。再次，娱乐场可加强自身的监控体系，在培训中要求员工（尤其是庄荷）对运用粤语的年轻博彩者加以注意，一旦发现其出现沉溺博彩情况时需要对其进行适时的劝诫与控制，以期进一步减少"博彩成瘾"等问题的产生，以牺牲娱乐场短期少量的收入来提升澳门博彩业与澳门整体形象的提升，从而吸引更多游客前往澳门旅游与参与健康的博彩消费，共建繁荣健康文明的澳门博彩业，促进澳门"世界旅游休闲中心"的实现。

第二，博彩企业可参考内地广东省以外游客的博彩动机主要倾向于追求愉悦、新奇、刺激等情感体验，首先在宣传方面，向内地广东省外地区投放旅游广告来呈现娱乐场刺激的博彩娱乐项目、新奇的体验以及愉悦的氛围，借此吸引更多内地游客前往澳门；其次亟须改善娱乐场部分外国员工与本地员工与广东省外游客较难进行普通话交流的问题。娱乐场可考虑多招收能流利使用多种语言和方言（尤其是普通话与粤语）进行交流的员工，或定期进行语言培训，提升员工的普通话交流能力，减少内地广东省外的游客因交流困难而得不到愉悦体验的情况。

第三，基于"保守型"消费者中，中年人士与中高收入者相对较多的情况，娱乐场可推出以下策略吸引该类型群体。首先，中年人士大多拥有稳定的三口家庭，因此娱乐场可为中年消费群体推出家庭旅游套餐服务，如携带家人前往娱乐场参与博彩消费满一定数额，即可享受自助餐、高级客房等优惠，或入住娱乐场酒店可赠送一定数额筹码或现金券，吸引他们多次参与博彩活动；其次，聚类分析结果显示"保守型"消费者的"特色吸引动机"强度较休闲娱乐、社交求知与情感动机高，因此娱乐场可加强向中年消费群体宣传有关娱乐场高档奢华外观、丰富娱乐设施、多元休闲元素等特色，从增加"拉力"着手达到有效刺激"保守型"消费动机的目标。

第四，针对"31～40岁"的高收入群体容易成为"社交求知型"消费者，首先娱乐场可利用现时微信等工具定位该年龄段群体，然后通过官方或其他账号等方式向他们推出多人消费套餐服务，如携带情侣或亲友前来参与博彩活动即可享受高级套房优惠等服务，促进"社交求知"型消费者的增加；其次，娱乐场需要加强对员工的培训，力求保证每位员工能准确翔实回答消费者咨询，同时在博彩娱乐项目上应附上完善的说明资料，满足"社交求知型"消费者追求了解知识的需求；再次，娱乐场可定期举办特色节庆活动、特色展会等，更好地吸引社交爱好消费者前来聚会消费，为娱乐场带来更多收益。

（二）研究贡献

1. 理论贡献

（1）探讨消费动机的内涵与拓展博彩消费者心理行为的研究领域

博彩研究是一个新兴的学术研究领域，同时，碍于博彩研究内容具有敏感性，该领域的研究仍然比较缓慢，有针对性地研究博彩旅游者行为等方面的论文仍然非常少见（华钢，2014）。本研究在国内外对博彩消费行为心理研究的基础上进一步深化并扩展该领域的研究，透过心理学动机的视角，明确消费动机的概念、内涵，归纳出博彩动机的维度与建立适合博彩动机的量表，为博彩消费者心理的研究拓展其应用领域。

（2）为博彩娱乐企业吸引力的增强提供理论指引

目前，博彩动机被认为是影响消费者作出博彩娱乐场消费行为决策的关键因素（Philips，2009）。本研究通过测评博彩消费者动机，并采用多重对应分析探讨不同动机组群消费者与其人口属性之间的差异情况，为博彩企业管理者更好地把握博彩消费者动机，针对不同类型消费者作出相应的改善对策，从而为提升博彩企业吸引力提供一定理论指引。

2. 实践贡献

（1）为博彩娱乐场管理实践提供实用测量工具

本研究基于消费动机相关理论，以澳门知名娱乐场为例，构建出博彩消费动机量表，并验证其具备良好的信度与效度，为博彩娱乐场实践管理提供科学有效测量工具。

（2）为澳门娱乐场服务对策改善的重心与资源优化配置提供合理化建议

研究以澳门娱乐场为研究对象，划分出不同动机特征与强度的消费者组群：博利机会型、情感释放型、休闲娱乐型、保守型与社交求知型，并采用多重对应分析得出该5类消费者与年龄、收入与来源地均存在比较显著的差异。依据分析结果为娱乐场服务对策改善的重心与资源投入的优化，提供合理化建议，同时为博彩企业管理者更好地了解顾客需求，作出更有效的服务营销对策提供参考建议。

（3）有助于提升澳门博彩企业正面形象与澳门目的地的区域影响力

研究基于"博利机会型"与"休闲娱乐型"消费者的相关人口特征，提出帮助"博利机会型"消费者适度控制投入的针对性措施，及提出减少"休闲娱乐型"转变为"博利机会型"趋势的建议。以期更好地帮助澳门博彩企业及旅游管理者正确引导与维持博彩消费者的健康消费动机,为减少"问题博彩"等负面问题,推动"负责任博彩"文化与计划的更有效推广,为实行"负责任博彩"提供可行性实践依据,从而促进澳门休闲娱乐氛围的提升与世界级休闲中心形象的构建作出一定贡献。

(三) 研究局限与展望

(1) 扩大研究范围与增加调查时间,增强研究结果的实用价值与准确性

本研究虽挑选了最具代表性的 6 间娱乐场进行调查与研究,在样本的代表性、结论的适用性等方面尚存在具有一定的局限性。未来研究可以将研究范围扩大,选取更多的娱乐场为对象,并选择在一年的不同时间段进行调查,以求拓展研究结论的应用范围,更深入全面地剖析消费者博彩动机的内涵。

(2) 丰富研究方法,增加研究的科学性与合理性

研究通过文献回顾得出初始量表,在以后的研究中可以采用访谈、观察等方法,从而开发出更为科学合理的量表;研究采用的多重对应分析,其优势在于能直观地解读不同变量之间的差异或关联情况,但其分析结果有一定局限之处(张文彤,2014),未来可以尝试采用更为严谨的多因素方差分析或建立回归 Logistic 模型,探讨不同动机类型消费者与人口属性的差异情况,以得出更为可靠的结果。

(3) 研究动机后续心理因素,探讨消费者行为作用机制问题

研究仅对消费者动机进行探讨,对动机后续的心理变化并没有涉及,未来的研究中可以引入体验、形象、感知价值、购后意愿等因素,探讨他们与动机之间的相互关系,进一步了解消费者行为作用机制的全面情况,为博彩企业更为准确地把握消费者心理提供依据。

参考文献

陈德广、苗长虹(2006)。基于旅游动机的旅游者聚类研究——以河南省开封市居民的国内旅游为例。旅游学刊,21(6),22 – 28。

龚唯平(2007)。澳门博彩旅游业的升级与发展:三维制度创新。学术研究,1,86 – 90。

郭永中（2010）。澳门经济的多元发展道路。学习与探索,2,149－151。

郝雨凡、吴志良（2012）。澳门经济社会发展报告（2010—2011）。北京：社会科学文献出版社。

华钢（2014）。境外博彩旅游研究综述。浙江旅游职业学院学报,10（1）,9－13。

李刚（2008）。对当前我国体育彩票业社会福利效应的评价。体育科学,28（10）：32－40。

李克均、冯丽云、时松和、施学忠（2007）。多重对应分析及其在工作满意度研究中的应用。中国卫生统计,24（1）,19－21。

梁江川（2013）。旅游动机与目的地偏好——以广东外来旅游者为例。地域研究与开发,32（5）,151－156。

林双凤（2012）。澳门博彩业发展的社会问题分析。广东社会科学,2,213－220。

刘凯（2009）。病态博彩及预防彩民病态博彩策略研究。山东体育学院学报,25（12）,6－10。

卢文岱（2012）。SPSS统计分析。北京：电子工业出版社。

穆迪（2014年10月14日）。澳门博彩收入下降对娱乐场具有负面信用影响。2014年11月12日,取自：http://www.aastocks.com/tc/stocks/news/aafn-content/NOW.632195/popular-news.

阮建中（2010）。欧美博彩旅游业研究述评。旅游学刊,25（9）,89－95。

宋秋（2008）。城市居民游憩动机及影响因素实证研究。软科学,22（6）,22－26。

苏国京（2014年7月1日）。澳门博彩收益骤降,前景堪忧？2014年11月12日,取自：http://suguojing.blog.sohu.com/304022.

孙喜林、荣晓华、范秋梅（2014）。旅游心理学。北京：中国旅游出版社。

唐娟,高尚梅（2013）。影视旅游者目的地形象感知及行为意向研究——以澳门为例。旅游论坛,6（4）,23－29。

王珏（2013）。赌权开放十年澳门博彩业发展回顾与未来展望。中国经贸,24,24－26。

王亮（2011）。博彩旅游业外文文献研究综述。北京第二外国语学院学报,1 , 34 – 55。

王五一（2012）。繁荣与矛盾：澳门赌权开放十周年回望。广东社会科学,4, 108 – 117。

徐雪（2012）。基于推力—拉力因素的中国游客访韩旅游动机实证研究。生产力研究,5 , 172 – 175。

余建英、何旭宏（2003）。数据统计分析与 SPSS 应用。北京：人民邮电出版社。

张文彤（2014）。SPSS 统计分析高级教程。北京：高等教育出版社。

周岩、姜凌（2012）。澳门博彩业品牌差异对顾客品牌敏感及忠诚意愿之关系研究。生产力研究,9, 87 – 89。

Anthony, M. , Anne, M. , & David, E. （2001） . Promoting and countering consumer misconceptions of random events：The case of perceived control and State-Sponsored Lotteries. *Journal of Public Policy & Marketing*, *20* （2）, 254 – 267.

Baloglu, S. , & Uysal, M. （1996） . Market segments of push and pull motivations：A canonical correlation approach. *International Journal of Contemporary Hospitality Management*,*8* （3）, 32 – 38.

Benson, A. （2009） . Volunteer Tourism Motivations of German participants in South Africa. *Annals of Leisure Research*, *12* （3 – 4）, 295 – 314.

Burton, C. , Louviere, J. , & Young, L. （2009） . Retaining the visitor, enhancing the experience：Identifying attributes of choice in repeat museum visitation. *International Journal of Nonprofit and Voluntary Sector Marketing*, *14*, 21 – 34.

Campbell, F. （1976） . Gambling：A positive View. // Gambling in society：Inter-disciplinary studies on the subject of gambling. Springfield：Charles C Thomas.

Chantal, Y. , Vallerand, R. J. , & Vallieres, E. F. （1994） . On the development and validation of the Gambling Motivation Scale （GMS） . *Society and Leisure*, *17*, 189 – 212.

Chen, Y, F. , & Mo, H. E. （2014） . A survey of push and pull motivations of Green Event tourists. *International Journal of information and education technology*, *4* （3）, 260 – 263.

Clift, S. , & Forrest, S. （1999）. Gay men and Tourism: Destination and holiday motivations. *Tourism Management*, *20* （5）, 615 – 625.

Crompton, J. （1979）. Motivations for pleasure vacation. *Annals of Tourism Recreation*, *6* （4）, 408 – 424.

Crompton, L. L. , & Mckay, S. L. （1997）. Motives of visitors attending festival events. *Annals of Tourism Research*, *24* （2）, 425 – 439.

Dann, G. （1977）. Anomie, ego-enhancement and tourism. *Annals of Tourism Research*, *4* （4）, 184 – 194.

Eadington, W. R. （1996）. The legalization of casinos: Policyobjectives, regulatory. *Journal of Travel Research*, *34* （3）, 3 – 6.

Goodman, R. （1996）. *The luck business: The devastating consequences and broken promises of America' Gambling explosion*. American: Touchstone Press.

Goossens, C. （2000）. Tourism information and pleasure motivation. *Annals of Tourism Research*, *27* （2）, 301 – 321.

Heung, C. O. , Uysal, M. , & Weaver, P. A. （1995）. Product bundles and market segment based on travel motivation: a canonical correlation approach. *Hospitality Management*, *14* （2）, 123 – 137.

Heung, V. , Qu, H. , &Raymond, C. （2001）. The relationship between vacation factors and socio-demographic and travelling characteristics: The case of Japanese leisure travelers. *Tourism management*, *22*, 259 – 269.

Hinch, T. , & Walker, G. J. （2005）. Casino markets: A study of tourist and local patrons. *Tourism and Hospitality Research*, *6* （1）, 72 – 87.

Hull, C. L. （1943）. The problem of intervening variables in molar behavior theory. *Psychological Review*, *50* （3）, 273.

Iso-Ahola, S. E. （1988）. The social psychology of leisure of leisure and recreation. In Barnett, L. A. （Eds. ）, *Research about the leisure: past, present, and future*. （pp. 76 – 93）. Champaign, Illinois. Sagamore Publishing, Management Learning Laboratories, Ltd.

Iso-Ahola, S. E. , & Allen, J. R. （1982）. The Dynamics of leisure motivation the effects of outcome on leisure on leisure needs. *Research*

Quarterly for exercise and sport, *53*（2）, 141 – 149.

Kim, Y. H. , Goh, B. K. , & Yuan, J. （2010）. Development of a multi-dimension scale for measuring food tourist motivations. *Journal of Quality Assurance in Hospitality & Tourism*, *11*, 56 – 71.

Kim, S. S. , Lee, C-K. , & Klenosky, D. B. （2003）. The influence of push and pull factors at Korean National Parks. *Tourism Management*, *24* （2）, 169 – 180.

Kim, S. , & Prideaux, B. （2005）. Marketing implications arising from a comparative study of international pleasure tourist motivations and other travel-related characteristics of visitors to Korea. *Tourism Management*, *26* （3）, 347 – 357.

Kozak, M. （2002）. Comparative analysis of tourist motivations by nationality and destinations. *Tourism Management*, *23* （3）, 221 – 232.

Lee, C. K. , Lee, Y. K. , Bernhard, B. J. , & Yoon, Y. S. （2006）. Segmenting casino gamblers by motivation: A cluster analysis of Korean gamblers. *Tourism Management*, *27*, 856 – 866.

Lee, H. P. , Chae, P. K. , Lee, H. S. , & Kim, Y. K. （2007）. The five-factor gambling motivation model. *Psychiatry Research*, *150*, 21 – 32.

Manning, R. E. （1986）. *Studies in outdoor recreation. Search and research for satisfaction.* Corvallis: Oregon State University Press.

Maslow, A. H. （1943）. A theory of human motivation. *Psychological Review*, *50* （4）, 370 – 396.

Mohammad, B. （2010）. An analysis of push and pull travel motivation of foreign tourists to Jordan. *International Journal of Business and Management*, *5* （12）, 41 – 50.

McIntosh, R. W. , & Goeldner, C. R. （1990）. Tourism: Principles, Practices, Philosophies. New York: Wiley.

Neighbors, C. , Lostutter, T. W. , Cronce, J. M. , & Larimer, M. E. （2002）. Exploring college student gambling motivation. *Journal of Gambling Studies*, *18* （4）, 361 – 370.

Packer, J. , & Ballantyne, R. （2002）. Motivational factors and visitor experience: A comparison of three sites. *Curator*, *45* （3）, 183 – 198.

Phillips, W. J. (2009). Senior casino motivation and gambling inter-sion: An extended theory of planned behavior model (Unpublished Doctoral dissertation). Unversity of Kansas State, Manhattan.

Pizam, A. (1985). The perceived impacts of casino gambling on a community. *Annals of Tourism Research, 12* (2), 137 – 165.

Przybylski, M. (1998). Does gambling complement the tourist industry? Some empirical evidence of tourist substitution and demand displacement. *Tourism economics: the business and finance of tourism and recreation, 4* (3), 213 – 231.

Reith, G. (2006. 9. 12). Research on the Social Impacts of Gambling. Retrieved from: www. scotland. gov. uk/socialresearch

Rogers, P. (1998). The cognitive psychology of lottery gambling: A theoretical review. *Journal of Gambling Studies, 14*, 111 – 134.

Tarras, J., Singh, A. J. and Moufakkir, O. (2000). The profile motivation of Elderly Women Gamblers. *Gambling Research and Riview Journal, 5* (1), 33 – 36.

Wu, A. M. S., & Tang, C. S. (2011). Validation of the Chinese version of the gambling motivation scale (C-GMS). *Journal of Gambling Studies, 27* (4), 709 – 724.

Yun, H., & Yoo, J. J. (2011). Travel Motivations of Mainland Chinese Travelers to the United States. *Journal of China Tourism Research, 7*, 355 – 376.

Zhang, Q. H., & Terry, L. (1999). An analysis mainland Chinese visitor's motivation to visit Hong Kong. *Tourism Management, 20* (5), 587 – 594.

会展经济与管理：是一门学科还是一个领域？

王春雷

上海对外经贸大学

摘　要：走出会展经济与管理是"学科"还是"专业领域"的争论，需要我们超越传统的学科评判标准和具体学科的立场，站在科学整体转型的高度来重新认识会展学科的归属及其持续发展问题。基于对相关文献和学科评判标准的研究，本文对会展经济与管理成为一门学科的合法性进行了辨析，提出会展学是一门新兴的交叉学科，但目前尚处于"前科学"阶段。进而构建了一个更加符合中国会展产业发展实际和会展学科发展基础条件的会展经济与管理知识体系，在此基础上，参照泛系理论中的大系统、系统和子系统三层次功能结构，设计了一个比较有解释力的会展学学科体系分析框架。

关键词：会展经济与管理，学科，学科标准，知识体系，会展学

Event Economics and Management: A Discipline or Field?

Wang Chunlei

Shanghai University of International Business and Economics

Abstract：Nowadays, discipline and field are closing up on each other, indicating that traditional discipline criteria have become outdated. To get out of the debate over whether event economics and management is a discipline or a field, traditional discipline criteria and the stance of specific disciplines have to be transcended. Based on reviewing relevant literature and discipline criteria, this paper discriminated the validity of event economics and management as a discipline, and argued that event-ology is a rising interdisciplinary but it is still in the stage of prescience. In order to analyze the structure of knowledge, we established Event Economics and Management Book of Knowledge, which is more in line with the reality of Chinese event industry development and the basic condition of event studies. Finally, in reference to the three-level functional structure in generic system theory, the paper put forward a framework of disciplinary system with strong explanatory power.

Key words: event economics and management, discipline, discipline criteria, book of knowledge, event-ology

一　问题的提出

在全球范围内,包括会议、展览、节庆、体育赛事、演出和公司活动等在内的"大会展"概念逐渐得到学术界和业界认可,这为会展教育提供了更大的发展空间,并促进了多元化会展办学格局的形成。以澳大利亚维多利亚大学为例,休闲运动学院设有运动管理专业(Sport Administration),毕业生可获得文学学士学位(Bachelor of Arts);应用经济学院设有音乐与活动管理专业(Music & Event Management),授予管理学学士学位(Bachelor of Business);法学院设有活动管理专业(Event Management),授予法学学士学位(Bachelor of Laws);酒店与旅游学院设有营销与活动管理专业(Marketing & Event Management)、服务与活动管理(Hospitality & Event Management)、旅游与活动管理(Tourism & Event Management)等专业,均授予管理学学士学位(Bachelor of Business)。在硕士研究生教育层次,酒店与旅游学院、管理学院、商业与服务业学院以及社会服务与科技学院均开设有活动管理专业(Event Management),前两者授予管理学硕士学位(Master of Business),后两者授予研究生课程证书(Graduate Diploma)(徐红罡、罗秋菊,2007)。与此同时,会展与节事活动（event）^①在学术研究中也受到空前关注（Rojek，2012）。

在中国，会展经济与管理专业起初属于公共管理大类下的目录外专业（代码为110311S），2012年年底，教育部公布的《普通高等学校本科专业目录（2012年）》将其归入旅游管理大类（代码改为120903），与旅游管理和酒店管理专业并列。截止到2014年9月，教育部共批准了78所院校设立会展经济与管理本科专业。另有众多院校设立有会展策划与管理、会展艺术与技术等其他与会展有关的本、专科专业，名称五花八门。在研究生层次，截止到2014年10月底，四川大学、北京第二外国语学院、上海对外经贸大学3所院校先后设立了会展与节事管理、会展管理和会展经济与管理二级学科目录外专业硕士点，另有23所院校在旅游管理、新闻传播学、企业管理等相关专业下设立了会展方向（杨琪，2014）；华南理工大学于2011年在旅游管理专业博士点下设立了全国第一个列入博士招生目录的节事旅游与会展管理方向，并于2012年招收了首届博士生。另外，中山大学、上海大学、澳门科技大学等院校也在旅游管理、新闻传播学等相关博士研究生专业下设立了会展方向（王春雷、王晶，2013）。正式被列入本科专业目录以及开设会展专业或方向硕、博士点的院校数量明显增加，特别是个别大学在二级学院的名称中出现"会展"，都反映了会展经济与管理专业的地位在迅速提高。

鉴于此，有学者提出，会展是一门新兴学科，会展教育在世界范围内也不过30多年的历史，中国会展教育已形成多学科、多领域、多样化的特色，如果能及时得到正确的理论指导及教育职能部门的得力扶持，此学科是最有可能跻身世界教育先进专业之林的（马楠、马新宇，2007）。然而，关于会展经济与管理的学科属性及其归属问题在学术界一直有很大的争议。有专家认为，会展管理只是一个专业领域，讨论学科问题为时尚早，也有学者提出"会展学是介于社会科学、技术科学和自然科学的一门综合性交叉学科"（俞华、仇薇，2007）。但有一点可以肯定，由于会展涵盖了各种功能目的的众聚活动种类，从广义上讲，它涉及人类生活的方方面面（马楠、马新宇，2007；Robson，2008），目前的二级学科"旅游管理"不能涵盖会展经济与管理的内涵。

---

① "Event"指特殊事件或活动，但为了表述方便，本文有时将其翻译为"会展"或"会展与节事活动"。

早在 2000 年，国际著名会展学者 Getz 提出，活动产业（events industry）已经以多种形式建立起来，比如展览会、体育营销或音乐会等，但作为一个学术研究领域或研究的话题，它还是非常新鲜和不成熟的。然而，在过去的十几年，会展教育在全球特别是以中国为代表的新兴国家蓬勃发展，各种学术研究层出不穷（Mair & Whitford, 2013），似乎已经到了讨论会展学科建设的时候。本文旨在根据相应的学科评判标准和会展产业发展对人才培养及研究的需要，对"会展经济与管理"的学科属性、学科体系及其持续发展问题进行辨析，以期为我国会展学科的建设和相关院校的会展办学提供具有前瞻性的政策建议。

二　文献综述

（一）　学科与专业领域

学科与专业是高等教育中讨论最多的两个概念，两者既有区别又有联系（刘海燕、曾晓红，2007）。按照《辞海》（1979 年版）的解释，学科有两方面的含义：一是学术的分类。指一定科学领域或一门科学的分支，如自然科学中的物理学、生物学，社会科学中的史学、教育学等；二是指教学的科目，是学校教学内容的基本单位，如政治、语文、数学、外语等（夏征农，1979，pp. 1746 - 1748）。商务印书馆出版的《新华词典》（1980 年版）对学科也给出了类似的解释。

在英文中，学科一词所对应的名词是"discipline"，1995 年由外语教学与研究出版社出版的《朗曼现代英语词典》（Longman Dictionary of Contemporary English）将其解释为"an area of knowledge such as history, chemistry, mathematics etc. that is studied at a university"（大学中学习的某一知识领域，如历史、化学、数学等）。1997 年由商务印书馆和牛津大学出版社联合出版的《Oxford Advanced Learner's English-Chinese Dictionary》（牛津高级英汉词典）将其定义为"branch of knowledge；subject of instruction"（知识的分支；教学科目）。

1992 年国家技术监督局公布的国家标准《学科分类与代码》（GB/T 13745 - 92）对一门学科应具备的基本条件规定如下："具备其理论体系和专门方法的形成；有关科学家群体的出现；有关研究机构和教学单位以及学术团体的建立并开展有效的活动；有关专著和出版物的问世等条

件"。1997年6月，国务院学位委员会、国家教育委员会颁布了《授予博士、硕士学位和培养研究生的学科、专业目录》，该目录"是国务院学位委员会学科评议组审核授予学位的学科、专业范围划分的依据"，我们通常提及的学科建设中的学科实质上是指正式列入上述目录中的学科。

由此看来，虽然拥有不同专业背景的学者们对学科的论述有所不同，但在本质上是一致的，"教学的科目"、"学问的分支"、"学术的组织"是学科的三个基本内涵，只是在不同的场合和时间体现不同的内涵而已（陆军等，2004；刘海燕、曾晓红，2007）。

专业在英文中对应的单词是"Specialty"或"Major"，它是学科及其分类与社会职业需求的结合点或交叉点（谢桂华，2002）。长期以来，学科与专业的概念在国内经常被混淆，专业被等同于二级学科，在这种观念指导下，必然会出现学科之间各自独立分割、人才培养方面过于专门化、科研方面研究方向狭窄和整体效益低下等问题（张立彬，1995）。专业与学科的主要区别在于专业侧重于社会职业的领域，而学科偏重于知识体系，一个专业可能要求多种学科的综合，相应地，一个学科可在不同专业领域中应用。此外，还有两点需要特别注意：由于学科分类按其分化的程度呈现层次性，因此就有我们常说的一级学科、二级学科，按哪一级来划分专业就涉及专业的宽窄问题（谢桂华，2002）。其次，随着学科综合趋势的加强，原有各学科之间会产生边缘学科，从而促生了学科专业目录中的新专业，它也可能包括多个学科的知识（陆军等，2004）。

另外，我国和西方国家对专业的认识与管理有较大不同。英文中的Major指一系列有一定逻辑关系的课程的组织（Program），相当于一个培训计划或课程体系。只要学校能开设某种课程组合，而社会又有这方面的需要，就可以设置新的专业，因而专业设置有很大的灵活性，专业之间的界限也比较模糊。而在我国，专业发挥着很强的管理职能，它规范着高等学校的专门人才培养的口径和能力结构，因而，当市场需求发生变化时，对专业进行调整具有相当难度（刘海燕、曾晓虹，2007）。

（二）旅游及相关学科

很多学者对旅游管理、休闲等与会展联系紧密的学科的发展问题进行了研究（Leiper，1981；Tribe，1997；申葆嘉，1997；肖洪根，1998；李建欣，1999；宋子千，2012）。例如，早在1981年，Leiper就明确提出，旅游是一门处于发展早期阶段的独立学科,并且建议使用"Tourology"来进行命名。宋子千(2012)基于学科理论,对旅游成为学科的可能性以及旅游作为学科的成熟度问题进行了讨论,其研究发现,旅游研究没有独特的研究对象和研究方法不可能发展成为传统学科,但在社会实践需要的推动下完全可以发展成为现代学科;旅游学科的不成熟更多地体现在内在建制而非外在建制,主要影响因素则在于旅游研究对象的分散和研究深度的丧失。

Baum 等学者(2013)提出了一个很有意思的话题:会展与节事活动研究(study of events)是否必然会经历一个像休闲、接待和旅游领域的研究一样的发展路径?他们认为,作为学科进步的一部分,会展研究无论是从内部还是外部都遇到了更挑剔的眼光。例如,Rojek(2012)提出,休闲研究似乎正因为这个新生儿的受宠而受到威胁,但会展与节事管理研究者们的乐观断言有点过头了。来自外部的对会展研究的批评从侧面反映了学科内部的研究进展只是在缓慢前行。Getz(2012)认为,与会展管理相关的理论发展缓慢,会展学术领域(academic field of events)在各个方面的表现都不容乐观;在会展体验(event experience)研究领域,同样没有构建起独特的理论。如果在未来十年,会展教育者和研究者不能构建一套连贯的理论,以包含会展研究的广度和深度,会展学术研究将被旅游、休闲及接待等相对成熟学科的再次崛起所覆盖(Baum 等,2013)。

在更上位的学科发展问题上,有不少学者对工商管理甚至管理学一级学科的学科建设问题进行了研究。例如,刘人怀和孙东川(2010)对《授予博士、硕士学位和培养研究生的学科、专业目录》中管理学学科门类划分存在的问题进行了分析,并初步构建了中西合璧的管理科学话语体系。他们提出,各学科均应开设《管理科学概论》课程,其内容分为两部分:一是公共内容即管理科学一般理论与方法;二是本学科、本行业专门的管理知识。

(三) 会展学科

从全球范围来看,尽管许多大学都开展了会展经济与管理教育,但是绝大多数仅以专业或专业方向甚至课程的名义存在,学科的许多理念并未形成共识。当前国内高校诞生出的会展专业名目繁多、专业跨度较大,从一定程度上反映出教育适应产业需求的特征(马楠、马新宇,2007)。在国际上，也经常看到在同一所大学同时有几个学院提供与会展相关的教育项目（徐红罡、罗秋菊，2007）。

Goldblatt（2008）认为，会展学（Eventology）是对特殊活动的研究，其目的是通过各类庆典来创造积极的社会效益。在国际学术界，包括 Getz 在内的多位学者对会展与节事活动研究（event studies）作为一个独立研究领域的成熟度以及作为一个显著的学术领域的地位提出了疑问（Page & Connell，2012；Thomas & Bowdin，2012；Getz，2012）。在提高会展管理研究（study of event management）的学术地位方面，英国做出了榜样。2008 年，在会展管理教育协会（The Association of Event Management Education）等机构的积极游说下，英国国家质量认证署（The National Quality Assurance Agency，QAA）在对接待、休闲、体育和旅游类本科专业标杆的介绍中，首次将会展管理（event management）单列。通过梳理现有研究的不足，Baum 等学者（2013）提出，会展教育者和研究者必须努力克服现有及未来的挑战，以推动会展与节事研究的发展，并提高其作为一个学术领域的可信性。目前，会展领域的几本学术刊物都有"管理"（management）的前缀。类似于旅游领域的《旅游研究纪事》（Annals of Tourism Research）和休闲领域的《休闲科学》（Leisure Sciences），《会展研究》（Event Studies）这样的理论刊物是否以及何时才能出现？由此看来，国际学术界也在关注会展学科的归属问题，"会展管理"显然只是会展科学的一部分。

关于会展学的学科属性，2005 年，俞华和朱立文出版了《会展学原理》，该书运用信息经济学、博弈论的精深理论解释会展经济现象，运用"场"等情报学前沿理论和信息学、传播学等经典理论来解释会展现象，并初步构架了十几个会展学分支学科，被誉为国内首部将会展学作为独立新学科来研究的学术专著。马楠和马新宇（2007）认为，各种会展的理论体系和操作流程涉及自然科学、社会科学和技术科学的一些领域，因而会展是一门典型的多学科、多专业交叉的新兴学科。许传宏（2010）分析了会展学的学科属性，认为它是在吸收社会学、经济学、艺术学、管理学、文化学及传播学等成果基础上形成的新兴人文学科，具有交叉性、应用性、人文性和互动性等特点。

关于会展学的学科层次，2003 年，俞华提出，会展学应属于信息科学范畴，是信息传播学的下位类学科，但与此同时他又提出了一个相互矛盾的观点:会展科学理论的学科最高上位类只能是会展学。2007 年,俞华、仇薇根据国家技术监督局于 1992 年规定的关于学科应具备的标准,在对会展理论体系、研究方法、研究队伍、研究机构及教学单位、学术团体与期刊著作等会展理论研究现状进行分析后认为,我国已具备建立会展学的基础,并利用排除法否定了会展学归入经济学、旅游学、博物馆学、艺术学、管理学、新闻学与传播学的合理性,提出会展学应该作为独立的一级学科。张玉明(2007)从人才就业、运作、产业链划分、课程设置等角度论证,认为会展管理专业应纳入工商管理学科。但她同时也指出,虽然可以在该预想的学科下设"会展工程"、"会展营销",然而其内涵并不是工商管理本质上所能涵盖的。

综上分析,会展能否成为一门成熟的学科在国际学术界也是讨论的热点话题。作为一个专门的领域,其整体现状是会展教育项目在许多国家迅速发展、相关研究方兴未艾,但同时作为新兴学科,面临着亟须构建原创性的理论、学术地位有待提高等挑战。从总体上看,关于会展学科的研究,目前还停留在会展学科的属性和层次辨析的层面,个别研究初步构建了会展学的学科体系。

三 研究设计与研究方法

本文的研究思路如下:(1)基于文献研究,梳理学科的评判标准以及有关会展学科建设的研究成果,进而对会展经济与管理成为一门学科的合理性进行辨析。(2)基于专家意见法,构建更加适合中国会展产业发展实际情况和会展学科发展基础条件的会展经济与管理知识体系。(3)基于所构建的会展经济与管理知识体系,对会展学的学科属性与学科体系建构进行研究,最终提出相应的政策建议。

在研究方法上,本文主要采用了文献研究法、专家意见法和成员检查法。其中,专家意见法分两轮进行:(1)2013 年 11 月 9 日,在上海师范大学召开了"《旅游管理类(本科)会展经济与管理专业教学质量国家标准》专家咨询会",来自中国会展经济研究会、中山大学、华东师范大学、北京第二外国语学院、上海财经大学、上海师范大学、锦江集团、上海世博会有限公司、迈氏(上海)会展服务有限公司等机构的 10 位专家对国家标准初稿特别是会展专业定位、知识体系和专业课程体系提出了宝贵的意见和建议。（2）会后本文作者又采用电子邮件、电话等形式，面向与会专家征求了两轮意见，在此基础上构建了一个更加适合中国会展学科发展需要的新的会展经济与管理知识体系。

本文还运用成员检查法（member checking），对最终构建的会展学科体系分析框架进行了再次检验，以确保其可信性、准确性和完整性。作为一种可衡量研究发现的准确程度的工具，成员检查法的最大优点在于能帮助研究者证实研究结论的完整性和准确性，而且操作相对简单（Tanggaard，2008）。

四　对会展经济与管理学科合法性的分析

（一）　对几个关键概念的辨析

要分析会展经济与管理作为一门学科的合法性，首先有必要厘清几个关键概念。首先是会展、活动与节事之间的关系。狭义的"会展"主要包括会议和展览会；活动是指"特殊活动"或"特殊事件"，其范围很广泛，很难给出一个能囊括所有活动类型的定义。中文表达中广义的"会展"可以理解为"活动"（event）。节事，可以理解为"节庆与特殊事件"（Festival & Special Events）的简称，为了中文表述的方便，很多时候不少学者也用"节事活动"的提法。和国内广泛采用"会展"（注：被相当一批学者翻译为 MICE）或单一采用"节庆"的提法大相径庭，西方学者在事件及事件旅游（Event & Event Tourism）研究中往往把节庆（Festival）和特殊事件（Special Events）合在一起作为一个整体来进行探讨（戴广全、保继刚，2003）。

其次是"会展经济与管理"与"活动管理"的异同。"会展经济与管理"是国家教育部批复的会展本科专业的名称，根据学科归属的偏序性原则，大多数院校和学者都将其归为管理学，特别是2012年教育部将会展经济与管理专业划归在旅游管理专业大类后，这种趋势更加明显。然而，从产业实践来看，会展经济与管理比较好地涵盖了会展产业政策、城市会展业发展、会展行业管理、会展企业经营管理和会展项目管理等内容。由此可见，从项目管理的角度，包括节庆、会议、展览会、体育赛事及商务活动等在内的"大会展"等同于"活动"；但从学科发展的角度，"会展经济与管理"的内涵和外延显然比"活动管理"（event management）更宽广。

另外，还有必要对活动管理知识体系进行辨析，因为在 Kuhn 所提出的学科标准中，建立有学术界和业界公认的知识体系占有重要地位。Robson（2008）认为，活动管理知识体系有助于整个活动产业减小碎片化程度（less fragmented），从而在全球和全国范围内变得更富凝聚力（more cohesive, globally and nationally）。而且随着职业岗位的分类标准在全球范围内得到认可，活动行业内各种工作的国际流动能力将更强。

（二）从传统学科评判标准看会展经济与管理

早在 1962 年，Kuhn 就提出了定义一门学科的 5 个基本标准，即专业杂志的形成；专业协会的建立；在学术界有特殊地位；有公认的需要团队成员去构建的知识体系；专业人员学术论文的传播。概括而言，学科是内在观念建制和外在社会建制的统一体。其中，内在的观念建制指的是研究对象、研究方法等学科的认识规范和知识体系；外在的社会建制指的是一门学科必须拥有学院、学系、研究所等专门独立的社会组织和更广泛意义上的社会分工、管理、内部交流机制，譬如进入学科目录和基金目录、学会、期刊、图书分类号等（刘小强，2007）。

1. 研究对象

会展产业链是一个多环节、多产业参与的完整构筑。会展研究以人类社会的各种会展活动为其主要研究对象，探究人类社会会展活动的基本规律、普遍原理和通用方法，会展活动的复杂性和广泛性决定了会展研究内容的综合性（俞华，2003；许传宏，2010）。其具体研究范畴既包括基础研究，也包括应用研究，前者表现为需要对会展的起源、本质等进行纯理论研究，后者表现为需要对产业政策、项目管理等诸多实际问题进行研究，以解决会展业发展中提出的一系列技术问题。

2. 研究方法

会展与节事活动的复杂性和广泛性促进了多学科的学者从事会展研究。以事件影响研究为例，Hede 等学者（2002）在认真总结西方 1990—2000 年会展与节事研究方面的文献后提出，今后一段时期事件影响研究的热点将聚焦在体育类事件的经济影响评估、事件的社会影响评估，以及利用"三重底线法"（Triple Bottom Line）对事件的效益进行综合分析等方面。通过对国际上活动与节庆研究领域的现有文献的主题和话题进行全面梳理，Mair 和 Whitford（2013）发现，学术界未来需要在活动的社会文化和环境影响方面做更多的研究，而且有必要对活动研究者们所使用的各种研究方法进行分析。

3. 知识体系

从 1999 年 O'Toole 首次系统提出活动管理知识体系（EMBOK）开始，国际上从事会展与节事研究的学者和业界人士对活动管理知识体系进行不断完善，并成立了相关专门机构来管理和推广这种知识体系。近几年，美国项目管理协会（APMA）、国际会议专家协会（MPI）等国际组织也纷纷推出了相关知识体系，尽管这些知识体系侧重点不一，甚至在同样的项目管理环节内容不同，但它们都进一步丰富了活动管理知识体系的内容。

4. 外在社会建制

学科的外在社会建制是学科建制的核心，它主要强调与学科发展相关的组织机构、行政编制等物质性层面的东西，与"学术的组织"含义大体一致（刘小强，2011）。从总体上来看，全球范围内的会展学科已初步建立起拥有学院、学系、研究所等专门独立的社会组织和更广泛意义上的社会分工、管理、内部交流机制。

据不完全统计，目前全国已有 30 多所高校设立了会展管理系（或采用会展经济与管理系等名称），个别大学还在二级学院的名称中出现了"会展"，例如，上海对外经贸大学设立了会展与旅游学院、北京第二外国语学院设立了经贸与会展学院等。在全球范围内，已经有众多与会展有关的研究机构先后设立。在国际上，比较有影响的有悉尼科技大学澳大利亚节事研究中心（ACEM）、利兹都市大学英国节事研究中心（UKCEM）等；在国内，除了中国会展经济研究会，部分省市还成立了省一级的会展学会，如浙江省会展学会、河北省会展经济学会，另外还有重庆海纳会展研究所、北京第二外国语学院会展研究中心、浙江东方会展研究所、上海对外经贸大学中德国际会展研究所等一系列会展研究机构。

在基金方面，以国家社科基金为例，2005 年，全国哲学社会科学规划办公室资助了第一个名称中含有"会展"的项目——《西部大开发的新思路：西南民族节庆文化与会展经济互动发展研究》，并于 2013 年在课题指南中明确设立了与会展有关的选题。迄今为止，国家社科基金已资助"会展"相关项目 5 项，资助与"节庆"有关的项目 8 项、与"博览会"相关的项目 3 项。在学术期刊方面，国际上有《会展管理》（*Event Man-*

agement）、《国际节庆与会展管理研究》（IJFEM）、《会展与节事旅游》（JCET）等专门的学术刊物；目前国内虽然还没有会展类的专门学术期刊，但《旅游管理》《旅游科学》等旅游或相关学科的学术期刊也不定期刊登会展方面的论文，同时还有《中国会展》《中外会展》《会展财富》等行业刊物。

综上所述，会展俨然已经达到了传统学科的标准。但需要注意的是，根据库恩的学科范式理论，一个成熟学科必须至少有一个学术范式，每一个范式都有自己确定的知识体系、方法体系、学术评价体系、典范的培养体系与工作体系（赵炬明，2014）。参照该标准，目前会展经济与管理作为学科显然还没有达到范式阶段或准范式阶段，而是处于前科学阶段。处于前范式阶段的学科可以有自己的研究领域，但由于没有学术范式的保卫，结果形成一个分不清外行内行的状态。

五　会展经济与管理学科的属性与体系构建

（一）会展经济与管理知识体系

1974年，德雷索和马瑟在总结美国高等教育研究的状况时指出：学科被广泛接受的标准是有一个至少能够被合理地进行某种逻辑分类的知识总体，从而使学者们能够至少定量地说出已被接受的知识的分界在哪里（赵炬明，2014）。在 Kuhn（1962）提出的定义一门学科的5个基本标准中，也包括"有公认的需要团队成员去构建的知识体系"。在上文所提及的《旅游管理类（本科）会展经济与管理专业教学质量国家标准》专家咨询会上，与会代表们一致认为，除了公共政策、产业经济和企业管理等领域，在项目管理层次上，可以按照国际上流行的"活动管理"（Event Management）来理解"会展经济与管理"的范畴，这样有利于会展经济与管理专业从主干学科上找到支撑和借鉴。

1999年，O'Toole 在其硕士学位论文中将项目管理方法运用于活动与节庆管理，首次系统提出活动管理知识体系（EMBOK）；自2000年起，Silvers 开始与 O'Toole 合作，不断扩充 EMBOK 的概念，并于2003年提出了"活动管理核心能力框架"；2004年，国际活动管理知识体系委员会（International EMBOK Executive）成立，并于2005年提出了一个更加完善的"活动管理知识体系模型"（EMBOK Model），旨在为活动管理中的知识和过程提供一个框架（Robson，2008）。2009 年，在来自 20 多个国家的行业代表的共同努力下，加拿大旅游人力资源委员会（Canadian Tourism Human Resource Council，简称 CTHRC）和国际活动管理知识体系委员会又合作开发了"活动管理国际能力标准"（Event Management International Competency Standards，简称 EMICS），以归纳和总结一个活动管理专家所必须掌握的知识领域和能力（王春雷，2014）。2012 年，美国项目管理协会（American Project Management Association）推出活动项目管理知识体系（Event Project Management Body of Knowledge），在业界引起了很大反响。以 Silvers 等学者于 2006 年提出的相对完整的活动管理知识体系为例（图1），其重点在于指导各类节庆与特殊活动的策划、组织和执行，对一般意义上的活动管理具有很强的指导作用。而且，活动管理知识体系为可能开展的研究提供了 4 000多个话题，涉及整个活动产业（the entire industry）、单个行业（single sector）或某个功能领域（functional area）（Robson，2008）。

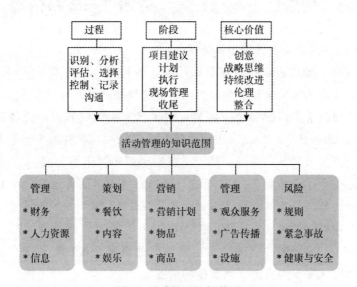

图1　活动管理知识体系

资料来源：Silvers, J., Bowdin, G., O'Toole, W. & Nelson, K. (2006). Towards an international event management body of knowledge（EMBOK）. *Event Management*,9（4）, 185－198.

注：知识范围中每个领域的具体内容顺序有所调整。

然而，EMBOK 侧重于项目管理，不能涵盖会展经济与管理的全部内涵。正如赵炬明（2014）就高等教育研究在美国是一个学科还是一个多学科研究领域时所指出的，范式知识体系可以分为三个部分：不容怀疑的知识核心、若干如何应用核心知识于实际问题的典型范例，以及一些确定的需要进一步研究的发展领域。根据相关学科的知识关联程度及会展经营管理的内在逻辑，"会展经济与管理"主要包括经济学和管理学基础知识、会展产业发展与管理基础知识、会展企业管理知识以及会展项目管理知识。另一方面，有必要按照会展项目管理不同阶段所涉及的主要理论和知识点对 EMBOK 进行适当的修正。本文在综合《旅游管理类（本科）会展经济与管理专业教学质量国家标准》专家咨询会上专家们发表的观点的基础上，会后采用电子邮件和电话等形式，面向与会的 10 位专家征求了两轮意见，在此基础上构建了一个比活动管理知识体系的内涵和外延更广的会展经济与管理知识体系，如图 2 所示。

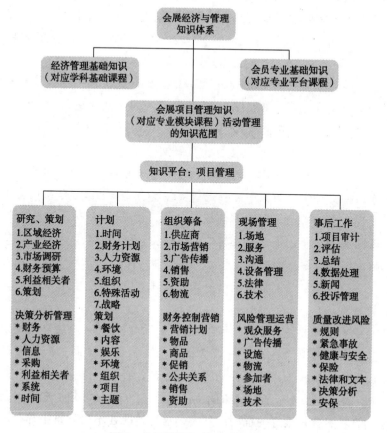

图 2　会展经济与管理知识体系

（二）会展经济与管理学科的属性与层次分析

由图 2 可以看出，会展经济与管理的内涵主要包括会展产业经济、会展行业管理、会展企业管理以及会展项目管理等内容，其所依托的理论主要来自于经济学、管理学、新闻传播学、社会学、艺术学、法学及其他相关学科。作为一门交叉学科，会展经济与管理是对上述理论和知识的综合运用。从学科建设的角度来讲，为了更准确地反映"会展经济与管理"的学科内涵，采取"会展学"的名称更为科学。

由此看来，会展学不是一个单纯的领域或管理时尚，而是一门新兴学科，目前尚处于"前科学"（Pre-science）状态，与会展学相关的许多概念仍在发展变化之中。正如国内多位著名会展专家所提出的，会展学研究主要解决人类社会会展活动中带有普遍性的问题，因而它既属于社会科学，又属于自然科学（如涉及自然环境、信息技术），是介乎两者之间的边缘科学；在具体的研究范畴中，既包括基础研究，也包括应用研究（俞华、仇薇，2007；许传宏，2010）。

在学科层次上，早在 2007 年俞华和仇薇就提出，在将来调整国家标准《学科分类与代码》时，建议新增代码为四个数字的一级学科——会展学，下设会展史、会展管理、会展信息学、会展艺术、会展经济、会展旅游、会展心理学、会展社会学、会展文化学等二级学科。对照教育部《授予博士、硕士学位和培养研究生的学科、专业目录》（1997 年版），并考虑新兴交叉学科的偏序性特点，将会展学归于管理学学科门类下、与工商管理一级学科相并列比较合理（俞华、仇薇，2007）。这样，工商管理、新闻传播学、艺术学、公共管理等一级学科下属众多专业均可从交叉学科角度培养会展方面的研究生，并授予相应学位，这不仅能体现教育部研究生学位专业目录调整的宽口径设置原则，更符合产业发展对高级人才培养的需要。

但需要注意的是，即使会展学成为一级学科之后，会展学范畴内的某些专业方向仍可能设在别的一级学科中，因为会展学同工商管理、社会学、设计学等学科一样，包含范围太大，这势必会造成某些专业方向归属的不确定性。国内外诸多大学的不同学院同时从自身的角度来开设会展相关专业的事实就是很好的证明。其实，这种情况在不少学科中都存在，譬如在《普通高等学校本科专业目录（2012 年）》中，"工业设计"既可以归入工科也可以归入艺术学（马楠、马新宇，2007）。

（三）会展学学科体系的构建

俞华和仇薇（2007）提出，会展学科体系应由会展学科基础、会展学科应用和会展学科专题三部分组成，这种分析框架可以从泛系理论中找到依据（陶玉霞，2014）。参照泛系理论中提出的大系统、系统和子系统三层次功能结构以及内外和相互之间的泛系关系，并以会展经济与管理知识体系为出发点，可以构建一个比较完善的会展学学科体系。

在大系统层次，综合考虑产业发展和学科发展的需要，会展学与《授予博士、硕士学位和培养研究生的学科、专业目录》（2011年版）中的哲学、法学、历史学、管理学、艺术学等学科门类交叉，形成了14个相对显著的二级学科，包括会展经济学、会展社会学、会展心理学、会展传播学、会展史学、会展地理学、会展信息学、会展建筑学、会展环境学、会展安全管理、会展公共管理、会展企业管理、会展美学和会展设计学。在系统层次，会展经济与管理知识体系中的相关知识领域与不同学科相结合，形成一系列的会展应用学科，主要包括会展项目管理、会展市场调研、会展策划、会展人力资源管理、会展营销、会展场馆管理、会展服务、会展物流等（许传宏，2010）。在子系统层次，因为会展活动的综合性和平台性特点，与会展相关的专业很多。除了旅游管理专业大类下的旅游管理和酒店管理，主要还包括工商管理、市场营销、文化产业管理、国际经济与贸易、国际商务、社会体育指导与管理、广告学、传播学、英语等外语专业以及环境设计等设计学下的相关专业，这些专业与会展理论研究及实践融合，构成了丰富的会展学科专题内容，如会展旅游、会展文化、体育赛事管理、会展广告、会展英语等。如图3所示。

在运用成员检查法征求相关专家对会展学学科体系的意见和建议时，专家们表示，从泛系理论的角度，以会展活动的本质和发展会展业的终极目的为切入点，探讨在整个社会科学大系中构建比较纯净的概念系统意义上的会展学科体系是构建会展学独立学科的一个新视角（陶玉霞，2014）。

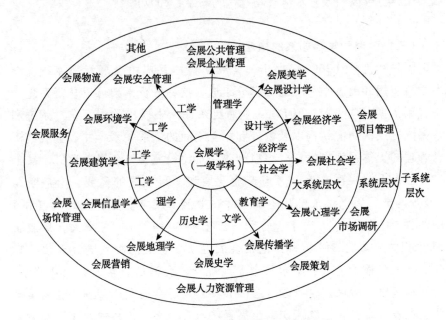

图3　会展学学科体系构建的泛系分析框架

六　值得进一步讨论的问题

　　库恩（1962）把范式还没有形成之前的科学发展阶段称为"前科学"阶段，在这个阶段，由于没有统一的范式，各个学派互相争执，这时期的正常方式是批评议论而不是解决疑难，这是科学发展的原始阶段。本文的研究表明，"会展学"正处于"前科学"阶段，学科初见端倪，并有多个范式形成，只是没有形成主流范式而已（赵炬明，2014）。可以预见，随着中国高等教育改革的不断深化，未来在"会展学"一级学科下，会出现类型多样的专业名称，这些专业的发展反过来会共同推动会展学科的发展。

　　综观会展业发达国家和地区的成功经验，尽管在名称上尚未形成统一的认识，但会展经济与管理或活动管理作为一门独立的交叉性学科的地位正受到越来越多学者和业界人士的认可（王春雷，2010）。参照库恩的科学革命理论模式，未来一段时间，会展学将迅速由前科学向常规科学转变，并在常规科学与科学革命这两种状态的交替中不断发展并形成新的范式。来自不同专业背景的会展学者将突破原来相对狭小的视角，横跨不同学科、机构、文化等领域来拓宽研究范围，从而使会展学成为一门理论不断得到完善、内容不断得到丰富的新兴交叉性科学。然而，会展学实现由前科学向常规科学转变的分界在哪里、标志是什么，值得研究。

本研究初步构建了会展经济与管理知识体系，但该体系的合理性和适用性有待进一步检验。鉴于目前国内的会展行业管理和教育管理体制，作者建议由教育部高等学校旅游管理类专业教学指导委员会和中国会展经济研究会会展教育与培训专业委员会牵头，组织更多的教育界和业界专家，并借鉴活动管理国际能力标准（EMICS）和活动管理知识体系（EMBOK）的做法，在本研究的基础上开发更科学的会展经济与管理知识体系，进而为学术界和业界之间的对话提供一个指导性的工具（Robson，2008）。

其次，学科知识和专业的联系主要是通过课程来实现的（刘海燕、曾晓虹，2007）。鉴于此，作者建议广大院校认真研究活动管理国际能力标准（EMICS）、活动管理知识体系（EMBOK）以及即将出台的"会展经济与管理专业教学质量全国标准"，综合考虑会展学科建设、学生个人成长和产业发展的需要，不断优化会展专业的课程体系和培养方案。同时，呼吁有关部门借鉴美国会议产业委员会（CIC）"认证实践交换体系"（Approved Practices Exchange，简称 APEX）的经验，促进广大会展企业与院校在知识和研究成果的分享上进行更有效的互动。

参考文献

戴光全、保继刚（2003）。西方事件及事件旅游的概念、内容、方法与启发（上）。旅游学刊，*18*（5）：26 – 34。

金吾伦、胡新和译（2012）。库恩原著。科学革命的结构（第四版）。北京：北京大学出版社。

李建欣（1999）。旅游学科体系研究：回顾与展望。旅游学刊，S，12 – 17。

刘海燕、曾晓虹（2007）。学科与专业、学科建设与专业建设关系辨析。高等教育研究学报，*4*，2 – 4。

刘人怀、孙东川（2010）。《学科目录》第 12 学科门类与管理科学话语体系——五谈创建现代管理科学中国学派的若干问题。学位与研究生教育，8，67 – 73。

刘小强（2007）。高等教育学学科分析：学科学的视角。高等教育研究，7：7－77。

刘小强（2011）。学科还是领域：一个似是而非的争论——从学科评判标准看高等教育学的学科合法性。北京大学教育评论，10，77－90。

陆军、宋筱平、陆叔云（2004）。关于学科、学科建设等相关概念的讨论。清华大学教育研究，6，12－15。

马楠、马新宇（1997）。中国会展高等教育的产业背景与学科建设。教育与职业，12，62－64。

申葆嘉（1997）。论旅游学科建设与高等旅游教育。旅游学刊，S，21－24。

盛小平、刘泳洁（2009）。知识管理不是一种管理时尚而是一门学科——兼论知识管理学科研究进展。情报理论与实践，8，4－7。

陶玉霞（2014）。旅游本质辨析与学科体系构建再思考。旅游论坛，1，17－21。

王春雷（2010）。项目驱动型会展专业人才培养模式研究——以上海师范大学会展经济与管理专业为例。旅游科学，6，84－93。

王春雷（2014）。中国会展业发展十讲：热点、趋势与战略。北京：中国旅游出版社。

王春雷、王晶（2013，1月）。全国会展本科专业统计分析报告。发表于教育部工商管理教学指导委员会旅游与会展学科组和上海师范大学联合主办“中国会展教育发展十年论坛”。上海。

夏征农（1979）。辞海。上海：上海辞书出版社。

肖洪根（1998）。谈对旅游学科理论体系研究的几点认识。旅游学刊，6，41－45。

许传宏（2010）。会展的学科定位问题探讨。教育与职业，1，108－109。

杨琪（2014）。全国会展硕士点、博士点情况简介。

俞华（2013）。建立中国特色的会展学学科理论体系之探析。取自 World Wide Web：http：//news. xinhuanet. com/expo/2003－12/17/content_1236059. htm.

俞华、仇薇（1995）。会展学科定位探究。2007中国会展经济研究会学术年会论文集，191－197。

张立彬（1995）。对学科建设的认识与构想。高教与经济，4，1-5。

张玉明（2007）。我国高校会展管理专业的学科定位与课程设置研究。2007 中国会展经济研究会学术年会论文集，234-239。

赵炬明（2014）。学科、课程、学位：美国关于高等教育专业研究生培养的三个争论及其启示，取自 World Wide Web：http://edu. nju. edu. cn/wang/news/? 1460. html.

Baum, T. , Lockstone-Binney, L. , & Robertson, M. （2013）. Event studies: finding fool's gold at the rainbow's end? *International Journal of Event and Festival Management*, 4 （3）, pp. 179-185.

Getz, D. （2000）. Developing a research agenda for the event management field. In Allen, J. , Harris, R. , Jago, L. and Veal, A. J. （Eds）, Events Beyond 2000: Setting the Agenda, Proceedings of the Conference on Event Evaluation, Research and Education, Australian Center for Event Management, UTS, Sydney, pp. 10-21.

Getz, D. （2012）. Event studies: discourses and future directions. *Event Management*, 16 （2）, pp. 171-187.

Goldblatt, J. （2008）. Special Events: New Generation and the Next Frontier. Hoboken, New Jersey: John Wisely & Sons, Inc. pp. Preface XI.

Hall, C. M. （1992）. Hallmark Tourist Events: Impacts, Management, and Planning. London: Belhaven.

Hede, A. , Jago, L. , & Deery, M. （2002）. Special events research during 1990-2001: key trends and issues. In Jago, L. , Deery, M. , Harris, R. , Hede, A. , & Allen, J. （Eds）, paper presented to Events and Place Making Conference, Sydney.

Mair, J. & Whitford, M. （2013）. An exploration of events research: event topics, themes and emerging trends. *International Journal of Event and Festival Management*, 4 （1）, pp. 6-30.

Page, S. J. and Connell, J. （2012）. Introduction. In Page, S. J. and Connell, J. （Eds）, The Routledge Handbook of Events, Abingdon: Routledge, pp. 1-23.

Robson, L. M. （2008）. Event Management Body of Knowledge （EMBOK）: The Future of Event Industry Research. *Event Management*, *Vol. 12*, pp. 19 – 25.

Rojek, C. (2012). Global event management: a critique. Leisure Studies, pp. 1 – 16, available at: www. tondfonline. com (accessed 21 January 2013).

Thomas, R. and Bowdin, G. (2012). Events management research: state of the art. *Event Management*, *16* (2), pp. 103 – 106.

Tribe, J. (1997). The indiscipline of tourism. *Annals of Tourism Research*, *24* (3), pp. 638 – 657.

志愿者旅游服务价值、服务满足与
自我效能关系研究

陈海明

澳门城市大学

摘　要： 在物质生活安定富足后，人们更追求精神的满足。志愿者旅游注重追求心灵上的快乐与满足，而成为一种新的旅游趋势。本研究力图通过实证研究，在旅游志愿者服务价值、服务满足基础上分析参加广东旅游资源调查的大学生旅游志愿者自我效能的实现问题，深度剖析旅游志愿者参加志愿者旅游的心理历程和活动规律，进一步充实志愿者旅游基本理论。研究基于服务价值、服务满足和自我效能理论构建理论框架并设计问卷量表，通过随机抽样的方式进行问卷调查获得研究数据，采用 SPSS 21.0 分析旅游志愿者服务价值、服务满足和自我效能状况与相互关系，研究发现不同属性的旅游志愿者在服务价值、服务满足和自我效能表现上部分存在显著差异，且旅游志愿者的服务价值、服务满足和自我效能存在显著回归关系。研究通过 AMOS 21.0 软件验证了假设理论模型与数据相适配，即旅游志愿者服务价值正向影响服务满足，旅游志愿者服务价值正向影响自我效能，旅游志愿者服务满足正向影响自我效能。研究还发现志愿者旅游能够获得"自我肯定"、"社会认同"、"伙伴互助"、"生活乐趣"，从而提升个人的"自我觉察力"、"人际融合力"、"工作实践度"和"挫折包容度"。说明志愿者旅游符合国家素质教育精神，政府和高校应深入贯彻《国务院关于促进旅游业改革发展的若干意见》，将其作为"研学旅游"的有效形式，积极发展志愿者旅游。

关键词：志愿者旅游，服务价值，服务满足，自我效能

A Study of the Relationshipbetween Service Value,
Service Satisfaction and Self-efficacy of Volunteer Tourism

Chen Haiming

City University of Macau

Abstract：People tend to pursue spiritual satisfaction more after they achieve stability and wealth. As volunteer tourism pays attention to the pursuit of happiness and satisfaction, it has become a new trend of tourism. This research uses empirical method to analyze self-efficacy implementation of the college students volunteers working on tourism resources survey in Guangdong province. Further, this study focuses on tourism volunteers service value and service to satisfy, and analyze the psychological course and activity routines of tourism volunteers to improve volunteer tourism theory. This study constructs a theoretical framework and design the questionnaire scale based on the theory of service value, service satisfaction and self-efficacy. Questionnaire surveys are conducted by means of random sampling and obtain research data which is then analyzed for mutual relations of service value, service satisfaction and self-efficacy of tourism volunteers using SPSS 21.0. The results show significant differences in service value, service satisfaction and self-efficacy on the performance of tourism volunteers, and exists a significant regression relationship between service value, service satisfaction and self-efficacy. It was verified that hypothesis model in conformity with the sample data through AMOS 21.0 software, showed that service value affects the service satisfaction, service value positive influence self-efficacy, service satisfaction positive influence self-efficacy. The study also found that volunteer tourism enables volunteers to obtain "self-esteem" and "social identity" "partner and mutual assistance" "life fun", raise "self-awareness", "interpersonal fusion force", "practice" and "frustration tolerance." Volunteer tourism conforms to the spirit of quality education in China, The government and universities should carry out（Several opinions from State Council about promoting the reform and development of tourism）, actively develop volunteer tourism as an effective form of "study of tourism".

Key words：volunteer tourism, service values, service satisfaction, self-efficacy

在人们物质生活变得富裕后，开始不断思考人生的价值，互助和友爱成为人类最好的精神文明和思想价值而备受推崇。人们愿意尽一己之力，帮助需要帮助的人和弱势者，这就是志愿服务的由来。当志愿服务与旅游结合，即在志愿者服务中顺便参加旅游活动时，便产生志愿者旅游这一新的旅游形态。

一　研究背景与研究目的

（一）研究背景

1. 志愿者旅游成为一种人们寻找心灵满足方式

随着经济社会的发展，人们不再满足于普通观光游览的旅游活动，而是希望在旅游活动中找到一种追求心灵上的成长方式，于是融合了志愿服务的旅行方式便应运而生。人们在志愿者旅游中除了为当地提供志愿服务的时间外，也会参加一些当地的旅游活动（明镜、王金伟，2010），志愿者在为他人服务的同时有机会深入各地民间，深入体验不同地域的风土人情和标志性景观，人们有能力在旅游中帮助他人，获得精神上的满足感和受尊重感，志愿者旅游成为人们寻找心灵满足的方式之一。

2. 志愿者旅游作为一种替代性旅游备受关注

在各式各样的旅游方式中，志愿者旅游作为一个新的旅游发展趋势，日益受到旅游者的重视。特别是在大众旅游发展到今天已产生了大量的负面影响，人们试图探寻一种既能深度体验又具可持续性的旅游形式。因此，新出现的志愿者旅游被视为一种新型替代性的旅游形式（Mustonen，2006）。志愿者旅游者既可深入当地进行深度文化体验，还可以与当地居民进行真实的交流，从而在旅游历程中获得真实而多样化的跨文化体验（Lepp，2008）。由于这样的体验与传统的文化旅游带给游客的体验大不相同而使志愿者旅游备受关注。

3. 志愿者旅游能为志愿者带来长久的利益

旅游志愿者的主要动机之一就是无私的志愿服务，而志愿服务能带给参与者一种责任感和使命感，引发其更多更深层次的思考，激起对他人的公益心，提供个人发展自我兴趣的机会，以及产生深层自我实现的认知（Stebbins & Graham，2004）。Stebbins（2007）更明确指出，志愿服务能为志愿者带来长久的利益，例如自我实现、充实自我、娱乐或改变自我、成就感、提升个人形象、自我表现、人际关系以及归属感，是深度休闲的代表形式之一。2015 年颁布的《国务院关于促进旅游业改革发展的若干意见》中明确规定"高等学校可结合实际调整寒暑假时间，为研学旅游提供便利"的规定，为大学生创造志愿者旅游活动的平台和机会，作为素质教育和人才培养的有效教育形式，倡导和鼓励青年尝试、参与志愿者旅游活动，体验各地风土人情，锻炼实践能力，提升个人素养。

综上所述，志愿者旅游是一种新型替代性旅游，成为一种人们寻找心灵满足方式，还能为志愿者带来长久的利益，这一长久利益是如何实现的，值得进一步研究和探讨。因此，研究旅游志愿者对待志愿者旅游持有怎样的价值观、在活动中能够得到怎样的服务满足、活动结束后收到怎样长久的利益能够深度揭示志愿者在志愿者旅游中的心理规律，从而进一步阐释旅游志愿者实现个人长久利益的规律。

（二）研究目的

本研究以参加旅游资源调查的广东某大学的学生志愿者为研究对象，研究这些志愿者在参加旅游资源调查志愿活动前曾持有怎样的服务价值、在参加活动中获得怎样的服务满足、在参加活动后获得怎样的自我效能这一心理过程。具体研究目的如下：

1. 探索旅游志愿者服务价值、服务满足和自我效能的维度和构成。
2. 了解旅游志愿者的服务价值、服务满足和自我效能的状况。
3. 分析旅游志愿者参与旅游志愿服务活动的自我效能如何形成。
4. 研究旅游志愿者参与旅游志愿服务活动的服务价值、服务满足和自我效能之间的关系。

二　文献综述

（一）志愿者旅游

1. 志愿者旅游概念研究

所谓"志愿者旅游"，是指将志愿服务与旅游结合在一起的旅游形态，即在志愿者旅游中除了为当地提供志愿服务的时间外，志愿者们还会参加一些旅游活动，他们在为他人服务的同时利用一定的自由活动时间，深入当地民间，体验不同地域的风土人情和标志性景观（Stebbins，1992，2001；Wearing & McGehee，2013）。志愿者旅游兼具志愿服务与旅游特性的旅游形态。人们能在志愿活动中参与更为真实的旅游；还能在旅游中帮助他人，获得精神上的满足感和受尊重感。志愿者旅游是一种无条件付出时间、精力与金钱从事帮助他人或公益活动的旅游形式（McGehee & Santos，2005）。

志愿者旅游是替代性旅游的代表形态，即替代大规模、标准化的大众旅游的，一种强调人与环境的协调发展，提倡适应环境资源的小规模旅游活动（李昕，2006）。和大众旅游不同的是，志愿者旅游具有为志愿者与旅游目的地双方带来利益的特性，因此被视为可持续性旅游、替代性旅游的代表形态之一。由于传统大众旅游对旅游地带来许多负面影响，包括物价上涨、环境急剧破坏、交通堵塞、经济冲击等，以及文化商品化和差异化消失等问题，因此人民转而探索新的可持续性的旅游替代形式，而具有更加可持续性并对社会较有正面效益的志愿者旅游便受到人们的欢迎（Brown and Morrison，2003）。

2. 志愿者旅游动机研究

志愿者旅游往往具有与大众旅游不一样的动机。在利他层面，志愿者显然是主动的富有责任心的和自主性的旅游；同时，透过志愿者旅游可让参与者丰富而实现个人内心层次更高的价值观与精神需求（Stebbins & Graham，2004）。而在旅游体验方面，志愿者追求的也不只是普通的游山玩水，他们追求的是更加贴近当地实际的、真实的、深度的综合旅游体验（Lepp，2008），因此，志愿者旅游也被视为一种积极旅游或生态旅游，强调活动背后的永续性、负责任和教育性（Wearing，2001）。

3. 志愿者旅游收益研究

志愿者旅游能为志愿者个人带来持久的利益是志愿者旅游的另一个动机（Stebbins，2007）。旅游志愿者们在志愿活动中收到与众不同的深刻的旅游体验，在旅游活动中收获更高层次的利他主义价值。因此在志愿者旅游中能够提供表现机会实现自我，收获愉悦的感受，能够充实自我、产生成就感、提升个人社会形象、增进人际关系等。从而带给参与者强烈的使命感，引发其深沉思考，激起对他人的关心；并提供舞台让志愿者展现所长，促使志愿者产生自我认知，激励志愿者在返回其居住地后，能继续保有积极参与公益的热情（McGehee，2014）。

综上所述，本研究认为志愿者旅游是指志愿者愿意到异地参加志愿服务活动并在闲暇之余，适当参加一些旅游活动，领略当地风土人情。

（二）服务价值

1. 服务价值概念

在志愿者旅游中，由于其志愿工作通常是无偿或接近无偿，因此，这一工作又被称为志愿服务或义工，旅游志愿者的志愿服务工作价值可以从服务价值角度研究。服务价值是旅游志愿者工作价值观的学术称谓。工作价值观最早由学者 Super 将组织中关系到员工工作满意度的一些因素命名为服务价值观，并解释为"是个体的内在需要及其从事活动时所追求的工作相关特质或属性，如收入、晋升等，这一定义更多的是从员工的工作目标角度来阐释（Super，1963）"。Elizur 等人将工作价值观升华为是借以实现一个较高价值的目标、行为以及所处情形的集合体（Sagie，Elizur，& Koslowsky，1996）。因此，工作价值观是引导人们对工作本身或某一特定工作的综合意义，例如经济报酬、勤劳、忠诚、人际关系、社会地位、自我实现等，形成偏好的认知或意向（Erdogan，Kraimer，& Liden，2004）。由此可见，服务价值是人们看待某项工作的一种信念、态度，是人们对一项工作所表现出来的一种价值取向。这一价值取向集中地反映出一个人的服务价值观，即个人对某项工作所持有的态度、信念和评价。志愿者旅游是基于志愿服务的性质，因此旅游志愿者服务价值应理解为服务价值，就是志愿者在参加旅游志愿服务中所持有的态度、信念和评价，是他们对待志愿者旅游的服务价值观。

2. 服务价值维度研究

研究者参考 Wollack，Goodale，Wijting，& Smith（1971）及吴铁雄、李坤崇、刘佑星及欧慧敏（1996）的研究成果，将服务价值分成旅游学习、社会尊重、人际互助和利他经验4个维度。

（1）旅游学习：指志愿者个人能在工作中获得当地文化、风俗、景观等旅游收获。

（2）社会尊重：指志愿者从工作中，能拥有自信与受到他人的肯定，建立社会声望，受到社会大众的尊重。

（3）人际互助：指志愿者在工作中与组织成员间有良好的互动关系，并能建立和谐的人际关系。

（4）利他经验：指志愿者能从服务他人中，获得志愿服务经验。

（三）服务满足

1. 服务满足概念研究

旅游志愿者服务满足是在从事志愿服务工作中的满足程度。工作满足（Job Satisfaction）也译为工作满意度，即员工对其工作及其环境所产生的实际心理感受，是工作者对于工作的某些层面采取一些正面或负面的态度，为个人内心的心理状况（Wanous & Lawler，1972）。员工的服务满足感高可以提高员工的工作兴趣、工作努力程度和自愿合作程度，使员工对组织及领导者更加效忠、员工纪律表现更加良好，使员工愿意与企业同舟共济（Khan，Asghar，& Zaheer，2014；Mobley，1977）。

对旅游志愿者来说，在他们的志愿服务和旅游中，主要工作为开展志愿服务并进行一些旅游活动，因此说旅游者们的服务满足就是服务工作中获得的志愿服务和旅游活动的满足感。

2. 服务满足维度研究

影响员工之服务满足因素甚多，依据相关研究（Khan et al.，2014；Upadhyay & Vashishtha，2014），可归纳出前因变项主要包括个人属性因素，如人口变项、人格特质等，与环境因素如政治、经济、文化背景与组织特性等。另外，若以组织与员工之间的关联性来看，与组织有直接相关的因素则包括：工作本身因素、工作中的人际关系因素及工作情境因素。而个人属性与社会文化等因素则被归类于与组织无直接相关的因素。参考上述相关理论及研究，本研究决定将志愿服务人员的服务满足维度分为：

（1）自我肯定：指志愿者对于工作本身带来的心理感受，如快乐、增广见闻、自信心与获得成就感的满足。

（2）社会认同：指志愿者受到外在评价的因素，如家人朋友的支持、服务对象与社会大众对于志愿者正面的肯定。

（3）伙伴互助：指志愿者之间的互动协助、支持的满足。

（4）乐趣生活：工作内容变化，志愿者能从工作中获得更多的生活乐趣。

（5）旅游收获：工作中收获到文化、风土、美食等旅游体验。

（四）自我效能

1. 自我效能概念研究

自我效能概念源于心理学及社会科学领域，Bandura 在 1977 年从社会学习理论中强调人类行为的三个决定性因素是认知、行为及环境等，此三个因素彼此间的互动会影响人类行为（Betz，2013）。而个人的认知能力，可判断自己有多大的能力去执行某项行为，这就是自我效能。自我效能是企图达成一项目标的一种反应（Tierney & Farmer，2011）。而 Cheung（2011）认为这项反应会影响个人对行动的选择以及对该行动的努力程度、持续该行动的时间长度。对某项工作拥有较高的自我效能感的个人，会较主动地参与或进行可以完成该项工作的行动，并积极地进行该项行动，也可以长久地持续该项行动。因此，自我效能是个人对自己最高能力的信念，自我效能代表个体对工作绩效的信心水平（Locke，Frederick，Lee，& Bobko，1984），即自我效能高的人具有高度的自信心，相信自己能有效处理面临的事件，因此较能坚忍不拔地处理事情，常有优秀的工作表现。

自我效能是对于自己能够完成某项工作或某种行为所具有的信念，而此信念来自对完成某种行为的能力的主观判断。

2. 自我效能维度研究

Bandura（1994）认为自我效能主要的三种含义为：一是一种能力的信念；二是属于一种特殊情境的信念；三是具有动机的作用。认为自我效能是包含认知性、社会性与行为技巧所组成的一种统合性能力，个体会将这三种要素整合成一系列的行动，以达到所预期的目标。也就是说 Bandura 认为自我效能是个人在特殊情境下，相信自己可以从事特定行为的一种能力知觉，可作为解释行为的预测变项。因此，志愿者的自我效能可以理解为，对于自己能够完成某项工作、任务，面对问题，并解决问题所具有的信念，而此信念来自对完成某种行为的能力之主观判断。于是本研究将自我效能分为自我觉察力、人际融合力、工作实践度、挫折包容度之四个构面，用以测量志愿者对志愿服务所具有之工作信心与信念的能力。

（1）自我觉察力：评估自己是否能完成任务目标，以及妥善处理不同场合、时机，做出正确判断的能力。以自觉之心反省思考，促进对人、事、物的了解与观察，肯定自我成就。

（2）人际融合力：借由志愿者工作，与他人之间互动的和谐，合作共事的能力；可以为他人着想、与他人分享知识、经验，增进家庭、社会关系。

（3）工作实践度：对于志愿者在工作的情境中，对于个人本身任务的投入完成，能够解决困难与问题、完成任务，所具有的信心以及做事的灵敏度。

（4）挫折包容度：志愿者面对压力、困难或挫折，在不同工作岗位，或遭遇不同事件时，能重新调整与克服，可以兼容并蓄的态度与处理，以增进个人之成熟圆融。

三　研究假设与研究方法

（一）研究假设

经过文献整理和综述，本研究试图通过研究志愿旅游者的服务价值开始，探讨志愿旅游者的服务满足与自我效能，然后分析三者之间的关系。研究假设如下：

H1：不同属性志愿旅游者在服务价值、服务满足与自我效能关系质量三方面存在显著差异；

H2：志愿者旅游服务价值对服务满足存在显著正向影响；

H3：志愿者旅游服务价值对自我效能存在显著正向影响；

H4：志愿者旅游服务满足对自我效能存在显著正向影响；

H5：本研究所提出的理论模型与观察数据具有契合度和适配性。

（二）研究框架

根据以上研究假设，绘制的研究框架图如图1所示。

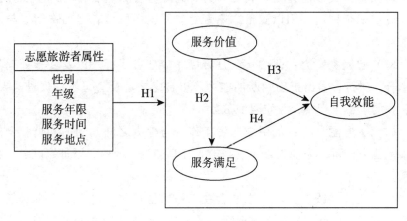

图1 研究框架图

（三）问卷设计与问卷调查

1. 问卷设计

（1）服务价值量表设计

研究者参考 Wollack et al.（1971）及吴铁雄 et al.（1996）的研究成果，将服务价值分成旅游学习、社会尊重、人际互助和利他经验四个维度，详见表1。

表1 服务价值量表

维度	量表
旅游学习	1. 参加文化调查志愿工作能使自己学以致用
	2. 参加文化调查志愿工作能从工作中增广各地文化见闻
	3. 去外地参加文化调查志愿工作能有旅游的感觉
	4. 参加文化调查志愿工作能够去各地见识风土人情
	5. 参加文化调查志愿工作能有机会尝试新的体验和经历

维度	量表
利他经验	6. 参加文化调查志愿工作能服务社会人群、增进社会福祉
	7. 参加文化调查志愿工作能为社会奉献心力、帮助他人
	8. 参加文化调查志愿工作能因看到成果而产生成就感
	9. 参加文化调查志愿工作能使自己的生活更为多姿多彩
	10. 参加文化调查志愿工作能为地方文化保护工作出点力
社会尊重	11. 参加文化调查志愿工作能获得别人的肯定
	12. 参加文化调查志愿工作能赢得他人的尊敬
	13. 参加文化调查志愿工作能获得重视
	14. 参加文化调查志愿工作能获得充分授权与信任
	15. 参加文化调查志愿工作能扮演文化工作者的重要角色
人际互助	16. 参加文化调查志愿工作能与伙伴一起愉快地完成工作
	17. 参加文化调查志愿工作时，伙伴间能互相照顾、彼此关怀
	18. 参加文化调查志愿工作时，伙伴间能建立友善的关系
	19. 参加文化调查志愿工作可以认识各式各样的朋友
	20. 参加文化调查志愿工作能与伙伴相处和睦

数据来源：本研究自行整理。

（2）服务满足量表设计

本研究依据 Khan et al.（2014）和 Upadhyay and Vashishtha（2014）等学者的研究成果，将服务满足量表设计如表 2 所示。

表 2　服务满足量表

维度	量表
自我肯定	21. 担任文化调查志愿者是一件很有荣誉感的事情
	22. 从事文化调查志愿工作可充分展现个人才华或潜能
	23. 经由文化调查志愿工作可获得自我的肯定与信心
	24. 从事文化调查志愿工作可以发挥自己大学生优势
	25. 我能从文化调查志愿工作中获得成就感

续表

维度	量表
社会认同	26. 我乐于向别人说明我的工作内容
	27. 我在工作中经常可以获得服务对象的赞美
	28. 家人支持我从事文化调查志愿工作
	29. 服务对象对我的态度友善
	30. 文化调查志愿者身份让我觉得很光荣
伙伴互助	31. 我会主动帮忙伙伴解决工作上的问题
	32. 我会搜集工作上所需的相关资料和伙伴分享
	33. 我会和伙伴合作并发挥团队精神
	34. 当面临工作困境时会得到伙伴的支持
	35. 我会重视伙伴之间彼此的感受与反应
乐趣生活	36. 我会和朋友分享文化调查工作中有趣的事
	37. 参与文化调查志愿服务可增强生活的愉悦感
	38. 透过文化调查志愿服务工作让我的生活更为多姿多彩
	39. 我对于工作中所得到的成就感到满意
	40. 那段时间我生活中最大的乐趣来自文化调查志愿工作
学习收获	41. 文化调查志愿工作中我调查到了文化成果
	42. 文化调查志愿工作中我感受到了当地的文化面貌
	43. 文化调查志愿工作中我体验了当地的风土人情
	44. 文化调查志愿工作中我品尝了当地美食
	45. 文化调查志愿工作中我有新奇的感觉

数据来源：本研究自行整理。

（3）自我效能量表设计

本研究根据 Bandura（1994）的研究成果，结合志愿者旅游的实际特点，将自我效能量表设计如表 3 所示。

表3 自我效能量表

维度	量表
自我觉察力	46. 从事文化调查志愿服务时，我能做自我反省的思考
	47. 从事文化调查志愿服务会让我肯定自我价值
	48. 参与文化调查志愿服务让我发展了另一种专长
	49. 从事文化调查志愿服务时，我能依不同场合，做出适当表现
	50. 从事文化调查志愿服务时，我能针对不同时机，做出正确判断
	51. 文化调查志愿工作让我察觉我的其他潜能
	52. 文化调查志愿服务工作让我获得成就感
人际融合力	53. 这份志愿工作，让我得以敏锐地察觉他人困难或需求
	54. 担任这份志愿工作，让我可以与他人分享知识与经验
	55. 担任这份志愿工作，让我拥有和他人合作共事的能力
	56. 担任这份志愿工作，让我和家人的关系更和谐
	57. 因为这份志愿工作，我结交到许多朋友
	58. 这份志愿者工作，让我改善了人际关系
工作实践度	59. 即使面对困难的志愿者任务，我也能投入完成
	60. 从事这份志愿服务时，我能坚持努力，达成目标
	61. 这份志愿者工作，提升了我做事的灵敏度
	62. 从事这份志愿者服务时，我会尝试具有挑战性的工作
	63. 从事这份志愿者服务时，我能正确完成工作计划
	64. 这份志愿者工作，使我学习到新技能、新知识
挫折包容度	65. 从事这份志愿者服务时，若遭遇挫折，我会以正向角度面对
	66. 即使有压力，我会调适并做好我的文化调查志愿工作
	67. 从事这份志愿工作时，我能克服焦虑的情绪
	68. 从事这份志愿工作时，面对困难，我会努力克服
	69. 从事这份志愿工作时，我会检讨自己失败的经验，设法改进
	70. 担任这个志愿者是一种磨炼，让我更成熟圆融

数据来源：本研究自行整理。

2. 问卷调查对象和范围

本研究以广东省某高校开展的 2013 年暑期大学生旅游资源调查志愿活动为研究案例，通过对参与旅游资源调查的大学生志愿者随机抽取 350 人作为调查对象，正式问卷调查期间为 2013 年 11 月 6 日至 2014 年 3 月 6 日，以纸本问卷进行调查，发放问卷 350 份，扣除填答不完整者，共得到有效问卷为 322 份，有效回收率为 92%。

本次大学生旅游资源调查活动招募志愿者时，组织方向志愿者明确说明活动方案，同时告知招募对象在志愿工作之外的旅游活动，因此在志愿服务中能够参与旅游活动成为志愿者们的参与主要动机之一；在活动开展中，志愿者们均在服务之余广泛地参与了当地的旅游活动。因此，该活动符合旅游志愿者的两个主要特征——志愿服务和旅游活动。

3. 数据分析方法

本研究将使用 SPSS 21.0 软件作为统计分析工具，主要采用的分析方法有：描述性分析、信效度分析、独立样本 T 检定、单因素方差检验、回归分析。本研究还采用 AMOS 21.0 软件的路径分析验证本研究提出的理论框架与观察资料的适配度和契合度。

（四）问卷信效度分析

1. 效度分析

由于本研究问卷设计均依据相关文献和学者研究验证的量表，并在问卷的设计中反复征求专家意见，因此问卷符合专家效度。

为对问卷区分效度进行检测，本研究将问卷进行高度分段，对高低分组进行 T 检定，得出 T = 3.909 * * *，P = 0.000，说明本问卷具有较好的区分效度。

为进一步验证问卷不同维度各题项的构建效度，本研究采用因子分析法，检测出服务接触变量各题项 KMO 和 Bartlett 值，再采用主成分分析法，检验各维度和问项的成分值，如表 4 所示，分析所得数据说明本研究各变量的题项具有较好效度，因此，问卷题项不需要改变。

表4　各变量因子分析数据表

变数	维度	KMO	Bartlett	P	成分
服务价值	旅游学习	0.907	2 598.791	0.000	0.939 ~ 0.974
	利他经验	0.914	2 983.717	0.000	0.966 ~ 0.977
	社会尊重	0.921	3 364.861	0.000	0.963 ~ 0.985
	人际互助	0.917	4 183.729	0.000	0.986 ~ 0.992
服务满足	自我肯定	0.925	2 741.642	0.000	0.956 ~ 0.976
	社会认同	0.918	2 877.471	0.000	0.966 ~ 0.977
	伙伴互助	0.888	3 565.538	0.000	0.972 ~ 0.985
	乐趣生活	0.903	3 815.431	0.000	0.976 ~ 0.989
	旅游收获	0.915	4 172.524	0.000	0.986 ~ 0.993
自我效能	自我觉察力	0.955	4 520.189	0.000	0.943 ~ 0.979
	人际融合力	0.905	4 283.831	0.000	0.971 ~ 0.982
	工作实践度	0.918	4 064.437	0.000	0.688 ~ 0.985
	挫折包容度	0.952	5 586.822	0.000	0.989 ~ 0.993

提取方法：主成分。

数据来源：整理自本研究 SPSS 21.0 软件分析。

2. 信度分析

为验证本研究调查问卷一致性，本研究对各研究变量中的不同维度分别进行信度检验，分析结果得出各维度的信度 α 值在 0.946 以上，详见表5，说明问卷信度良好。

表5　各变量不同维度信度分析数据表

变数	维度	Cronbach's Alpha	小计
服务价值	旅游学习	0.978	0.994
	利他经验	0.985	
	社会尊重	0.989	
	人际互助	0.994	

续表

变数	维度	Cronbach's Alpha	小计
服务满足	自我肯定	0.981	0.995
	社会认同	0.984	
	伙伴互助	0.989	
	乐趣生活	0.992	
	旅游收获	0.994	
自我效能	自我觉察力	0.987	0.992
	人际融合力	0.990	
	工作实践度	0.946	
	挫折包容度	0.996	
总计		0.998	

数据来源：整理自本研究 SPSS 21.0 软件分析。

四 分析与结果

（一）描述性分析

通过 SPSS 21.0 进行描述性分析，可以得出各项样本属性统计，详见表6。由于调查时间适逢大四学生求职季，因此无大四学生参与调查。

表6 调查样本属性统计表

基本属性	属性	个数	百分比	基本属性	属性	个数	百分比
性别	男	134	41.6	调查时间	1～3 天	148	46.0
	女	188	58.4		4～6 天	120	37.3
年级	大一	10	3.1		7～9 天	30	9.3
	大二	290	90.1		10 天以上	24	7.5
	大三	22	6.8	调查地点	粤东地区	162	50.3
服务年限	1 年以下	176	54.7		珠三角地区	103	32.0
	1～3 年	132	41.0		粤北山区	23	7.1
	3～5 年	10	3.1		粤西地区	34	10.6
	5 年以上	4	1.2				

数据来源：整理自本研究 SPSS 21.0 软件分析。

研究将各变量的不同维度的所有题项进行均值统计，然后再计算各维度均值，得出表7，从表中的均值可以看出不同变量中的各维度的均值情况。在服务价值中，人际互助和利他经验的均值较高，分别达到4.49和4.32；在服务满足中，伙伴互助和学习收获的均值较高，分别达到4.43和4.41；在自我效能中，挫折包容度和工作实践度的均值较高，分别达到4.46和4.40。

表7　均值统计表

变数	维度	均值
服务价值	旅游学习	4.30
	利他经验	4.32
	社会尊重	4.11
	人际互助	4.49
服务满足	自我肯定	4.25
	社会认同	4.28
	伙伴互助	4.43
	乐趣生活	4.40
	学习收获	4.41
自我效能	自我觉察力	4.25
	人际融合力	4.25
	工作实践度	4.40
	挫折包容度	4.46

数据来源：整理自本研究 SPSS 21.0 软件分析。

（二）单因素方差分析

本研究对调查对象设计了 5 个样本属性，根据研究假设 H1，假设不同样本属性在服务价值、服务满足和自我效能上存在显著差异，根据研究需要，采用独立样本 T 检定和单因素方差分析，监测不同样本属性对各变量感知程度是否存在显著差异，分析结果详见表 8。

表 8　不同样本属性独立样本 T 检定和单因素方差分析数据表

属性	服务价值	服务满足	自我效能
性别	T = 1.751	T = 1.746	T = 1.786
年级	F = 0.072	F = 0.49	F = 0.129
服务年限	F = 100.163 * * *	F = 96.836 * * *	F = 96.009 * * *
调查时间	F = 7.829 * * *	F = 5.740 * *	F = 6.471 * * *
调查地点	F = 1.053	F = 1.200	F = 1.136

p < 0.05、 * p < 0.01 、* * * p < 0.001

数据来源：整理自本研究 SPSS 21.0 软件分析。

表 7 资料结果表明不同性别、年级和调查地点等样本属性对在服务价值、服务满足和自我效能上没有显著差异；而志愿者本身的服务年限和调查时间的长短属性在服务价值、服务满足和自我效能上存在显著差异，详细分析如下：

（1）不同服务年限志愿旅游者属性单因素方差分析

对不同服务年限志愿者属性进行单因素方差分析结果详见表 9，数据结果显示服务时间在五年以上的志愿者在服务价值、服务满足和自我效能三方面均超过服务时间在五年以内的志愿者。

表9　不同服务年限志愿旅游者属性单因素方差分析数据表

		平方和	df	均方	F	显著性	事后比较
服务价值	组间	881.222	3	293.741	100.163	0.000	1<4＊＊＊;
	组内	932.572	318	2.933			2<4＊＊＊;
	总数	1 813.794	321				3<4＊＊＊
服务满足	组间	831.721	3	277.240	96.836	0.000	1<4＊＊＊;
	组内	910.433	318	2.863			2<4＊＊＊;
	总数	1 742.154	321				3<4＊＊＊
自我效能	组间	1 063.542	3	354.514	96.009	0.000	1<4＊＊＊;
	组内	1 174.217	318	3.693			2<4＊＊＊;
	总数	2 237.758	321				3<4＊＊＊

＊p<0.05、＊＊p<0.01、＊＊＊p<0.001

数据来源：整理自本研究 SPSS 21.0 软件分析。

（2）不同调查时长属性单因素方差分析

旅游志愿者在参加旅游资源调查中工作时间的长短不同，决定他们在服务价值、服务满足和自我效能上的表现存在显著差异，详见表10。通过资料分析发现参加旅游资源调查的志愿者工作时间在7—9天的服务价值、服务满足和自我效能与其他长短工作时间的志愿者存在显著差异，并达到最好的水平。说明调查时间太短和太长均不利于服务价值、服务满足和自我效能的感受和获得。

表10　不同调查时间单因素方差分析数据表

		平方和	df	均方	F	显著性	事后比较
服务价值	组间	124.744	3	41.581	7.829	0.000	1<3＊＊＊;
	组内	1 689.050	318	5.311			2<3＊＊＊;
	总数	1 813.794	321				4<3＊＊＊
服务满足	组间	89.486	3	29.829	5.740	0.001	1<3＊＊＊;
	组内	1 652.668	318	5.197			2<3＊＊＊
	总数	1 742.154	321				
自我效能	组间	128.748	3	42.916	6.471	0.000	1<3＊＊＊;
	组内	2 109.010	318	6.632			2<3＊＊＊
	总数	2 237.758	321				

数据来源：整理自本研究 SPSS 21.0 软件分析。

（三）回归分析

为验证假设 H2：志愿旅游者服务价值对服务满足存在显著正向影响，H3：志愿旅游者服务价值对自我效能存在显著正向影响，H4：志愿旅游者服务满足对自我效能存在显著正向影响，本研究采用线性回归分析，对各变量进行因果关系分析。分析资料详见表 11，表中的回归系数均大于 0.9，sig. 值均小于 0.001，说明研究中的假设回归关系全部成立，即假设 H2、H3、H4 中的回归关系全部验证成立。

表 11　各变量回归分析

变量之间关系	调整 R 方	β 值	sig.
服务价值　服务满足	0.975	0.987	0.000
服务价值　自我效能	0.965	0.983	0.000
服务满足　自我效能	0.975	0.987	0.000

数据来源：整理自本研究 SPSS 21.0 软件分析。

（四）模型构建与拟合度分析

在 AMOS 21.0 中的路径图绘制预先设立的志愿者旅游服务价值、服务满足和自我效能模型图，运用极大似然法进行分析。计算估计值后，模型可以顺利收敛识别，标准化估计值模型图如图 2 所示。

为验证本研究所提出的假设 H5：本研究所提出的理论模型与观察数据具有契合度和适配性，研究采用 AMOS 21.0 对本研究假设模型和观察数据进行契合度与适配度进行分析，分析结果得出各路径关系系数均为正值，符合假设路径。另外，CMIN = 76.315，显著性概率值 P = 0.053 > 0.05，未达到显著水平，接受虚无假设，即假设模型图与观察数据契合，AGFI = 0.932 > 0.900，CMIN/DF = 1.659 < 4，RMSEA = 0.045 < 0.05；GFI = 0.966 > 0.900；CFI = 0.997 > 0.900，详见图 2，各项数据指针均达到模型可以适配的标准，说明假设模型与观察数据适配度较好。分析结果证明本研究假设"H5：本研究所提出的理论模型与观察数据具有契合度和适配性"成立。

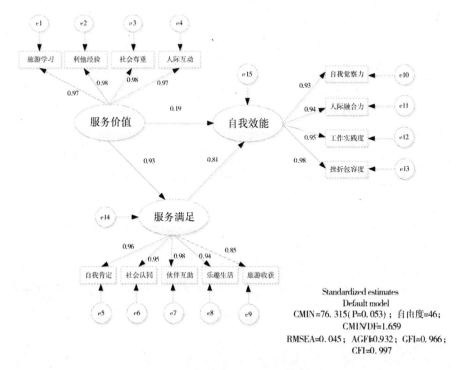

图 2　标准化估计值模型图

数据来源：本研究整理自 AMOS. 21. O 分析

五　讨论与建议

（一）研究发现与讨论

1. 研究验证了志愿者旅游假设模型适配度较好

研究通过 SPSS 回归分析证实相关路径存在回归关系成立后，再用结构方程分析验证了服务价值、服务满足和自我效能假设理论模型与数据的拟合度较好。

模型中的标准化回归系数即为变量间的路径系数，"服务价值"对"服务满足"的路径系数为 0.93，"服务价值"对"自我效能"的路径系数为 0.19，"服务满足"对"自我效能"的路径系数为 0.81。这三条路径系数值为正数，表示其对校标变量直接影响效果为正向。但影响效果的大小有所区分。其中，"服务价值"对"服务满足"的路径系数和"服务满足"对"自我效能"的路径系数均较高，而"服务价值"对"自我效能"的路径系数为较小。

在"服务价值"的各维度中，"旅游学习"、"利他经验"、"社会尊重"和"人际互助"对变量服务价值的系数均较大，分别达到 0.97、0.98、0.98 和 0.97。在"服务满足"的各维度中，"自我肯定"、"社会认同"、"伙伴互助"、"乐趣生活"和"旅游收获"对变量服务满足的系数均较大，分别达到 0.96、0.95、0.98、0.94 和 0.85。在"自我效能"的各维度中，"自我觉察力"、"人际融合力"、"工作实践度"、"挫折包容度"对变数自我效能的系数均较大，分别达到 0.93、0.94、0.95 和 0.98。

通过以上讨论说明，本研究得出结论一：志愿者旅游"服务价值"、"服务满足"和"自我效能"理论模型成立。

2. 研究制定并验证了志愿者旅游的相关因素量表

本研究在文献综述的基础上，结合志愿者旅游的实际特点，制定出研究量表，通过资料收集和验证性因子分析，发现各变量及其维度的题项成分值均较为理想。

在"服务价值"的各维度中，"旅游学习"维度中的量表成分值分布在 0.939 ~ 0.974 之间，"利他经验"维度中的量表成分值分布在 0.966 ~ 0.977 之间，"社会尊重"维度中的量表成分值分布在 0.963 ~ 0.985 之间，"人际互助"维度中的量表成分值分布在 0.986 ~ 0.992 之间。在"服务满足"的各维度中，"自我肯定"维度中的量表成分值分布在 0.956 ~ 0.976 之间，"社会认同"维度中的量表成分值分布在 0.966 ~ 0.977 之间，"伙伴互助"维度中的量表成分值分布在 0.972 ~ 0.985 之间，"乐趣生活"维度中的量表成分值分布在 0.976 ~ 0.989 之间，"旅游收获"维度中的量表成分值分布在 0.986 ~ 0.993 之间。在"自我效能"的各维度中，"自我觉察力"维度中的量表成分值分布在 0.943 ~ 0.979 之间，"人际融合力"维度中的量表成分值分布在 0.971 ~ 0.982 之间，"工作实践度"维度中的量表成分值分布在 0.688 ~ 0.985 之间，"挫折包容度"维度中的量表成分值分布在 0.989 ~ 0.993 之间。

通过观察验证性因子分析中的以上公因子方差值，本研究讨论后得出结论二：本研究制定的志愿者旅游服务价值、服务满足和自我效能量表经验证合理。

3. 研究分析发现了不同志愿者的感知差异性

研究通过独立样本 T 检验和单因素方差分析，得出不同属性的旅游志愿者在服务价值、服务满足和自我效能三方面感知比较情况。

其中不同性别、年级和调查地点等样本属性对在服务价值、服务满足和自我效能上没有显著差异，说明旅游志愿者们在性别、年级高低和开展活动的地点上感知差异不明显。其次，有五年以上服务经历的志愿者在服务价值、服务满足和自我效能三方面均超过服务时间在五年以内的志愿者。再次，单次参加旅游资源调查的志愿者工作时间在 7~9 天的服务价值、服务满足和自我效能与其他长短工作时间的志愿者存在显著差异，并达到最好的水平。说明调查时间太短和太长均不利于服务价值、服务满足和自我效能的感受和获得。

通过差异性比较分析发现和讨论，本研究得出结论三：志愿旅游者在服务价值、服务满意和自我效能方面的感知差异主要表现在服务经历长短和单次活动时间方面。

4. 研究发现志愿旅游者服务价值与服务满足的比较差异

通过均值比较分析，研究得出志愿旅游者在活动前期望值和活动后的满足情况的比较结果。其中在旅游学习方面，活动结束后的服务满足均值大于活动前的服务价值，说明通过志愿者旅游活动，志愿旅游者在旅游学习方面的收获大于预期；在社会尊重方面，活动结束后的服务满足值也大于活动前的服务价值，说明通过志愿者旅游活动，志愿旅游者在获得的社会尊重和社会认同方面的收获大于预期；在人际关系方面，活动结束后的服务满足值略低于活动前的服务价值，但伙伴互助的服务满足值却是所有服务满足维度中收获最大的方面。通过均值分析发现和讨论，本研究得出结论四：志愿旅游者参加志愿旅游活动前的预期和动机，基本能在活动中得以实现，并能超出预期范围，并能进一步提升个人的自我觉察力、人际融合力、工作实践度和挫折包容度。

综上所述，本研究通过研究大学生活动前、活动中和活动后的心理历程和关联程度，完整地发掘了大学生参加志愿者旅游前的期待、活动中的满足和活动后的自我提升效果，深刻剖析了旅游志愿者的价值动机、活动满足和活动效果的科学规律和内在原理。为社会各界认识志愿者旅游这一新兴的旅游形式提供了研究成果和理论依据。

（二）建议

从研究的发现和结论可知，大学生对志愿者旅游充满期待，在参与活动之前，他们对志愿者旅游有期待，在活动中，他们能够从中获得"自我肯定""社会认同""伙伴互助""乐趣生活"和"旅游收获"。志愿者旅游还能通过服务价值、服务满足，实现大学生自我效能的提升，能有效提高他们的自我觉察力、人际融合力、工作实践度和挫折包容度。因此建议：

1. 志愿者旅游能够使志愿者获得"自我肯定""社会认同""伙伴互助""生活乐趣"，建议政府将志愿者旅游作为拓展旅游发展空间的有效补充

志愿者旅游作为大众旅游的替代性旅游和可持续性旅游形式，是一种绿色旅游。旅游志愿者在志愿者旅游活动中，能够获得"自我肯定""社会认同""伙伴互助""乐趣生活"。建议我国政府与国际对接，深入贯彻落实《国务院关于促进旅游业改革发展的若干意见》中积极发展"研学旅游"。从战略上将志愿者旅游作为拓展旅游发展空间和"研学旅游"的有效补充，为志愿者旅游制定相应的政策和推动举措，在发展旅游业的同时宣传和传递利他价值观，倡导人际互助，帮助人们获得"乐趣生活"，促进社会和谐进步。

2. 志愿者旅游能提升个人的"自我觉察力""人际融合力""工作实践度"和"挫折包容度"，建议学校将志愿者旅游作为"研学旅行"的新形式

志愿者旅游作为"深度休闲"的三种形式之一，能够在异地从事志愿服务之余，参与和体验"真实"的异地风情和人文景象，使志愿者们获得超于大众旅游的深度休闲收获，能有效提升个人的"自我觉察力""人际融合力""工作实践度"和"挫折包容度"。志愿者旅游与我们高校素质教育精神相符。同时，大学生在参加志愿者旅游前，其服务价值充分表现在旅游学习、利他经验、社会尊重和人际互动等方面，这些出发点符合社会主义核心价值观。而描述性分析发现在不同服务价值维度中，活动结束后的服务满足均值大于活动前的服务价值，说明通过志愿者旅游活动，志愿旅游者在旅游学习方面的收获大于预期。因此学校应该响应《国务院关于促进旅游业改革发展的若干意见》中"高等学校可结合实际

调整寒暑假时间，为研学旅游提供便利"的规定，为大学生创造志愿者旅游活动的平台和机会，作为素质教育和人才培养的有效教育形式，倡导和鼓励青年尝试、参与志愿者旅游活动，体验各地风土人情，锻炼实践能力，提升个人素养。

3. 大学生旅游志愿者在服务价值、服务满足和自我效能等方面的差异性，建议组织者针对性优化提升志愿者旅游活动质量

不同性别、年级和调查地点等样本属性对在服务价值、服务满足和自我效能上没有显著差异，说明志愿旅游者们在性别、年级高低和开展活动的地点上感知差异不明显，因此志愿者旅游可以面向不同性别、不同年级的大学生开展，效果均较好。其次，针对五年以上服务经历的志愿者在服务价值、服务满足和自我效能三方面均超过服务时间在五年以内的志愿者，建议组织者重视并做好长期培养志愿者的工作，使该活动更有意义。再次，由于单次参加旅游资源调查的志愿者工作时间在7—9天的服务价值、服务满足和自我效能与其他长短工作时间的志愿者存在显著差异，并达到最好的水平。建议组织者应将针对大学生的单次志愿者旅游活动时间长短设计在7—9天较为合适。

六　研究限制和后续研究

本研究着眼志愿者旅游这一研究领域进行实证研究，由于目前志愿者旅游形式在现实中较为少见，因此给抽样工作带来较大的困难，使样本数受到较大的限制。

本研究提出的理论模型中，导入样本数据顺利收敛后，模型中"服务价值"对"自我效能"的路径系数为0.19，相对于"服务价值"对"服务满足"的路径系数0.93和"服务满足"对"自我效能"的路径系数0.81，有所差异。说明在"服务价值"影响"自我效能"的关系中可能存在更多变量和干扰因素，研究者可以沿此路线进行后续研究。

参考文献

Bandura, A. (1994). Self-efficacy: Wiley Online Library.

Betz, N. E. (2013). Assessment of self-efficacy.

Cheung, W. M. (2011). The effects of technology accessibility, self efficacy and social support on work family conflict and life satisfaction. Graduate School of Business, The Hong Kong Polytechnic University.

Erdogan, B. , Kraimer, M. L. , & Liden, R. C. (2004) . Work Value Congruence And Intrinsic Career Success: The Compensatory Roles Of Leader-Member Exchange And Perceived Organizational Support. *Personnel Psychology*, 57 (2), 305 – 332.

Khan, S. , Asghar, M. , & Zaheer, A. (2014) . Influence of leadership style on employee job satisfaction and firm financial performance: a study of banking sector in Islamabad, Pakistan. *Актуальні проблеми економіки* (5), 374 – 384.

Lepp, A. (2008) . Discovering self and discovering others through the Taita Discovery Centre volunteer tourism programme, Kenya. *Journeys of discovery in volunteer tourism:International case study perspectives*, 86 – 100.

Locke, E. A. , Frederick, E. , Lee, C. , & Bobko, P. (1984) . Effect of self-efficacy, goals, and task strategies on task performance. *Journal of Applied Psychology*, 69 (2), 241.

McGehee, N. G. (2014) . Volunteer tourism: evolution, issues and futures. *Journal of Sustainable Tourism*, 22 (6), 847 – 854.

McGehee, N. G. , & Santos, C. A. (2005) . Social change, discourse and volunteer tourism. *Annals of Tourism Research*, 32 (3), 760 – 779.

Mobley, W. H. (1977) . Intermediate linkages in the relationship between job satisfaction and employee turnover. *Journal of Applied Psychology*, 62 (2), 237.

Mustonen, P. (2006) . Volunteer tourism: Postmodern pilgrimage? *Journal of Tourism and Cultural Change*, 3 (3), 160 – 177.

Sagie, A. , Elizur, D. , & Koslowsky, M. (1996) . Work values: a theoretical overview and a model of their effects. *Journal of organizational behavior*, 17 (S1), 503 – 514.

Stebbins, R. A. (1992) . Amateurs, professionals, and serious leisure: McGill-Queen's Press-MQUP.

Stebbins, R. A. (2001) . Serious leisure. *Society*, 38 (4), 53 – 57.

Stebbins, R. A. (2007) . Serious leisure: A perspective for our time

（Vol. 95）：Transaction Publishers.

Stebbins, R. A. , & Graham, M. （2004）. Volunteering as leisure/leisure as volunteering：An international assessment：Cabi.

Super, D. E. （1963） . Self-concepts in vocational development. *Career development：Self-concept theory*, 1 – 16.

Tierney, P. , & Farmer, S. M. （2011） . Creative self-efficacy development and creative performance over time. *Journal of Applied Psychology*, *96* （2）, 277.

Upadhyay, P. R. , & Vashishtha, A. （2014） . Effect of Anasakti and Level of Post on Job Satisfaction of Employees.

Wanous, J. P. , & Lawler, E. E. （1972） . Measurement and meaning of job satisfaction. *Journal of Applied Psychology*, *56* （2）, 95.

Wearing, S. （2001） . Volunteer tourism：Experiences that make a difference：Cabi.

Wearing, S. , & McGehee, N. G. （2013） . Volunteer tourism：A review. *Tourism Management*, *38*, 120 – 130.

Wollack, S. , Goodale, J. G. , Wijting, J. P. , & Smith, P. C. （1971）. Development of the survey of work values. *Journal of Applied Psychology*, *55* （4）, 331.

李昕（2006）。旅游管理学。北京：中国旅游出版社。

明镜、王金伟（2010）。国外志愿者旅游研究综述。北京第二外国语学院学报（5），31 – 39。

吴铁雄、李坤崇、刘佑星、欧慧敏（1996）。工作价值观量表之编制研究。台北：行政院青年辅导委员会。

关于旅游人才培养中的文化
休闲教育问题初探

甘巧林

华南师范大学

摘　要：我国开始迈入休闲社会，全民休闲意识的提高使旅游者不再只是猎奇，推动旅游与休闲产业发展密切结合的转型发展势在必行。作为应对，旅游行业需要提供更多、更好、更合适的休闲旅游产品，旅游服务从业者也需要在具备良好的文化休闲教育背景之下，才能提供更加优质的休闲旅游服务。很多休闲教育项目本身就是服务行业从业者的必备技能，目前国内大学生的休闲技巧普遍缺乏，休闲教育应当成为终生的学业，只有先成为高雅的、有教养的休闲生活的享受者，才能成为创造者，在接受文化休闲教育的同时演绎旅游服务技能，是旅游人才培养中值得推崇的应有态度。

关键词：文化休闲，休闲教育，旅游服务

An Exploration of Cultural Leisure Education Problems on Tourism Talents Cultivation

Gan Qiaolin

South China Normal University

Abstract：Stepping into a leisure society, the leisure awareness of local citizens has increased substantially, which consequently result that tourists will not only focus on seeking novelty, but also promote the leisure industry development. Under such a circumstance, the combination of tourism and leisure industry becomes inevitable. Thus, only by providing more high-quality and suitable leisure tourism products, can the tourism service providers serve in a much more standard and superior way. Undoubtedly, the necessary proper cultural leisure education should be provided to tourism service providers. Originally, leisure education in some colleges and universities should has been the essential skills for the potential talents, however, the shortage of essential skills exist in the college students group has been a common malady in our country. Leisure education should be treated as a life-long task, which becomes the premise of training creative talents. We should develop us as the beneficiary of elegant and cultivated leisure life, and hold the attitude of putting related education into deducing service skills, which could bring significant impact on Tourism Talents Cultivation in the near future.

Key words：cultural leisure, leisure education, tourism service

引 言

全球旅游业正处于快速变革和高速发展中，传统旅游方式将面临时间压缩（time pressure），未来旅游需求将更趋向于快餐化（snacking）、短途式和家庭式旅游。快节奏的生活压力重重，使人们的出游频率不断增加，但在一个目的地的停留时间会愈加缩短；出游目的林林总总，花样十足，但主要在于放松心情，同时也必须兼而有点知识性收获，才算是真正的"不虚此行"。这无疑对旅游从业者构成了一种挑战，除了应具备良好的服务理念与业务素养之外，懂得从品味生活角度对客人进行正向引导，有利于提高服务质量。因此，我们在旅游人才培养中强调与重视文化休闲教育势在必行。

一 几个基本概念

旅游：是指人们出于休闲、商务或其他目的，离开他们的惯常生活环境而到其他地方所进行的各种旅行活动（不超过一年）以及在目的地的一切活动的总和。

休闲：完成本职工作或完成家务劳动、充分睡眠和个人护理都已得到保证之后的那段时间以及利用这些时间所从事的活动。

休闲教育：围绕培养人对休闲行为的选择和价值判断的能力展开的教育活动。休闲教育的内容很广泛，包括对智力、美的欣赏能力、心理承受能力、社会交往能力等方面的培养。还可以教育人们通过创造性的休闲方式来表达自己的追求与理念，鼓励人们把自我发展和承担社会责任联系在一起。

文化休闲：将休闲上升到文化范畴，指人的闲情所致为不断满足人的多方面需要而处于的文化创造、文化欣赏、文化建构的一种生存状态或生命状态。休闲的价值既在于实用，更在于文化。

二　文化休闲与旅游业发展

1. 休闲导致人的生活方式改变，生活方式的变化对旅游业的影响

发达国家在几十年前就尝试通过发展休闲旅游产业来缓解旅游业的压力，诸如休闲俱乐部、体育俱乐部、文化馆、剧院、博物馆、艺术馆、舞厅、休闲度假村、主题公园、游乐园等，在一定程度上缓解了因旅游业对自然的过度开发而造成的破坏。同时，在客观上也丰富了旅游的内涵，扩大了经营范围，促进了经济的发展，更满足了旅游者的多方面消遣享乐的需要。

休闲是生活方式，需要教育培养，如礼仪教育，懂得为自己服务，才能懂得为别人服务；休闲教育，是培养共同品味一种有品质的生活方式的教研活动，而非纯粹为了赚钱。有品质的生活就是杜绝购买假冒伪劣产品和对环境有威胁甚至破坏的产品，按照国际化公共产品服务标准来打造的休闲服务能同时保证这两方面的安全性；就实施品牌战略而言，供需双方都必须拥有品牌意识；休闲文化就是要在传承的前提下，通过创意产品来创造一种有品位的生活方式，用以吸引人。所以休闲教育有助于改变学习旅游专业与旅游服务低贱的传统观念。

2. 休闲与旅游在动机上具有极大的一致性

表 1　休闲与旅游的动机比较

休闲	旅游
逃离日常琐事	逃离世俗的环境
健康与健身	放松以及身心健康的恢复
精神上的鼓励/享受	玩耍或娱乐的机会
促进家庭和睦	改善家庭内部的关系
获取领导地位	获取威信及社会地位
结识新朋友/享受友谊	社会交往/交朋友
获取新的技能	教育
增加自尊心/社会地位	实现愿望或者抱负
迎接挑战	

资料来源：研究者总结。

2013 年春，《国民旅游休闲纲要》由国务院正式发布，标志着我国开始迈入休闲社会，全民休闲意识的提高使旅游者不再只是猎奇，旅游发展转型势在必行，旅游与休闲产业开启了融合发展之路，一批与国际接轨的休闲城市、休闲企业、休闲品牌的渐次推出，全面提升了乡村旅游、民俗旅游、海滨度假等大众休闲旅游项目的水平，涌现出了滑雪、高尔夫、邮轮游艇、海上运动、康体保健、体育休闲、文化娱乐、森林生态、露营房车等新业态。

如何让出门旅游成为人们感受文明、融于自然、理解文化、陶冶性情的一种综合的休闲方式？在另类休闲时空过程中提高人的文化素养、审美情趣、感受能力和鉴赏眼光，成为新型旅游开发理念下的新任务。作为应对，旅游行业需要提供更多、更好、更合适的休闲旅游产品，旅游服务从业者也需要在具备良好的文化休闲教育背景之下，才能提供更加优质的休闲旅游服务。

3. 休闲教育有利于提升旅游服务品质

休闲教育的目标主要有：第一，通过休闲教育培养人们的休闲技能、休闲技巧和休闲鉴赏力，使人们有能力参与某些休闲活动，从而引发其对休闲活动的兴趣。第二，通过休闲教育确定正确的休闲价值观和休闲生活方式。休闲教育的类别繁复，目前比较有社会影响力的休闲教育包括外语培训、亲子教育、计算机技能培训、艺术培训、书法培训、音乐教育、厨艺培训、茶艺培训、插花培训、拓展训练、体育培训、职业技能培训、电视教育、社交演讲培训、影视表演培训、美容培训、服装设计、模特训练、舞蹈培训、公共道德教育、礼仪培训等，从中我们可以看到很多休闲教育项目本身就是服务行业从业者应有的必备技能。

由此可知，休闲旅游与传统观光旅游的关系，应该说是一个继承和发展的关系，不是谁从属于谁、谁替代谁的关系。传统旅游业要发展，要顺应时代潮流，必须拓展它的外延和丰富它的内涵，休闲旅游资源的开发利用也就成为顺理成章之事。二者有许多共通之处。

三　休闲教育内涵与国内大学生休闲现状

（一）对休闲教育内涵的认识

从前述的关于"休闲"概念可知：第一，休闲是在可自由支配的时间内，不同的人从事的不同活动，实质上是对待和利用闲暇时间的方式，因而也可分为积极休闲与消极休闲。文化休闲与文化休闲教育应当是指其中的"积极"部分。第二，休闲本身包含两层基本含义：①自由和自由时间；②教育和智慧。开发闲暇时间是国家经济发达、社会进步和提高人的素养的一个很重要的途径，由于人们认识到"休"在人的生命中的价值，闲暇时间的合理支配与利用便成为全社会普遍接受的生活原则。"休闲"的一般意义是指两个方面：一是消除体力的疲劳；二是获得精神上的慰藉。

休闲的最大特点是它的人文性、文化性、社会性、创造性，它对提高人们的生活质量和生命质量，对人的全面发展都具有十分重要的意义。文化休闲教育即是通过人类群体共有的行为、思维、感情，创造文化氛围，传递文化信息，构筑文化意境，从而达到个体身心和意志的全面、完整的发展。

1918年美国教育界就将休闲教育列为中学教育的一条"中心原则"："每个人都应该享有时间去培养个人和社会的兴趣。如果能被合理地使用，那么，这种闲暇将会重新扩大一个人的创造力量，并进一步丰富其生活，从而使他能更好地履行自己的职责。"如果相反，滥用闲暇时间将损害健康、扰乱家庭、降低工作效率，并破坏其公民意识。因此休闲又可以区分为"积极休闲"与"消极休闲"。

（二）目前我国大学生休闲行为现状及其满意度调研

1. 休闲行为

（1）延伸性学习活动：学习专业性知识，阅读课外书籍，进行科学实验，参加辅导班与培训班、选修课、学术专题讲座、座谈会、研讨会、参观艺术展及博物馆等。在闲暇时间里，部分大学生继续从事与专业学习有关的活动，丰富自己的知识，提高文化素质，提升未来就业的竞争力。

（2）社会实践活动：家政服务、勤工俭学、公益活动、公司兼职等。这类活动已经不再仅仅是家庭困难的学生所为，越来越多的学生希望通过此种活动，熟悉社会、追求独立、拓展能力，为未来人生发展奠定基础。

（3）娱乐休养活动：户外漫步、逛公园、旅游、野炊、跳舞、唱卡拉 OK、观赏影视等。在闲适与轻松中，大学生的身心得到放松与舒展，人际关系更加融洽，陶冶情操。

（4）体育健身活动：球类活动、舞蹈、体操、武术、气功、滑翔、冲浪、蹦极与美容等。体育休闲与大学生的活泼好动、表现欲强的个性相吻合，受到普遍青睐。在体育休闲活动中，大学生能够展现活力，结交朋友，强身健体，平衡心态，回归自然。

（5）社团活动：各种大学生社团组织，主要有文化、运动、科技、艺术和社会交往等活动。这类活动能够提供一种有益的环境和氛围，激发大学生的创造力，开发大学生潜能，让大学生的自由意志得到发挥，不断超越自我。

（6）消极休闲活动：睡觉、侃大山、打牌、逛街、沉迷网络、看黄碟、酗酒、放纵自我，甚至违法犯罪等。这部分学生对休闲时间缺乏科学合理的规划，跟着感觉走，从事休闲活动只是为了消磨过多的闲暇时间与过剩的精力。

2. 休闲满意度

经过调查发现大部分大学生对现在的休闲生活表示不满意：

（1）休闲形式过于单一，不能满足朝气蓬勃、活泼好动、思维活跃的大学生多样化、个性化休闲需求。

（2）休闲资源的限制，特别是高校近年来的扩招，致使学校缺乏休闲活动的场地和必备条件，大学生能够利用的人均休闲资源相对不足；

（3）大学生休闲技能比较缺乏。伟人马克思说过："对于没有音乐感的耳朵来说，最美的音乐也毫无意义……如果愿意欣赏艺术，你必须是一个有艺术修养的人。"要使休闲生活过得多姿多彩，必须要拥有玩的技能与艺术。从我们调查的情况来看，目前，从应试教育一路走过来的大学生普遍"爱好广泛"，但谈不上多才多艺。棋、琴、书、画、舞蹈、赏花吟诗等这类中国文人传统的休闲活动在当代大学生的休闲生活中所占的比例很小。

（4）大学生休闲活动缺乏组织。大学生课余参加的最常见的活动方式主要有单独行动、自发组合和结伴而行，而学校、系、班级以及社团组织的活动只占据大学生休闲生活空间的极小的一部分。休闲活动固然要以自由自主为主，相当多的大学管理者没有意识到，或者说不够重视此种状况，也很少努力去改变。

校园生活既是一种休闲文化的表现，也是对未来事业发展的准备。我们不应该把休闲仅仅当做工作后的消遣和恢复，而应更多地把休闲当作个人兴趣爱好的满足，以实现我们工作的最终目的。

（三）对大学期间开展休闲教育的认识

1. 休闲教育是终生的学业与成长？（见图1）

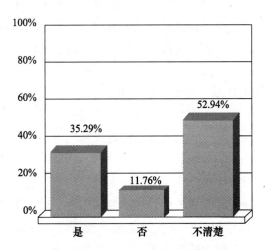

图1　休闲教育是终生的学业与成长

（根据调查数据自绘）

2. 为适应社会需要，大学生应该具备怎样的知识结构？（见图2）

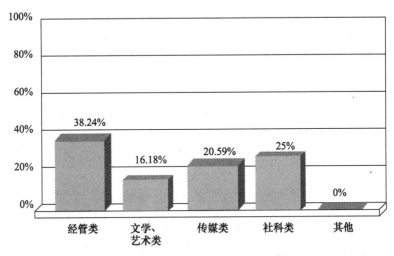

图2　大学生应该具备的知识结构

（根据调查数据自绘）

3. 作为旅游管理专业的学生应该具备的知识结构。（见图3）

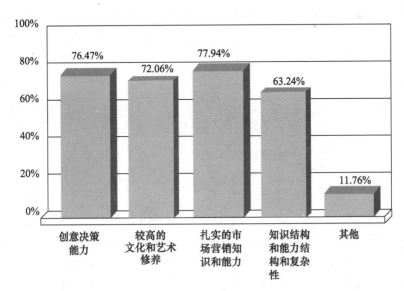

图3　旅游管理专业的学生应该具备的知识结构

（根据调查数据自绘）

　　休闲时间和学习时间一样，也是一种宝贵的资源与财富，对我国现阶段通过应试教育进入大学的大学生而言，休闲时间越多，越需要理智，越需要教育、引导与组织。因此以行之有效的方式开展休闲教育是高校教育工作的一项迫切任务，更是进行旅游专业人才培养与行业服务人才储备的必然路径。

四　普及文化休闲教育，提升旅游服务品质

　　教育目的随着社会和认识的发展，出现回归现象，休闲教育又被一些国家设定为教育手段之一，并逐步付诸实现，开发休闲，实际上就是积累一个人、一个民族、一个国家的文化资本，就是对人的教育与教养的投资。因此休闲教育早就成为人生的一门必修课被纳入其终生教育的内容之中，从一个人的幼儿时期一直延伸到退休之后，主要目的是培养人们懂生活、有品位的高尚情趣。

（一）休闲教育应当成为终生的学业

1. 让休闲教育成为人的美德和优秀品质养成的自然渠道

　　人们的受教育程度会影响到他们在休闲时选择活动和他们的休闲价值观，很多研究结果都表明，高收入水平的人群参加的休闲活动范围更加广泛。休闲已经成为人类生活的重要组成部分。它绝不仅仅是生活的剩余，而将越来越成为决定人生幸福的核心因素。

　　休闲活动对我们在智力方面的要求以及我们在休闲活动中的种种体验，会潜移默化地改变我们的头脑，提高或降低我们的智力水平。众所周知，工作与事业是一个人智力发展的一个重要方式，随着人类社会生产力水平的提高，闲暇时间不断增多，休闲同样成为塑造人类智力发展的一个重要领域。人类社会的发展历程印证了那些喜欢参与挑战性休闲活动的人所能得到的智力发展，是那些只把休闲当作休息的人所得不到的。受教育如同人类的生育一样是本能的，也是人类之所以有别于低等动物的关键；教育保证了文化的延续，把教育作为一种休闲的存在，或将教育与休闲娱乐结合起来是人类自古以来的思想和社会实践，休闲教育的重要性不仅在于保持和传播文化，而且在于促进人的美德和优秀品质，从这一层面来看，休闲教育较之于普通教育更胜一筹。

2. 只有先成为高雅的、有教养的休闲生活的享受者，才能成为创造者

长期以来在应试教育的模式下，当代大学生的中小学时期的音乐、体育、美术课形同虚设，长期沦为"语英数"等所谓主科的附庸，从时间和空间上为其让步。因而其所接受的教育在休闲与审美方面的养成是缺失的，对生活与工作的理解也是非常片面的。正是这种缺失，导致我们在出境游增长近于疯狂、成为世界第一大客源国的同时，"中国人不会旅游"、"中国游客不会玩"、"中国人不懂生活"等类似调侃却不绝于耳。

休闲需要有计划，需要获得某种技巧，而这样的一个过程是一个教育的过程。理想的休闲应具有发展性、创造性。我们的学生只有先成为高雅的、有教养的休闲生活的享受者之后，才能成为创造者，而这种"创造性"正是优质旅游服务能够产生的前提。

（二）值得推崇的态度：在接受文化休闲教育的同时演绎旅游服务技能

休闲教育过程中富有活力的一个组成部分，如果要学会休闲，首先应当接受休闲教育。如果不能学会以一种整体性的、脱离低级趣味的、文明的、有创造性的方式来享受新型的休闲，我们就根本不是在生活。休闲教育意味着，应当尽早地让人参与家庭、学校和社区中的休闲活动、帮助培养休闲技巧和休闲鉴赏力，以使人们有越来越多的自由时间得到充分的有效利用。

1. 通过文化休闲教育培养休闲技巧，形成"特色＋技能"的个体优势。为了与休闲教育相配合，在四年的专业学习中，我们按照"学会有品质与自信的生活态度；国际视野与沟通能力；具备为人服务的理念，宽泛的人文素养、深厚专业基本知识；娴熟的职业技能"的旅游服务人才培养思路，将课程体系中的"专业（方向）选修课"分解为"建议性选修课"（强化专业知识技能）、"拓展性选修课"（培养文化审美情趣）、"特色性选修课"（构建第二外语特长）三个板块，引导每位学生各取所需，通过"一人一技能"活动形成自我优势。

2. 开辟第二课堂活动，探索完善专业课程"现场教学"等创新模式，多平台、多渠道强化学生实践创新能力与综合素养。多年来加大"实践教学"的力度，我们将课程内容、教学时间在空间上延伸扩展至旅游企

业、旅游目的地进行现场教学；在课余时间创办了旅游专业技能大赛、游记摄影创作大赛、专业英语演讲比赛、模拟旅游商品交易会、创业设计大赛等赛事，深化了学生对专业理论与技能的掌握和运用。

3. 利用校园环境与校园文化氛围多视角、全方位影响学生的休闲理念。我们结合"酒水管理"课程内容申请创建了校园咖啡吧，让有兴趣的学生参与自主经营管理；组建了礼仪队、校史讲解队训练学生的形体、服饰审美力以及口头表达能力；通过读书角、寒暑期社会实践调查、背包游走境内外风景名胜地等活动扩展学生的学习能力、人际沟通力和社会观察力，成功地将"课内课外、校内校外、国内国外"统筹在"休闲教育＋旅游服务技能"培养的大旗下。近年来我们的毕业生从创业心态及业务能力的业界认可度大大提升。

结　语

"休闲教育"目前在中国相当程度上还是一片空白，许多种类的"休闲教育"被曲解演绎，甚至被功利化地盲目用作"竞争手段"之一，亟待为其正名，并将其纳入正规教育、非正规教育、社区教育体系中。作为大学生，校园生活既是一种休闲文化的展示，更是个体对于未来从事社会工作的文化素养准备，从这一层面来看，不应该把休闲仅仅当作学习工作之余的消遣和恢复，而应更多地把休闲当作个人兴趣爱好的培养与满足，以便更好地达成我们工作、生活、事业目标的统一。

旅游是一项对个人素养要求很高的审美活动，优质的旅游服务来源于服务者与被服务者双方的素养，只有在作为服务提供者所提供的服务层次与作为服务接受者的游客所需要的服务层次对等时，优质服务产品才能产生，因此，无论作为游客还是旅游从业者的养成，适当地接受文化休闲教育，应当成为其大学时代的必修课之一。如前所述，许多休闲教育项目本身就是服务行业从业者的必备技能，文化休闲教育在人际沟通与审美情趣培养方面的积极作用更是有利于旅游人的基本素养和服务品质的养成。据此，我们的观点是应当将"文化休闲教育"融入高校旅游人才的培养过程之中。

参考文献

魏翔（2012）。休闲经济与管理。北京：北京师范大学出版社。

罗艳菊、申琳琳（2012）。休闲学概论。哈尔滨：哈尔滨工程大学出版社。

威尔逊（2009）。休闲经济学。北京：机械工业出版社。

刘海春（2008）。生命与休闲教育。北京：人民出版社。

程遂营（2006）。我国居民的休闲时间、旅游休闲与休闲旅游。旅游学刊,12。

郭鲁芳（2005）。休闲经济学。杭州：浙江大学出版社。

魏小安（2005）。中国休闲经济。北京：社会科学文献出版社。

澳门产业经济适度多元化与会展旅游业发展

郑向敏　　皮常玲　　郭伟峰

华侨大学

摘　要：在澳门产业经济适度多元化的背景下，会展旅游业作为促进澳门产业经济适度多元化、带动澳门产业经济转型的战略方向与重要路径，有其先天条件与后发优势。文章通过分析澳门会展旅游业发展环境和发展弱势，提出澳门会展旅游发展战略：一是泛珠江三角洲会展城市的旅游目的地战略；二是"精、特、专、小"会展与旅游目的地战略。同时，针对以上两种战略，制定了适合澳门会展旅游业运营的三种策略：（1）基于利基战略的"精、特、专、小"的会展产品策略；（2）基于旅游业特色的会展旅游产品的延伸策略；（3）基于双赢战略的会展旅游联动策略。最后，提出推动经济适度多元化的澳门会展旅游业政策建议。

关键词：澳门，适度多元化，会展旅游业，利基战略，策略

The Appropriate Diversification of Macau Industrial Economy and MICE Tourism Development

Zheng Xiangmin, Pi Changling, Guo Weifeng

Huaqiao University

Abstract：With good inherent conditions and second-mover advantages, MICE tourism is an important way to facilitate Macau industrial economy diversification and lead the direction of Macau industrial economy transformation. After analyzing the environment and development disadvantages of Macau MICE industry, the researchers proposed some development strategies as follows: 1. the tourist destination strategies of Pan-Pearl River Delta MICE cities; 2. the tourist destination strategies of 'excellent, special, professional, and small.' Based on the two strategies above, researchers proposed three strategies for operating Macau MICE as follows: 1. MICE tourism product strategies according to Niche Strategy of 'excellent, special, professional, and small'; 2. Extension strategies of MICE tourism products with specific tourism; 3. The MICE tourism strategy of unified action according to the win-win strategy. In the end, researchers proposed policy suggestions to promote the appropriate diversification of Macau MICE tourism.

Key words: Macau, appropriate diversification, MICE tourism, Niche strategy, strategies

一 澳门产业经济适度多元化背景

(一) 微型经济体下的适度多元化

澳门是一个典型的微型经济体。截至 2014 年 9 月，澳门土地面积为 32.8 平方公里，人口为 63.1 万人，土地资源与人口规模都非常小。因此，澳门经济多元化只能是适度的，即"适度多元化"，在专业化的前提下循序渐进地推动多元化。

作为微型经济体，澳门产业结构专业化或单一化有其存在的经济合理性。世界上主要微型经济体的经济专业化特征都十分明显，如瑞士的钟表生产业、芬兰的手机制造业以及瑞典的汽车制造业等。同样，澳门建埠近五百年来，形成了专业化的经济发展，博彩业"一业独大"特征明显，是独具澳门特色的竞争优势，也是澳门在区域经济一体化中的生存之道（毛艳华，2009）。

但是，作为微型经济体，澳门产业结构单一化却存在内在的不足。首先，难以发挥博彩业作为澳门龙头产业的优势，带动相关产业的发展。澳门博彩业近年的高速发展并非建基于长久竞争力形成的，而是基于内地的自由行政策，这不同于全球其他微型经济体以高技术制造业或知识密集服务业为主导产业的专业化经济。而且作为非根植性国际资本主导的龙头产业，博彩业产业链条短，对本土内生的经济因素难以产生关联作用，因此难以带动本土相关产业的发展（陈恩、黄桂佳，2012）。其次，博彩产业具有其自身的高波动性，对澳门经济增长的作用不具有持续性（袁持平、赵玉清、郭卉，2009）。最后，具有高利润特征的博彩业过度发展，必然对各种生产要素产生强大的吸附力的同时，对其他产业产生某种程度的挤出效应，导致其他产业难以成长发展。

（二）澳门推动产业经济多元化背景回顾

2000—2005 年，澳门特区政府就明确应以经济适度多元化作为区域战略发展的方向；2006—2010 年，经济适度多元化方向进一步明确、内涵更为丰富；2011 年以来，以建设世界旅游休闲中心为目标，努力推进经济适度多元化。

在过去十几年中，虽然澳门特区政府目标明确，经济适度多元化的政策力度也较大，但效果并不明显。主要表现在：

1. 多年一体化措施效果不明显。首先是纵向一体化政策效果不显著：在 2002—2012 年的十年里，博彩相关行业，除批发零售和酒店餐饮业增加值从 11.3% 增加到了 15.5%，出现了增长，金融保险、不动产、租赁及工商服务业等行业则出现了下降。其次是横向一体化持续恶化：在 2002—2012 年的十年里，第二产业比重从 12.1% 降到了 6.2%；非博彩相关行业在过去十年中是持续快速萎缩，其中，制造业从 6.9% 降到了 0.7%；货物出口从占比 30.8% 下降至 2.97%（澳门统计暨普查局）。

2. 澳门经济发展出现高增长下的失衡。包括：（1）产业结构的失衡。（2）供给与需求的失衡。一方面，澳门目前的旅游服务仍跟不上旅游业发展的需要，主要表现在旅游服务的多样性不够和旅游设施不能满足多种消费层次的需求等。另一方面，目前澳门旅游供给的产业结构与产业链条，与正在开发和兴建的大型项目所带动的需求之间存在着较大的差距（袁持平、梁雯，2009）。例如，澳门的交通运输、商业环境、城市规划与建设、物流体系等现有的旅游供给体系，无法满足会展旅游全方位的开发。（3）收入与所得的失衡。一方面，在主要依赖博彩收入扩张旅游收入以及依赖国际资本扩张博彩业规模的情况下，由于本地资本缺乏参与及其他旅游产品严重缺乏，旅游总收入的相当部分就会通过澳门进出口流失，从而通过进出口造成对旅游总收入的侵蚀，具体表现为收入和所得的失衡。（4）劳动力结构失衡。主要表现在大量澳门劳动力进入博彩业，根据 2003—2013 年各行业的就业人数数据（澳门统计暨普查局），可以发现：博彩业就业人数占澳门本地劳动力比例从 11.7% 增长到 26.8%，高等教育就学率有待进一步提升，接受高等教育的学生比例为 61.9%，大量中学生辍学进入博彩业。

二 产业经济适度多元化与澳门会展旅游业发展

学界普遍认为澳门应实施以纵向多元化为主、横向多元化为辅的经济适度多元化发展思路。所谓的纵向多元化，是指在博彩业健康发展的基础上做大做强旅游业，包括商务、会议、展览等与旅游业密切相关的行业，通过发展商务旅游、会展旅游等，进一步促进旅游产业集群的多元化发展（周庆华、杨正浒，2012）。

会展旅游业作为促进澳门产业经济适度多元化的战略方向与重要路径，有着其先天条件与后发优势。会展旅游是以会展作为外围吸引物，为满足会展客人的需要而为其提供吃、住、行、游、购、娱等综合性服务的专项旅游产品（颜醒华、谢朝武，2004）。会展旅游在本质上是一个跨行业、跨部门的综合性社会活动，在博彩旅游业发展的同时，澳门可以通过会展旅游业的发展，为整体经济注入新的元素和活力。

（一）澳门会展旅游业发展环境分析

1. 泛珠江三角洲的会展旅游业发展环境良好

泛珠三角区域的范围包括：福建、江西、湖南、广东、广西、海南、四川、贵州、云南九个省（区）以及香港、澳门两个特别行政区，简称"9+2"。从区域角度看，泛珠江三角洲目前已经形成了四大会展区，包括：闽赣东南会展区（以厦门为主，如"9·8"投资贸易洽谈会），云、贵、川西南会展区（以昆明、成都为主），琼、粤、桂华南会展区（以海南博鳌、广州、桂林为主，如广交会、博鳌论坛），以及港澳会展区；从发展格局上看，已经初步地形成了以香港、广东和海南为龙头，内陆省区迎头赶上、有梯度、错位发展的局面；从会展资源整合上看，泛珠三角地区的会展业合作，为各方开展优势互补、互利共赢的发展提供了难得的宝贵契机，港澳地区成为泛珠三角内地省份走向国际市场的重要平台，而内地省份多元化、特色化、规模化的产业以及各自重要的区位优势，为港澳地区广泛吸收客户资源，市场腹地内拓，发展会展经济创造了无限商机；从会展旅游上看，"9＋2"会展产业的合作与发展，必然带来会展旅游的合作与腾飞，泛珠三角会展城市的旅游资源十分丰富，如山水宜人的福建，美景如斯的云南，天府之国的四川，椰风海韵的海南，人杰地灵的湖南，东方之珠的香港以及欧风葡韵的澳门等，它们的合作可以实现旅游资源的互补和客源市场的互动。

2. 粤港澳地区的会展旅游业发展环境优越

香港会展业凭借其先进的经营理念、雄厚的资金、高素质的人才、专业化、国际水准的服务以及开拓国际市场、举办一流会展的能力，已成为国际上重要的会展城市。广州、深圳作为大陆区域"北、上、广、深"四大城市，其会展旅游业在国内负有盛名。借助香港国际会展旅游业、广州国内会展旅游业的影响与辐射作用，利用横琴开发与合作的契机，通过与香港、广州会展旅游资源的优势互补，澳门在开发特色会展旅游产品、增强会展旅游目的地形象塑造，提升澳门作为会展旅游目的地的竞争力，促进澳门产业经济适度多元上具有优越的发展环境与区位优势。

3. 澳门会展旅游资源丰富、市场宽广

澳门作为自由港在举办会展上具有低成本优势，与欧盟葡语国家和粤西地区具有独特的语系和区域关系，海陆空交通便利，文化旅游资源丰富多样，赌业带来的商业气氛和人流，大型会议展览设施的相继落成与完善，为澳门会展旅游业的发展提供了潜在的、可供开发的市场基础。中国大陆、港台地区、南欧葡语国家，以及亚洲、欧洲、美洲等地区都可以成为澳门会展旅游的现实与潜在市场。

（二）澳门会展旅游业发展的弱势分析

1. 会展旅游企业运营能力薄弱

会展旅游企业经营能力包括：经营管理能力、财务运作能力、营销能力、接待服务能力等方面。澳门会展旅游企业包括会展企业与旅游企业两个方面，只有两个行业的企业的经营能力都得到提高才能共同推动澳门会展旅游的发展。澳门旅游业发展经验较为丰富，旅游企业的发展相对成熟。而澳门的会展企业经营能力相对较弱，特别是本澳中小型会展企业面临着经营成本上涨、人力资源紧张、会展信息匮乏、会展营销能力较差的压力，亟须政府的大力扶持。

2. 会展旅游人才匮乏

澳门所需要的会展旅游人才包括：会展旅游组织人员、会展旅游企业的经营管理人员、会展旅游接待人员、会展旅游协调人员等，但目前会展旅游相关行业人才，如英语翻译人员，展览设计、布置等专业人才仍然十分缺乏，在会展人才的培养、引进、培训等方面需要采取：（1）走出去、请进来措施。通过派员到世界著名会展城市学习会展专业技术和经验；利用优惠政策和资金等吸引力，引进会展专业人才以及具有相关经验的海外公司。（2）设立专项培训基金，开展相关培训课程，为业内人士提供进修的机会。（3）在旅游院校增设会展旅游专业，开设相关课程，引入会展专业人才国际评核方式，培养会展旅游专业人才。

3. 会展旅游经营竞争力不强

会展旅游经营竞争力主要表现在区域竞争力、政策竞争力、城市综合竞争力以及旅游产业竞争力四个方面。在区域竞争力方面，排在港台广州深圳后面；在政策竞争力方面，不如港台；在城市综合竞争力方面，澳门城市小，人口密度大，城市综合竞争力不强；在旅游产业竞争力上，不如博彩业。

三 澳门会展旅游业发展的战略与运营策略分析

（一）基于适度多元化的澳门会展旅游业发展战略分析

面对不同的地区、市场，笔者认为，澳门会展旅游业发展可以采取以下两种战略：

1. 泛珠江三角洲会展城市的旅游目的地战略

通过区域合作战略，塑造澳门作为珠三角会展城市的旅游目的地形象，积极吸引广州、珠海、深圳、香港的参展商与客商到澳门旅游，即"会展在港粤，旅游在澳门"的会展旅游发展战略。

2. 精、特、专、小会展与旅游目的地战略

利用优势、整合资源，发展精、特、专、小型会议与展览，塑造特色精品型会展城市形象，通过举办特色展、精品展以及各种精、特、专、小会展旅游产品的开发与设计来吸引参展商与受众，通过澳门独特的多元文化，延伸会展旅游产品，即"精专会展在澳门、休闲度假在澳门"的会展旅游发展战略。

（二）澳门会展旅游业运营策略与措施分析

根据以上两种战略选择，笔者认为澳门会展旅游业运营可以采取以下三种策略：

1. 基于利基战略的精、特、专、小会展产品策略

利基战略，又称缝隙战略，由日本学者长岛总一郎于 20 世纪 90 年代率先提出。战略的核心思想是：任何市场总会存在一些大企业的触角伸不到的经营缝隙，中小企业可以凭借自身规模小、灵活机动、适应性强的特点，选定一个很小的产品或服务领域，集中力量，向这些空隙市场提供产品或服务，并成为第一，同时构建进入壁垒，逐渐形成持久稳定的优势地位，并获得高于本行业水平的收益。

根据澳门的实际情况，澳门展贸协会会长林中贤先生认为，专攻有特色的、专业性的、以中小型企业为服务对象的会议展览活动，不仅符合特区政府将澳门发展为中小企业区域服务中心的定位，也能更好地整合澳门作为旅游城市的优势（金羊网，2004）。澳门具有发展会展业的良好优势，然而受地理空间有限、城市基础设施不足、博彩业一业独大等因素的限制，难以通过发展大型会议与大型展览项目与粤港地区相抗衡，应采取基于利基战略的精、特、专、小会展产品策略，利用与南欧和粤西地区的良好关系，同时结合自身的产业特色与厚重的中西文化底蕴，大力发展粤、港地区触及不到的经营缝隙，举办精品、特色、专业、小型的会议、展览，并专注地做好这些产品，树立自己的品牌。澳门寻求利基点的方案主要有：

（1）发现已存在的市场缝隙，打造中葡经贸合作平台

澳门长期受葡萄牙文化的熏陶，澳门与葡语国家有着良好的关系，是中国与葡语国家企业建立新的商业关系和开拓国际会展市场的理想平台。

（2）市场细分，加强中国内陆与澳门会展合作

利用澳门国际自由港的地理优势与成本优势，吸引想要打造国际品牌

的内陆企业到澳门办展、召开会议。

（3）创造节庆产品，打造节庆会展品牌

每年，澳门政府都会举办很多不同类型的文化节目与赛事活动，如澳门艺术节、美食节、龙舟竞渡、澳门世界女子排球大奖赛、澳门国际音乐节、澳门国际烟花比赛汇演、澳门妈祖文化旅游节、澳门格兰披治大赛车、澳门国际马拉松等。这些节庆赛事，已成为澳门的一大特色，是可利用的、重要的会展资源。

2. 基于旅游业特色的会展旅游产品延伸策略

澳门会展旅游产品的延伸策略是指使旅游活动成为会展的延伸产品，并利用澳门旅游业独特的博彩、多元文化等特色，使会展旅游者的消费从单纯的吃、住、行向游、购、娱等方面延伸（梁文慧、马勇，2007）。除了本澳参展商、客商、与会者，澳门会展旅游市场还应向泛珠三角地区延伸，同时为了提高会展旅游主体的消费水平，需要开发设计具有特色的会展旅游产品，并提供优质专业的会展旅游服务。为了取得会展旅游产品延伸策略的成功，应注意以下几点：

（1）设计适销对路的会展旅游产品

根据会展旅游者商业意识强、文化素质高、消费力度大、追求独立自由的旅游方式以及购买旅游产品随意性的特点与需求特征，设计并提供能满足会展旅游者需要的旅游产品，如澳门特有的博彩休闲娱乐旅游产品、多元文化旅游产品、高科技旅游产品等。

（2）设计并提供差异化的会展旅游产品

应充分利用澳门"赌场"和世界文化遗产地的特色，设计和提供澳门特有的博彩娱乐休闲旅游产品、中西文化交融旅游产品，从而与港粤会展旅游产品形成差异化，以此来吸引港粤参展商和客商。

（3）提供优质专业的会展旅游服务

只有提供优质专业的服务，才能赢得参展商、客商、与会者的信任与口碑，使他们成为会展旅游者。而优质专业的服务，要求会展旅游企业加强会展业与旅游业相关知识的培训，要求配套相对完善的会展旅游服务设施与设备，要求开发精品、特色、专业的会展旅游产品，要求营造良好的会展旅游环境。

3. 基于双赢战略的会展旅游联动策略

"会展在港澳，旅游在澳门"，"精、专会展在澳门、休闲度假在澳门"的会展旅游发展战略，不仅要求澳门应加强自身作为会展旅游目的地的形象，同时还要求其具有与周边地区联合互动的合作精神，实现会展旅游资源的互补、会展旅游市场的互动以及会展旅游信息的互通等方面的联动。澳门的会展资源相对较为缺乏，但自由港的成本优势与国际化优势使其具备了与周边地区会展城市进行联动的必要性与资本。基于双赢战略的会展旅游联动包括以下几个方面的联动：

（1）会展业的联动

第一，澳门与泛珠三角地区会展业的联动。

澳门与泛珠三角地区，特别是澳珠两地可以在会展人才培训、会展设施设备建议、会展信息交换、会展营销等方面加强合作，实施"会议在澳门，展览在港粤"的方案等。利用澳珠两地政府合作开发的横琴岛，与珠海、中山等城市形成珠江西岸地区具国际竞争力的会展旅游都市圈。

第二，澳门与香港会展业的联动。

香港作为国际著名的会展城市，是泛珠江三角洲会展业的老大，其成熟的办展经验、经营管理水平、设施场馆建设都值得澳门学习与借鉴。澳门与香港可以在场馆建设、会展人才培训、会展信息建设、会展投资等方面进行联动，既提高澳门的办展水平，解决探索阶段澳门所面对的许多问题，同时还可以为香港的会展业开拓更宽广的发展空间。

第三，澳门与葡语国家会展业联动。

发挥澳门作为中国与葡语国家的桥梁与纽带作用，推动中国内地与葡语国家的贸易。中国与葡语国家的相互合作具备了相当的优势，两地的经贸合作亦存在着很大的发展空间，对中国与葡语国家企业而言，澳门是两地建立新的商业关系和开拓国际会展市场的理想平台。借着服务平台的打造，为澳门会展业创造了有利条件，同时亦有利于区域合作与联盟。

（2）会展旅游的联动

为了使更多的港粤参展商、与会者成为澳门会展旅游者，澳门会展旅游企业应加强与港粤地区的会议、展览举办者以及与本地旅游业密切相关的餐饮、饭店、交通、娱乐、商品物流等行业的合作与联动，充分发挥泛珠江三角洲，尤其是港粤两地会展业发展对澳门会展旅游的助推作用。

第一，澳门与泛珠三角地区会展旅游的联动。

澳门与泛珠江三角洲地区会展旅游的联动首先体现在会展旅游客源的联动，特别是在推动内陆地区赴港粤的参展商、客商、与会者成为澳门会展旅游者具有重要作用。澳门作为泛珠三角会展城市的旅游目的地，它所涉及的相关者是跨区域的，因此要使其成为澳门地区的会展旅游者必须通过恰当的联合，处理好澳门旅游企业与珠三角地区会展审批者、举办者、参加者等众多会展主体之间的关系，加强营销，才能使澳门作为泛珠江三角洲地区会展旅游目的地的形象有可能被识别和选择。

第二，澳门与香港会展旅游的联动。

香港作为国际著名的会展旅游城市，有着众多的会展参展商与各类旅游者。澳门与香港会展旅游的联动目的是通过合作与营销，把到香港的参展商和旅游者吸引到澳门来，真正做到"参展在香港、旅游在澳门"和"旅游到香港、顺道到澳门"的战略措施。

第三，澳门与葡语国家会展旅游联动。

澳门与葡语国家之间的会展旅游联动主要体现在：①大力开发赴澳参展的葡语国家参展商、会议者，利用澳门独特的文化景观及葡语国家参展商、会议者与澳门土生葡人的亲情感使他们成为澳门的会展旅游者；②加强与澳门土生葡人的联系，保护葡萄牙小区文化、历史遗留下来的珍贵文化，保持澳门的社会文化特征与中西文化特色，开发特色会展旅游产品。

四　推动经济适度多元化的澳门会展旅游业政策建议

1. 制定倾斜性的会展旅游产业扶持政策，建立会展旅游产业基金，大力改善澳门的会展旅游投资营商环境，积极培育会展旅游产业和商贸服务业。

2. 充分利用 CEPA 先行先试的制度安排，推动澳门会展旅游产业和商贸服务业的发展。

3. 修订土地发展规划和城市发展规划，提高作为会展旅游城市的城市综合竞争力。

4. 深入挖掘文化内涵，厚植澳门独特的会展旅游文化魅力，加强对会展旅游专业人才的培养、开发和引进，提高会展旅游业的产业竞争力。

5. 深化和拓展与珠三角的深度合作，与珠海、中山等城市形成珠江西岸地区具国际竞争力的会展旅游都市圈。

参考文献

毛艳华（2009）。澳门经济适度多元化：内涵、路径与政策。中山大学学报（社会科学版），5，149－157。

梁文慧、马勇（2007）。亚太地区旅游会展教育论丛。北京：清华大学出版社。

贺文洁（2004）。论中小会展企业经营的利基战略。经济师，12，168－170。

金羊网（2004.4.15）。澳门会展主攻"特、专、小"——访澳门展贸协会会长林中贤，取自 World Wide Web：http：//www.ycwb.com/GB/content/2004－04/15/content_ 676100.htm，2004－04－15.

周庆华、杨正浒（2012）。澳门经济适度多元化的政策效果评价和分析。商业时代，4，137－138。

陈恩、黄桂佳（2012）。澳门产业结构与产业适度多元化路径探讨。产经评论，1，95－103。

澳门统计暨普查局。取自 World Wide Web：http：//www.dsec.gov.mo.

颜醒华、谢朝武（2004）。基于价值链管理的会展旅游的关系营销研究。商业研究，18，80－82。

袁持平、梁雯（2009）。以澳门与横琴合作促进澳门经济可持续发展。华南师范大学学报（社会科学版），6，123－129。

袁持平、赵玉清、郭卉（2009）。澳门产业适度多元化的宏观经济学分析。华南师范大学学报（社会科学版），6，123－129。

珠江—西江经济带区域旅游合作
发展路径研究

郑　迪

华南师范大学

摘　要：《珠江—西江经济带发展规划》的正式发布，预示着珠江—西江经济带所涉区域的全面合作。旅游业在所涉区域11个市的经济发展中扮演着重要的角色，特别是处于西部的广西。通过分析经济带旅游资源情况以及区位、经济、政策、市场、文化五个条件的优势，发现其旅游资源禀赋具有明显差异，同时又有共同的文化基础，使经济带的区域旅游合作成为必然，合作发展路径研究成为关键。本文基于文献阅读和各市国民经济和社会发展统计公报的数据分析，借鉴国内外区域旅游合作成功案例的经验，揭示珠江—西江经济带区域旅游合作的发展路径，即历经三个发展阶段：起步阶段、发展阶段、成熟阶段。主要的发展模式依次分别为：（1）政府主导合作模式，依靠省市旅游局大力主办，旅游企业配合（起步阶段）；（2）旅游企业主导合作模式，政府转为"看不见的手"，让旅游企业之间自由合作（发展阶段）；（3）旅游协会主导合作模式，旅游企业细分形成不同协会，将旅游业铺开，与其他行业协会合作，达到共赢的局面（成熟阶段）。本文将为珠江—西江经济带的区域旅游合作发展提供参考性建议。

关键词：珠江—西江经济带，区域旅游，旅游合作，发展路径

The Regional Tourism Cooperation Development Path of the Pearl River-Xijiang Economic Zone

Zheng Di

South China Normal University

Abstract: "The Pearl River-Xijiang Economic Zone Development Plan" have launched officially. It marks the full cooperation of regions involved in the economic zone, including the tourism industry. The tourism industry plays an important role in the economic development of 11 cities involved in the economic zone, especially in the Guangxi Zhuang Autonomous Region of the western underdeveloped regions. By analyzing the tourism resources of the economic zone and its advantages in five conditions, namely: location, economy, policy, marketing, culture, it is found that its tourism resource endowment has obvious differences, at the same time, with a common cultural base. That means the regional tourism cooperation becomes inevitable, and its development path is also the key. Based on the literature reading and data analysis of each city's national economic and social development statistical bulletin, and the experience of domestic and international successful cases of regional tourism cooperation, this paper reveals the development path of the Pearl River-Xijiang Economic Zone regional tourism cooperation, that is going through three development stages: initial stage, development stage and mature stage. The main development pattern will be 1) the government-led cooperation mode, relevant provincial and municipal tourism bureau holding the cooperation meetings (initial stage); 2) the travel companies-led cooperation mode, weakening the management of the government, liberalizing the cooperation between tourism enterprises (development stage); 3) the travel association-led cooperation mode, different types of tourism enterprises forming different associations, expanding tourism cooperation area through cooperating with other industry association to achieve a win-win situation (mature stage). This paper provides reference recommendations for the regional tourism cooperation of the Pearl River-Xijiang Economic Zone.

Key words：The Pearl River-Xijiang Economic Zone Development Plan，regional tourism，tourism cooperation，development path

2014 年 8 月 1 日，备受瞩目的《珠江—西江经济带发展规划》（以下简称《规划》）正式发布。新区域经济带的区域包括广东省的广州、佛山、肇庆、云浮 4 市（以下简称粤、禅四市），以及广西壮族自治区的南宁、柳州、梧州、贵港、百色、来宾、崇左 7 市（以下简称邕等七市），区域面积 16.5 万平方公里，2013 年年末常住人口 5 228 万人。2014 年 8 月 9 日，国务院出台了《国务院关于促进旅游业改革发展的若干意见》（国发〔2014〕31 号）（下文简称《意见》）。《意见》指出"推动区域旅游一体化。进一步深化对外合资合作，支持有条件的旅游企业'走出去'，积极开拓国际市场。完善国内国际区域旅游合作机制，建立互联互通的旅游交通、信息和服务网络，加强区域性客源互送，构建务实高效、互惠互利的区域旅游合作体。围绕丝绸之路经济带和 21 世纪海上丝绸之路建设，在东盟—湄公河流域开发合作、大湄公河次区域经济合作、中亚区域经济合作、图们江地区开发合作以及孟中印缅经济走廊、中巴经济走廊等区域次区域合作机制框架下，采取有利于边境旅游的出入境政策，推动中国同东南亚、南亚、中亚、东北亚、中东欧的区域旅游合作。积极推动中非旅游合作。加强旅游双边合作，办好与相关国家的旅游年活动。"

区域合作以及经济一体化已经成为趋势。在此背景下，珠江—西江经济带涉及的区域旅游产业的合作势在必行。本文试着借鉴和比较其他区域，包括国内外的区域旅游合作的经验来探究珠江—西江经济带区域旅游合作的发展路径。

一　珠江—西江经济带区域的旅游资源分析与评价

珠江—西江经济带作为我国第一个横跨东西部、以流域经济合作为主题的区域规划，沿线省市的旅游资源既有相似性又有互补性。本文考虑统计的方便以及数据的有效性，只统计了"××市旅游网"官方网站上的旅游景区景点，因为官方旅游网上的旅游景点一定是有特色、有开发潜力、具有代表性且比较出名的资源。以下表格统计分析了经济带所涵盖的区域的资源数量和等级。

表1　珠江—西江经济带涵盖市域的星级旅游资源数量统计表

市域	星级旅游资源总数	5A	4A	3A	2A	1A
广州市	43	2	22	18	1	／
佛山市	11	1	6	4	／	／
肇庆市	4	1	3	／	／	／
云浮市	4	／	2	2	／	／
南宁市	23	／	12	11	／	／
柳州市	15	／	7	8	／	／
梧州市	5	／	3	1	1	／
百色市	10	／	7	3	／	／
贵港市	3	／	2	1	／	／
来宾市	7	／	3	4	／	／
崇左市	6	／	3	3	／	／

从表1可知，珠江—西江经济带所涵盖的区域等级旅游资源数还算丰富。但是优质高等级资源数量不多，大部分资源集中在4A和3A。有待开发的旅游资源非常丰富。广州市、佛山市人文资源较多，自然资源较少。肇庆、云浮两市自然、人文资源数量持平。广西壮族自治区的南宁、柳州、梧州、贵港、百色、来宾、崇左7市的自然人文资源都非常丰富，但是同质化比较严重，以自然植被、山水风光、红色革命遗址、少数民族文化、温泉、农业资源、药物资源为主。

南宁以都市景观为特色，百色以红色旅游资源为主，崇左以边关跨国、生态文化旅游资源为主，贵港以宗教文化旅游为主，柳州以城市休闲为主，来宾以民族风情为主，梧州以历史文化为特色。

二　区域旅游合作的成功经验

（一）长三角区域旅游合作经验（朱红兵、冯翔，2014）

长三角区域旅游合作发展模式归纳为政府主导型的旅游合作模式、政府推动型的旅游合作模式、企业主导型的旅游合作模式、行业引导型的旅游合作模式及项目驱动型的旅游合作模式五种主要类型。

　　有效的政府合作主要集中于整体形象塑造、重大基础设施建设领域、营造良好合作政策环境等方面；而旅游企业的有效合作主要体现在旅游线路和产品开拓；非政府组织的有效合作主要体现为在政府和企业之间搭建桥梁的同时，协调好协会内部成员之间关系。同时，区域旅游合作不能局限于旅游行业内部，应善于借助外力，积极吸纳社区居民、第三方组织以及媒体、金融、文化等非旅游部门和企业等，充分调动利益相关者的力量，不断为区域旅游合作注入新的活力，保证旅游合作的持续性。

　　从合作领域看，旅游合作总是从基础要素层面、合作成员之间最易达成共识、易于协调推进的领域作为合作的切入点和突破口。合作成员在区域旅游合作领域、模式等方面选择上，不能盲目求大而全，而应该有所为、有所不为。合作成员可以按照比较优势的原则，选择比较容易实施的旅游合作领域实行优先合作，随着合作的逐步成熟，最终达到多领域、多层次、全方位的合作。

表2　长三角区域旅游合作发展模式类型及评价

发展模式类型（合作主体）		主要合作领域	合作程度	合作效果	主要案例
政府主导型的旅游合作模式	制度安排型模式	政策制定、合作制度	紧密	比较有效	长三角旅游城市高峰论坛
	专题纽带型模式	旅游标准、信息化、人才教育培训等	紧密	有效	旅游交通、旅游人才教育培训、旅游标准、旅游信息化
	规划引导型模式	旅游资源开发	非紧密	不太有效	苏锡常都市圈规划、宁杭生态旅游带、杭州都市圈
	联合营销型模式	主题宣传口号设计、区域旅游形象设计	紧密	有效	苏浙沪走进大西北、名城一名湖一名山
政府推动型的旅游合作模式	联合体模式	线路开发、形象设计	紧密	有效	浙东南旅游联合体、江苏旅游新三角、浙西旅游合作组织
	互动型模式	客源开拓	非紧密	有效	"缙云人游临海"与"临海人游缙云""千人团"活动
	办事处模式	客源开拓	紧密	有效	宁波旅游局驻上海办事处、江苏旅游新干线（上海）推广中心

发展模式类型 （合作主体）		主要合作领域	合作程度	合作效果	主要案例
企业主导型的旅游合作模式	旅行社主导模式	市场开拓	紧密	比较有效	长三角旅行社联合峰会、中国老年旅游联合体
	景区主导模式	市场开拓	非紧密	比较有效	杭州西溪湿地与媒体合作
	酒店主导模式	市场开拓	非紧密	比较有效	集团扩张
行业引导型的旅游合作模式	行业协会引导型模式	信息平台共建	非紧密	比较有效	旅游协会及其下属分会
	公共项目引导型模式	信息交流客源互送	非紧密	比较有效	旅游集散中心、会展推广中心
项目驱动型的旅游合作模式	项目共有竞合模式	资源开发形象宣传	非紧密	不是很有效	环太湖、京杭大运河
	大型项目带动模式	旅游产品旅游营销	紧密	有效	2010上海世博会、杭州西博会

（二）欧盟区域旅游合作经验（吴大明，2013）

在世界范围内，区域旅游合作规划与发展比较成功的案例当属欧盟。欧盟是基于制度发展的典型，其旅游一体化的维系与发展模式也是依靠制度和机制。

1. 成立稳定的专门机构。1986年，欧盟成立了旅游一体化的专设机构——旅游咨询委员会，代表各成员国利益，取得了区域内国家之间更为紧密的合作，方便了各国在旅游业上的信息交流、咨询与合作。从1988年起，欧盟负责旅游业的官员定期举行会议，就成员国共同关心的旅游业发展政策进行磋商。此外，欧盟每年还举办"欧洲旅游论坛"，讨论发展中的难题，共享成功经验，加强各方的合作关系。

2. 制定统一的政策环境。早在1990年，欧盟"欧洲旅游年"就提出旅游产业需要制定专门的政策。在1993—1996年期间，欧盟在颁布欧洲旅游合作的首个行动计划，对一年内的发展作出展望和规划。2013年7月4日，欧盟颁布了第一个旅游业的专门文件《关于共同体旅游政策的主要原则》，通过了关于建立旅游地区分布及在旅游业中建立咨询和合作程序的决议。

3. 提供有力的资金支持。欧盟理事会设立了结构基金和凝聚基金，通过对区域发展提供额外的援助来减少、消除欧盟内部存在的各地社会经济发展不平衡现象。其中，结构基金是主要部分，欧盟对于区域旅游和旅游业一体化的资金扶持也主要体现在结构基金上。由于资金的支持，推动了较不发达地区经济结构调整，扶持其开发旅游资源，发展旅游服务业，从而平衡欧盟内部旅游发展状况，有助于实现区域旅游一体化。

4. 建设便捷的交通网络。欧盟在旅游一体化中将交通放在重要地位，将各种运输方式的一体化作为政策的受邀任务或主题内容。一方面，各国交通部门以优化整体交通网络为基础，对基础设施进行了详细规划；另一方面，利用先进技术促进区域交通联网，并大力发展运输流量大、利用频率高的公共交通。

5. 重视区域的整体效益。欧盟非常重视城乡差别和不同季节的旅游收益平衡，将整体效益放在首位。在发展都市旅游的同时，对资金相对不足的乡村投资发展资金，开展乡村田园旅游。这样，既可以分散城市客流，又使乡村地区游客络绎不绝，为城乡的平衡发展创造了条件。欧盟还致力于改善季节和地区分布不平衡状况。欧盟旅游委员会要求果园错开假期，鼓励淡季旅游，以解决旅游目的地因季节差异造成的诸多问题。

欧盟旅游合作经验对珠江—西江经济带区域旅游合作有重要借鉴意义。

三　珠江—西江经济带区域旅游合作的条件分析

（一）区位分析

图1　珠江—西江经济带涉及的省市区位

广西壮族自治区，是中国沿海的省级行政区，位于中国南部边疆。就珠江—西江经济带涉及区域来说，交通区位一流。南宁市通过钦州市濒临北部湾，北部湾港是我国内陆腹地进入中南半岛东盟国家最便捷的出海门户。北边柳州市与贵州省相邻、西边百色市与云南省相邻、西南的崇左市与越南毗邻。广州地处华南，广东省的东南部，珠江三角洲北缘，西江、北江、东江三江汇合处，濒临南中国海，隔海与香港、澳门特别行政区相望，地理位置优越，是"海上丝绸之路"的起点之一，被称为中国的"南大门"。西江是连接广西、云南、贵州等西南地区与粤港澳地区的黄金水道。随着西江黄金水道的建设发展，目前，1 000 吨级船舶从南宁可直达粤港澳。内河港口吞吐量从 5 496 万吨提高到了 9 497 万吨，西江黄金水道已成为仅次于长江的大能力内河运输通道。

（二）经济分析

2014 年 10 月，中国社科院发布《城市竞争力报告2014》蓝皮书，蓝皮书指出，2013 年综合经济竞争力指数排名前十的城市依次是：香港、深圳、上海、台北、广州、北京、苏州、天津、佛山、澳门。其中，港澳台地区占三席，东南沿海的内地城市占五席。可见，珠江—西江经济带所涉区域粤、禅两个城市的经济实力雄厚，可以为区域旅游合作提供殷实的经济保障。而东南沿海的城市以及港澳台作为客源市场，其发达的经济条件为区域旅游合作的客源质量做了保障。另外，同属泛珠三角区域，两广合作已有一定的基础。

（三）政策分析

2014 年 7 月，国务院批复实施《珠江—西江经济带发展规划》，为深化泛珠区域合作提供了新机遇、新载体、新平台，具有重大意义。在新的起点上，广西将进一步发挥与东盟海陆相连、西江横贯全境和西南中南地区出海大通道等优势，坚持江海联动、陆海互动，加快珠江—西江经济带建设，积极参与 21 世纪"海上丝绸之路"建设，全面深化与泛珠各方合作。其中重要一点提出"以旅游、物流、信息等为重点，加快现代服务业合作。携手整合开发旅游资源，联合推出精品线路，互动共拓客源市场，合作共建无障碍旅游区。鼓励大型物流企业合作，共同实施'电商东盟'、'电商丝路'等工程。继续深化金融、保险等现代服务业合作"。

（四）市场分析

表3 2013年珠江—西江经济带所涉区域的基本旅游发展情况

地区	全年接待入境旅游者情况（万人次）	全年接待国内旅游者情况（万人次）	旅游总收入（亿元）	旅游外汇收入（亿美元）	国内旅游收入（亿元）
全国	12 908	326 000	29 776.09	517	26 276
广东省	10 110.60	59 664.72	8 399.02	162.78	7 297
广州市	768.20	4 273.72	2 202.39	51.69	1 852.45
佛山市	22.1	/	431.09	/	/
肇庆市	170.21	1 292.02	205.87	/	/
云浮市	13.23	1 028.04	157.95	0.36	/
广西壮族自治区	391.54	24 263.92	2 066.05	15.47	1 961.32
南宁市	35.11	5 840.26	478.91	1.37	469.64
柳州市	16.74	/	/	0.59	/
梧州市	18.26	1 131	103.61	0.56	100.11
贵港市	7.93	1 095.16	85.88	0.26	85.88
来宾市	1.68	1 008.24	52.41	0.07	51.94
崇左市	/	/	/	/	/
百色市	/	/	/	/	/

数据来源：2013年国家、各省市的国民经济和社会发展统计公报。注："/"指数据暂未公布。

通过表3可知，2013年，广东省的入境旅游者数量在全国排名第一，占总入境旅游者的78.33%。粤、禅四市入境旅游者数量占广东省的9.63%，其中仅广州的旅游外汇收入就占广东省的31.75%。可见，来粤、禅四市的入境游客不多，但是消费能力大。以后可作为珠江—西江经

济带区域旅游合作的基础市场。粤、禅四市的旅游总收入占广东省的
35.69%。由于官网上还没公布崇左市和百色市的发展情况，本文只能就
已有数据进行分析。邕等七市2013年入境旅游者占广西的20.36%，旅
游外汇收入占广西的18.42%。可见邕等七市的游客消费潜力大。另一方
面说明邕等七市的旅游产品吸引力不够或市场价格不高。作为珠江的出海
口附近的重要城市，港澳旅游的情况也值得一提。2013年，全国全年接
待香港、澳门和台湾同胞10 279万人次，其中，广东省接待香港、澳门
和台湾同胞9 364.40万人次，由此可见，珠江—西江经济带区域旅游的
发展，港澳台这块市场具有很大的潜力。

（五）文化分析

　　粤、禅四市和邕等七市从文化角度来看，既有很多同宗同源的根基，
如同属于岭南地区；又有很多不可忽视的差异，如大多数人民族类别的不
同。从语言上说，粤、禅四市和邕等七市都有粤语、客家话的方言。语言
是顺利进行旅游的前提，特别是自驾游市场和深度游、体验游越发受欢迎
的前提下，掌握当地语言，可以在当地家庭进行深度文化交流而不费力。
早在公元前9世纪的周代，古代的"百越"（今广西）和"楚庭"（今广
州）已经在进行文化交流了。从美食特色来说，两地是不同的，广东美
食是以粤菜为主，粤菜是我国的八大菜系之一，由广州菜、潮汕菜、东江
菜组成。其中广州菜是粤菜的主体和代表，广州菜以炒、煎、焖、炸、
煲、炖、扣等见长，注重色、香、味、形。广西菜系即桂菜系。自古以来
广西就是官宦商旅云集之地，因而这里的饮食习惯融合了各地的饮食特
点。桂菜兼收并蓄了粤、川、湘、浙、赣、闽等地方菜肴的特点，尤其以
对山珍野味的烹调方法闻名，能在烹制的过程中保持山珍的原味。广西菜
的特点是味道鲜香、微辣酸甜，非常开胃，这一特点在广西的传统名
点——米粉中有集中的体现。由此可知，珠江—西江经济带所涉区域的文
化有良好的合作基础。

四　珠江—西江经济带区域旅游合作的路径探究

（一）合作区域和范围

　　基于以上的五个条件分析，以及区域合作的趋势，珠江—西江经济带

所涉区域旅游合作都应囊括进合作范围。即广东省的广州、佛山、肇庆、云浮四市，以及广西壮族自治区的南宁、柳州、梧州、贵港、百色、来宾、崇左七市。区域面积 16.5 万平方公里，2013 年年末常住人口 5 228万人。

（二）合作主体

合作 主体	政府	企业	协会	社会、个人
相关 主体	省市旅游局、文物管理局、水利局	旅行社、酒店、旅游景区、旅游交通	旅游协会及其下属分会、旅游合作组织、旅游联盟、旅游联合体	旅游知名人士、旅游知名人物
	环保局、农业局、交通局、规划局	展会组织公司	其他行业协会	相关影响力大的人物

（三）合作动力机制

1. 经济因素

在资源紧张、区位靠近、资源互补的前提下，经济发达的粤、禅四市和经济稍微落后的邕等七市的合作是势在必行的。粤、禅四市的资金、市场条件可以给邕等七市提供旅游开发和发展的保障。而邕等七市丰富的旅游资源条件可以联合粤、禅四市的旅游资源组合开发，形成更大的市场吸引力。经济因素是珠江—西江经济带区域旅游合作最主要的合作动力。

2. 新型城镇化

城镇化是地区发展的方向，经济落后但有丰富旅游资源的地区，可以通过发展旅游进行城镇化。旅游主导的新型城镇化可以成为一个新趋势，因为旅游的发展，对比工业来说，更利于环境的保护。在现在追求健康环保时尚优美的生活环境下，旅游主导的新型城镇化更适合。而分析广西的综合条件，临近大都市和越南，交通条件愈加完善，自然和人文景观丰富，通过旅游达到城镇化是再好不过的选择。而粤、禅四市也亟须与其他特色景点合作，打造更有吸引力的产品。

3. 政策因素

广西属欠发达地区，随着西部大开发战略的提出，东西部协调发展战略已经实施。在中国华南及西南地区，广东的经济发展最快，成为这个区域未来协作的"龙头"。因此，对于广西的发展，广东有责任协调合作发展。

（四）合作制度条件

借鉴欧盟在旅游一体化合作方面的成功经验，制定和建立符合珠江—西江经济带区域旅游合作实际情况的制度和机制。

1. 成立稳定的专门机构。这一专门机构一定要有说话权的旅游相关政府要员领头。广东省和广西壮族自治区的省级旅游领导必须重视和牵头，再由各市旅游政府负责人具体负责实施。如成立珠江—西江经济带旅游保障委员会。除了由政府要员组成外，还应该有行业负责人一起商讨"旅游业的发展和合作"等问题。

2. 制定统一的政策环境。对于珠江—西江经济带区域旅游合作的发展一定要制定专门的政策，并由一个专门的部门负责监督执行。首先，相关政策应该是利益相关者，如上面所提到的合作主体共同商讨得出，夯实政策执行的基础。再次，每个相关市级单位应该根据总精神，在自己的区域制定匹配的全年规划。最后，在执行的过程中，每个市级单位应该积极与合作单位配合，实现共赢。

3. 提供有力的资金支持。由粤、禅、邕牵头设立旅游开发的开发建设基金，通过各市对整个经济带或者区域间合作的设想竞比，鼓励所涉区域对经济带区域旅游发展的思考，并选出最符合实际情况的设想。对此设想，基金可提供额外的资金援助来促进当地发展。由此资助获得较好收益的地区应该主动上交一定资金回馈这个基金。

4. 建设便捷的交通网络。"要致富，先修路。"在每个行业，便利的交通设施都是不可缺少的前提条件。这就需要涉及的各市的交通局一起设计规划经济带的交通线路和规格。在这里，特别要注意珠江—西江水域交通的规划。最终达到经济带交通的一体化。除了"硬件"上的完善，还应该注意"软件"上的配合，如增加车次、扩大公共交通的区域等。

5. 重视区域的整体效益。合作致力于服务好同一客源市场。结合自身和其他地区的条件，一起设计打造覆盖一年四季的旅游产品，既可以提高游客的满意度，也可以解决各景区淡旺季的供需矛盾。

（五）合作方式

1. 政府主导型的旅游合作模式

鉴于我国特殊的国情，地区合作应由地区间的政府主导起步。政府牵头，联合企业制定符合当地旅游区域合作发展的政策和保障。在这个阶段，最主要的是给旅游企业提供一个合作、对话的平台和机会。通过协商，可以初步形成合作的主次角色。由最核心最具有实力的企业发挥"心脏"和"头脑"的作用，提供发展的动力和方向；其余企业分层次发挥次一级"手"、"足"的作用。最终形成一致向前的整体。

2. 企业主导型的旅游合作模式

经历完政府主导这一阶段，政府应转为"看不见的手"，让企业自由合作。整体运行的秩序慢慢建立起来并开始自主地摸索前进的道路。这个阶段大部分企业同心协力地谋合作、求发展。

3. 行业主导型的旅游合作模式

最终，行业再次组合，形成大大小小的行业协会，然后再进行合作，为了每一类旅游企业能够利益最大化。然后，以整体与其他行业进行合作。

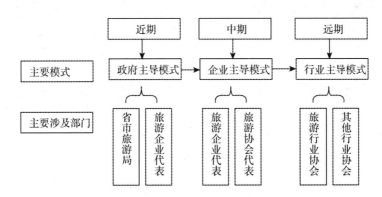

图1　珠江—西江经济带区域旅游合作发展路径

五　结论和展望

珠江—西江经济带所涉区域适合区域旅游合作发展，并会有很好的发展前景。粤、禅两市具有雄厚的经济基础，而其余地方具有很好的旅游资源条件，而整个经济带又临近消费潜力高的客源市场，如港澳台以及东南亚国家。借鉴国内外区域旅游合作成功案例的经验，本文认为珠江—西江经济带区域旅游合作的发展路径将历经三个发展阶段：起步阶段、发展阶段、成熟阶段。主要的发展模式依次分别为：（1）政府主导合作模式，依靠省市旅游局大力主办，旅游企业配合；（2）旅游企业主导合作模式，政府转为"看不见的手"，让旅游企业之间自由合作；（3）旅游协会主导合作模式，旅游企业细分形成不同协会，将旅游业铺开，与其他行业协会合作，达成共赢的局面。

参考文献

朱红兵、冯翔（2014）。长三角区域旅游合作发展模式分类及评价研究。地理与地理信息科学,3 , 108 – 113。

吴大明（2013）。欧盟旅游一体化对皖江示范区旅游业发展的启示。江淮论坛,5 , 55 – 57。

中国旅游房地产职业经理人能力建设研究

马 勇 刘佳诺

湖北大学

摘 要： 旅游房地产已经成为中国旅游业发展的新业态，旅游房地产经理人建设引领着旅游业和房地产业未来发展的走势。在经济全球化的大背景下，我们从旅游地产经理人的素养、知识和能力三大价值要求出发，以旅游地产经理人所具备的综合能力为根基，构成了以能力、经历和资历为主导的职业经理人空间模型，既是实现其个人价值要求的核心驱动力，更是企业价值能否实现的关键。基本能力是旅游房地产经理人能力建设的基础核心，综合能力是其重要支撑。其与职业经理人能力建设核心因素一起，共同构成了旅游地产职业经理人能力模型体系。旅游地产经理人能力的培养和提升是房地产业和旅游业发展的时代要求，同时也是规范房地产业和旅游业发展的需要。

关键词： 旅游房地产，职业经理人，能力模型，体系建构

A Research on Capacity Building of Chinese Professional Manager in Tourism Real Estate

Ma Yong, Liu Jianuo

Hubei University

Abstract： Tourism real estate has become the new format of Chinese tourism industry. The construction of tourism real estate professional manager leads the future development of tourism industry and real estate industry. Under the background of economic globalization, the researchers established a leading ability space comprised of individual ability, professional ability and management ability from the perspective of the tourism real estate professional manager's self-cultivation, knowledge and ability and on the basis of comprehensive capacity. That is the driving mechanism of achieving personal value and it is also the key to the enterprise value realization. The basic abilities are the foundation core of capacity building of professional manager in tourism real estate, while comprehensive abilities are the crucial support. The abilities and the key elements constitute the tourism real estate professional manager capacity model system. The tourism real estate professional manager's capacity building and promotion is required by the times and also it is a demand in regulating the real estate industry and tourism industry.

Key words：tourism real estate, professional manager, ability model, system construction

一　引言

近年来，作为一种可以实现资源、生态和经济可持续发展的创新模式，旅游地产走入了人们的视野并得到了迅速发展。旅游地产的健康发展对于促进旅游业和房地产业的发展和融合起着至关重要的作用，对两大产业的良性互动发展也具有重要意义。当前我国的旅游业市场空前火爆，被称为"朝阳产业"得到了国家的大力提倡，成为新时期我国国民经济新的增长点（邱守明，2012）。与此同时，我国的房价、地价持续走高，国家出台了一系列相关调控政策，使房地产业面临空前的压力。于是很多房地产企业为获得新生陆续加入到旅游业，这得旅游地产行业的竞争日渐加剧。为了在竞争中取得优势，不同企业通过对国家相关政策的分析，通过对成功企业经验的总结，通过对旅游业发展的深入研究，通过对相关的人才培养的建设，慢慢地探索出了一条可持续发展的旅游地产发展道路。旅游地产是一个综合性较强的研究领域。其专业性人才在国内仍然十分稀缺。无论是基层、中层还是高级管理人才都需要相关领域和行业的培养。人才供给多出自旅游业、房地产业、企业管理、旅游管理、市场营销、人力资源等专业，而对于旅游地产整体角度出发的专才却屈指可数。无论是学校还是企业都应该更加注重旅游地产专才的培养，将其培养模式专业化、正规化。为旅游地产注入真正的人才力量，为其更好的发展奠定坚实的基础。作为旅游地产发展的核心竞争力，身为旅游地产业的高层管理者，职业经理人担负着企业的资产保值增值的责任，其行为和能力直接关系到企业价值的实现。对于旅游地产而言，职业经理人要清醒地把握企业利益和自身利益的平衡关系，形成双赢互惠的价值体系格局，这对于旅游地产职业经理人能力建设有着至关重要的作用。

二 职业经理人发展现状

（一）旅游业职业经理人发展现状

伴随着旅游业的快速发展和专业化水平的不断提高，市场化的旅游职业经理人在旅游经济发展过程中的作用愈加凸显。与欧美等发达国家的旅游职业经理人制度相比，我国旅游职业经理人制度起步较晚，尚存在体系制度不完善等问题。从国内的大环境来看，国务院《关于加快发展旅游业的意见》就明确指出要加强旅游从业人员素质建设，提高服务和管理水平，健全服务标准体系。《"十一五"中国旅游业发展规划》中已明确提到要完成旅游业职业经理人标准的编制（沈仲亮，2011）。我国需要开发具有前瞻性且与国际惯例接轨的旅游职业经理人认证考核体系，建立一套科学的具有实操性的评估指标体系，完善旅游业职业经理人专业培训制度。

（二）地产业职业经理人的发展现状

随着房地产业日趋规范和理性化的发展，对房地产职业经理人素质和能力的提升也成为必然趋势。当前我国房地产业职业经理人队伍发展较缓慢，对于房地产职业经理人的定义也模糊不清，职业经理人"非职业化"现象凸显。如何规范职业经理人行为，促进房地产业的良性发展已成为房地产业发展的关键所在。

（三）相关行业职业经理人的发展现状

随着我国市场化进程的进一步加快，会展业有了长足发展，但我国会展业的整体竞争力同世界发达国家或地区的水平相比，还存在很大差距（马勇、梁圣蓉，2007）。在我国的很多高校中，会展专业仍作为旅游专业的一个分支学科，在行业中对于会展职业经理人的需求量也与日俱增。目前我国会展职业经理人的培训和考核制度都有待完善，在设置培训课程时没有把会议和展览会等分开（王春雷，2005）。要从国际惯例角度出发，培养与时代接轨、具有前瞻性思维和能力的会展业职业经理人。我国对饭店职业经理人的研究从理论到实践两个方面都滞后于市场经济发达国家（刘美，2011）。饭店职业经理人在饭店管理的过程中也在进行着一系列的探索和改进，如职业经理人的执行力的提升、职业经理人的战略管理能力提升和职业经理人绩效管理等。中国旅游景区的市场化和企业化发展，要求建立景区职业经理人制度。一个旅游景区能否获得良好的经济、社会和环境效益，关键在于经营管理，而经营管理的关键则在于人（余子萍，2010）。我国旅游景区职业经理人正处于从国有资产的守护者向真正的经营者过渡的时期。随着旅游景区的竞争日益激烈，对旅游景区职业经理人的能力和素质要求也越来越高。景区管理交由景区职业经理人管理也成为旅游景区快速发展的必由之路。

三　旅游地产职业经理人能力要素分析

（一）旅游地产职业经理人能力建设——基本能力

旅游地产职业经理人能力要素的基础层包括：观察能力、记忆能力、学习能力、思维能力、想象能力和心理能力。观察能力是指旅游地产经理人对于旅游市场和房地产市场动向的迅速把握，准确的分析和判断企业面临的机遇和挑战，搜索归纳其他企业未获得的有价值信息；记忆能力是要求旅游地产经理人具有良好的记忆习惯和记忆方法，对外界的一手信息产生较强的吸纳性，通过记忆过程不断地提升自身能力修养和完善企业管理方法；学习能力要求旅游地产经理人积极参加关于旅游及地产方面的培训和国际交流活动，同时善于与有经验的管理者学习管理经验，充分认识到旅游地产行业的高关联性，以开放的心态保持时刻学习的态度；思维能力是要求旅游地产经理人具有缜密的逻辑思维能力，这为提出具有前瞻性的决策奠定了有力的基础；想象能力是指职业经理人的发散思维能力，所谓"敢想敢干"即是一种敢于挣脱束缚，敢为人先的精神，基于事实和现实基础上的想象力就像企业的一对翅膀，让企业有快速发展的可能，更为企业注入了新的能量；心理能力要求职业经理人具有较强的社会适应能力和抗压能力，作为当今社会必备的职业素养，具有良好心理素质的职业经理人会帮助企业更好地面对机遇和迎接挑战，更能带领企业走出荆棘获得发展。作为企业的核心人物，职业经理人有责任也有义务将开阔的思维和企业的发展走势相结合，与时代接轨。

（二）旅游地产职业经理人能力建设——综合能力

旅游地产职业经理人的专业能力包括：组织协调能力、人际交往能力、指挥领导能力、改革创新能力、灵活应变能力和统筹判断能力。统筹思辨能力是指企业要求职业经理人在一定理论和现实背景的依据下对企业中的细枝末节进行管理和规范，它既涉及领导者对人的管理，也涉及对事和物的管理，具有较强组织能力的职业经理人会使企业上下氛围和谐，企业制度清晰规范，所以组织能力是管理者综合实力的体现；沟通协调能力是指职业经理人在企业管理和经营过程中与企业上下员工、领导层以及对外的沟通和交流能力。沟通协调能力在当今社会至关重要，它不仅可以使组织上下级交流合作畅通无阻，也使企业更好地从外界寻找自身发展的突破口，人际交往能力侧重于经理人实际能力的运用，如何最大限度地展现管理魅力、如何运用个人魅力和企业魅力激发员工和企业的动力，都是通过领导者积极主动的沟通来完成的，它不仅是企业内部发展的"柔顺剂"，更是企业对外交流、走向国际化的关键所在；决策规划能力要求旅游地产经理人在管理企业、处理企业问题时作出正确的判断和领导，制定企业发展的战略决策，协调个人决策和企业集体决策之间的关系；创意革新能力要求职业经理人有宏观把握能力，善于进行体制机制的改革创新以顺应时代发展趋势，创新能力是指旅游地产经理人在结合该领域现实发展的情况下，在原始创新、集合创新和吸纳创新中寻找突破口，通过自身积累和实际经验提出新的成果，如何使企业能够在平稳中改革发展是职业经理人面临的巨大考验，这更是要求职业经理人具备综合素质能力，善于改革、勇于创新，争做行业"领头羊"；灵活变通能力是要求旅游地产经理人在日新月异的环境变化中不断适应自身和企业的各种角色定位，如何面对未知风险、如何增强自身抵御能力处理公共危机都是对职业经理人的考验；战略能力是旅游地产经理人专业素质体现的核心要素，选择什么样的战略执行关系到企业实现价值最大化，具有怎样的执行能力直接关系到企业的内部运营，如何将多项战略统筹兼顾，如何具有前瞻性的判断能力是职业经理人应具备的综合能力之一（如图 1 所示）。

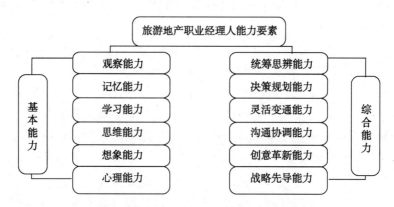

图1 旅游地产职业经理人能力要素图

四 旅游地产职业经理人能力建设核心因素

优秀的旅游地产职业经理人能力建设应该具备的三大核心因素为：能力（ability）、经历（experience）和资历（qualification and record of service）。能力（ability）即是对职业经理人最基础层面的要求（如图 2 所示）。能力可以分为基本能力和综合能力两大部分。其涉及职业经理人在企业中工作的方方面面，也为经理人能够更好地服务于企业、了解市场行业走向、适应新局势的发展提出了更高的要求。经历（experience）即是阐述旅游地产经理人在入职前是否有过相关行业的学历背景，是否从事过相关行业的工作。从其经历中可以看出管理者是否对该行业有足够的了解，是否熟悉企业的规范化管理，这为其以后能否适应企业发展的需要，将个人价值与企业目标相结合，实现企业近期价值和远期价值提供了有力的保障。资历（qualification and record of service）是讲管理者因工作时间长短不同而获得的一种社会地位，可以作为工资、报酬等方面的依据。旅游地产职业经理人由于经验积累不同、行业绩效表现不同、身处平台环境的不同会具有不同层次水平的资历。职业经理人资历的重要性主要表现在：一是职业经理人的资历往往是多年沉淀和学习的结果，经理人会将管理过程中得到的经验和体会用于实际工作中，以更好地完善企业的管理和运营；二是经理人的资历往往是由其所处的平台大小决定的，一个拥有丰富阅历的经理人能够成为企业发展最大的推动力量，其决策的前瞻性、眼光的长远性都会带领企业寻找到新的突破口；三是成功的经理人对行业的了解更加的深入，对产业融合和投资拥有独到的见解。对于具有投资价值的旅游地产而言，优秀的职业经理人能时刻把握行业脉搏，搜集信息制定战略，进行技术和管理方面的创新。为企业能力的拓展、资本的融合提供有力的保障。

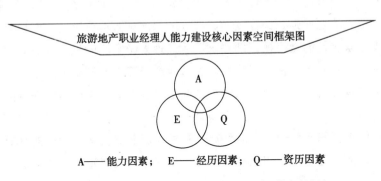

A——能力因素；　E——经历因素；　Q——资历因素

图2　旅游地产职业经理人能力建设核心因素空间框架

五　旅游地产职业经理人能力模型体系建构

在旅游地产职业经理人发展面临转型升级的时代背景下，以职业经理人职业素养为起点，全面总结了优秀旅游地产职业经理人应该具备的综合能力，为了促进旅游业及房地产业的良性互动，实现旅游企业及房地产业价值最大化，构建了旅游地产职业经理人模型（如图3所示）。

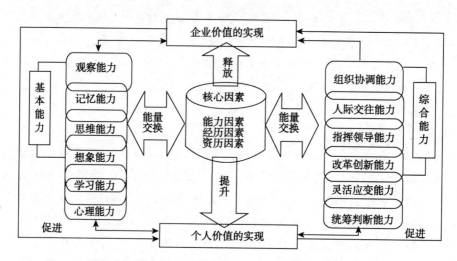

图 3　旅游地产职业经理人能力模型体系建构图示

该能力模型充分地呈现了旅游地产职业经理人在旅游业及房地产业价值实现过程中的双重作用。职业经理人的基本能力和综合能力共同作用，在与其核心因素的融合下促进着个人价值和企业价值的高度融合和统一。另一方面，综合性强、关联度大、产业链长的旅游地产企业不断地与职业经理人个人进行能量交换，即要求职业经理人必须不断提升自我能力和职业素养，不断向企业输送正能量。旅游地产经理人和旅游地产企业应该把握有力时机促进企业发展。旅游地产职业经理人的基本能力和综合能力是一位合格旅游地产职业经理人必须具备并不断提升的能力，形成的综合能力使旅游地产职业经理人在旅游行业和房地产业的交叉互动中拥有更大的竞争力，使企业各项工作能高效执行，最大化地实现旅游企业的价值。

六　结语

本文以近些年来兴起的旅游地产为大背景，介绍了作为其核心的旅游地产职业经理人能力建设的研究。文章从旅游地产职业经理人能力要素出发，结合其应该具备的核心因素建立起了职业经理人与企业之间协调互动的关系模型图。旅游地产业存在着激烈的国内外竞争，人才是竞争的关键，因此想要在竞争中拔得头筹，就必须要增强旅游地产职业经理人能力的培养和建设。本文对与旅游地产职业经理人能力模型的体系构建是在总结了大量相关专家学者对于职业经理人能力分析基础上构建而成，以期为旅游企业职业经理人的培养提供参考依据（马勇、李欢，2013）。

参考文献

刘美（2011）。国内外饭店职业经理人研究综述。商业经济, 3, 53。

马勇、李欢（2013）。旅游企业职业经理人能力模型体系构建研究。中国管理年会 —— 组织行为与人力资源管理分会场论文集, 11, 20 - 18。

马勇、梁圣蓉（2007）。我国会展教育的国际化与本土化创新思考。2007 中国会展经济研究会学术年会论文集, 03。

邱守明（2012）。旅游地产研究综述。旅游经济, 5, 130。

沈仲亮（2011）。市场需要旅游职业经理人。中国旅游报, 5, 1。

王春雷（2005）。美国会展职业认证培训体系及其对中国的启示。旅游学刊, 07, 133。

余子萍（2010）。旅游景区职业经理人管理能力的构建研究。产业与科技论坛, 9, 222。

乡村地区旅游城镇化发展模式研究

——以湖北省为例

周 霄 单 初

武汉轻工大学

摘 要：本文从阐释乡村地区旅游城镇化的内涵与特征入手，提出了乡村地区旅游城镇化发展的基本原则，并结合湖北省的实践，总结出产业带动、产业集聚、产业融合、产业转型四种具有代表性的乡村地区旅游城镇化发展模式。

关键词：旅游城镇化，乡村地区，发展模式，湖北省

Development Patterns of Tourism Urbanization in Country Area Reference to Hubei Province

Zhou Xiao, Shan Chu

Wuhan Polytechnic University

Abstract：This study, based on the connotation and characteristics of tourism urbanization in a country area, named some basic rules for its development. After a thorough consideration of the current situation in Hubei Province, four new development patterns of tourism urbanization were proposed as follows: industrial promotion, industrial cluster, industry convergence, and industrial transformation.

Key words：tourism urbanization, country area, development patterns, Hubei Province

一　引言

　　城镇化是我国现代化建设的历史任务，也是扩大内需的最大潜力所在。党的十八大报告明确提出：要坚持走中国特色新型城镇化道路，推动城乡一体化发展；坚持把国家基础设施建设和社会事业发展重点放在农村，深入推进新农村建设和扶贫开发，全面改善农村生产生活条件。由此可见，解决好促进农业结构调整、带动农民增收创富、改善农村生态环境等"三农"问题是新型城镇化的内在要求。改革开放以来，中国的城镇化发展主要以工业化为依托，由此带来了能源过度消耗、环境日益恶化、生态系统不断退化等一系列负面影响。随着市场经济的发展，工业发展对于城镇化的边际效应逐渐减弱，第三产业则成为城镇化新的动力源泉。旅游业是我国国民经济体系中的战略性支柱产业和第三产业中的先导产业，具有极强的产业关联性和带动性。通过发展旅游带动城镇化发展，既能借助旅游要素的延伸有效实现产业集聚和产业融合，又符合国家生态文明建设的要求。近些年来，乡村旅游的蓬勃兴起，对于推进我国社会主义新农村建设所取得的成就有目共睹（周霄，2012），它所形成的人群聚集、消费聚集、服务聚集在很大程度上正是乡村地区城镇化发展的表征。因此，理顺乡村旅游发展与乡村地区城镇化建设的关系，探索乡村地区旅游城镇化的发展模式具有重要的理论价值和实践意义。

二　乡村地区旅游城镇化的内涵

　　"城镇化"和"城市化"两个概念在英文中都是一个词——Urbanization，但在实际运用中却体现着一定的差异。"城市化"是国际上通用的概念，是指城市不断发展完善、乡村人口不断向城市人口转变、由乡村型社会不断向城市型社会转变的历史过程。而"城镇化"是一个具有中国特色的概念，主要是指农村人口由第一产业向第二、第三产业进行职业转换，居住地由乡村地区向城镇地区异地迁移的空间聚集过程，或者是传统乡村地区由于产业结构调整和优化逐渐实现城镇功能的演进变迁过程，包括"异地城镇化"和"就地城镇化"两种基本类型。对比两个概念的界定可知，国际上普遍认为城市化的研究对象是城市，关注城市的升级、扩张及对农村人口的吸纳；而城镇化更多地将研究的重点放在乡村地区的变迁上，关注农村面貌、农民生活方式等方面的改变，其核心是解决农民的"市民化"问题，可以说乡村地区城镇化是我国学者特有的一个研究领域。

乡村地区旅游城镇化是中国特色新型城镇化的重要组成部分。目前，国内旅游城镇化的理论研究相对薄弱且明显滞后于实践，尚未形成较为完善的旅游城镇化概念体系。现有的相关研究成果大多将"旅游城镇化"与"旅游城市化"的概念混为一谈，只有少数学者关注到两者之间的差别。邱云志（2005）认为旅游城镇化是指以旅游产业发展，特别是以旅游为主导或支柱产业发展为目标，引发的城镇化现象，或者说以旅游为主要动力的城镇化现象，继而针对民族区域的特点进一步指出旅游城镇化是一种以文化差异消费为基础，以旅游资源（旅游目的地）为引力场，以吸引外来游客形成旅游流的临时性集聚从而带动旅游目的地有关城镇要素的集聚及部分人口长住并循环累积的现象。丁娟（2007）认为旅游城镇化是指发展旅游业的地区为了给旅游者提供交通、游览、食宿、娱乐、购物等一系列服务，使生产、提供这些商品和服务的行业与居民大量在此聚集，逐渐形成具有明显职能特色的城镇的过程。王红与宋颖聪（2009）认为旅游城镇化是以旅游业的发展为动力并通过旅游业的发展推动旅游目的地人口和产业的集聚及城镇在空间上扩张和重构的过程。上述观点均强调了旅游业在城镇化进程中的主体地位和要素聚集功能，从不同侧面揭示出旅游城镇化的本质特性。

诚然，旅游业在消费带动、产业带动、价值提升、生态效应、幸福价值效应等方面的特性，决定了其引导的乡村地区城镇化在城乡统筹、生态环境、解决就业等方面均有不俗表现（北京绿维创景规划设计院课题组，2013）。据此，笔者提出乡村地区旅游城镇化是指以旅游产业为核心动力推进乡村地区的产业转型、集聚、融合与升级，从而实现乡村地区全面向城镇形态演化发展的动态过程。与以工业化为依托推动的城镇化相比，乡村地区旅游城镇化具有以下几个方面的特征：一是空间特征，表现为就地城镇化，旅游开发建设能够带动各种生产要素和消费要素迅速向具有发展条件的乡村地区集中，并充分吸纳当地农民就地非农就业甚至吸引外出剩余劳动力回流就业，随着乡村旅游目的地综合功能的不断完善，逐渐呈现出新城镇面貌；二是产业特征，表现为以旅游产业为主导，融农业、商业、加工业、房地产业等多业态于一体的产业格局。三是生态特征，旅游业被称为"无烟工业"，不仅是低能耗、低排放、低污染的资源节约型和环境友好型产业，其发展还必然改善和美化环境，因而也决定了乡村地区旅游城镇化是一种积极的、生态型、内涵式、可持续发展的城镇化。

三　乡村地区旅游城镇化的基本原则

（一）以人为本的原则

党的十八届三中全会提出，要推进以人为核心的城镇化。基于这一指导思想，乡村地区旅游城镇化发展必须将"以人为本"作为首要原则，致力于满足乡村广大农民群众物质、精神、文化、心理等各方面的需求，全方位提升其生活质量和幸福指数。灵活多样的就业选择、洁亮绿美的居住环境、完善便利的公共服务、文明健康的生活方式、积极进步的社会观念等，都应成为乡村地区旅游城镇化追求的目标。

（二）因地制宜的原则

乡村地区旅游城镇化并不是一定要人为地将乡村和城镇割裂开来，将"黄土地"的传统乡村地区全盘变成"水泥地"的现代城镇，而是在充分保留乡村意象的前提下，有选择性地依托旅游中心村培育具有综合服务功能的新城镇，将散落的农村居民点适时适度聚集发展为新社区（周永康、潘孝富，2014），实现土地资源的高效集约化利用，以体现出"因地制宜"的务实思想。缺少了乡村意象，乡村地区也就丧失了原有的旅游吸引力。

（三）生态优先的原则

生态环境是人类生活的基本条件，良好的生态环境是衡量生活品质的重要内容。坚持"生态优先"原则，就是要树立建设"生态城镇"的理念，在乡村地区旅游城镇化进程中始终重视生态环境的治理与改善，重视自然资源的合理利用与保护，以契合新型城镇化对"质"的要求。一方面，要明确空气环境质量、水资源环境质量、噪声环境质量等的控制目标和保护措施；另一方面，应以景观生态学理论为指导，科学处理好乡村地区生态板块、生态廊道和生态基质之间的关系。

（四）利益均衡的原则

在社会主义市场经济条件下，乡村地区旅游城镇化必然是一个多方参与建设的过程，地方政府、当地居民、旅游企业、旅游者等群体都扮演着重要的参与角色，同时也构成了多元化利益主体之间利益交织的局面，如果不能有效协调好其间复杂的利益关系，势必将阻碍乡村地区旅游城镇化的健康、稳定发展（周霄，2014）。只有遵循"政府引导、企业参与、市场运作、群众受益"的思路，构建起利益均沾、兼顾公平的"利益均衡"机制，才能保障乡村地区旅游城镇化最终走向"和谐城镇"。

四 湖北省乡村地区旅游城镇化发展模式

从历史的角度来看，我国乡村地区的旅游城镇化建设伴随着旅游业的快速发展在全国各地反复实践并取得了显著的成效，现在的黄山市、张家界市、武夷山市等都具有典型的旅游城镇化特征（陆林、葛敬炳，2006）。当然，除了这些相对成熟的景区依托型旅游大市镇之外，还有更多各具特色的旅游小城镇在区域社会经济发展中发挥着举足轻重的作用（曾博伟，2010）。湖北省在2008年和2009年先后启动了"湖北旅游名镇"创建和"湖北旅游名村"寻访工作，对纳入创建扶持名单的镇、村分别给予600万元和100万元的扶持资金，从而拉开了全面推进乡村地区旅游城镇化发展的大幕。截至目前，全省已有26个镇和100个村入选创建扶持名单，这些村镇已经走在旅游城镇化的前列，通过分析其发展路径，总结其成功模式，可以为其他起步较晚的地区提供有益的经验借鉴。所谓模式，是指一定地区在一定历史条件下具有特色的经济发展过程，每一种模式都具有典型的意义，能够为解决同一类型的问题提供参考性的建议和思路（马勇等，2007）。本文从旅游产业作用机理的视角，提出四种具有代表性的乡村地区旅游城镇化发展模式。

（一）产业带动模式——十堰"紫霄模式"

以十堰市武当山旅游经济特区紫霄村为代表。紫霄村位于武当山核心区域，方圆约90平方公里，与金顶、南岩、紫霄宫等著名景点比邻相依。在当地政府的规划安排下，紫霄村依托武当山道教圣地丰富的人文和自然景观，大力发展旅游服务业，在"旅游富民"和"旅游强村"方面取得了显著成效。村民 80% 从事旅游服务，通过开办个体农家宾馆、农家乐餐馆和经营商业摊位实现了致富梦想，旅游生意做得最好的村民家庭年收入逾百万元；村集体也投资旅游业，旗下的旅游酒店和花轿公司每年可为村里增加 10 多万元收入，收入所得均用来为村民提供福利。据统计，2011 年全村旅游收入达 2 100 万元，人均纯收入 7 300 元。同时，紫霄村旅游基础设施的不断完善，也大幅提升了村民的人居环境和生活水平。目前，全村户间道路已全部完成硬化，生活垃圾及时清运下山，清洁安全的自来水通到家家户户，农村超市、卫生室、图书室、党员群众服务中心、停车场、游客接待中心等服务设施一应俱全，新型农村合作医疗的参合率达到 100%（孙怡、紫霄村，2012）。紫霄村是一个典型的依靠旅游业作为产业引擎带动城镇化发展的村庄，旅游业替代了农业的位置，让村民从地头走向街头，农民的身份逐渐褪色，变身为店主、员工，收入也有了成倍增长，其成功在于充分发挥了背靠武当山景区"近水楼台先得月"的地利优势。产业带动型的旅游城镇化模式以旅游服务业为绝对主导，适宜于在地理区位上依附于著名旅游景区的村镇。

（二）产业集聚模式——黄陂"木兰模式"

以武汉市黄陂区北部旅游特色乡镇群为代表。近年来，黄陂区坚持旅游兴农富民战略，充分利用北部地区乡镇资源、品牌和区位优势，推行党政主导、企业主角、农民主体、行业主管、品牌主打的"五主模式"，着力打造"木兰山水之乡"、"木兰杜鹃之乡"、"木兰泥塑之乡"、"木兰茶香古镇"、"木兰民俗古镇"、"木兰明清古镇"等一批特色旅游乡镇，通过"名镇效应"推动产业集聚和人口集聚，使北部地区城镇化率达到 45% 以上，实现了由传统农业大区向旅游强区、名区的蝶变［湖北省人民政府研究室（中心）、湖北大学联合调研组，2014］。目前，北部地区乡镇已建成华中地区最大的生态旅游景区——木兰景区群，其中国家 4A 级旅游景区 7 家，3A 级景区 3 家，现正在合力创建国家 5A 级景区；已建成休闲特色集镇 6 个，休闲专业村 58 个，休闲山庄 168 家，星级农家乐 579 家，其中五星级休闲农庄 9 家，位列全省第一。2013 年，全区旅游接待人数达 1 007.9 万人次，创旅游综合收入 30.23 亿元，同比分别增长 25.45% 和 50.55%；有 10 万农民吃上了旅游饭，涉及旅游产业的乡镇农民人均纯收入高于全区农民人均纯收入 15%。黄陂区北部旅游特色乡镇群如同一个有着强大磁力的"旅游场",吸引了大量民营企业家们纷纷回归投资,景区数量不断增加,旅游人口不断聚集,形成了良好的规模效益。产业集聚型的旅游城镇化模式需要"资源、资本、市场"三大要素共同提供原生动力,适宜于大城市周边环城游憩带上的村镇打造"旅游卫星镇"。

(三) 产业融合模式——钟祥"彭墩模式"

以钟祥市石牌镇彭墩村为代表。彭墩村自 2006 年开展社会主义新农村建设以来,与湖北青龙湖农业发展有限公司实行产业联姻,由彭墩村提供土地和人力,青龙湖公司提供资金和管理,实行"公司 + 基地 + 农户"的经营模式,将第一产业和第三产业进行有机融合,大力发展规模农业和乡村旅游,走出了一条"迁村腾地、村企共建"的特色发展之路,仅数年时间就由一片穷山荒水的"贫困村"跃升为享誉全国的"明星村",先后荣获全国休闲农业与乡村旅游示范点、全国生态文化村、亚太地区乡村旅游观察点等称号。"迁村腾地"使彭墩村可利用的土地资源大幅增加,依据统一规划建设,全村 9 个组 317 户陆续迁入附带庭院和车库的两层小别墅集中安置区,腾置出来的宅基地经土地整理后新增 3 000 亩耕地;"村企共建"使彭墩村按照市场经济规律发展生产,借助产业融合拉长增粗产业链,取得了可喜的成绩,目前已建成 6 000 亩优质稻、2 000 亩有机蔬菜、2 080 亩生态水莲、2 000 亩健康水产养殖、10 万只蛋鸡、12 万只种鸭、2 000 万只鸭苗孵化的高效生态农业科技示范园和国家 4A 级彭墩乡村世界旅游景区。2011 年,彭墩村集体经济收入 200 万元,全村人均纯收入 1.5 万元,与 2005 年相比,6 年翻了三番 (周群、周雷、张君,2012)。彭墩村高效的经济发展和城镇化进程离不开关联企业的主体作用和产业融合的增值效益。产业融合型的旅游城镇化模式强调传统农业生产与现代旅游服务的联动并举,适宜于具有一定农业基础和资本介入的乡村地区。

(四) 产业转型模式——大冶"坳头模式"

以大冶市灵乡镇坳头村为代表。坳头村是驰名荆楚的矿业大村,曾一度依托村内丰富的铁矿和石膏矿资源富甲一方,但与富裕形成反差的是由于对矿产资源的过度开采和大量排废造成的水土流失与环境破坏。在面对日益严峻的"资源枯竭危机"的现实挑战时，坞头村鲜明地提出"依托资源创业、超越资源发展"的转型理念，并将旅游业作为产业转型的主导选择，结合社会主义新农村建设大力发展。在旅游发展资金方面，依据"谁投资、谁受益"的原则，通过村集体参与、鼓励村民入股、吸引个体业主或外来企业投资等方式多管齐下，持续投入；在旅游产品开发方面，立足本地资源特色，通过矿冶景观建设和矿井探险体验产品设计，开发出满足游客求知和探秘体验的旅游产品，使游客能够获得丰富的矿冶知识和独特的旅游互动体验；在旅游设施建设方面，先后大手笔引资建成4A级景区、四星级酒店投入运营，具备较强的旅游吸引力和市场接待能力（新华网湖北频道，2009）。2012年，坞头村被湖北省政府授予"湖北旅游名村"称号。旅游业大发展的同时也强力带动了坞头村硬件设施的改造、配套与升级和各项社会事业的全面进步，对优化村庄环境质量、提升村民生活水平及加速其城镇化进程发挥了积极作用。对比产业带动模式与产业转型模式，两者同样都是以旅游业为主导促进乡村地区城镇化发展，但前者产业结构单一，主要是通过向村镇所依附的著名旅游景区提供旅游配套服务实现经济发展；而后者涉及产业结构的大规模调整，村镇自身应该演变为旅游目的地，从而实现全旅游价值链收益。

参考文献

北京绿维创景规划设计院课题组（2013）。旅游引导的新型城镇化。北京：中国旅游出版社。

曾博伟（2010）。旅游小城镇：城镇化新选择——旅游小城镇建设理论与实践。北京：中国旅游出版社。

丁娟（2007）。山岳型旅游地旅游城镇化动力机制研究——以九华山为例。资源开发与市场,6。

湖北省人民政府研究室（中心）、湖北大学联合调研组（2014.01.13）。黄陂旅游"五主模式"成为"美丽湖北"建设的样板——武汉市黄陂区旅游发展情况调查报告。湖北日报,12。

陆林、葛敬炳（2006）。旅游城市化研究进展及启示。地理研究,4。

马勇、赵蕾、宋鸿、郭清霞、刘名俭（2007）。中国乡村旅游发展路径及模式——以成都乡村旅游发展模式为例。经济地理,2。

邱云志（2005）。少数民族区域旅游城镇化研究。西南民族大学学报

（人文社科版），10。

孙怡、紫霄村（2012.09.07）。背靠仙山好致富。十堰周刊，07。

王红、宋颖聪（2009）。旅游城镇化的分析。经济问题，10。

新华网湖北频道（2009.03.16）。大冶市垴头村：现实画卷新农村，取自 World Wide Web：http：//www. hb. xinhuanet. com/zhuanti/2009 - 03/16/content_ 15971188. htm.

周群、周雷、张君（2012.04.06）。钟祥彭墩——循环休闲农业美了家园富了乡民。农民日报，1。

周霄（2012）。我国乡村旅游发展的现状、特征与趋势研究。武汉工业学院学报，2。

周霄（2014.03.26）。利益均衡：乡村旅游可持续发展的基石。中国旅游报，11。

周永康、潘孝富（2014.02.19）。就地城镇化与异地城镇化应并重发展。光明日报，15。

浅析澳门宗教旅游发展路径

李嘉伟

澳门城市大学

摘　要：随着文化旅游的异军突起，以宗教文化体验为核心的宗教旅游受到旅游者的厚爱。作为"宗教城市"的澳门，拥有丰厚的宗教旅游资源。据澳门回归网站不完全统计澳门有大小庙宇40多座，天主教教堂有20多座。澳门现有基督教教会30多所。道教和伊斯兰教等其他教堂估计也有20座左右。澳门有那么丰厚的宗教旅游资源，我们应该怎样在作为澳门元素的宗教中发挥澳门宗教资源的优势，从哪些方面寻找路径来发展澳门的宗教文化旅游，本文在运用文献研究法分析相关文献资料和结合澳门的宗教实际情况后，研究认为可以从出家＋宗教旅游；义工＋宗教旅游；婚庆＋宗教旅游；心理＋宗教旅游；养生＋宗教旅游五个方面来发展澳门宗教旅游，为实现澳门旅游业又好又快发展提供一点启示。

关键词：宗教旅游，发展路径

A Brief Analysis on the Development Path of Macau Spiritual and Religious Tourism

Li Jiawei

City University of Macau

Abstract：With the development of cultural tourism, a spiritual and religious cultural experience is becoming more attractive to tourists. Macau possesses abundant religious tourism resources. According to statistics culled from the Macau handover net, there are about 40 temples and 20 churches in Macau of which 30 are Christian and 20 are churches of other religions like Taoism, Islam, and many others. How to utilize such rich resources and display unique places of Macau to promote Macau religious and spiritual tourism is the main purpose of this study. After synthesizing the literature review and analyzing the actual situation, the researcher proposes five aspects to promote Macau religious and spiritual tourism as follows: 1. pravrajya and religious tourism, 2. volunteer and religious tourism, 3. wedding and religious tourism, 4. spirituality and religious tourism, and 5. health maintenance and spiritual cleansing.

Key words: religious tourism, development path

宗教旅游对经济发展作出了重要贡献，当宗教圣地被赋予旅游功能时，它不仅是宗教、文化的殿堂，而且成为某种意义上的"经济单位"（明世法，2008）。经济单位的力量不容忽视，"宗教旅游与宗教信仰、宗教文化体验活动密切相关，宗教信众的进香、拜佛、朝圣活动，产生了巨大的旅游流，宗教建筑、雕塑、活动等也强烈吸引着许多非信众的普通游客，因此，宗教旅游市场被公认为是规模巨大、需求稳定的优质旅游客源市场。"（曾绘嶷，2002）1576 年，天主教澳门教区成立，这是远东最早的传教中心，澳门的标志性建筑物大三巴牌坊实际上是圣保罗教堂的前壁遗迹，它是远东地区最早、规模最大的教堂。佛教在澳门已有 500 余年的历史，天主教传入澳门已有 400 多年历史，基督教新教则于 1807 年由英国伦敦会马礼逊教士传入澳门，伊斯兰教在澳门也有 400 多年的历史，巴哈伊教于 1953 年传入澳门。悠久的宗教为澳门留下了丰富的历史遗产，众多教堂、庙宇在这里相得益彰，为澳门旅游业提供了丰富多彩的资源。各种宗教的价值和仪式，已经通俗化地融入日常生活中。澳门的庙宇，有不少是将佛家、道家和儒家的神灵供奉在一起的。在教堂的绘画雕塑甚至布道中，都可以看到大量中国传统文化的影子，下面对其加以论析。

一　宗教旅游的内涵

费尔巴哈在其《宗教之本质》一书中，开宗明义地指出："依赖感乃是宗教的根源。"宗教给予人们希望，并丰富其精神生活。宗教里的苦难既是现实的苦难的表现，又是对这种现实的苦难的抗议。宗教是被压迫生灵的叹息，是无情世界的感情，正像它是没有精神的制度的精神一样，宗教是人民的鸦片（马克思，1844）。梵蒂冈天主教廷对"宗教旅游"作了明确定义：在其所辖范围内，凡与信仰有关的宗教旅游胜地，无论大小规模，其提供的服务与宗教性或非宗教性访客相关者，皆属于"宗教旅游"（religion tourism）的范畴（Lefeuvre，1980；引自黄宗成，2000）。按照更为强调宗教活动还是更为强调旅游活动，将现有宗教旅游的定义划分为宗教性、旅游性、综合性三大类型。

1. 宗教性定义

宗教性定义的主要特征是将非宗教徒摒除在宗教旅游主体之外，认为宗教旅游主要是宗教信徒因强烈的宗教目的或动机而从事的具有强烈宗教色彩的旅游活动，如朝圣、求法、传法、云游等。保继刚认为，宗教旅游是以朝拜、求法为目的的旅游活动，是一种宗教朝圣旅行的古老旅游形式（保继刚，1996）。颜亚玉则认为，宗教旅游指宗教信徒和民间信仰的信众以宗教或民间信仰为主要目的的旅游活动，包括人们因宗教目的而从事的旅游活动以及由此引发的各种现象和关系的总和（颜亚玉，2000）。

2. 旅游性定义

旅游性定义更为强调非宗教信徒参与宗教旅游活动，与宗教性定义相比，更为注重经济效益，认为宗教旅游主要表现为由非宗教信徒围绕宗教旅游资源开展的观光、修学、游憩甚至商贸交流活动，虽然有一定的宗教色彩，但以文化性、娱乐性、旅游性为主导。如陈传康等认为，传统的宗教旅游是指如何开发宗教观光胜迹，吸引信徒前来朝拜，进而吸引非信徒前来观光游览，间接促进商贸和经济的发展（陈传康、牟光蓉、徐君亮，1988）。戴继诚、刘剑锋认为，"宗教旅游"是以愉悦身心为目的、以宗教场所为主要游览对象的旅游活动（戴继诚、刘剑锋，2007）。

3. 综合性定义

综合性定义对宗教信徒和非信徒"一视同仁"，主张在宗教旅游活动中"众生平等"，无论是宗教信徒因宗教目的而从事的旅游活动，还是非宗教信徒出于个人兴趣，志在考察、体验宗教及其文化内涵或观赏宗教艺术、器物、圣迹等的旅游活动都属于宗教旅游的范畴。方百寿认为，宗教旅游是指宗教信仰者的朝圣活动以及一般旅游者参观宗教景区景点的活动。它不仅仅是指那种拥有强烈或唯一宗教动机的一种旅游形式，即朝觐旅行；还应该包括非朝拜目的的宗教景点景区观光、修学以及游憩行为（方百寿、2001）。陈荣富等认为，宗教旅游是指宗教信仰者或宗教研究者以朝觐、朝拜、传教、宗教交流或宗教考察为主要目的的旅游活动（陈荣富、周敏慧，2001）。综合性定义是对宗教性定义和旅游性定义的调和与融适，但不是二者的简单相加，所以能较为客观地反映宗教旅游的实际情况。越来越多的研究者认同综合性定义，笔者将要给出的宗教旅游定义实质上也是一种综合性定义。

二　发展澳门宗教旅游的缘由

1. 澳门是中西宗教汇聚的城市

澳门是最早的天主教东亚传教中心，被葡人誉为"上帝圣名之城"，从某种程度而言，它是一个宗教城市。圣保罗教堂这座具有保守色彩的雄伟教堂是根据罗马盖佐模式建造起来的。如今，它的遗迹仍被誉为澳门的象征（潘日明，1992）。西方的传教士不断来到澳门，他们对整个澳门的社会和生活的影响是巨大的。内地特别是临近澳门的广东地区的居民也不断到澳门入教洗礼和做礼拜。中西宗教的汇聚使澳门的宗教色彩非常浓郁，其整个社会的发展与宗教也不无关系。

2. 宗教是澳门风俗文化的重要组成部分

在漫长的历史时期，宗教与人文发展密切相关，因此，澳门的宗教与世界上其他地方的宗教一样，无一例外地成为保存文化、孕育传统、教化人心的一个依托，成为人文景观的主要部分。澳门的旅游与宗教有着密切的联系，古代的旅游者以宗教朝圣、探险考察为主。庙会、游春、进香和礼拜都或多或少蕴藏着游玩的成分。这样，宗教及其文化，就成为一种重要的旅游资源。澳门是一个多宗教的区域，许多宗教活动场所，因其历史和积淀已成为宗教名胜古迹，这些宗教名胜成为澳门风光的主要部分。宗教文化、特别是其中的寺观园林建筑、神像雕塑、绘画书法等历史遗产，更是当今发展旅游业的宝贵资源。

3. 澳门具有丰富的宗教人文景观

澳门丰富的宗教人文景观，既是历史沧桑的见证，又是澳门文化旅游的主要资源。作为观光旅游和文化旅游产品的宗教旅游，澳门的寺观庙堂，有着极其生动丰富的观赏性，蕴含着较为宽广和深刻的文化内容。人们出于对宗教的崇拜，澳门的许多寺观庙堂几乎都成为当时建筑的典范。它们在结构、用料、装饰、布局等方面，体现了它们那个时代的建筑艺术高峰。同样人们出于宗教崇拜心理，宗教建筑受人的破坏较轻，因此，著名的建筑保存较多。在这些各具东西方文化特色的寺观庙堂及其附设的园林中，宗教艺术所涉及的内容非常广泛，包括绘画、雕塑、音乐、书法等。这些艺术品的作者，既有大批的非宗教信徒，也有不少艺术造诣很高的宗教信徒，如贾梅士、释迹删、高剑父等。这里的宗教音乐、舞蹈以及不少民俗娱乐活动，都成为澳门旅游产品的重要组成部分。

三　澳门宗教旅游的发展路径

1. 出家 + 宗教旅游

去新鲜地方休养生息，近年来，越来越多工作压力大又热衷追求潮流的白领群体和高层领导纷纷选择付费到寺庙去调整一下生活和心情。寺庙往往都在风景优美的地方，置身于远离人群的古寺，是最好的缓解疲劳的方式。出于对宗教文化与活动的神秘感与新奇感，在于满足好奇心与新奇事物的追求。为体验出家人的"出家"生活，在寺庙里生活俭朴，能感受到前所未有的宁静，为了寻求心灵宁静、剔除内心杂念、缓解生活压力而选择寺院出家度假。有的人出家则是向佛忏悔，以求内心的平静，所谓放下屠刀立地成佛。宗教旅游是一种源于心灵深处的推动力而促成的，旅游者可以通过宗教旅游获得心灵上的释放和满足，整个过程中的体验色彩非常鲜明（王早娟，2011）。在这种情况下"出家"度假旅游应运而生。2013 年 7 月 4 日，浙江天台山慈恩寺推出"短期出家"体验活动引发关注，一下子 200 个名额报名全满，活动参与者可用一个月时间出家，在浮躁的社会待久了去净化下心灵。报名的人来自全国各地，有学生、有老板，还有自由职业者，多是选择了 3 个月出家。"这些年，都市人在工作生活中面临种种压力，逃避现实的思想越来越重。"智渡说，有些人选择沉迷于网络游戏，有些人则选择了"短期出家"。"因为在普通人看来，出家修行是比较高雅的一种减压方式。出家人崇尚清苦，寺院的生活也确实比较艰苦。这种与现实生活中崇尚物质的反差，反而能带给人一些心灵上的撼动。"智渡大师说，"有些人把出家修行想象成旅游度假。但我们一直秉持佛教寺院的清规戒律，不吃荤、不抽烟喝酒都是必须遵守的。此外，每天的日程还有早晚课诵、体力劳动或经书编校、练习'慈恩操'锻炼身体等内容。"智渡说，尽管寺院里提供 Wi-fi，也只能在寺院规定时间内使用。"短期出家"为什么这样红？对此，上海大学社会学院副院长、社会学教授耿敬认为，佛教产生在农业社会，是一个周期性、节奏慢的社会结构，修行者更多地会去思考一些人情问题，拷问生命、组织关怀。而现代人处在一个快速、瞬时转变的社会中，很少有人静下来思考哲学、生命、伦理和死亡等问题。这些年日本也兴起了"短期出家"修行，日本禅宗相当有名，不少寺院推出了短期修行的项目。这不仅在日本国内很火，甚至吸引了一大批外国人前去短期修行，其中最为出名的就是"苹果"创始人乔布斯。日本寺庙禅修，有短期的，比如只有一天的，也有住两三个晚上或者一星期或者几个月，或者一年、两年，每个寺庙的规矩不一样。近年来，日本越来越多的年轻女性也选择深入远离尘世的山间寺庙，在清静的"寺庙旅馆"借住一段时间，希望通过别样的旅途重新审视人生。日本寺庙都有小型的公共旅社。虽没有星级酒店的豪华餐馆、咖啡馆、酒吧和游泳池，但"寺庙旅馆"环境幽静，空气清新，旅客很容易进入天人合一、宠辱皆忘的和谐心境。这种在"寺庙旅馆"内两三天的安静小住，被日本人戏称为"短期出家"。在远离了闹市的喧嚣、工作的重压和生活的快节奏之后，她们来到与世无争的清净之地，为的就是寻觅平和的心境。澳门可以借鉴国内外的这种宗教出家旅行的做法，在坐落路环岛的迭石塘山上，占地近 7 000 平方米，澳门迄今规模最大的庙宇天后宫来运作这个"出家项目"，源于澳门丰富的宗教资源和出境游的异常体验，相信会有许多人纷至沓来。

2. 义工 + 宗教旅游

借鉴"常青义教"项目，常青义教是由友成企业家扶贫基金会发起，依托友成志愿者驿站的平台，组织城市优秀退休教师、在岗教师和大学生以志愿者身份到贫困地区学校进行提升当地教师教育教学水平的老龄造血型公益支教志愿服务专案。本项目以调动退休教师资源下乡的社会创新方法使贫困地区的学校与城市共享优秀教育资源，实现提高农村教学质量、缩小城乡教育差距等为根本目标。其中主要以退休教师为主，因为他们除了有丰富的教学经验之外，还有充裕的时间。这个项目在实践中之所以运行得很好，最大原因是因为它有效地把支教和旅游结合起来了，有位在桂林阳朔兴坪古镇朝板山中学（20 元人民币背景处）支教的老师说过，《好想去桂林》那首歌词中写道，"好想去桂林啊，好想去桂林，可是有了时间的时候没有钱，有了钱的时候没时间。"现在他们退休之后两者都具备了，参与这个支教项目除了包来往车费和住宿之外，还补贴每天 40 元的伙食费。事实上他们的住处是全部提供厨具工具的，大家可以一起做饭，也可以到中学的教职工食堂去吃。刚开始常青义教第一站是在巴马（世界长寿之乡）做的，取得良好的效果之后逐步展开，现在在广西、云南、山西、内蒙古、辽宁、河北、湖北和重庆都有支教点，这些志愿者只要自己愿意可以轮换到不同的省市的支教点去支教。澳门可以借鉴这个项目运作的模式，以宗教或者红十字会等慈善机构和非政府组织等非营利组织的名义开发一些项目，澳门急需人才的现状可通过招聘一些澳门急需岗位上的义工来帮助澳门弥补人力资源紧张的问题，当然也要给这些义工或志愿者适当的生活补助。

　　3. 婚庆 + 宗教旅游

　　在教堂举行与众不同的婚礼是年轻人所期盼的，毕竟对大多数人来说结婚只有一次，都想办得隆重、高端和令人难以忘怀，澳门有那么多相对来说比较有名的教堂，比如主教座堂、圣老楞佐教堂、圣母玫瑰堂、圣若瑟修院及圣堂、圣安多尼教堂。上述这几个教堂都是世界文化遗产，此外，还有许多其他相对较小的教堂也适宜举办婚礼。在教堂举办婚礼也可以成为游客来澳门旅游时的观赏点，让游客带着一种学习的心态去感知澳门人是怎样在教堂举行婚礼的，成为一个不错的吸引物。2014 年 1 月 8 日中国新闻网报道教堂婚礼悄然走俏，京城热门教堂 1 天承办 7 场婚礼。面对不断加快的工作节奏及飙高的婚庆费用，更多都市年轻人转而选择更加从简的形式来完成结婚这件在父母辈看来"大到不能再大"的仪式。这个教堂每场婚礼一般持续 30—40 分钟，婚礼涵盖多个环节，如花童、唱诗班及互换戒指等。"也能按照新人的要求加入各种元素，只要是婚礼上能想到的都有，"这位工作人员说。该教堂举行的"最基本的"婚礼一场收费 8 000 元人民币。澳门旅游局鼓励和支持教堂开发和设计婚庆宗教旅游，比如资助教堂一些婚礼常用的设施，并给予举办婚礼的教堂一些奖励措施。

4. 心理＋宗教旅游

心理旅游指的是暂时离开快节奏的生活，和一个亦师亦友的心理医生一同出发，在大自然中敞开心扉，面对山水说心事，并在旅途中接受心理医生的疏导。其心理学内核其实就是展开社交训练，其最大的作用就是教人学会休息，学会在紧张的生活节奏中寻找自由呼吸的天地，从而更好地解决生活中脑力疲惫和心里烦累的问题。广州白云心理医院心理科专家余晓洁说，"心理旅游更多的是从人的心灵成长出发，它融入了一种健康心灵体验的方式和主题在里面，给旅游赋予了更高层次的意义。"在心理旅游中，你不仅仅身体在旅行，而且心也在路上，得到了放松。可能，心理旅游中的景点不会很多，取而代之的是在较少的景点中停留更长的时间，并进行一些团队活动，比如席地而坐，畅谈个人心理情绪、工作压力等等，心理咨询师给予心理疏导或者利用团队的力量给予你心灵的支援。组织集体活动，精心选择景点，进行心理疏导，现代人工作压力大，经常感到累，实际上不是体力透支，大多属于脑力疲惫或者心理疲惫，体力上的休息并不能缓解这些人的疲惫感。心理旅游的最早发起人之一，中国协和医科大学的心理学专家杨霞也表示，心理旅游是用来做心理康复的，可以带来深度的放松。通过心理旅游，我们也希望告诉大家，什么是真正的休息。比如参加户外活动和体育锻炼，进行有益的社交活动，使大脑在运动中得到放松，调整好精神状态，才可以解决脑力疲惫和心里烦累的问题。澳门可以借助其独特的宗教优势，把宗教和心理旅游结合起来，因为宗教和心理本来就是相通的，太多的说教的成分在里面。可以设计"禅宗心理旅游"，让一些心理病态、扭曲、疲惫的人可以通过宗教旅游给予其心理按摩从而矫正自己的心理，回归到正常。作为赌城的澳门来说，变态的赌徒心理，在大多数游客输钱之后一种心理失衡，都可以通过宗教旅游对其心理进行矫正教育，减少或者避免有些走极端的人因为输得太多甚至倾家荡产之后选择"跳海"、"跳楼"、"上吊"的方式来了此残生。

5. 养生＋宗教旅游

通过宗教旅游促进人的身心健康。科学技术的发展和物质文明的提高并没有解决人类所面临的困惑和问题，反而使人们感到从未有过的精神紧张、情感空虚。所有这些精神问题，刺激了人们的宗教需求，促使人们到宗教圣地进行观光、朝觐、体验、修学等旅游活动。宗教是人类的思想宝库和信仰宝库，能够适应人类不同层次的精神需要，使人们摆脱恐惧和孤独、宣泄压力和紧张、获得慰藉和满足、增长人们的宗教知识、修养心性、陶冶情操、提升境界。"宗教旅游具有参与程度高的特点，能够在触觉、感觉、悟觉之间调动旅游者的积极性，使他们身心得到高质量的放松与满足。同时通过独特的宗教生态旅游、休闲旅游可以培养游客的环保意识，提高游客的文明素质。"（张桥贵、孙浩然，2008）另外，宗教还蕴含着丰富的养生资源，诸如气功、药膳、武术等，这些今天仍然具有巨大的医疗保健价值。我们应该以对人的心灵有所启迪、健康有所促进、社会有所助益、生态有所保护的原则，积极倡导和发展健康、文明、和谐的现代宗教旅游活动。澳门人均寿命排世界第二，可以很好地把澳门的长寿元素融合到澳门宗教旅游当中来，很有可能会变成澳门吸引游客的一个重要吸引物。

四　小结

宗教是澳门元素中最绚丽多彩的一个，也是澳门旅游产品的主要载体和桥梁。几百年来代表不同民族文化特色的宗教，在澳门形成了多元宗教文化。澳门的宗教旅游发展潜力很大，道教、佛教、天主教、基督教、伊斯兰教以及各种民间宗教等都给澳门带来了形形色色的神明，使澳门成为"百神"荟萃之地。这些"神明"有道教的吕祖、北帝，佛教的观音、地藏王、韦陀；天主教的圣母、老楞佐神；基督教的耶稣；有民间信仰的妈祖、关帝、土地神等；有行业职业先师鲁班、华佗；也有澳门人根据自己社会生活的需要所创造的神明朱大仙等。他们不仅受到澳门人虔诚的信仰，而且被赋予各种各样的功能与含义，使澳门形成了独具特色的"一庙多教、多神"、"一神多教、多能"的特色宗教旅游。因此，合理发展澳门的宗教旅游，对澳门旅游业发展具有重要意义。

参考文献

潘日明（1992）。殊途同归——澳门的文化交融。澳门：澳门文化司署，37。

保继刚、陈云梅（1996）。宗教旅游发展研究——以广东南华寺为例。热带地理,1, 89 – 96。

颜亚玉 (2000)。宗教旅游论析。厦门大学学报,3, 69 – 73。

陈传康、牟光蓉、徐君亮 (1988),宗教旅游及其政策研究。北京旅游,1988 年理论专辑。

戴继诚、刘剑锋 (2007)。宗教之旅——身心的愉悦与灵魂的洗礼。青海社会科学,6, 81 – 84。

方百寿 (2001)。论宗教旅游的生态化趋向。社会科学家,1, 68 – 71。

陈荣富、周敏慧 (2001)。进一步发展我国现代宗教文化旅游事业。江西社会科学,9, 217 – 219。

明世法 (2008)。社会学视角下的宗教旅游发展与共赢理路。云南社会科学,6 (88), 88 – 92。

曾绘嵛 (2002)。中国宗教旅游项目发展经营现状研究。社会科学家,4 (48), 48 – 51。

王早娟 (2011)。世界文化现状与宗教旅游走向。社会科学家,9, 118 – 121。

张桥贵、孙浩然 (2008)。宗教旅游的类型、特点和发展。世界宗教研究,4, 128 – 139。

三

优势互补和资源利用

基于 VECM 模型的澳门会展业发展与经济增长的动态关系研究

殷　杰　饶亚玲　郑向敏　吴倩倩　董斌彬

华侨大学

摘　要：会展经济成为澳门新的产业支柱，会展业的发展与经济增长间的相互作用关系复杂。基于此，利用澳门 2009—2014 年的相关数据，建立 VECM 模型，对澳门会展业发展与其经济增长的动态相互关系进行探究。研究结果表明：（1）利用 Granger 因果检验发现：澳门会展业发展与经济增长存在 Granger 因果关系；（2）利用脉冲响应分析发现：会展业受到经济发展冲击的影响表现为正负效应交替产生；而经济发展对会展业发展冲击表现为短期内产生正向影响，长期为负向影响；（3）通过方差分解分析发现：经济发展对会展业变动的贡献在 10% 左右，而会展业发展对经济增长的变动的贡献程度也在 10% 左右。

关键词：会展业，经济增长，VECM 模型，脉冲响应，方差分解，澳门

A Research on the Interaction between the Development of the Exhibition Industry and Economic Growth Based on the VECM Model

Yin jie, Rao Yaling, Zheng Xiangmin, Wu Qianqian, Dong Binbin
Hua Qiao University

Abstract：The exhibition economy has become a new pillar industry of Macau. There is complex interaction between the development of the exhibition industry and economic growth. Based on this, this research selected 2009 to 2014 relevant data of Macau, established VECM model and explored the dynamic interaction between the development of the exhibition industry and economic growth. The results showed that：（1）according to the Granger causality test, the presence of Granger causality between exhibition industry development and economic growth in Macau；（2）The pulse in response analysis showed that：the development of the exhibition industry affected by the economic impact produced the performance of alternating positive and negative effects；and economic development impact on the development of exhibition industry performance positive effect for the short term, long-term negative effect；（3）By variance decomposition analysis：the contribution of economic development for the exhibition industry changes at around 10%, while the contribution of the exhibition industry to changes in economic growth is also about 10%.

Key words：exhibition industry, economic growth, VECM model, impulse response, variance decomposition, Macau

一 引言

城市会展与城市经济间存在着很强的互动效应，根据世界会展业发达国家经验，城市会展对城市经济拉动效应约为1∶9。会展业对经济增长的促进，尤其是在贸易往来、技术交流、信息沟通等方面作用突出。但是，在使用这个结论时必须保持必要的小心和谨慎，避免对会展经济效应产生夸大和误解（杨勇，2009）。澳门特别行政区长官何厚铧在2002年施政报告中提出澳门以旅游、博彩、物流及会展为龙头，服务业为主导，其他行业协调发展的产业结构，确立了发展会展经济将成为澳门新的产业支柱。近年来，澳门会展业发展迅速，促进了澳门经济的迅速增长。会展与城市经济相互依赖，共同构成一个相互作用的复杂经济系统（叶凯、田金信、施敏，2011），澳门会展业的发展与经济增长间的相互作用关系复杂。因此，需要借鉴成熟的研究成果，结合澳门会展的实际情况，客观地探求澳门会展业发展与经济增长间的客观规律，借此提出澳门会展业长足发展的应对策略。

二　相关研究分析

会展业的发展与经济增长共同构成了一个相互作用的复杂经济系统，许多研究都低估了会展业的经济影响（Kim & Chung，2003）。会展业对经济影响的评估要求完整的统计数据和系统严谨的研究方法，如利用投入产出模型（Input-output model）来估算会展旅游的经济影响（Lee & Back，2005）。Braun（1992）首次利用投入产出模型测算了会展业对佛罗里达经济的影响。Kim 和 Chung（2003）利用投入产出模型分析了会展旅游对韩国经济的影响。然而 Dwyer 等（2006）认为投入产出模型对经济影响的估计并不全面，模型没有考虑产业之间的互动关系，忽略了事件对举办地经济的负面作用，夸大了会展对经济的影响。

从国内相关研究来看，学者们利用不同的研究方法对会展业带来的经济影响进行测评。胡平、杨杰（2006）以上海新国际博览中心为案例地，对会展业的拉动效应进行实证分析。刘民坤（2010）在借鉴旅游影响尺度的基础上提出了会展社会影响评价尺度，并进行了相关验证；胡萌、王海玉（2010）在深层分析了会展对经济的影响，并构建了直接经济影响、间接经济影响以及乘数效应经济影响的三层评估模型；叶凯等（2011）在分析前人研究方法的基础上，运用协整检验和 Granger 因果检验来评估会展业对经济发展的影响；高欣（2011）运用了多元回归模型，结合广交会的相关数据，来衡量会展发展对经济的影响。孟凡胜、宋国宇、井维雪（2012）利用相关回归分析发现，会展业发展的各因素之间呈现相关性，会展业对经济的影响主要体现在会展收入占 GDP 的比重逐年上升。

会展业的发展能够拉动经济增长，而经济增长能否促进会展业的进一步发展呢？从现有文献来看，多数学者研究会展业对经济的影响，鲜有文献研究两者间的动态影响关系。而 VECM 模型中的脉冲响应和方差分解能够客观、真实地反映变量间的动态均衡关系。脉冲响应是衡量模型中的内生变量如何对一个变量的脉冲做出回应，而方差分解则是衡量如何将一个变量的响应分解到模型中的各个内生变数上去。基于此，文章选取 2009—2014 年澳门会展业和相关经济运行的季度数据，在 VAR（向量自回归）模型的基础上构建 VECM（误差修正）模型，并运用脉冲响应和方差分解来分析澳门会展业和经济发展的动态关系，试图提出促进澳门会展业可持续发展的相应对策。

三 数据获取与处理

本研究数据来自澳门统计暨普查局（DSEC）网站数据，样本选取 2009—2014 年间的会展业发展的相关季度数据，并选取此时间区间内的旅游经济、澳门经济的相关数据，主要变量有会展数量（a1）、与会人数（a2）以及平均会期（a3）来衡量澳门会展业的发展状况，而选取入境人数（可以粗略认为是赴澳旅游人数）（b1）、旅游人均消费（b2）以及生产总值（b3）来测算澳门经济发展概况。由于计量单位的差异，各指针数值差异较大，因此需对会展数量（a1）、与会人数（a2）、入境人数（b1）、旅游人均消费（b2）以及生产总值（b3）进行对数处理，处理过后的变量分别记为 $X1$、$X2$ 和 $Y1$、$Y2$、$Y3$，并将平均会期（a3）记作 $X3$。

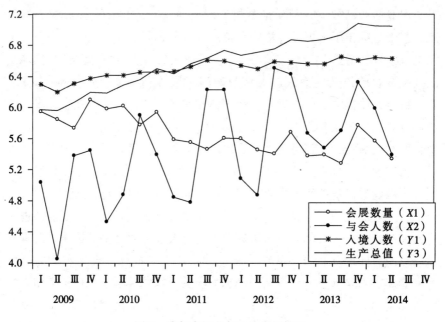

图 1 澳门会展业与经济发展概况

　　从图 1 可以看出：①与会人数数量会影响会展的数量，但这种影响表现出一定的滞后性；②会展业发展呈现出的波动与入境人数、生产总值的波动基本一致，但是会展数量的波动呈现出一定的滞后性。从图 2 可以看出：旅游人均消费的变化基本与平均会期的变化保持一致。但从会展业发展与经济增长的趋势来看，两者之间保持着相关性，但是两者间的复杂互动关系需要进行深入探究。

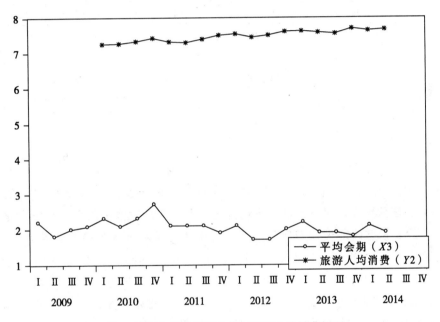

图 2　澳门会展业平均会期与旅游人均消费概况

四　实证分析

（一）平稳性检验

　　Grander 和 Newbold（1974）认为如果利用非平稳性变量序列进行普通最小二乘法回归，可能会因为出现伪回归现象而导致错误的结论，因而数据序列的平稳性检验非常重要。由图 1、图 2 可知，各变量均存在截距和趋势项，因此进行数据序列平稳性检验时需要将其考虑在内，检验结果如表 1 所示。

表1　变数 ADF 检验

变数	ADF 值	5% 临界值	结论	变数	ADF 值	5% 临界值	结论
X1	-3.683 4	-3.645	平稳	D (X1)	-4.889 6	-3.690 8	平稳
X2	-9.217 8	-3.658 4	平稳	D (X2)	-6.414 3	-3.690 8	平稳
X3	-3.421 2	-3.645	非平稳	D (X3)	-6.254 3	-3.658 4	平稳
Y1	-2.477 8	-3.645	非平稳	D (Y1)	-4.502 6	-3.690 8	平稳
Y2	-4.956 2	-3.732 2	平稳	D (Y2)	-5.653	-3.791 2	平稳
Y3	-2.539 9	-3.645	非平稳	D (Y3)	-6.678 6	-3.690 8	平稳

注：D 表示变量序列的一阶差分序列。

根据表中 ADF 检验结果表明，在水平状态下，原变量序列并非同阶单整。而在一阶差分下的变量序列 ADF 值均小于 5% 水平下的临界值，因此可以说明 6 个变量序列是一阶单整的。

（二）最优滞后阶数

由于数据非平稳性，传统的直接回归分析会造成结果出现"伪回归"，因此，文章对变量进行协整检验。由于变量数多于两个，首先要建立 VAR 模型确定最优滞后长度。而确定最优滞后阶数需要综合考虑 LR（似然比）统计量、FPE 最终预测误差、AIC（Akaike）信息准则、SC（Schwartz）信息准则、HQ（Hannan - Quinn）信息准则（杨旭、万鲁河、王继富、王宝健、徐洋，2012）。由表 2 可知，滞后阶数为 1 是 VAR 模型的最优滞后长度，即建立滞后一阶的 VAR 模型较为合理。

表2　VAR 模型滞后阶数选取标准

Log	LogL	LR	FPE	AIC	SC	HQ
0	70.264 36	NA	2.10e - 11	-7.560 513	-7.266 437	-7.531 281
1	143.466 5	86.120 19 *	3.60e - 13 *	-11.937 24 *	-9.878 710 *	-11.732 62 *

（三）VECM 模型检验

由于变量序列并非是平稳序列，而是一阶单整序列，因此有必要建立 VECM 模型来衡量变量之间的复杂关系。由于平均会期与人均旅游消费 2009 年数据暂缺，不满足建立 VECM 模型的要求，故将其剔除。

1. 模型稳定性检验

文章采用 AR（Auto-regressive）单位根进行 VECM 模型平稳性检验，由图 3 所知，在 AR 根图中，全部的特征根均不大于 1（单位圆内），由此判定模型是稳定有效的，故可以对模型进行进一步的脉冲响应以及方差分解分析。

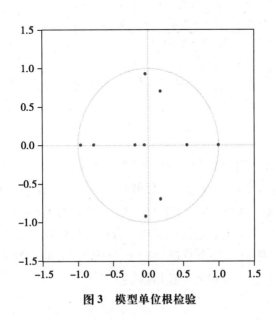

图3　模型单位根检验

2. Granger 因果检验

澳门会展业发展与经济增长间存在着复杂的相互关系，为了避免变量之间长期因果关系，文章基于 VECM 模型进行了 Granger 因果关系检验。Granger 因果关系检验旨在解释两个或多个变量相互之间是否存在因果关系，从而可以通过一个变量来预测另一个变量，即若变量 X 是变量 Y 的 Granger 成因，则过去的和现在的 X 时间序列数据有助于改进对变量 Y 的预测（李强，2011）。

表3　基于 VECM 模型的 Granger 因果关系检验

自变量	因变数	原假设	P 值	结论
D（$X2$）	D（$X1$）	D（$X2$）不是引起 D（$X1$）的 Granger 原因	0.671 0	接受
D（$Y1$）		D（$Y1$）不是引起 D（$X1$）的 Granger 原因	0.185 1	接受
D（$Y3$）		D（$Y3$）不是引起 D（$X1$）的 Granger 原因	0.740 1	接受

续表

自变量	因变数	原假设	P 值	结论
D（X1）		D（X1）不是引起 D（X2）的 Granger 原因	0.058 2	接受
D（Y1）	D（X2）	D（Y1）不是引起 D（X2）的 Granger 原因	0.078 3	接受
D（Y3）		D（Y3）不是引起 D（X2）的 Granger 原因	0.000 6	拒绝
D（X1）		D（X1）不是引起 D（Y1）的 Granger 原因	0.376 1	接受
D（X2）	D（Y1）	D（X2）不是引起 D（Y1）的 Granger 原因	0.001 0	拒绝
D（Y3）		D（Y3）不是引起 D（Y1）的 Granger 原因	0.321 2	接受
D（X1）		D（X1）不是引起 D（Y3）的 Granger 原因	0.323 1	接受
D（X2）	D（Y3）	D（X2）不是引起 D（Y3）的 Granger 原因	0.014 4	拒绝
D（Y1）		D（Y1）不是引起 D（Y3）的 Granger 原因	0.011 2	拒绝

通过 Granger 因果检验发现：①生产总值（Y3）是引起与会人数（X2）的 Granger 原因，澳门生产总值的变化会影响澳门会展业的与会人数；②与会人数（X2）是引起入境人数（Y1）的 Granger 原因，澳门会展业与会人数的多少会影响澳门入境人数；③会展业与会人数（X2）、入境人数（Y1）是引起生产总值（Y3）变化的 Granger 原因，与会人数、入境人数对澳门生产总值有促进作用。

（四）脉冲回应

脉冲回应分析所描述的是在误差项的基础上加一个标准偏差大小的脉冲直接影响模型内生变量当前和将来的取值大小，并通过模型动态结构影响其他内生变量（李强，2011）。因此文章基于 VECM 模型分别给变量施加一个正标准偏差新息（新息指随机扰动项），可以得到各变量的脉冲响应路径。图 4 表示某一变量对其他变量冲击的响应，具体表现在以下几个方面：

1. 图 4-1 表现为会展数量（X1）对其他变数冲击的响应：①会展数量（X1）受到自身冲击时主要表现为正向影响，但是这种影响处于波动状态。正向影响在第二期达到最小值，在第五期达到最大值；②会展数量（X1）对与会人数（X2）的冲击主要表现为围绕横轴正负影响交替，与会人数（X2）的增加在前两期会促使会展数量的增加，从第二期末开始至第五期与会人数对会展数量的影响为负，与会人数的增加反而会导致会展数量的减少，从长期来看，与会人数对会展数量的影响趋于 0；③会展数量（X1）对入境人数（Y1）冲击的回应主要变现为正负交替影响，而正向影响占主导地位，正向影响在第二期达到峰值，负向影响在第五期达到最小值，由此来看，入境人数的增加会对会展数量产生正向影响；④生产总值（Y3）对会展数量（X1）的影响始终处于负影响状态，但此影响从长期来看，影响较小且有趋于 0 的趋势。

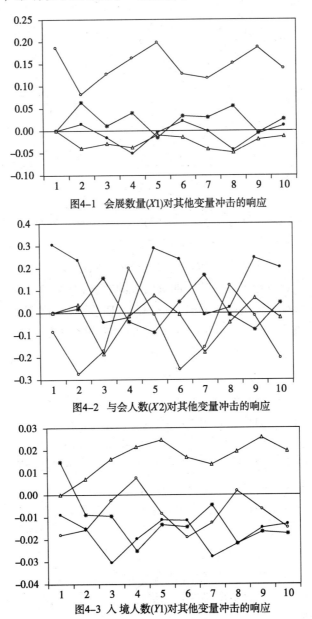

图4-1　会展数量(X1)对其他变量冲击的响应

图4-2　与会人数(X2)对其他变量冲击的响应

图4-3　入境人数(Y1)对其他变量冲击的响应

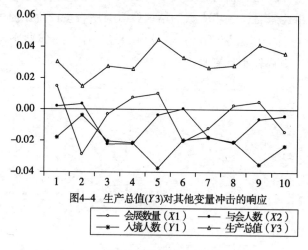

图4-4　生产总值(Y3)对其他变量冲击的响应

| ─○─ 会展数量（X1） | ─●─ 与会人数（X2） |
| ─✳─ 入境人数（Y1） | ─△─ 生产总值（Y3） |

图4　脉冲回应分析

2. 图4-2表示与会人数（X2）对其他变量冲击的响应：①与会人数（X2）对会展数量（X1）冲击的回应表现为在前三期内产生负向影响，在第四、第五期产生正向影响，其后表现为正负向影响交替产生，从长期来看，与会人数对会展数量冲击的负向影响明显，过大的与会人数会导致会展数量的减少；②与会人数对自身冲击的回应表现为在第四、第五两期产生负向影响，其余时期内均为正向影响；③与会人数（X2）对入境人数（Y1）冲击的回应呈现出正、负影响交替产生，从长远来看，具有正向效应的趋势。入境人数的增长会促进与会人数的增长；④与会人数（X2）对生产总值（Y3）冲击的回应与对入境人数（Y1）冲击的响应基本一致，呈现正、负交替影响效应。

3. 图4-3表现为入境人数（Y1）对其他变量冲击的影响：①入境人数（Y1）受到会展数量（X1）冲击的回应表现为仅第四期和第八期产生正向影响，其余均产生负向影响，且从上期趋势来看，存在负向影响趋势，且影响力度不断增强，这表明过多的会展数量会导致澳门入境人数的减少；②入境人数（Y1）受到与会人数（X2）的冲击的变化主要是产生完全负向影响，且此影响长期存在。与会人数的过多增加会导致入境人数的减少；③入境人数（Y1）受到自身冲击表现为前两期产生正向影响，长远产生负向影响，且负向影响较为稳定。这表明，入境人数的增加短期内会促进入境人数的增长，长期来看会降低入境人数；④生产总值（Y3）

对入境人数（Y1）的冲击表现为正向效应，且长期存在。这表明生产总值的增加会促使更多的入境人数。

4. 图 4-4 表示生产总值（Y3）对其他变量冲击的响应：①会展数量（X1）对生产总值（Y3）的冲击表现为正负影响相互交替，短期内会展数量的增加会促使生产总值的增加，长期来看，会展数量的增加反而会抑制生产总值的增加；②同样地，与会人数（X2）对生产总值（Y3）的冲击表现为前两期正向影响，此后产生负向影响，这表明与会人数的增加在短期内会促进澳门生产总值的增加，但从长期来看，过多的与会人数会阻碍生产总值的增加；③入境人数（Y1）对生产总值（Y3）的冲击表现为负向影响，这表明过多的入境者涌入澳门，会抑制澳门生产总值的增加；④生产总值（Y3）对自身冲击的回应表现为产生正向影响，并在第五期达到峰值，本期的生产总值会促进下期生产总值的增加。

（五）方差分解

方差分解可以研究模型的动态特征，其主要思想是通过分析每一个结构冲击对内生变量变化的贡献度来评价不同结构冲击的重要性（向延平、蒋才芳，2013）。因此，方差分解能够给出对 VECM 模型中的变量产生影响的各个随机扰动项的相对重要性信息。文章借助方差分解来分析各变量对澳门会展业发展和经济增长间的贡献程度。

1. 各变量对会展数量（X1）变动的贡献程度：由图 5-1 可以看出，会展数量自身的变动贡献程度最高，基本维持在 90% 左右，其次为入境人数（Y1）、生产总值（Y3）以及与会人数（X2）。会展数量的变动主要受到自身因素的影响，其他因素影响较小。

2. 各变量对与会人数（X2）变动的贡献程度：从图 5-2 来看，会展数量以及与会人数自身对与会人数变动的贡献程度较大。长期来看，其贡献程度分别稳定在 35% 和 46% 左右。在前两期，入境人数和生产总值对与会人数变动的贡献程度较小，至第三期之后均稳定在 9% 左右。这表明，入境人数和生产总值对与会人数变化的影响并不会马上产生，存在滞后效应。

3. 各变量对入境人数（Y1）变动的贡献程度：由图 5-3 可知，前两期内会展数量和入境人数自身对入境人数变动贡献程度较大，此后会展数量以及入境人数自身的贡献程度下降，与会人数和生产总值的贡献程度上升。从长期来看，贡献率高低依次为与会人数、生产总值、入境人数以及会展数量。

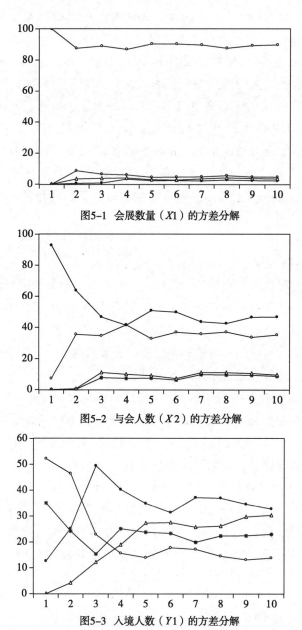

图5-1　会展数量（X1）的方差分解

图5-2　与会人数（X2）的方差分解

图5-3　入境人数（Y1）的方差分解

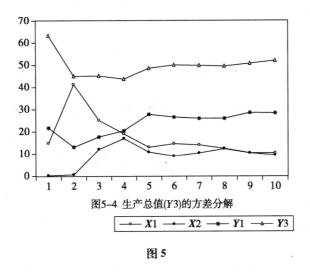

图5-4　生产总值(Y3)的方差分解

〔X1　─●─ X2　─＊─ Y1　─△─ Y3〕

图 5

4. 各变量对生产总值（Y3）变动的贡献程度：如图 5 - 4 所示，对生产总值变动贡献程度最大的是生产总值自身。在前四期内，会展数量对生产总值的影响较大，最高可达 40%。长期来看，入境人数的贡献率在 28% 左右，而会展数量以及与会人数贡献率均在 10% 左右。

五　研究结论

文章选取 2009—2014 年间的澳门会展业发展、经济发展的相关季度数据，通过 ADF 检验，建立了 VECM 模型，基于该模型进行了 Granger 因果关系检验、脉冲响应分析和方差分解，以此探究会展业发展与以经济增长间相互作用的动态关系，得出以下主要结论：

1. 澳门会展业发展与经济增长存在 Granger 因果关系。通过检验发现与会人数（X2）和入境人数（Y1）是引起生产总值（Y3）变化的 Granger 原因，与会人数（X2）同样是引起入境人数（Y1）变化的 Granger 原因。另外，生产总值（Y3）是引起与会人数（X2）变化的 Granger 原因。

2. 澳门会展业发展与经济增长的脉冲响应关系。①会展数量受到与会人数、入境人数以及自身冲击主要表现为正负交替影响，长期存在正向影响。而对于生产总值冲击的响应则表现为负向影响；②与会人数对与各变量冲击的响应主要呈现正负交替影响，从长期来看，对会展数量和生产总值的回应表现为负向影响，对自身以及入境人数的回应表现为正向影响；③入境人数对自身冲击的响应表现为正向影响，对于其他变量冲击的响应长期表现为负向影响；④生产总值对自身冲击的响应表现为正向影响，对于其他变量冲击的响应呈现波动，长期呈现负向影响。

3. 澳门会展业发展与经济增长的相互贡献关系。通过方差分解分析发现，会展业发展与经济增长间存在互动变化关系，具体表现为：①会展数量的变动主要受到自身因素的影响，其他因素影响较小；②会展数量以及与会人数自身对与会人数变动的贡献程度较大，入境人数和生产总值对与会人数变动的贡献程度较小，稳定在9%左右；③从长期来看，对入境人数变动贡献率高低依次为与会人数、生产总值、入境人数以及会展数量；④生产总值变动的贡献较大的是其自身，入境人数的贡献率在28%左右，而会展数量以及与会人数贡献率均在10%左右。

参考文献

Braun, B. M. (1992). The economic contribution of conventions: the case of Orlando, Florida. *Journal of Travel Research*, *30* (3), 32 – 37.

Dwyer, L. Forsyth, P. & Spurr, R. (2006). Assessing the Economic Impacts of Events: A Computable General Equilibrium Approach. *Journal of Travel Research*, *45* (3), 59 – 66.

Granger C. W. J. & Newbold P. (1974). Spurious regressions in econometrics. *Journal of Econometrics*, *2* (2), 111 – 120.

Kim, S. Chon. & K. K. Y. Chung. (2003). Convention industry in South Korea: an economic impact analysis. *Tourism Management*, *24* (5), 533 – 541.

Lee, M. & J, K. J. Back (2005). A review of economic value drivers in convention and meeting management research. *International Journal of Contemporary Hospitality Management*, *17* (5), 409 – 420.

孟凡胜、宋国宇、井维雪 (2012)。会展业发展的影响因素及对城市经济影响的实证研究。技术经济, 31 (4), 32 – 37。

李强 (2011)。产业转移、人力资本积累与中部经济增长。数理统计与管理, 30 (1), 107 – 117。

刘民坤（2010）。会展社会影响评价尺度构建。旅游学刊，25（9），77－82。

高欣（2011）。会展活动对主办城市经济的影响研究——基于广交会的实证分析。石家庄经济学院学报，34（4），91－96。

胡平、杨杰（2006）。会展业经济拉动效应的实证研究——以上海新国际博览中心为例。旅游学刊，21（11），81－85。

胡萌、王海玉（2010）。城市会展业对城市经济增长的影响评价——理论分析与评估模型。青岛科技大学学报（社会科学版），26（3），27－31。

向延平、蒋才芳（2013）。旅游外汇收入、FDI 和 GDP 关系的脉冲回应分析。数理统计与管理，32（5），896－902。

叶凯、田金信、施敏（2011）。城市会展与经济增长关系实证研究。工程管理学报，25（2），157－161。

杨旭、万鲁河、王继富、王宝健、徐洋（2012）。基于 VECM 模型的经济增长与环境污染和能源消耗关系研究。地理与地理信息科学，28（5），75－79。

杨勇（2009）。关于会展经济效应若干基本问题的辨析。旅游学刊，10，73－82。

澳门会展业与第三产业互动发展研究

刘 军

湖北大学

摘 要: 澳门会展业自 2000 年开始经历了三个发展阶段,尤其是自 2007 年以后澳门会展业进入快速发展期,而同一时期澳门第三产业在整个区域的生产总值所占比例逐步提升至 93.8%。澳门第三产业为会展业发展提供了良好的环境,而会展业由于产业规模较小,对第三产业的影响还不太明显。本文首先分析了澳门会展业发展的过程与特点、构建了会展业与第三产业的互动发展机制;接着通过引入 DEA 方法对澳门第三产业、会展业的效率进行评价来探寻两者之间的互动关系,结果显示两者之间目前关联还不大。最后,本文提出了促进澳门第三产业与会展业互动发展的四大建议。

关键词: 会展业,第三产业,产业效率

A Study on Interactive Development between the Tertiary Industry and the Exhibition Industry of Macau

Liu Jun

Hubei University

Abstract: Since 2000, the exhibition industry of Macau has been through three development stages and the economic outpour of the tertiary industry accounts for 93.8% of the whole region at the same period. Tertiary industry provides a good environment for the exhibition industry of Macau because wholesale and retail, hotels and other provision of short-stay accommodation, restaurants and similar activities account for more than 15% of the tertiary industry. But the exhibition industry has not showed a huge effect on the tertiary industry because its output is limited, no more than 0.1% of the tertiary industry. The study describes the stages and characters of the exhibition industry of Macau, then constructs an interactive development mode of the tertiary industry and the exhibition industry. After that, the study analyzes the efficiency of the tertiary industry and the exhibition industry using the DEA method (date envelopment analysis). Result shows the exhibition industry has little impact on the tertiary industry. In the end, the study comes up with four strategies to promote the interactive development of the tertiary industry and the exhibition industry.

Key words: exhibition industry, tertiary industry, industry efficiency

一　澳门会展业发展历程与特点

自澳门回归后，澳门特区政府一直致力于将会展业打造成为澳门重要的支柱产业，并寄希望通过将澳门建设成为亚太地区重要的会展中心来引领澳门会展业的发展。澳门的会展业从 2000 年以来大致经历了三个发展阶段，并呈现出各自的特点。

（一）第一阶段：会展业缓慢发展，会展经济效益缓慢凸显

澳门会展业发展的第一阶段从 2000 年至 2006 年。在这一时期内，澳门的展馆面积不足 4 万平方米，展览场馆、专业人才均较为匮乏，成规模、有影响力的展会也较少。澳门特区政府开始重视起会展业对于区域经济发展的带动作用，并开始着力培育澳门成为亚太地区重要的会展城市。2003年开始，借力于首届"中国—葡语国家经贸合作论坛"、"国际华商经贸会议"，澳门确立了打造中国与葡语国家、葡语国家与世界华商以及粤西区域与东南亚国家合作的平台，澳门会展业也开始逐步积累人才、资本。

（二）第二阶段：会展业快速发展，社会经济贡献逐步提高

随着金沙集团威尼斯人酒店及度假村 2007 年 10 月开业，澳门的会展业迎来了快速发展阶段。从 2007 年至 2010 年，澳门会展业不断积累人力资本，获得 UFI 认证的高级经理、接受培训的专业人才不断增多。在这一时期，澳门国际贸易投资展览会（MIF）获得 UFI 认证，同时澳门国际环保合作发展论坛及展览（MIECF），也逐渐成为亚太地区有影响力的展会。澳门统计暨普查局在这一时期也开始对澳门的会议及展览进行调查统计。

（三）第三阶段：会展业日趋成熟，成为区域发展支柱

自 2011 年开始，澳门会展业产业体系日趋成熟，目前已经形成了由酒店、餐饮、零售、文娱、金融等行业构成的会展产业体系，会展对区域经济发展的作用不断放大，成为澳门经济发展的引擎之一。2013 年，澳门举办展会达到 1 030 项，参展人次超过 200 万人次，会展企业在职员工达到 130 人，企业收益超过 2 亿澳门元（统计数字来源于澳门统计暨普查局 2013 年《服务业调查》），同时还会产生收入效应（境内参展商及游客）、创汇效应（境外参展商及游客）和就业效应（创造岗位）。

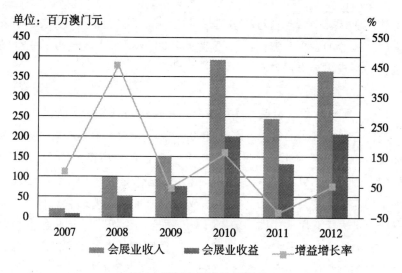

图 1　澳门会展业发展概况

二　会展业与第三产业互动作用机制

会展业作为现代服务业重要发展方向之一，其健康快速发展将促进第三产业质量效益的提升。澳门第三产业占到其地区生产总值的 90% 以上，其产业结构、产业规模和产业效益直接影响到澳门的区域经济。由于会展业在创造外汇、创造就业岗位以及对行业带动性等方面具有较强的优势，因此它的发展将促进第三产业产业结构的调整与产业资源的重新配置。会展业的发展也依赖于区域第三产业发展水平，它是第三产业发展到一定水平后作为区域新业态出现的。第三产业对会展业的促进主要表现在两方面：一方面，第三产业的发展意味着区域经济具备会展业发展的基础条件，如场馆等基础设施；另一方面，第三产业的发展也意味着会展业所需的酒店、餐饮、文娱、零售、金融和保险等业态也日趋完善。

由图 2 可知，会展业的发展促进了第三产业的发展，第三产业的发展反过来也促进了会展业的发展。会展业的核心体系包括会议、展览、奖励旅游和节事，但是它的配套产业体系涵盖范围广泛，如酒店、文娱、餐饮、零售、金融、广告和保险等。会展业的配套产业体系主要依赖于第三产业的发展，具备较好的第三产业基础，会展配套产业体系才会较为完善，才会为会展业核心产业体系的发展提供良好的条件。另外，会展业的发展也将拉动配套产业。

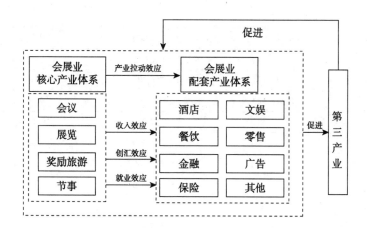

图 2　会展业与第三产业互动发展框架图

三　澳门第三产业效率评价

（一）指标选取

投入指标主要考察生产过程中投入要素的多少，为此选取了能反映投入的资本、劳动力两个子指标。其中资本用第三产业投资额进行衡量，它能反映澳门每年有多少资本投入到第三产业，投资规模、速度与质量，能体现澳门第三产业投资效果；劳动力使用第三产业就业人数进行衡量，它能反映出某一时期澳门第三产业的可用劳动力总数。产出指标主要是指经济产出，即澳门第三产业的生产总值，它反映出该区域一定时期内第三产业经济的总产出，投入越少、产出越大，则说明该地区的生产效率越高。

（二）指标处理

本文选取 2000 年至 2012 年澳门第三产业的相关数据对其产业效率进行评价。所有投入指标、产出指标具体资料均来自澳门统计暨普查局《统计年鉴》（2013）及其公开出版物。

表 1　澳门第三产业发展

年份	生产总值（千澳门元）	直接投资额（千澳门元）	从业人员（千人）
2000	42 052 739	19 800 000	137.3
2001	43 117 012	20 397 000	140.5
2002	48 121 100	23 760 000	141.6
2003	53 995 043	25 137 000	146.7
2004	68 322 890	27 713 000	160.6
2005	78 241 927	36 502 000	178.4
2006	90 472 321	48 758 000	209.8
2007	119 715 101	67 074 000	246
2008	139 936 984	78 572 000	260.4
2009	149 715 505	78 257 000	258
2010	208 156 178	102 150 000	261.1
2011	282 074 778	112 677 000	274.8
2012	322 124 000	144 902 000	290.7

（三） 模型构建

DEA （data envelopment analysis） 方法由查尔斯、库珀和罗兹（Charnes，Cooper & Rhodes）于论文中首先提出。他们以投入导向为前提，假定规模收益不变，即 CRS 模型。但是由于 CRS 假设生产商均以最优规模运营，但是在实际中这几乎是不可能的，因此有学者如法尔、格罗斯克夫和洛根以及班克、查尔斯和库珀在对 CRS 模型进行改进的基础上提出了适合厂商以非最优规模运营状态下的规模收益可变的效率模型，即 VRS 模型。因此澳门第三产业效率即是对下面的 （1） 式求解：

$$\max_{u,v}(u'q_i)$$
$$v'x_i = 1$$
$$\text{St：} \quad u'q_j - v'x_j \leq 0, \quad j = 1, 2 \cdots, I \tag{1}$$
$$u, v \geq 0$$

其中 I 表示澳门第三产业的 13 个年份；x_i 表示第 i 个年度的投入向量；q_i 表示第 i 个年度的产出向量；u 表示产出权数的向量；v 表示投入权数的向量。

利用线性规划的对偶性，推导出 （2） 式：

$$\min_{\theta,\lambda}\theta$$
$$-q_i + Q\lambda \geq 0$$
$$\theta x_i + X\lambda \geq 0 \tag{2}$$
$$\text{St：} \quad I1'\lambda \leq 1$$
$$\lambda \geq 0$$

其中 X 表示所有 I 个年度的投入矩阵；Q 表示所有 I 个年度的产出矩阵；λ 表示一个 $I \times 1$ 的常数向量；$I1'\lambda = 1$ 是一个凸性约束条件。

（四） DEA 分析

将澳门第三产业 2000—2012 年度各指针投入产出原始数据带入 DEAP 2.1 软件当中，采用规模效率可变模型（VRS）计算得到表 2、图 3。从表 2 中可以看出，澳门第三产业在 2000 年、2002 年、2003 年和 2004 年效率值位于生产前沿面，即为 1。从 2000 年至 2012 年澳门第三产业平均效率值为 0.992，技术效率值为 0.993，规模效率值为 0.998。

表2　澳门第三产业效率值

年份	CRS	VRS	SCALE
2000	1	1	1
2001	0.997	0.999	0.998
2002	1	1	1
2003	1	1	1
2004	1	1	1
2005	0.992	0.992	1
2006	0.983	0.984	0.999
2007	0.981	0.982	0.999
2008	0.980	0.982	0.999
2009	0.984	0.985	0.998
2010	0.987	0.990	0.997
2011	0.997	1	0.997
2012	0.991	1	0.991
平均值	0.992	0.993	0.998

注：CRS 表示产业效率；VRS 表示技术效率；SCALE 表示规模效率；CRS = VRS × SCALE。

分阶段来看，从 2000 年至 2004 年，除 2001 年外，澳门第三产业效率值均为 1，这表明 2001 年的效率有所下降，但是其他年份效率值均在前沿面上。但是从 2005 年至 2008 年，澳门第三产业的效率呈现持续下降的趋势，至 2008 年下降至 0.980，这表明这几年澳门第三产业效率不论是技术效率还是规模效率都呈现下降趋势。自 2009 年至 2011 年，澳门第三产业效率呈现逐年上升的趋势，表明这段时间澳门第三产业对资本和劳动力的利用状况不断改善。但是 2012 年的效率值相比 2011 年又有所下降。

四　会展业与第三产业互动发展研究

（一）会展业与第三产业效率关系拟合

在对第三产业效率进行评价的基础上，本文将通过选取会展业的相关指标，研究会展业对第三产业的影响。在进行实证研究前，本文首先通过研究会展业的收益与澳门第三产业效率值之间的拟合关系来探寻两者之间的联系。由于澳门会展业从 2007 年开始才纳入政府的统计资料之中，因

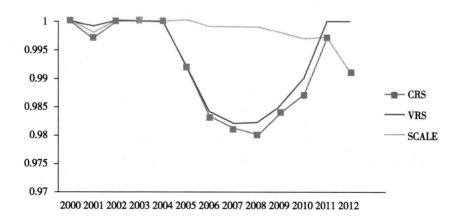

图3　澳门第三产业效率变化趋势

此拟合关系图主要依据 2007 年至 2012 年澳门第三产业效率与会展业的效率值。在进行拟合之前，本文依据 DEA 方法，以澳门会展业增加值、澳门会展业收入为产出指标，以澳门会展业支出、澳门会展企业数以及澳门会展业在岗员工为投入指标，对澳门 2007 年至 2012 年的效率进行评价，结果如表3所示。

表3　澳门会展业效率评价指标体系

年份	产出指标		投入指标		
	增加值（百万澳门元）	收益（百万澳门元）	支出（百万澳门元）	员工（人）	企业（间）
2007	1.98	9.54	10.69	33	10
2008	10	53	49	64	16
2009	15	77	75	85	20
2010	29	202	190	118	24
2011	40	133	112	134	26
2012	72	206	158	130	33

注：澳门会展业资料来自于澳门统计暨普查局发布的《服务业调查》，资料自 2007 年开始统计，且会展业收益与会展业支出主要是指会展企业的收益与支出。截至 2013 年年底，澳门共有会展企业 38 家，在岗员工 178 人。

表4   澳门第三产业效率与会展业效率值

年份	第三产业效率	会展业效率
2007	0.981	0.684
2008	0.98	0.830
2009	0.984	0.787
2010	0.987	1.000
2011	0.997	0.911
2012	0.991	1.000

通过 Excel 散点图对澳门第三产业效率与会展业效率进行关系拟合，拟合关系如图4。从图3可知，澳门会展业效率与第三产业效率值并未呈现同步变化的趋势。从拟合结果来看，澳门第三产业效率与会展产业效率的四次多项式关联较大，且 R^2 达到了 0.961 8。但是拟合曲线 Y 轴值超过了1，与效率值最高为1不符合。因此，澳门第三产业效率与会展业效率目前关联还较小。

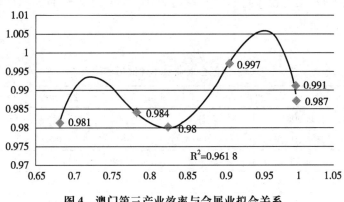

图4   澳门第三产业效率与会展业拟合关系

（二）澳门会展业与第三产业关系分析从上文的分析结果来看

（1）澳门会展业目前产业规模还较小，不论是直接收入还是直接从业人员占到整个第三产业的比例都较小，如2012年会展业的收入仅占第三产业产值的0.1%，但是关联收入总额达到0.5%。（2）澳门会展业效率还有提升改进的空间，从2007年至2012年，澳门会展业的效率较为不稳定，在 2010 年、2012 年，其效率值位于生产前沿，但是其余年份起伏较大。（3）澳门第三产业门类齐全，为会展产业的进一步发展提供了良好的环境，也为澳门会展业释放其产业带动功能提供了坚实的基础。

五　促进澳门第三产业与会展业
互动发展的建议

（一）持续增加会展业投入，扩大产业规模

澳门目前会展产业规模还比较小，整个会展业企业只有 38 家，直接从业人员 178 人，与第三产业其他行业相比还有较大差距。由于澳门会展业起步较晚，会展场馆、专业从业人员相对其他城市较为匮乏。随着 2007 年澳门威尼斯人酒店及度假村以及一系列相关酒店的建设，澳门会展场馆不断增多，展览面积不断增大。但是其产业规模还需进一步扩大。首先，培育本土会展品牌企业，引领本土企业做强做大。其次，举办有影响力的展会，树立澳门会展城市品牌。最后，调整澳门会展业结构，由于目前澳门举办的会议较多，展览较少，因此需要持续增加展览次数。

（二）完善会展业统计体系，树立大会展观

会展业是一个关联带动性很大的行业，相关数据显示会展业带动相关行业的间接收入是会展业直接收入的 6 倍，因此需要着眼"大会展观"，丰富完善会展业统计体系。从目前澳门统计暨普查局对会展业的统计来看，它的统计资料主要由会展类型、会展总数、入场人平均会期、会展主题、会展场地、会议及展览收益、会议及展览支出、会议及展览场所、会议及展览在职员工、会议及展览增加值总额等数据构成。由于对会展业收益的统计对象主要是会展企业，而会展业的产业带动功能未得到体现，因此需要扩大会展业统计内容，将会展带动的酒店收益、餐饮收益、零售收益、邮电通信收益等纳入会展统计账户，从而科学衡量澳门会展产业的贡献。

（三）改善会展业技术水准，提升产业效率

从会展业的产业效率来看，还有较大的提升空间。由于 DEA 测算

的效率是相对效率，因此其效率结果反映的是 2010 年、2012 年相对于其他年份位于生产前沿。产业效率是由技术效率与规模效率共同决定的，澳门会展业的规模效率结果显示其处于规模递增阶段，即随着规模的增加其规模效率会得到提升。而 2007 年至 2012 年的技术效率结果显示会展业技术效率还存在较大的改善空间，所以澳门会展业需要进一步利用先进科学技术提升场馆利用效率、减少会展运营费用，从而提升产业技术效率。

（四）推进第三产业健康发展，建设亚太地区会展中心城市

现阶段澳门会展业占到第三产业的产值比例还较小，但是毫无疑问澳门良好的第三产业基础为澳门快速发展会展业提供了良好的基础。从澳门的产业结构来看，其第三产业占到整个区域的生产总值已经达到 93.8%，可见其第三产业主导了整个区域社会经济发展。持续推动第三产业健康快速发展，推进会展业与酒店、零售、金融、保险、文娱等业态的融合，进一步释放会展业的产业带动功能、创汇功能以及就业功能。同时对第三产业的结构还要逐步进行调整，增加高附加值的现代服务业业态，构建以会展业为核心的现代服务业产业体系，从而将澳门建设成为区域国际会展中心。

参考文献

Raymond, Cêtéa. , Aaron, Booth. & Bertha, Louis. （2006）. Eco-efficiency and SMEs in Nova Scotia, Canada. *Journal of Cleaner Production*, *14*, 542 - 550.

Schaltegger, S. & Sturm, A. , （1990）. Okologischerationalitat-an-satzpunkte zur ausgestalung von okologieorientierten management instrumenten. *Die Untemehmung*, *4*, 273 - 290.

World Business Council for Sustainable Development （1996）. Eco-efficiency: Leadership for improved economic and environmental performance. Geneva: WBCSD.

World Business Council for Sustainable Development （2000） . Eco-efficiency: Creating more with less impact. Geneva: WBCSD.

罗能生、李佳佳、罗富政（2013）。中国城镇化进程与区域生态效率

关系的实证研究。中国人口资源与环境，11，56 – 63。

郭守前 （2002）。产业生态化创新的理论与实践。生态经济，4，34 – 37。

程晓娟、韩庆兰等 （2013）。基于 PCA – DEA 组合模型的中国煤炭产业生态效率研究。资源科学，35 （6），1292 – 1299。

生延超、钟志平 （2009）。旅游产业与区域经济的耦合协调度研究——以湖南省为例。旅游学刊，8，（24），23 – 29。

王恩旭、武春友 （2011）。基于超效率 DEA 模型的中国省际生态效率时空差异研究。管理学报，3，443 – 450。

诸大建、邱寿丰 （2008）。作为我国循环经济测度的生态效率指标及其实证研究。长江流域资源与环境，1，1 – 5。

陈傲 （2008）。中国区域生态效率评价及影响因素实证分析——以 2000—2006 年省际资料为例。中国管理科学，S1，566 – 570。

世界遗产地品牌价值三维价值体系构建研究

李 欢

湖北大学

摘 要：世界遗产地旅游作为一种世界现象，是游客求取内在需求与外界高度和谐的表达形式之一，世界遗产地研究成为热点。世界遗产地品牌价值是旅游目的地获得游客忠诚、保持战略优势的关键，研究世界遗产地品牌价值具有十分重要的现实意义。本文在分析我国世界遗产地品牌价值研究背景基础上，梳理中外对于世界遗产地、品牌价值的已有研究，构建世界遗产地品牌价值的"本底价值"、"功能价值"和"象征价值"三维价值体系。

关键词：品牌价值，世界遗产地，体系构建

Research on the Construction of World Heritage Site's Three Dimensions of Brand Value System

Li Huan

Hubei University

Abstract：World Heritage Site attracts tourists which harmonize the tourists' inner demand and the outside world. World Heritage site's brand value is the key to keep tourists' loyalty and strategic advantage. It is significant to do research on the heritage site's brand value. This study relied on analyzing the background of world heritage site's brand value and combing existing research on World Heritage and brand value. Finally, constructed World Heritage site's brand value of entity value, function value, symbolic value of value of World Heritage Site's brand value.

Key words：brand value, World Heritage Site, system construction

自 1987 年我国首批世界遗产认定以来，我国世界遗产地在国内外知名度迅速提高，游客数量急骤上升。世界遗产地较之一般旅游地具有自然禀赋丰富和文化品位更高的特征，在历史文化、建筑美学、生态观光、科学经济等方面均彰显出其独特的价值魅力，在产品竞争转向品牌竞争的时代，品牌价值作为世界遗产地的无形价值已然成为吸引游客的核心竞争力。截至 2013 年，我国的世界遗产项目已达 47 项，其中世界自然遗产10 项，世界文化遗产 33 项，世界自然与文化混合遗产 4 项。世界遗产总数仅次于意大利位居世界第二，这些具有深厚文化传承、宗教朝拜功能品牌价值的世界级遗产地，逐渐受到旅游企业、旅游投资者和旅游学界学者的关注。

一　世界遗产地品牌价值的研究背景

品牌价值作为一种无形资产引起了品牌营销投资商的关注，已经得到了市场营销学界的重点研究，尤其是有形产品的品牌价值研究。世界遗产地作为旅游目的地中更具吸引力、考究和研学价值的特殊旅游目的地，对世界遗产地旅游这种无形产品的品牌价值研究尚处于起步阶段，但我国对于世界遗产地品牌价值研究具有良好的机遇背景。

（一）世界遗产地相关研究已成为全球关注热点

世界遗产地旅游已经成为一种世界现象，是游客求取内在需求与外界高度和谐的表达形式之一，世界遗产地作为人类杰作与人类智能的突出作品，是游客高质量体验自然和回归历史文化的社会生活的构成部分。根据1987 年我国首批世界遗产认定直至 2013 年的发展趋势及切实数据显示，我国世界遗产在国内外的知名度、美誉度随之迅速提升，来自国内外的游客数量急剧增加，这种世界遗产地独特的吸引力拉动整个旅游行业的发展现象，促使世界遗产地相关研究成为全球关注的热点。

（二）品牌价值已经成为旅游获取竞争力的关键

旅游地旅游在快速发展的过程中，市场竞争越来越激烈，产品出现同质化的现象也越来越明显，通过产品质量等功能方面的竞争很难在与其他旅游地竞争的过程中脱颖而出，无论是旅游地投资方经营方还是政府及当地居民深刻认识到旅游地产品竞争向品牌竞争的必要性。而准确地分析旅游地的品牌价值是旅游地获取竞争力的关键，通过品牌打造实现旅游地产品的个性化价值实现，吸引目标消费人群，促使游客形成满意度，进而进行口碑推荐和再次重游选择。根据旅游地的发展现状来看，尤其是世界遗产地更凸显历史文化传承性、文物古迹的保护力，对于旅游地的竞争已经从产品及价格的初级竞争发展到品牌竞争，更有利于实现旅游地、世界遗产地的品牌文化价值，品牌已经开始全方位地影响旅游地未来的发展。

（三）游客品牌意识的提升推动旅游品牌的发展

品牌生命之源在于市场，市场空间越大则品牌生命力越旺盛，品牌是创造者、生产者及消费者在市场环境中共同打造而成。对于旅游行业消费者结构的升级和逐渐提升的品牌意识，成为推动旅游品牌发展的巨大驱动力。旅游产业成为国民战略性支柱产业的契机，旅游及旅游相关产业快速发展，创造了品种丰富的旅游产品，旅游者在进行选择时不仅关注产品的价格、质量、服务等，更多关注自己在进行旅游活动中的心理感受和服务体验，品牌为旅游者缔造的旅游产品可以包括该企业、旅游地、旅游项目所要表达的先进科技和文化体验，给旅游者带来不同的感知效果，促使旅游者形成品牌偏好。

二　世界遗产地品牌价值国内外研究现状分析

基于我国世界遗产地旅游良好的发展态势，世界遗产地品牌营销、品牌培育、品牌保护和品牌管理等方面已经开始进行研究，本文对于世界遗产地品牌价值的研究是对世界遗产地品牌研究的深入和拓展。由此，梳理国内外关于世界遗产地、品牌价值以及世界遗产地品牌价值相关研究。其中对于世界遗产的研究国外始于 1980 年，国内始于 1998 年，世界遗产研究国内滞后国外 18 年；对于品牌价值的研究国外始于 1980 年，品牌价值研究国内研究始于 1999 年，国内滞后 19 年；我国对于世界遗产品牌价值方面的研究处于起步阶段，只是在世界遗产地品牌价值保护方面的研究。

（一）　世界遗产地国内外研究现状对比分析

世界遗产的概念和类型是一个不断丰富、充实、发展、完善的动态过程。1972 年联合国教科文组织（UNESCO）在《保护世界自然和文化遗产公约》中明确定义，将世界遗产地分为世界文化遗产地、世界自然遗产地、世界双遗产地三类。后新增文化景观遗产地和人类口头与非物质遗产地，完善成五大类。国内外对于世界遗产地的研究内容，国外主要侧重于游客行为特征、游客体验感知、世界遗产地营销、世界遗产地所涉及的相关利益群体和世界遗产地保护等方面研究。国内主要集中在对世界遗产地开发保护、管理实施和游客满意度等方面的研究，世界遗产地品牌价值和品牌价值保护逐渐得到我国学者关注，也开始进行研究。

（二）　品牌价值国内外研究现状对比分析

品牌作为消费者识别产品的符号，是超越商标概念的拓展与延伸，为消费者提供契合自身的感知价值，更是企业营销价值的载体。企业通过品牌营销实现品牌价值，即为企业带来超出无品牌产品销售的溢价收益，为消费者提供超出产品实体功能的价值。从 20 世纪 60 年代 Ogilvy 提出的"品牌形象理论"到 80 年代中后期 Ries 提出"品牌定位理论"，至 90 年代 Aaker 提出"品牌资产理论"促使品牌的研究上升到品牌资产高度，品牌价值作为品牌的无形资产成为研究重点。具有代表性的，国内学者钟鑫提出品牌价值由品牌符号价值、品牌功能价值和品牌情感价值构成。国外对于品牌价值的研究主要集中在品牌价值的来源及发展、品牌价值的内涵概念、品牌价值影响因素以及品牌价值的效果评估、与消费者忠诚度关系等方面，国内对于品牌价值的研究主要是对品牌价值的效果评估与影响因素、品牌管理以及与顾客忠诚关系方面的研究。

（三）　世界遗产地品牌价值相关研究分析

世界遗产地的价值分析是对于世界遗产地的重点研究，对于世界遗产地品牌价值研究却很少，但是近几年已经开始受到我国学者的关注。梁学成在对我国世界遗产地品牌价值保护研究中，提出世界遗产地品牌价值的使用已经开始严重影响了世界遗产地文化价值的发展、传播、实现，非常有必要进行世界遗产地品牌价值保护；梁学成在对世界遗产旅游及其价值分析时提出了开发世界遗产的无形品牌价值有利于提高遗产地的旅游价值和游客满意度；吴必虎对于我国世界遗产地价值的研究中提出了五个转变，经济到教育、静态到动态、专业到大众、高贵到朴素、保护到传承的核心价值的转变。

从对世界遗产地品牌价值已有研究分析可以看出目前国内外在世界遗产地及品牌价值方面都有了相对系统和成熟的研究。然而虽然两个方面在各个独立的领域都有所研究，但是世界遗产地的品牌价值研究尚且涉足不多。

三　世界遗产地品牌价值三维体系构建

基于对世界遗产地品牌价值已有的研究对比分析构建世界遗产地品牌价值三维体系（见表1）。世界遗产地品牌价值由本底价值、功能价值和象征价值三维构成。

表1　世界遗产地品牌价值三维体系构成

世界遗产地品牌价值三维体系	品牌的本底价值	品牌主题	David Oglivy（2005）
		品牌标识	David Oglivy（2005）
		品牌文化	Aaker（1998）
	品牌的功能价值	感知功用	Baldinger（2006）
		感知品质	Deslands（2003）
		感知服务	Deslands（2003）
		感知价值	David Oglivy（2005）
	品牌的象征价值	品牌个性	Aaker（1998）
		品牌形象	Keller（2001）

（一）世界遗产地品牌价值的本底价值

世界遗产地品牌价值的本底价值是品牌价值的基本要素，主要包括品牌主题、品牌标识、品牌文化等。品牌主题是世界遗产地品牌本底价值的核心，对于游客来说，它是产品品牌最重要的基本属性之一。世界遗产地品牌主题能在游客心中唤起两种联想，品牌主题本身引起的联想和游客在体验该旅游地之后对品牌主题产生的联想，好的品牌主题可以准确反映遗产地的特点。品牌标识是指能够反映世界遗产地品牌形象，提供品牌含义和传达遗产地品牌价值观，好的品牌标识能够对消费者产生吸引力。品牌文化是世界遗产地本底价值中的核心，也是世界遗产地区别于其他旅游地的核心本底价值。

（二）世界遗产地品牌价值的功能价值

世界遗产地品牌价值的功能价值是品牌价值的核心要素，主要包括遗产地旅游的感知功用、感知质量、感知服务和感知价值等。品牌感知功用是世界遗产地旅游产品实在的基础和保证，是游客理性需求的基础，也是游客对遗产地最感性的认识。世界遗产地品牌质量是品牌功能价值的本质，具有吸引力的世界遗产旅游目的地都是以深厚的高质品牌为基础的。世界遗产地的感知服务是世界遗产地旅游活动中重要一环，是游客满意和游客对品牌态度取向最直接的因素。世界遗产地旅游产品的感知价格是品牌功能价值中很重要的成本因素，世界遗产地对于游客最大的吸引力为感知深厚的文化和观赏自然景观、历史古迹，其付出的成本与感知质量是否匹配是衡量世界遗产地品牌价值功能价值的关键。

（三）世界遗产地品牌价值的象征价值

世界遗产地品牌价值的象征价值是品牌价值的支撑要素，主要包括世界遗产地的品牌形象和象征的品牌个性等。品牌形象为世界遗产地刻画了在游客心中初步的印象，如养生武当山的品牌形象，武当山世界遗产地的品牌形象即是养生的仙地和道教发祥之地，进一步吸引游客到此观赏享誉中外的道教古建筑群，这均是品牌形象在游客中形成的拉力作用，品牌价值的象征价值在游客对世界遗产地产生旅游动机中起到至关重要的作用。品牌个性是世界遗产地品牌人格化，苏州园林的秀丽、丽江古城的魅力、澳门历史城区对于中西文化的包容等这些世界遗产地为游客带来的品牌烙印赋予游客更多的联想，成为游客赴此地旅游的关键。世界遗产地品牌价值中的象征价值是旅游地与游客之间情感的一种交流、感知价值的平衡匹配，当该世界遗产地品牌价值的象征价值能与游客心中情感匹配时，即对游客产生吸引力，游客形成忠诚。

四　世界遗产地品牌价值提升策略

对于世界遗产地品牌价值三维度价值的构成分析，一是为了开创性地深入研究无形产品的品牌价值影响因素，作为具有特殊性的旅游目的地的世界遗产地具有典型性；二是根据世界遗产地三维品牌价值构成，有针对性地提出世界遗产地品牌价值提升策略。

（一）挖掘世界遗产地品牌资源，提升品牌的本底价值

世界遗产地的自然和人文资源比其他旅游目的地更深厚，充分挖掘其资源，有效整合品牌旅游资源，从世界遗产地利益相关群体出发，打造遗产地旅游产业集群，挖掘特色品牌资源，形成特色品牌主题、品牌标识和整合具有特色吸引力的品牌文化资源，为提升世界遗产地的本底价值打好基础。世界遗产地的吸引力来自于资源的稀缺性，将稀缺性的资源打造成为具有独特性的品牌产品，凝练出品牌主题、品牌标识和特色品牌文化，提升品牌本底价值。

（二）深化世界遗产地品牌管理，提升品牌的功能价值

世界遗产地品牌价值挖掘的最终目的在于实现最好的品牌管理，形成良好的品牌培育策略，为遗产地既实现根本性的保护，又为其带来经济利益。深化世界遗产地品牌管理，让游客更深地感受高效服务质量和体验遗产地独特的旅游产品。世界遗产地的品牌价值相对于其他旅游地更具意义，好的品牌管理下的世界遗产地会形成游客忠诚，进而促进世界遗产地品牌价值的深化。

（三）加强世界遗产地品牌保护，提升品牌的象征价值

世界遗产地重历史文物保护和宗教、民族等文化传承，在世界遗产地发展过程中更多地考虑品牌保护，保护世界遗产地的原真性和实现可持续发展。遗产作为一种特殊资源，不能等同于其他一般资源来加以利用，需要给予一定限制，通过合理的方式加以利用，才能实现世界遗产地可持续的发展。本研究在充分考虑旅游与自然资源、生态环境、社会文化相互作用和影响的前提下，把旅游开发建立在生态环境与当地社会人文环境可以

承受的能力之内，谋求世界遗产地自然、文化和人类生存环境的协调发展和可持续发展，以期为世界遗产地塑造良好的品牌形象和品牌个性，提升品牌的象征价值。

五　结语

本文以世界遗产地为研究对象，研究此类具有典型性的旅游目的地的品牌价值，将品牌价值的研究从有形商品向无形旅游产品引入，具有一定的开创性。本文从世界遗产地主要相关利益群体中的经营者、管理者、游客等视角，构建了世界遗产地品牌价值的三个维度，基于经营者和管理者角度的世界遗产地品牌自身具有品牌本地价值，基于游客感知视角的世界遗产地品牌功能价值，基于世界遗产地各相关利益群体之间情感交互的品牌象征价值。世界遗产地研究近年来成为研究热点，但多为对世界遗产地满意度进行研究，本研究为品牌价值后续研究奠定基础。

参考文献

凯文·莱恩·凯勒（2003）。战略品牌管理。北京：中国人民大学出版社。

梁学成（2007）。对我国世界遗产品牌价值的保护策略研究。人文地理,5 , 110 – 113。

罗佳明（2003）。我国自然与文化遗产可持续发展的组织体系建设。旅游学刊,18（1）。

马勇、张祥胜（2008）。旅游目的地品牌价值分析与提升思考。湖北大学成人教育学报,2。

彭顺生（2008）。世界遗产旅游概论。北京：中国旅游出版社。

宋国栋、邓黎黎（2011）。品牌认知价值来源及构成探析。现代商贸工业,23（4）, 136 – 137。

王忠云（2011）。产业融合视角下民族文化旅游品牌价值提升研究。湖南商学院学报,4 。

王晓灵（2010）。品牌价值的结构、影响因素及评价指标体系研究。现代管理科学,11 , 95 – 97。

卫海英、姚作为、梁彦明（2010）。基于企业—顾客—利益相关者三方互动的服务品牌资产研究：一个分析框架。暨南学报（哲学社会科学版），1，79－84。

吴必虎（2001）。区域旅游规划原理。北京：中国旅游出版社。

奚卫华，董春海译（2005）。Aaker，D. A. 著。管理品牌资产。北京：机械工业出版社。

张朝枝（2006）。旅游与遗产保护——政府治理视角的理论与实证。北京：中国旅游出版社。

钟鑫（2007）。品牌价值对顾客忠诚的影响研究——以成都大学生服装品牌消费为例。未出版之硕士论文，西南财经大学，成都。

Baldinger，Rubinson，J. （2006）. Brand Loyalty. The Link between Attitude and Behavior. *Journal of Advertising Research*，*36*（6），22－34.

David，Oglivy. （2005）Brand Chartering-Getting to a Common Understanding of the Brand. *Journal of Brand Management*，*3*，145－155.

从公共营销服务视角探讨城市旅游竞争力提升

——以中国农谷·荆门为例

汪　威　葛明芳

荆楚理工学院　三峡大学

摘　要：公共营销服务对旅游目的地整体形象提升，产业联动发展，产生联动效应，提升城市旅游整体竞争力具有战略指导意义。文章在结合国内外相关研究的基础上，分析了中国农谷·荆门城市旅游营销竞争劣势，并提出了提升其城市旅游竞争力的相关建议：一是苦练基建内功，奠定中国农谷旅游公共营销服务基础；二是发挥资源优势，塑造中国农谷旅游海内外鲜明形象；三是拓展国内渠道，构建中国农谷旅游国内公共营销服务平台；四是加强海外合作，构建中国农谷旅游海外公共营销服务平台。

关键词：城市旅游竞争力，公共营销服务，中国农谷，荆门

Study on Enhancing City Tourism Competitiveness from the Perspective of Public Marketing Services— the Case of Jingmen China Agricultural Valley

Wang Wei, Ge Mingfang

Jingchu University of Technology, China Three Gorges University

Abstract：Public marketing services play a strategic role in enhan-

cing the image of a tourism destination, promoting industrial linkage devel-
opment, generating linkage effect and enhancing city tourism competitive-
ness. Based on relevant local and overseas studies, this paper analyzes the
tourism marketing status of the Chinese Agricultural Valley and offers some
suggestions: first, does a solid job in infrastructure for establishing the
public marketing services basis of Chinese agriculture valley tourism; sec-
ond, makes full use of its advantages in resources for shaping a sharp im-
age of Chinese agriculture valley tourism at home and abroad; third, ex-
pand domestic channels to build domestic public marketing services plat-
forms of Chinese agriculture valley tourism; fourth, strengthen overseas
cooperation to build an overseas public marketing services platforms of Chi-
na agricultural valley tourism.

Key words: city tourism competitiveness, public marketing serv-
ices, China Agricultural Valley, Jingmen city

旅游目的地公共营销服务是随着目的地旅游产业进一步发展而出现的
整体性、公益性旅游营销,对于旅游目的地整体旅游形象提升,旅游产业
联动发展,产生联动效应,提升城市旅游整体竞争力具有战略意义。

一　理论基础

(一) 公共营销服务概念

公共营销服务概念,在国内外学术界还没有明确界定。武汉大学熊元
斌教授根据公共治理、政府营销、非营利组织营销等相关理论,尝试性提
出"公共组织为实现公共利益的增进和社会和谐发展,根据目标市场的
需求而提供公共产品和服务所进行的市场营销活动,它是公共组织尤其是
政府的一种管理职能"(熊元斌,2008)。并总结出公共营销服务具有四
个显著特征(熊元斌、蒋昕,2010):公共营销服务的对象是具有非竞争
性和非排他性特点的公共产品;公共营销服务的实施主体主要是公共组
织,尤其是政府公共部门;公共营销服务强调营销活动的非盈利性质,注
重社会的整体利益、长远利益与和谐发展;公共营销服务注重社会利益相
关者的全面参与和公众积极性的充分发挥。

（二）国内外相关研究

国外研究主要包括：一是从分类、功能与作用等方面研究公共营销服务的主体。代表性研究有：Charles，R. Goeldner，J. R. Brent 和 Ritchie 在 *Tourism：Principles，Practices，Philosophies* 一书中提出旅游观光地区有一个由公共和私有部分组成的组织体系，组织体系有较高程度的合作互动影响，组织按世界性的地理分类和次级分类，将世界分成许多国家，包括地区、州或省和都会中心（城市或自治区）。按所有权来分类，如官方、半官方或私人团体（吴英伟、陈慧玲译，2013）。Cathy Hsu，Les Killion，Graham Brown，Michael J. Gross，Sam Huang 在 *Tourism Marking：an Asia-Pacific Perspective* 一书中从旅游组织的角度提出目的地营销组织是负责目的地整体形象推广和管理服务的专业机构，在竞争非常激烈的市场，通过目的地营销组织进行团队协作竞争比单一的经营者和供给者更有优势（Cathy, etc. , 2008）。二是从公共营销服务产品供给方面进行研究，有很多集中在目的地旅游形象研究上，如 Steve pike 对 *Tourism Management* 杂志进行统计（Steve, 2002），从 1973—2000 年有 142 篇论文研究了旅游目的地形象。三是还有很多对于节事活动进行研究的，提倡重视公共营销服务手段。

国内研究主要集中在公共营销服务内涵、组织、产品、手段及系统理论等方面。代表研究有：朱孔山、高秀英对旅游目的地公共营销服务组织整合与构建进行了研究（朱孔山、高秀英，2010）；陈非、林泽恺研究了旅游协会的功能和发展策略（陈非、林泽恺，2009）；袁玉琴研究了旅游节庆品牌公共营销服务模式（袁玉琴，2009）；熊元斌（2008，2010，2014）对旅游公共营销服务从内涵、组织、模式等进行了系统性研究。

二　研究背景与意义

中国农谷得到湖北省省委、省政府高度重视，为省级战略，在荆门实施，是借鉴"硅谷"、"光谷"的概念，按照科学发展的要求，以"三化同步"为原则，泛农发展为方向，科技为支撑，机制创新为核心的农业试验示范区。荆门历史悠久，农业、农耕文化源远流长，境内的屈家岭文化遗址距今已有 5000 多年历史，与良渚文化和河姆渡文化齐名，是中国农耕文化的发祥地之一。中国农谷建设要求按照"全省样板、全国一流"的标准，以"农"为魂、以"农"为形、以"农"为神，打造集农业产业化、农业科技、农业文化、农业旅游于一体的"中国农谷"响亮品牌。

中国农谷在建设过程中，"农旅互动"是其发展的一种重要方式，其旅游业发展从旅游形象定位、旅游产品开发、旅游公共服务、旅游市场营销等方面都需要进一步提升、整合和联动发展。从这个意义上来讲，中国农谷步入了整体形象需要提升与产业联动发展阶段，急需使用公共营销服务手段，形成公共营销服务合力，产生联动效应。因此，从公共营销服务角度来研究中国农谷旅游营销创新，对中国农谷旅游业跨越式发展具有战略意义。

三　中国农谷旅游营销竞争劣势

（一）中国农谷旅游基础薄弱，整体旅游形象不鲜明

近年来，荆门市旅游发展取得了一定成绩，得到了一定的发展。在整体形象定位上，还是个难题，一直处于模糊状态。官方定位最初的形象宣传"楚塞三湘接，荆门九派通"，第二次形象定位为"世界遗产圣地，鄂中生态走廊"，第三次形象定位为"灵秀湖北，心在荆门"。相关研究者提出定位、观点不一，如"荆楚门户，休闲之都"（叶中章，2010），"道源寿乡"（杜汉华，2011），"华夏农源，世界农心"（荆门市旅游局，2013）等。在形象定位上，各有千秋，有的偏重于学术，有的偏重于政治，对市场需求的定位还有所欠缺，旅游形象还比较模糊。中国农谷无论是城市定位还是旅游定位都具有品牌潜质，但还处于初始建设阶段，基础薄弱。从游客体验角度来讲，缺乏实质的感知形象，没有相关旅游吸引物作为支撑，还没有形成鲜明的品牌形象。

（二）中国农谷旅游资源丰富，尚未形成强势的品牌旅游产品

中国农谷旅游资源比较丰富，人文资源有屈家岭文化、楚文化、绿林文化、明文化、长寿文化等，自然资源有漳河、黄仙洞等四个国家级森林公园等。虽然这些资源在小区域有一定的影响力，但还尚未成为全国乃至世界的品牌旅游产品。从荆门现有的产品来看，荆门处在世界文化遗产三国文化旅游线上，具有影响力的景区主要是明显陵，其属于世界文化遗

产，受其带动的有黄仙洞景区、绿林山风景区等，旅游接待有一定知名度的旅行社、四星级酒店及旭冉旅游集团公司，上档次的旅游商品集中在楚文化开发的旅游纪念品和手工艺品，米黄玉系列产品等。从现有状况看，仍缺乏相关品牌线路、品牌景区、品牌旅游企业等。

（三）缺乏公共营销服务意识，内外部优势资源没有整合

从公共营销服务角度来讲，区域旅游营销需要充分利用内外部有利条件，一切可以利用的优势资源进行整合，抱团营销，形成营销合力，扩大对外影响力，形成鲜明的旅游形象。内部资源整合，是将内部旅游资源、旅游线路、景区、旅游商品、旅游企业、营销平台等多个有优势的资源进行整合。荆门在这些方面还存在较多问题：一是缺乏旅游开发龙头企业。过去钟祥旅游开发在东星集团带动下，得到了一定的发展，但目前处于停滞状态。现在荆门旅游综合开发有影响力的外来企业就是广信集团，本地企业是旭冉旅游集团，但还没有起到龙头企业的带头作用；二是旅游线路没有整合。荆门是世界遗产三国文化旅游线过境地，但明显陵位于武荆高速线，三国文化遗址遗迹位于207国道，而且还处于未开发状态，两者整合还有一定差距；三是产品开发趋同化。如景区开发，香龙洞、王莽洞、黄仙洞、空山洞等都属于喀斯特地貌资源开发，一个城市四处开发溶洞，市场吸引力可想而知；四是内部没有完整的营销体系。如旅游商品销售网络不健全，在中心城区缺乏品牌销售店，在星级酒店、旅游景区、游客接待中心等地方没有销售专卖店或柜台。利用外部条件，可以是利用省内外、国家级甚至世界级的有利于旅游营销的平台，适时适度适地地进行对外营销，使外部条件与内部资源进行有机整合，形成完整的对外公共营销服务体系。

四　提升中国农谷·荆门城市旅游竞争力的策略

（一）苦练基建内功，奠定中国农谷旅游公共营销服务基础

中国农谷姓"农"不唯"农"。"农旅互动"是其重要发展形式，但"农"是旅游发展的重要根基，必须以农业为基础，开展国内甚至国际乡村旅游。因此，中国农谷建设要做交通、通信、金融等方面的基础建设，

吸引海内外相关企业、科研机关、投资商、科研人才等进行农业科研、生产、销售等，形成现代高科农业的产业聚集区。要游客有物化的"中国农谷"，能感知和接受"中国农谷"品牌，形成中国农谷公共营销服务的坚实基础。

（二）发挥资源优势，塑造中国农谷旅游海内外鲜明形象

旅游形象定位是对区域文脉和地格的提升。中国农谷重要的文脉有屈家岭文化、楚文化、明文化，地格主要体现在生态环境上，属于长寿之地，宜居之地，所以形象的提升是这两大方面的融合与提炼。

另外在定位中，还要充分考虑内外旅游市场的需求，不要偏重于行政的需要或学术的研讨。笔者提供参考性定位为：

国内宣传定位为"帝王福地，养生农谷"："帝王"代表的是明代皇帝、王侯和楚国王侯，融合了明文化和楚文化，并且和过去钟祥主打的"帝王之乡，神秘钟祥"具有连续性；"福地"代表帝王福地，属宜居、宜业、宜游之地；"养生"主要从长寿之乡、生态荆门角度提出，符合现代旅游发展需求；"农谷"是目前中国农谷战略。可供参考的旅游宣传口号："神秘帝王福地，长寿养生农谷"、"寻华夏农源，访帝王福地，探长寿秘境"、"长寿养生农谷——帝王的选择"。海外宣传定位为"China Agricultural Valley"：屈家岭文明具有五千多年的历史，定位"China Agricultural Valley"是对华夏农耕文明、生态文明的宣传，是立足"中国农谷"的文化与生态优势，把握其灵魂—生态与文化（汪冰、杨晖等，2012），加强对海外的宣传。海外宣传可梯次进行：第一步是港澳台地区的宣传；第二步是扩展大中华汉字文化圈宣传；第三步是其他华侨比较多的国家宣传。要结合生态与文化优势，进一步设计海外旅游形象标徽。要塑造鲜明的海内外旅游形象，还得有国际旅游品牌产品作支撑。从这一角度来讲，具有国际旅游品牌潜质的产品是明显陵，属于世界文化遗产，另外一个是中国农谷国际乡村游，两者的共同点体现的是生态与文化，符合国际旅游需求，做大这两个产品，可以和武当山、神农架共同打造"世界文化遗产人类生态文明国际旅游精品线"，作为"长江三峡国际旅游精品线"的支线。

（三）拓宽国内渠道，构建中国农谷国内旅游公共营销服务平台

构建旅游公共营销服务平台首先是构建旅游公共营销服务体系。旅游

公共营销服务组织体系构建就是要融合政府、行业管理部门、行业协会、旅游企业、社区居民等方面力量，形成联动发展合力，产生联动效应。

构建公共营销服务组织体系后，可充分利用各个平台为公共营销服务：一是利用政府平台。中国国情和体制决定了旅游产业发展是"火车头型"（章尚正、阿拉斯泰尔、严澄，2005），政府及旅游管理部门起着火车头带动作用，如友好合作城市或区域互访等形式，荆门与台湾金门是友好合作城市，与河南豫西、豫南地区互访，推进"河南万人游荆门"活动，还可以利用政府公共网络为整体营销服务；二是加入区域旅游联盟。旅游联盟是旅游行业中的旅游航空业、旅行社业、酒店业、旅游景区等企业的横向一体化发展的联盟。荆门旅游发展可以整体形式与省内外的旅游联盟进行合作；三是重视重大节事活动。重大节事活动是公共营销服务很好的渠道和手段，与荆门市有密切关系的省内外重大节事活动（见表1）有很多，需要加以重视，作为推进荆门市旅游公共平台建设的重要渠道和手段。

（四）加强海外合作，构建中国农谷国际旅游公共营销服务平台

除国内公共营销服务平台建设外，还有很多资源可以利用，构建中国农谷旅游海外公共营销服务平台：一是利用中国农谷论坛，加强海外宣传。中国农谷论坛是一个很好的平台，可以整合海内外有关农业发展、经济发展、社会发展等方面专家、学者，以及与农业产业相关的企业、投资商、科研人员等，在为中国农谷发展谋划的同时，可以为中国农谷海外旅游公共营销服务提供平台。二是利用国际化会展，加强海外宣传。一方面要利用本土资源，举办国际会展，扩大影响力，如2012年10月举办的"中国农谷·荆门国际乡村旅游论坛"，除国内代表、台湾代表参加外，还有荷兰、韩国等国代表参加，亚太旅游协会还给中国农谷授牌"国际乡村旅游观察点"。另一方面还要走出去，多参加国际会展，进行宣传，如澳门定期举办的"世界旅游经济论坛"，还可参加"世界农业博览会"、"世界旅游博览会"等（见表1）。三是利用国际农业企业，加强海外合作与宣传。中国农谷核心区规划，吸引世界五百强企业（农业类）入驻，建设种子银行、世界农业之窗等措施，都是很好的平台。四是利用国际科研人员，加强海外宣传。如院士、国际农业科研专业人才加盟中国农谷，都是加强海外宣传比较好的方式。

表 1　中国农谷旅游公共营销服务相关平台

国际平台	亚太旅游展会、国际乡村旅游论坛、世界旅游经济论坛、世界农业博览会、世界旅游博览会、中国农谷论坛
国家平台	中国国际旅游商品博览会、中国旅游产业博览会、中国农产品博览会、中国民间艺术节、全国糖酒会、中国中西部特色农产品展销会、中国特色农产品博览会、全国绿色农产品博览会、中国农谷论坛
中部平台	华中旅游博览会、中部茶文化茶业博览会、中部博览会、中国中部绿色食品博览会
省级平台	湖北省旅游商品大赛、湖北省运动会、中国（武汉）工艺品古典家具及收藏品展销会
市级平台	荆门市：荆门油菜花旅游节、钟祥长寿文化旅游节、漳河游泳节、荆门金龙泉啤酒节、走进荆门·演唱会
	省内其他市：武汉国际旅游节、黄石国际矿冶文化旅游节、襄樊诸葛亮文化节、中国武当国际旅游节、宜昌三峡国际旅游节、荆州关公文化节、黄冈大别山旅游、鄂州梁子湖捕鱼节、孝感孝文化节、咸宁国际温泉文化旅游节、随州市世界华人炎帝故里寻根节、巴东纤夫文化旅游节、利川龙船调艺术节、仙桃体育文化节、潜江曹禺文化节、神农架生态文化旅游节

参考文献

Cathy, Hsu, Les. Killion, Graham, Brown, Michael J. Gross & Sam Huang. (2008). Tourism Marking: an Asia-Pacific Perspective (12th Edition). Brisbane: John Wiley & Sons Australia, Ltd, 422 – 427.

Steve, Pike. (2002). Destination image analysis-a review of 142 Papers from 1973 to 2000. *Tourism Management*, 23, 114 – 116.

陈非、林泽恺（2009）。地方旅游协会的功能和发展策略研究。现代商业,24, 110 – 111。

杜汉华（2011）。打响荆门"道源寿乡"养生旅游品牌。荆楚理工学院学报,6, 60 – 63。

荆门市旅游局（2013）。中国农谷核心区总体规划暨重点区概念性策划, 1。

汪冰、杨晖等（2012）。试论"中国农谷"核心价值。甘肃农业,23,

87－89。

吴英伟、陈慧玲译（2013）。Charles，R.，Goeldner，J. R. Brent & Ritchie，著。观光学总论。台湾：桂鲁有限公司。

熊元斌（2008）。基于区域整体利益的旅游目的地公共营销模式创新研究。珞珈管理论，1，216－217。

熊元斌（2008）。旅游业、政府主导与公共营销。武汉：武汉大学出版社。

熊元斌、黄颖斌（2014）。都市旅游营销模式创新——基于公共营销的视角。中南财经政法大学学报，3，42－46。

熊元斌、蒋昕（2010）。区域旅游公共营销的生成与模式建构。北京第二外国语学院学报，11，1－6。

叶中章（2010）。荆楚门户休闲之都：关于打造鄂西生态文化旅游圈荆门文化品牌的几点思考。世纪行，7，28－33。

袁玉琴（2009）。旅游节庆品牌公共营销模式研究。管理观察，6，44－45。

章尚正、阿拉斯泰尔、严澄（2005）。中美旅游目的地营销比较。旅游科学，6，27－33。

朱孔山、高秀英（2010）。旅游目的地公共营销组织整合与构建。东岳论丛，8，129－133。

四

改革与实践研究

世界文化遗产地中旅游非正式部门的半正式化趋势

——以安徽西递古村为例

徐雅雯　甘巧林

华南师范大学

摘　要： 旅游非正式部门通常被冠以诸多负名，处于相对尴尬的社会地位。随着旅游经济的大发展，旅游非正式部门开始出现新的发展特色，尤其是在世界文化遗产地中，半正式化趋势悄然蔓延。这一趋势的出现，究竟是预示着未来旅游经济部门的正式化统一还是旅游非正式部门的新内涵的拓展？通过大量阅读（旅游）非正式部门研究领域的文献，提取特征衡量指标；通过在世界文化遗产地西递古村的扎根调查，对深度访谈数据进行系统性处理，对各衡量特征进行判断，形成五位受访者的非正式性特征直观表现；根据所占的特征数量来进行非正式性程度的判断，并解释造成此现状表现的原因，最终发现世界文化遗产地中的旅游非正式部门的经营发展体现出以下特点与趋势：（1）旅游非正式部门的经营年限与半正式化趋势具有关联性；（2）当地社会记忆的融合度越高，旅游非正式部门的半正式化越强；（3）旅游非正式部门的"深度拓展，广度维持"特点决定其无法转换为完全的旅游正式部门；（4）经营动机的多样化是旅游非正式部门经营发展的新特点。

关键词： 旅游非正式部门，世界文化遗产，半正式化，西递

The Semi-formal Trend of Tourism Informal Sector in World Cultural Heritage Sites —a case study of Xidi ancient village

Xu Yawen, Gan Qiaolin

South China Normal University

Abstract: Tourism informal sector has been labeled with negative valuations, such as the informality, small scale, dirty, disorderly and bad, causing the special economic entity some embarrassment. With the rapid tourism economy development, tourism informal sector, as the essential part of local tourism economy system, begins to display a new feature, especially in the World Cultural Heritage Sites. The semi-formal trend has extended quietly. The emergence of this trend means that the tourism informal sector will eventually become a formal sector in the future or could be a prediction for a new connotation of tourism informal sector. By reading related literature on informal sector and tourism informal sector research, the researchers extracted the measure characteristics and determined the most appropriate for the responses of the five interviewees. Furthermore, the researchers revealed the informality degree on the feature judge chart and explained the reasons that promote a semi-formal situation. The research revealed that: 1) The operating time has an intensive relevance with the semi-formal degree; 2) The higher degree of fusion with local social memory, the more obvious the semi-formal trend; 3) The phenomenon of focusing on depth and ignoring extending decides that the tourism informal sector faces limitations of transferring to formal sector; 4) The diversity of management motivation is a new characteristic of tourism informal sector development.

Key words: tourism informal sector, World Cultural Heritage Sites, semi-formal, Xidi

一　研究背景与问题

随着早期社会学家及人类学家对非正式化经济形式的初步关注与探究，在 20 世纪 50 至 60 年代，非正式部门在经济体系中的重要地位被经济学家正式引入大众视野（Boeke, 1995; Blau, 2004）。在发达国家，非正式部门属于提升个人发展空间的一种就业选择；而发展中国家以及欠发达国家的劳动者似乎将非正式部门经济看作谋生工具。根据数据显示（G. Rxhani, 2004），国家经济发展水平与非正式部门规模在一定界值内成反比，并在某一阈值点实现持续稳定状态。20 世纪八九十年代，正式与非正式部门的概念开始运用于旅游研究中（Wahnschafft, 1982; Michaud, 1991; Kermath, 1992）。当非正式部门加上"旅游"二字的限定，不仅仅意味着经营内容、经营方式、经营环境等直观感知上的变化，而将是旅游地所在区域的经济发展体系的质性变化。大众旅游时期，游客所接触的旅游经济体普遍上是旅游正式部门范围内的经营个体；随着差异旅游时代的到来，游客旅游需求的多元化直接导致旅游经营内容、范围、目的等方面的变化，这种游客分散化趋势造就了旅游非正式部门蓬勃发展的新兴局面。西递古村作为我国皖南地域文化的典型代表，尤其是在世界级文化遗产地的品牌效应推动下，其旅游发展如火如荼。随着游客量的增加，当地景区内的旅游经济迎来了新的发展机遇。当地旅游非正式部门可谓是"遍地开花"，构成了古村内的一道"景观"。然而，随着旅游非正式部门的不断成熟，各类新的发展特征逐渐凸显出来，出现了与旅游正式部门特征相似的情况，不禁引发学者们的思考：这一现象是否意味着旅游非正式部门发展轨迹的终点就可转化为旅游正式部门？

二　研究回顾

（一）非正式部门

1970 年，社会人类学家 Hart 在其对第三世界国家的研究中赋予了非正式部门初步含义，强调非正式部门的自我就业性（Hart, 1970）。随后于 1972 年，国际劳工组织（ILO）在题为 *Employment, income and equality: A strategy for increasing productivity in Kenya* 的报告中首次正式提出"非正式部门"一词（Geneva, 1972），将"非正式性"的特征归纳于免于政府监管与避税这两方面。ILO 认为，非正式部门以产品或提供服务的形式参与市场经济活动中，有利于就业机会的增加与收入的再分配，但政府却没有尽到管理之责（Bangasser, 2000）。

后工业时代的非正式部门亦被称为集市经济，寓意小规模经济生产部门的流动经营（Gershuny，1983）。战时，由于非正式部门经营内容涉及地下犯罪交易，故其获意"黑市"（G. Rxhani，2004）。1990 年，Feige 在研究中将非正式部门定义为一种地下经济，并指出这种地下经济集合了阴影化、非正式化、隐藏化、相似度高、非公开化、附属性、家庭式等这些特点（Feige，1990）。由于这种地下经济在不同的研究领域有着不同的解释，并无法体现出上述的各种特点，因此学者们放弃以某种特定的定义来限定，而是在实际问题的解决中来定义非正式部门。

非正式部门的经济活动是普遍的，并深刻影响着发达国家与发展中国家的社会经济与区域空间发展。然而根据国家结构与国情的特色，非正式部门的发展在不同类型国家中呈现出多样化局面（Cowell，1988）。如图 1 所示，随着国家经济发展水平的增长，非正式部门的规模不断减少，直至达到稳态点，保持在相对稳定的规模上；在时间上，发展中及欠发达国家的非正式部门出现早于发达国家（Timofeyev，2013）；在经济发展初、前期，发展中及欠发达国家的非正式部门规模实现率大于发达国家，直至发展到一定水平（交汇转折点处），即到了经济发展中后期，发达国家的非正式部门规模实现率开始大于发展中及欠发达国家。

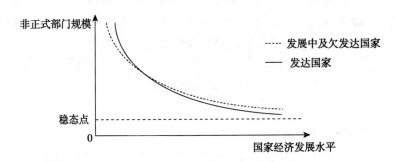

图1　不同类型国家非正式部门规模与经济发展水平关系

数据来源：根据 *The informal sector in developed and less developed countries： A literature survey*（G, Rxhani，2004）相关内容总结所绘。

旅游非正式部门最显著的特征在于不必受到正式制度的制约，实际上非正式部门创建出一套与正式部门官方制度相平行且截然不同的运行机制（Castells，1989），虽然没有成型的条例规章且具有一定的机会主义性，但还是能够有效地自我管理与协调（Romanos，1996），具有充分的自治性与灵活性。非正式部门涉及的内容范围要广于正式部门，所提供的服务与产品是填充市场需求的关键（Roberts，1994）。因此，非正式部门与正式部门间除了此消彼长的竞争关系外，还存在依存共生的合作关系。Sassen-Koob（1989）的研究表明，非正式部门承担了正式部门（尤其是大型公司企业）的分包业务，已成为正式部门庞大生产线的一部分。Portes 和 Castells（1989）从合法性角度，将非正式部门定义为不在国家行政管理部门的管辖范围之内、不向国家纳税、没有得到法律和条例认同的一组经济单位。Menno（1995）从非正式部门就业者职业选择模型出发，发现劳动市场规模与薪酬成正比，但非正式部门中女性工作者的收入明显偏低。Mead 融合前人研究所长，将评判非正式性的三个主要维度提升归纳为合法性、组织规模与资本水平（Mead，1996），得到学术界广泛认可与采用。随着社会责任意识的提高与环境破坏的严峻现实的深入，Blackman（1998）研究小区压力参与非正式部门清洁技术使用的监督问题，从环境保护角度研究非正式部门与当地小区之间的关系；Briassoulis（1999）探究非正式部门与可持续发展之间的关系，指出环境保护、社会公平与经济效能为主要的三个影响因素。

（二）旅游非正式部门

20 世纪八九十年代，正式与非正式部门的概念开始运用于旅游研究中（Wahnschafft，1982；Michaud，1991；Kermath，1992）。虽然研究所选的案例有所差异，但对相关基础概念还是进行了明晰化阐述。发展中国家高端的旅游正式部门主要以国际标准酒店、西餐（日本料理）、空调巴士等为特征，而低端的旅游非正式部门主要以低价的住宿、国内的饮食等为特征（Oppermann，1993）。Wahnschafft 在其就芭提雅旅游正式及非正式部门的研究中，以经营规模为主要辨别维度（Wahnschafft，1982）。他认为，旅游住宿、酒店、娱乐中心、纪念品商店都属于旅游正式部门，而小贩、街头商贩、妓女、手艺人属于非正式部门的一部分。Michaud 则着眼于旅游经营规模及企业性质两方面，即大型酒店属于正式部门，小旅馆等属于非正式部门（Michaud，1991）。Kermath 和 Thomas 则从是否接受信用卡服务及是否有固定工资角度来区分这两个部门（Kermath，1992）。Britton（1980）认为，旅游的高端化经营依靠大量的资本投入及外国高端品牌的引进（比如国际酒店连锁特许经营权），然而另一方面这易造成大量的漏损。相比而言，非正式部门意味着低投入、低进口。Milne（1992）发现，与那些高档的酒店相比，低进口的客房在旅游收入乘数效应方面，贡献更为明显。在概念方面，旅游非正式部门的定义界定是与正式部门相对的（王丽、郭为、陈枝，2010），特征互补。传统意义上，正式部门主要是指那些大型的得到法律认可的经营部门，如酒店、航空公司、有执照的餐厅，以及在政府注册并缴纳相应税收的相关旅游企业（苏静、陆林，2009）。而旅游非正式部门是指在旅游政府部门控制以外的并对旅游产生效应的盈利单位，如销售旅游纪念品的小贩、人力车司机、没有营业执照的家庭旅馆、无证导游和路边流动摊贩等（Crick，1992）。国内外学者对旅游非正式部门的经营状况与趋势观察的研究较为少见，多为微观角度的现状研究。Krakover 从劳动力理论框架中得到启发，对旅游非正式部门的劳动力就业问题进行探究（王丽，2011）。刘园园（2007）从性别角度对旅游非正式部门的工作者进行研究，指出传统第三产业中对女性较多采取非正式雇用。郭为等人对旅游非正式部门的群体特征与行业满意度进行探究，指出国内的失业人员进入旅游非正规部门最主要的原因是机会成本，职业技能壁垒比较低的行业通常是他们的首选（郭为、秦宇、王丽，2012）。随着研究关注视角的开放，学者开始对旅游非正式部门中的"非道德"交易进行探究，指出当地性工作者与游客间的交易活动除了谋生所需外，还作为当地弱势人群跻身旅游地各项"特权"阶层的途径之一（Miller，2011）。

　　通过对国内外关于非正式部门与旅游非正式部门的文献广泛阅读，总结出旅游非正式部门具备的几点公共特性指标（见表1）。

表 1　旅游正式/非正式部门特征表

特征指针	旅游非正式部门	旅游正式部门	代表学者
资本水平	有限的	充足的	Mead（1996），Martha Lincoln（2008）
技术含量	低	高	Martha Lincoln（2008）
组织规模	劳动力人数少	劳动力人数多	Mead（1996），Michaud（1991），Madhu Singh（2009）
组织结构	简单的	官僚等级的、严密的	Wilson（2009），Robert（1994）
组织性质	个人经营或家庭经营	公司或企业	Feige（1990），Michaud（1991），Madhu Singh（2009）Martha Lincoln（2008）
产品	简单且档次较低	复杂且档次较高	Wahnschafft（1982），Britton（1980），Milne（1992）
存货量	数量有限	数量多	Lincoln（2008）
信用卡服务	较少或没有	常见或必备	Kermath & Thomas（1992）
价格	可议价的	固定的	Koujianou Goldberg（2003）
固定成本	较少的	大量的	Dessy & Sylvain（2001）
广告	几乎没有	必要的，大量的	

续表

特征指针	旅游非正式部门	旅游正式部门	代表学者
营业额	少	多	Oppermann（1992）
职业技能与教育培训	无职业技能培训	有职业技能培训	Christian M. Rogerson & Tokelo Letsie（2013）
固定工资	不普遍	普遍	郭为（2012），Madhu Singh（2009）
政府监管	较少或几乎没有	较多或严格	Kermath & Thomas（1992），Menno（1995）
执照	无	有	ILO（1972），Portes & Castells（1989）,
纳税	不需要	需要	Madhu（2009）
合法性	法律法规之外	严格在法律法规之内	Gershuny（1983）
政府援助	很少或几乎没有	大量的	ILO（1972），Portes & Castells（1989）
对国外的依附力	很少	很大，外部导向的	Mead（1996），Portes & Castells（1989） Madhu Singh（2009），ILO（1972），Britton（1980）

三　研究方法与数据

西递古村位于安徽省黄山市黟县境内，是一处以宗族血缘关系为纽带，胡姓聚族而居的古村落。因古建筑保存的完整性与历史文化价值的宝贵性，西递古村被国内外专家学者誉为"中国明清民居文化的博物馆"，属我国皖南地域文化的典型代表。2000 年西递、宏村被列入《世界文化遗产名录》，迎来旅游发展的蓬勃局面。西递古村的旅游非正式部门大体分为固定场地经营者与流动摊位经营者两种，具体经营类型包括下述五类：级别较高的工艺品店的工艺品（如石雕、窗雕、木雕、竹简、砚台、字画等）、路边流动的小吃摊的小吃（如煎饼、玉米、鸡腿、甘蔗、绿豆汤等）、固定店铺的饰品店的特色单品（如挂坠、风铃、围巾、手包、草帽、服装、扇子等）、流动摊位的特色首饰及小饰品（如仿古戒指、铜镜、挂饰、耳饰、手镯等）、当地家庭餐馆中的特色美食（如当地的招牌徽州菜品等）、游玩专案（如抛绣球、坐花轿、付费登楼拍西递村全景等）。在西递古村景区内，小吃摊数量占全景区旅游非正式部门总数的30%—40%，其次是农家乐与家庭餐（旅）馆占20%—30%，接下来高级工艺品店、经营饰品及特色单品的固定店铺、当地特色酒铺与茶叶铺这三类各占10%左右。

　　研究采用深度访谈法、观察法与文献分析法，对西递的旅游非正式部门的经营特色与发展趋势进行观察总结，并与以往文献关于旅游非正式部门的描述进行对比分析，找出西递古村内旅游非正式部门成长趋势的特殊之处并分析其中原因。2014 年 2 月 6 日至 8 日在西递古村进行了为期 3 天的预调研，主要了解当地旅游非正式部门的基本经营类型与经营特征，对当地旅游发展现状及旅游经营状况有了初步认识，为后期正式调研定下宏观方向。期间阅读大量国内外旅游非正式部门研究文献，进行概念的要素提炼与梳理。2014 年 8 月 14 日至 24 日在西递进行为期 10 天的正式调研，对西递古村景区的旅游非正式部门及少数旅游正式部门进行关键人物的深度访谈。深度访谈对象共选取 5 名，本计划选取固定经营者 3 名，流动经营者 2 名，但是由于现阶段当地旅游非正式部门的特殊性，流动经营者成为村委会城管人员管制对象，故景区内基本上不存在流动经营行为，因此深度访谈对象均为固定经营者。主要以半开放式访谈问题为主，访谈问题集中于个体店铺、摊位经营状况的问询与西递旅游带来的经营影响感知。

四　研究结果与分析

　　通过对访谈录音的处理，形成访谈内容提要表（见表 2）。以经营内容、经营年限、经营动机、经营规模（劳动力人数）、经营状况、收入盈余状况、执照情况与政府监管情况为分类指针，考察受访样本的非正式化特征的详细表现。本研究在深度访谈的基础上，对其他类型的旅游非正式部门经营者以"聊天式"谈话形式，挖掘上述分类指针的补充信息。

　　结果发现，案例地西递古村内的旅游非正式部门 80% 以上属于自我就业型中的个人经营形式，极少数程序复杂的产品（如酒铺、茶叶铺）非正式经营者属于家庭经营形式；经营动机方面，90% 以上经营主体是基于养家糊口的经济动机，而少数经营者（以徽文化衍生工艺品）同时兼有对古徽州文化的热爱、发扬与技艺深化动机，属于社会记忆深刻影响下的产物；收入盈余方面，普遍上表达出除收支平衡外还能有所节余以作自由支配收入，由于访谈中关于经济的话题较为敏感，故对于自由支配收入的数量程度并未深入挖掘；经营前景设想方面，五位受访者均表示无意扩大经营范围，以经营现状为主，这是以往关于（旅游）非正式部门群体研究普遍揭示出来的一大特性，是限制旅游非正式部门向正式部门完全

"进化"的一大阻碍。

在政府监管方面，当地的旅游非正式部门经营者面临着新的趋势大潮影响，即经营的规范化。旅游发展的成熟化、游客需求的高层次化，促使当地旅游管理部门加强对此经济团体的监管。然而这种监管主要体现在社会影响控制与政治程序要求方面，在经济管制（如征税）方面更像是象征性的"权威宣告"。

实际上，受访对象自身也表现出一些新特征，如胡 WN，胡 AP，陈 SZ，阿 D 在西递进行非正式部门经营活动均至少 14 年，在经营年限上体现出长期经营的特点，一定程度上与案例地的旅游经营者的"本地人"与"经营主体"双重身份有关。

表 2　受访对象访谈内容提要

受访者	经营内容	经营年份	经营类型	经营动机	劳动力人数	经营状况	收入盈余	执照情况与政府监管情况
胡 WN	高级别工艺品店（竹简、木雕、石雕、石砚等高级工艺品）	2000 年至今	个人经营型	以养家糊口为主，辅之以对徽文化的兴趣	1 人，无帮工人员	淡季：月收入毛利 2 000～3 000 元；旺季：月收入毛利 1 万～2 万元；可刷卡以及开发票。	除基本生活花销外有部分储蓄作可支配收入。	必须持工商营业执照营业；政府部门基本不涉入，仅参与基本安全治安维护；不用上报相关数据；纳营业税与地皮税，每年税务支出占总营业额的 5%。
胡 SY	固定店铺的饰品店（如挂坠、风铃、围巾、手包、草帽、扇子等）	2013 年至今	家庭经营型（中年）	养家糊口	2 人，夫妻	以学生游客为主，旺季为 4 月至 10 月底，淡季为寒假与春节。	基本收支平衡，无盈余。	必须持营业执照；不用上报相关统计数据；不用纳税；工商部门要求明码标价，保证无游客利益纠纷。

续表

受访者	经营内容	经营年份	经营类型	经营动机	劳动力人数	经营状况	收入盈余	执照情况与政府监管情况
胡AP	路边小吃摊（如煎饼、玉米、鸡腿、甘蔗、绿豆汤等）	1996年至今	家庭经营型（老年）	积攒积蓄及经营惯性	2人，夫妻	除在固定摊铺经营外，还进行流动经营（被村委会的城管性质人员管制）；受到经营位置差异影响，经营效果不一；学生为主要消费人群；特色小吃易成为游客的纪念品首选	有一定的收入积蓄。	早期经营不需要执照，自2000年以来开始被工商部门要求办理执照手续；不需纳税；每年要交约2 000元的费用给村委会城管人员（不情愿，敢怒不敢言）；向村委会交500元保证金
陈SZ	安徽石刻工艺品店（歙砚、石壶、石雕）	2003年至今	个人经营型	以养家糊口为主，辅之以对徽文化的热爱（市级大师）	1人	经营自由，游客对所经营产品感兴趣，光顾率较高；定价合理，普遍能被接受；经营较为顺利；以维持现状为主，暂时没有扩大经营规模的打算；对游客的自身知识积累要求高	除基本生活花销外有部分储蓄作可支配收入。	必须持工商营业执照营业；需纳税，主要为地皮税，每年500元左右；政府部门不管制，主要保证合法；不需要上报数据

续表

受访者	经营内容	经营年份	经营类型	经营动机	劳动力人数	经营状况	收入盈余	执照情况与政府监管情况
阿D	安徽歙砚雕刻工艺店	2000年至今	家庭经营型（中年）	自身技能积累（省级大师）	4人，一家四口	对游客的个人品位要求高；一口价，不接受议价；淡旺季不明显，主要为回头客的经营；不打算开分店或转行。	除基本生活花销外有部分储蓄作可支配收入。	必须持工商营业执照营业；需纳税，主要为地皮税，每年500~600元；基本上不受政府相关部门影响；偶尔政府有收集经营数据（形式主义）

接下来对五位受访者的访谈回答进行非正式性特征定位，得出表3。

表3　受访者非正式性特征定位表

受访者 ＼ 特征指针	资本水平	技术含量	组织规模	组织结构	组织性质	产品	存货量	信用卡服务	价格	固定成本	广告	营业额	职业技能	固定工资	政府监管	执照	纳税	合法性	政府援助	对国外依附
胡WN	−	−	+	+	+	−	−	+	−	+	−	+	−	+	−	−	−	−	+	+
胡SY	+	+	+	+	+	+	−	+	−	+	+	+	+	+	−	−	+	+	+	+
胡AP	+	+	+	+	+	+	−	+	−	+	+	+	+	+	−	−	+	+	+	+
陈SZ	−	−	+	+	+	−	−	+	−	+	−	+	−	+	−	−	−	+	+	+
阿D	−	−	+	+	+	−	−	+	−	+	−	+	−	+	−	−	−	+	+	+

注：符合旅游非正式部门的特征则填"＋"，符合旅游正式部门特征则填"－"。

通过对表3的观察，发现在20个非正式性判断特征中，五位受访者均表现出正式性与非正式性相结合的特色，区别在于这种半非正式性程度不一。从特征指针的变异程度来看，存货量、政府监管、执照、合法性的正式化趋势最为明显；组织规模、组织结构、组织性质、广告、固定工资、政府援助、对国外依附力这几个特征依然保持非正式性，没有明显变化。从受访者经营类型角度看，以胡 AP 为代表的路边小吃摊的经营的半非正式化趋势最不显著，以阿 D 为代表的徽州文化特色高级工艺品经营的半非正式化最为显著。

五　结论

（一）经营年限与半非正式化趋势具有关联性

旅游非正式部门的经营历程实际上就是当地旅游发展的受益者与见证者，旅游发展程度越高，旅游非正式部门的半非正式化趋势就越明显。这种半非正式性直接表现为受政府监管的力度加深、执照要求普及化、产品档次提升。同时，经营年限的增加带来的是旅游正式部门经营与当地文化特色和民俗风情的融合，这也是西递古村旅游非正式部门的一大特色。

（二）与当地社会记忆的融合度越高，旅游非正式部门的半非正式化越强

安徽西递古村作为世界文化遗产地，古徽州儒商文化是当地社会记忆的一大核心，这也是诸多游客慕名而至的主要动机。旅游非正式部门的经营内容与当地的社会记忆契合程度的高低，直接关系到其实际经营状况。民俗生活原真性与当地特质归属性是影响游客对旅游非正式部门满意度的关键特性，因此与当地社会记忆的融合问题，成为旅游非正式部门改善经营的首要考虑切入点。随着这种社会记忆融合程度的提升，产品的技术含量、产品档次、价格、存货量、固定成本、营业额、职业技能这些要素均受到联动影响，从而带来了这些旅游非正式部门的半非正式化加强。

（三）旅游非正式部门的"深度拓展，广度维持"特点决定其无法转换为完全的旅游正式部门

旅游非正式部门在组织规模、结构、性质、广告投入、固定工资这些微观要素与政府援助、对国外依赖这些宏观要素方面的非正式性最稳定，表现出对经营范围拓展的无兴趣性。而在经营内容方面，不断更新深化，向着精细化与高档次化发展。这一"深度拓展，广度维持"的特点也是导致旅游非正式部门无法转换为完全的旅游正式部门的主要原因。

（四）经营动机的多样化是旅游非正式部门经营发展的新特点

旅游非正式部门在发展过程中（尤其在文化类旅游地），将更多突出文化动机的经营影响作用。旅游非正式部门不再是国内外文献中暗指的那类"负面"的经济弱势群体，而将承担起旅游地社会记忆传播与演绎的角色，成为旅游地经济系统中与旅游正式部门职能互补的经济体，共同推动旅游地的全面可持续发展。

参考文献

郭为、秦宇、王丽（2012）。旅游非正规就业的群体特征与行业满意度——以青岛和烟台的旅游非正规部门调查为例。旅游学刊,7，81-90。

刘园园（2007）。我国女性非正规就业问题研究。北京交通大学。

苏静、陆林（2009）。非正式部门（informal sector）：旅游研究中不可忽视的领域。旅游学刊,1，71-76。

王丽（2011）。旅游非正式部门的自我就业研究：现状、原因与对策。青岛大学。

王丽、郭为、陈枝（2010）。旅游非正式部门及其就业——自我就业的研究综述。北京第二外国语学院学报,9，41-48。

Bangasser, P. E. (2000). The ILO and the informal sector: An institutional history. *Employment Paper*, *9*, 86-88.

Blackman, A. B. G. (1998). Community Pressure and Clean Technology, in the Informal Sector: An Econometric Analysis of the Adoption of Propane by Traditional Mexican Brickmakers. *Journal of Environmental Economics and Management*, *35* (1), 1-21.

Blau, P. M. (2004). Formal organizations: A comparative approach. Palo Alto: Stanford University Press.

Boeke, J. H. (1953). Economics and economic policy of dual societies. New York: Institute of Pacific Relations.

Briassoulis, H. (1999). Sustainable Development and the Informal Sector: An Uneasy Relationship? *The Journal of Environment & Development*, *8* (3), 213-237.

Britton, S. (1980). The Spatial Organization of Tourism in a Neo-colonial Economy: A Fiji Case Study. *Pacific Viewpoint*, *21*, 144 – 165.

Castells, M. P. A. (1989) . World underneath: The origins, dynamics and effects of the informal economy. Baltimore, MD: Johns Hopkins University Press.

Cowell, F. A. (1988) . Unwillingness to pay. *Journal of Public Economics*, *36*, 305 – 321.

Crick, M. (1992) . Life in the Informal Sector: Street Guides in Kandy. Sri Lanka. In Tourism and the Less Developed Countries, D Harrison. London: Belhaven Press.

Dessy, S. (2001) . Taxes, Inequality and the Size of the Informal Sector. Universite Laval——Departement d'economique, Cahiers de recherche.

Feige, E. L. (1990) . Deifining and estimating underground and informal economies: The new institutional economics approach. *World Development*, *18*, 989 – 1002.

G, Rxhani. K. (2004) . The Informal Sector in Developed and Less DevelopedCountries: A Literature Survey. *Public Choice*, *120* (3/4), 267 – 300.

Geneva: ILO (1972) . Employment, income and equality: A strategy for increasing productivity in Kenya.

Gershuny, J. I. (1983) . The informal economy: Its role in post-industrial society. *Futures*, *11*, 3 – 15.

Hart, K. (1970) . Small scale entrepreneurs in Ghana and development planning. *Journal of Development Studies*, *6*, 104 – 120.

Kermath, B. M. , & Thomas, R. N. (1992) . Spatial Dynamics of Resorts: Sosua, Dominican Republic. *Annals of Tourism Research*, *29*, 173 – 190.

Koujianou, Goldberg, P. , & Pavcnik, N. (2003) . The response of the informal sector to trade liberalization. *Journal of Development Economics*, *72* (2): 463 – 496.

Lincoln, M. (2008) . Report from the field: street vendors and the informal sector in Hanoi. *Dialectical Anthropology*, *32* (3), 261 – 265.

Mead, D. C. (1996) . The Informal Sector Elephant. *World Development*, *24* (10), 1611 – 1619.

Menno, P. (1995) . Formal and informal sector unemployment in urban areas of Bolivia Pradhan, M. P. ; van Soest, A. H. O. (Eds) . *Labour*

Economics, *2*, 275 – 297.

Michaud, J. (1991) . A Social Authropology of Tourism in Ladakh, India. *Annals of Tourism Research*, *18*, 605 – 621.

Miller, J. (2011) . Beach boys or sexually exploited children? Competing narratives of sex tourism and their impact on young men in Sri Lanka's informal tourist economy. *Crime, Law and Social Change*, *56* (5), 485 – 508.

Milne, S. (1992) . Tourism and Development in South Pacific Microstates. *Annals of Tourism Research*, *19*, 191 – 212.

Oppermann, M. (1992) . International Tourist Flows in Malaysia. *Annals of Tourism Research*, *19*, 482 – 500.

Oppermann, M. (1993) . Tourism Space in Developing Countries. *Annals of Tourism Research*, *20*, 535 – 556.

Roberts, B. Informal Economy and Family Strategies. *International Journal of Urban and Regional Research*, *18* (1), 6 – 23.

Rogerson, C. M. , & Letsie, T. , (2013) . Informal Sector Business Tourism in the Global South: Evidence from Maseru, Lesotho. *Urban Forum*, *24* (4), 485 – 502.

Romanos, M. C. C. (1996) . Contributions of the urban informal sector to environmental management. *Regional Development Dialogue*, *17* (1), 122 – 155.

Sassen – Koob, S. (1989) . The informal economy: Studies in advanced and less developed countries. Baltimore, MD: Johns Hopkins University Press.

Singh, M. (2009) . Social and Cultural Aspects of Informal Sector Learning: Meeting the Goals of EFA. International Handbook of Education for the Changing.

Timofeyev, Y. (2013) . The Effects of the Informal Sector on Income of the Poor in Russia. *Social Indicators Research*, *111* (3), 855 – 866.

Wahnschafft, R. (1982) . Formal and Informal Tourism Sector: A Case Study in Pattaya, Thailand. *Annals of Tourism Research*, *9*, 429 – 451.

Wilson, D. C. , Araba, A. O. , & Chinwah, K. , et al. (2009). Building recycling rates through the informal sector. *Waste Manag*, *29* (2), 629 – 635.

旅游商品区域性整合营销传播初探

——以宁夏地区为例

周一汀

澳门城市大学

摘　要：中国旅游业的发展是十八届政府工作报告中提出的国家战略，在市场表现中看，传统行业的利润率下降和宁夏年龄结构老龄化以及文化产业的繁荣都是旅游业起飞的信号。旅游活动的重要一环就是旅游商品——不论对于旅游者的旅游体验来说还是对旅游活动产生的效益来说。本文以宁夏地区为旅游活动发生地，介绍了宁夏地区旅游商品资源的现状，通过区域性和整合营销传播的视角透视了宁夏地区旅游商品市场存在的问题，并提出了品牌开发、销售和传播的对策。

关键词：旅游商品，整合营销传播，宁夏地区

Primary Investigation of Regional Integrated Marketing Communications of Tourist Commodities: Taking Ningxia as an Example

Zhou Yiting

City University of Macau

Abstract：The development of the tourism industry is one of the national strategies in the 18th government work report. From market signals, like the declining profit rate, the aging trend in Ningxia and the prosperity of culture industry, indicate a flourishing future of tourist industry. As a vital part of travel activities, tourist commodities play an important role in both travel experience and the benefit generated from travel activities. This study takes Ningxia as the tourist site and briefly introduces the commodities resources in Ningxia. The researcher adopted regional and integrated marketing communications to analyze the problems in Ningxia tourist commodities market. Lastly, the researcher proposed corresponding strategies from brand exploitation, sales and distribution perspectives.

Key words: tourist commodities, integrated marketing communications, Ningxia

一　绪论

购物作为旅游业的六大要素之一，在旅游者的消费支出中占有较大的比例，也是旅游收入的重要组成部分。据一份专门的调查显示，宁夏旅游商品收入占旅游总收入平均水平的23%，而旅游发达国家则达到40%—60%。旅游业起步较晚的宁夏，旅游商品的发展步伐更是缓慢，多年来一直徘徊在7%—8%的水平。2001年由于加大了开发力度，旅游商品的收入占到旅游总收入的12.3%，但与旅游业发达地区相比差距还是很大。本文试图从宁夏旅游商品发展的现状以及存在的问题入手，探讨宁夏旅游商品如何深层次开发。

二　文献综述

（一）概括

"旅游商品"既是一个学术领域的理论问题，也是目前社会实践中追逐的热点问题，在中国开始发展不过近十几年，对于旅游商品的研究总的来讲滞后于旅游商品实践的发展，主要的研究成果是在近几年旅游业迅速发展的基础上有明显增多，不管是在文献和文章的数量上还是研究的广度和深度上也都有普遍进步。借助CNKI数据库的检索引擎，可以大概地反映出近年来学者对旅游商品研究的关注程度。笔者采用"旅游商品"作为主题词，检索2007—2013年的中文期刊数据库。国内的旅游商品存在波动。2008 年，奥运会在中国召开，旅游商品的论文剧增，2010 年，上海世博会成功举行，相关研究开始"复兴"，2011 年后，以《非物质遗产保护法》公布施行为标志的非物质文化遗产热，造就了另一个高峰。

国内对旅游商品的研究在 20 世纪 90 年代初期才开始，进入 21 世纪，对国外的研究和总结逐渐增多，结合案例地区的实证研究也逐渐增多。由于旅游业及旅游商品研究在宁夏起步较晚，研究内容主要集中在概念、产生原因、发展模式、属性特征、开发前景和意义、实证规划开发上，研究视野和内容有广度没有深度，研究过程中缺少足够的研究方法和对案例地区的持续跟踪调研；此外缺乏对旅游商品的政策和管理以及居民态度的研究；非物质文化遗产研究数量占多数，对旅游商品的产品设计等诸多方面的研究还停留在表象上。

宁夏的旅游商品研究不多，集中在旅游资源分类、旅游线路规划、非物质文化遗产的研究。对整体给出解决方案的探索性研究还不多。

（二）国外研究

多数国内学者将旅游商品翻译为 tourism merchandise，但笔者对旅游相关的数据库进行搜索后，并没有找到任何文献。因此，笔者扩大了搜索范围，以旅游购物（tourism shopping）为关键词，才找到一些相关文献。结合搜集的国外文献和国内综述性文献，可以大致反映出国外在旅游商品领域的研究发现。总体而言，国外的研究多用 tourists souvenir，即国内所称的"旅游纪念品"，来研究旅游购物的对象。因此本小节对国外文献的整理主要集中在 tourist souvenir 上。

（1）旅游纪念品和旅游购物

Soyoung Kim 和 MaryA. Littrell（2001）对 tourist souvenir 的研究成果进行了回顾，认为过去的研究主要围绕两个方向：一是纪念品的制作者，主要探讨了商品化给制作者的产品和生活带来的影响问题；二是纪念品的消费者，主要探讨了旅游纪念品的意义、纪念品种类和旅游形式之间的关系、纪念品真实性的定义、年龄、性别和纪念品购买行为之间的关系等。

Kristen K Swansona，Patricia E. Horridge（2006）研究了旅游动机和纪念品购买行为的关系，并提到学界对旅游纪念品的研究还包括旅游者和零售商的感知、纪念品购买目的、旅游者的购买动机，作者还进一步对旅游纪念品的种类和特征研究进行了学术回顾。

旅游购物方面的主要研究成果，集中在全球旅游学术排名前两位的刊物 ATR（*Annals of tourism Research*）和 TM（*Tourism Management*）中。陈钢华、黄远水（2007）按照时间顺序梳理 ATR 和 TM 中的文献，发现国外旅游购物研究经历了两个比较明显的阶段。第一阶段的研究主要集中在旅游购物（品）的意义、旅游购物对区域的影响、旅游购物品的真实性以及旅游购物场所的规划与空间布局等，焦点在旅游购物（品）本身。第二阶段的研究则集中在购物者的心理、行为、感知、满意度、市场细分等领域，焦点在旅游购物者。而所谓的"旅游购物品"，也就是以"souvenir"为主的购物品。

（2）旅游购物者分类

王蕊、苏勤（2008）对国外自 1987 年以来对旅游购物者进行分类研究的文献进行了整理，认为国外旅游购物者分类研究以心理和行为细分为主，在研究方法上以定量分析和定性描述为主。心理细分方面，包括了社会人口统计特征、态度和偏好、动机等。社会人口统计特征，包括性别、年龄、家庭生命周期等。代表性研究者包括 Verbeke（1987）；Anderson 和 LittreU（1995）；Joanne Yoon-Jung OH 等（2004）；GdborMichalk 等（2006）。

态度和偏好：态度是人对事物或他人的认知、喜恶和反应倾向，这种倾向可能是积极的、肯定的，也可能是消极的、否定的。态度对人们的行为产生极大的影响，决定着人们对某一产品的购买倾向。偏好是指人们趋向于某一目标的心理倾向。积极的态度一旦形成，就会产生一种对该事物的偏好。代表性研究者包括 Littrell 等（1994）；Carmichael 等（2004）；Littrell 等（2004）。

动机：动机是激励一个人进行活动以达到一定目的的内部动力或动因，是引起人们进行特定活动的直接原因。样本文献中的动机包括购物的动机和购买某一纪念品的动机。代表性研究人员包括 LittreU（1990）；Timothy（1995）；Yu 等（2003）；Geuens 等（2004）。行为细分方面，该文所指行为主要是购买和决策行为，包括样本文献中的目的地决策过程和购买的计划行为。大多数学者将旅游购物看成一种旅游活动，代表性研究者包括 Moscardo（2004）；Anderson 等（1996）。

（三）国内研究

国内学术界对旅游商品的研究可以追溯到 1980 年一篇名为《旅游商品价值、价格问题初探》的文章。可见，旅游商品在国内的研究，基本上是伴随着旅游业的发展而发展的。

30 多年来，伴随着旅游业的飞速发展，对旅游商品的研究已引起理论界和实际部门的高度重视，各种研究论文和著作不断涌现，对旅游商品进行了许多有益的研究。总的来说，研究主要集中在旅游商品的概念体系、开发、需求、总体市场等方面。

（1）旅游商品的概念体系

学界对旅游概念的研究主要是理论性的，集中在名称、内涵、分类等三个方面。关于名称，学界主要有"旅游商品"和"旅游购物（商）品"两种提法。两种提法的分歧在于旅游商品仅指实物商品，还是既包括实物又包括服务。有的学者认为应该用"旅游商品"统称实物和服务两种商品，而用"旅游购物（商）品"来表示有形的实物商品，以区别于无形的服务商品。受西方文献的影响，多数学者坚持旅游产品指"服务产品"，而旅游商品表示"实物商品"，目前，后一种提法在学界已约定俗成，且被政府部门采用。关于概念，学界还没有一致的观点，到目前为止，至少有十几种观点。马进甫（2006）曾进行小结，提出了六种典型"说法"及其代表人物，包括张凌云的"怀疑说"，苗学玲的"角色说"，石美玉的"统一说"，曹国新的"配景说"，马晓京的"符号说"和管婧婧的"道具说"。其中，苗学玲的看法被广泛引用，对后来的研究带来了较大的影响。总体而言，六种"说法"对旅游商品内涵的认识基本一致，其主要区别在于对旅游商品外延的看法上。关于分类，根据不同的标准，旅游商品可以被划分为不同的类型。其中，苗学玲、钟志平、石美玉等学者对旅游商品有着较深入的研究，其分类标准具有一定的代表性。苗学玲（2004）认为，旅游商品包括旅游前和旅游中购买的商品。旅游前所购商品，包括旅游户外用品、旅游书籍、生活日用品和用于探亲访友的土特产等四类。旅游中所购商品，包括具有目的地地方特色的旅游纪念品、日用品和免税商品等三类。旅游中所购买的旅游纪念品是核心部分，包括旅游工艺品、土特产、旅游印刷品和其他等四类。钟志平（2005）认为，随着社会进步和科技发展，旅游商品的品种结构和市场结构会不断变化。根据旅游商品的共有特征，按照不同的标准可以将其分为不同类别，并列举了十种分类方法。石美玉（2003）在其博士论文中指出，旅游商品是一种特殊商品，其特殊性主要在于其购买者是旅游者。因此旅游商品的分类标准应区别于一般商品的分类标准，突出旅游者的地位。并进而将旅游纪念品划分为旅游景点型、事件依托型、名优特产品、名牌产品等四类。

（2）旅游商品的开发

此类文献的作者，主要来自旅游、工艺美术、民俗学等学科领域，以经济学、美术学、民俗学等理论来指导研究。研究一般侧重于对旅游商品供给的分析，辅以对游客需求的简单调查，从而提出涉及部分或整个旅游商品产业链的开发建议。包括理论性研究和应用性研究两类。

理论性研究方面，有的以经济学理论为指导，提出旅游商品开发一般性思路（马治鸾、高辉，2003；刘志江，2004；苟自钧，2005）。有的以文化学、民俗学等理论为指导，提出将文化因素运用到旅游商品的开发中（吴克祥，1994；黄继元、陈文君，2002；姜唉，2008）。近年来还出现了一些新的研究成果，如旅游商品的主题开发（黄燕，2008），旅游商品的知识产权保护（王增强、闻建华，2008）等。

应用性研究方面，大致可以分为全国和区域两种研究尺度。就全国而言，这类文献大多是问题——对策型，从各个角度对宁夏旅游商品存在的问题进行分析，并根据相应主体提出解决对策，例如，方百寿、罗玲（2002）的研究。也有部分文献是经验借鉴型，主要介绍国外旅游商品发展的成功经验，如郭伟、沈浩（2004）对东南亚经验的介绍，陈爱梅（2007）对世界旅游商品开发的基本情况的介绍，张蓓（2007）对国外旅游商品发展成功经验的概括。总体而言，借鉴国外经验的文献数量少，涉及国家少，深度不够，有待于进一步研究。而区域性研究的成果，目前最多。这类研究对案例地的区域范围存在两种认识，一是按照通行的行政区划来确定案例地，如重庆市、北京市，或长三角、珠三角区域，大多数研究归入此类；二是根据文化背景来确定案例地，如藏族地区（贡保南杰，2003）、黔桂湘侗文化区（车婷婷，2005），只有少数文献持这种观点，但它却反映了旅游商品典型的文化属性。区域性研究成果中，案例地主要涉及旅游业发达的北京市、上海市、广东省、安徽省，以及资源丰富的湖北省、陕西省西安市、四川省、重庆市等。总体而言，这些研究存在着共同的问题，正如车婷婷（2005）所总结的那样，研究呈现"公式化"趋势，分析不够深入，没有把旅游商品开发与地方经济、社会文化发展紧密联系起来，因此很难引起地方政府的重视。值得注意的是，目前学界对西安旅游商品的研究最为深入，先后有李景宜（2003）运用统计资料创建了旅游商品业创汇收入的趋势方程，梁学成、郝索（2005）运用问卷调查分析了国内旅游者的旅游商品差异性需求，白凯、马耀峰（2007）实证研究了入境旅游者的购物偏好，郝索、刘迎辉（2008）比较分析了入境旅游者的购物需求，并在问卷调查和实地考察基础上提出了旅游商品设计构想，王岚（2008）提出了建立旅游商品购物中心的构想等，这些成果为其他区域开展同类研究具有一定的借鉴价值。

（3）旅游商品的需求

研究成果主要包括旅游商品需求的影响因素、旅游购物决策和旅游购物者分类等方面，以梁学成、石美玉等学者为代表。

梁学成以西安市旅游商品市场为例，先后对国内旅游者的旅游商品需求进行了问卷调查（2005），对游客和旅游研究人员购买旅游商品的影响因素进行了研究（2007），获得了颇有价值的研究成果。石美玉（2005）从心理学、消费者行为学、经济学等多个角度对旅游者购物行为模式、购买决策过程及其特点进行了理论研究。她还运用问卷调查方式，以北京市为例对旅游者在景区的消费行为特点进行了实证研究，得到了有益的结论。此外，还有学者通过案例分析了内地游客在香港购物的行为心理（张理华，2007），运用问卷研究了旅游购物中体验活动对冲动性购买行为的影响及其情感反应机制（李志飞，2007），运用国家自然科学基金项目的第一手问卷资料，研究了旅游购物感知风险的主要构成因素（胡华、宋保平，2009）等。总体而言，学界对旅游商品需求的研究成果较少，研究方法还比较简单，有待进一步完善。

（4）旅游商品市场

这类研究主要以经济学理论为指导，包括理论性和应用性两类研究。

理论性研究方面，有的研究运用了经济学中的信息不对称理论，分析了旅游商品市场中的不良现象（王莹，1998；赵黎明、王迈，2002）；有的分析了旅游商品的价格问题；有的探讨了旅游商品市场变动的原因，指出旅游商品市场经营的发展趋势（钟志平，2004）；有的从旅游业经济增长角度出发，分析了旅游商品对旅游业经济增长的价值（梁学成，2004）；还有的分析了旅游商品的市场失灵，并给出相应的解决对策（曹国新，2005；2006）。

应用性研究方面，李景宜（2003）运用近 20 年来的统计资料，建立了旅游商品创汇收入的趋势方程，并分析了旅游商品业的动态趋势和波动周期，预测了未来 5 年旅游商品业的发展趋势。杨桂红、王在峰等（2006）分析了云南旅游商品产业化发展的主要模式，并在此基础上提出了新的发展模式。吴叶宏（2007）运用 SCP 分析法，分析了安徽省黄山市的旅游商品市场，指出了该市场低效率的原因和针对性的解决方案。

（5）旅游商品营销

学界目前对旅游商品营销的专门研究较少，多数是对市场营销理论的简单应用，研究内容包括了旅游商品的设计（李杨、黄诗鸿，2009）、包装（张莉莉，2003）、品牌，旅游商品的虚拟经营（冯娟，2001），旅游商品物流体系（杨竹清，杨路明，2006），3G 技术基础上的旅游商品信息平台（金涛、朱小立等，2008）等。也有的研究运用旅游营销学的基本原理提出了某个案例地的旅游商品营销措施（王明星，2002）和区域旅游商品的一般性市场营销组合策略（彭蝶飞，2006）。

（6）宁夏旅游商品研究

王海平系统整理了宁夏非物质文化遗产的资料，给明晰宁夏旅游商品的范围提供了参考（王海平，2011）。杨学燕论述了回族民俗产品化的途径（杨学燕，2008）。赵燕妮提出了宁夏旅游及其纪念品的网络传播渠道（赵燕妮，2008）。陶雨芳作为一线管理者整合了宁夏的旅游商品和潜在商品资源（陶雨芳，2002）。李陇堂分析了宁夏旅游商品市场的现象，指出了不足和问题，并从政府、市场两个角度提出了对策，本文扩大其分析，从利益相关者角度提出了对策（李陇堂，2008）。房雅文、王涛将宁夏旅游数据指标进行综合分析，量化地提出了问题（房雅文、王涛，2010）。张祖群以马克思主义哲学原理为指导，指出了宁夏旅游中的作用力与反作用力，并明晰了"两个层次"（张祖群，2013）。汪克会提出了演艺产品开发的问题和对策（汪克会，2010）。成媛注重研究旅游业对旅游者和当地文化的参与、互动和多元相关性，提供了综合的视角（成媛，2006）。毛凤玲回顾了宁夏旅游发展研究的历程，评述了近一百篇文献关于宁夏旅游业发展战略、旅游业发展问题的诊断与对策，旅游资源开发利用与保护、旅游市场分析与开拓、城市旅游发展等研究的主要成果（毛凤玲，2007）。

三　研究方法设计

（一）如何进行研究

通过对宁夏地区非物质文化遗产的实地考察，用当地居民走访和参与观察的方式进行定性的分析与研究，通过互联网与图书馆查阅相关数据，并对数据进行分析与整合。

（二）用什么方法和手段进行研究

本论文通过：调查法、观察法、参与观察法、文献研究、定性分析法、个案分析法、探索性研究法、经验总结法等对宁夏现有本土历史文化遗产进行研究与探索。研究以采用规范分析与实证分析相结合、定性分析、室内资料调研与实地调查相结合的模式，并通过系统分析和比较研究得到宁夏非物质文化遗产商品化的模式和策略。在此对本研究项目中所采用的主要研究方法做简要说明。

（1）实地调查的方法。实地调查法是社会学科中的重要方法之一，是获取第一手数据和信息的重要来源。本研究在室内资料调研的基础上从宁夏选取五至六个特色旅游商品进行实地调查。在实地调查时能够利用当地居民的指引获得具有针对性的第一手资料。

（2）比较研究的方法。在广泛收集第一手资料的基础上，对实证研究的对象开展全方位多角度的比较研究，通过比较和归纳，总结出目前世界上非物质文化遗产商品化的典型模式。

（3）系统分析的方法。该方法是在系统论理论的指引下，对研究对象加以解构，并对其构成要素的特征和运行规律加以考察。最终，以此为基础构建研究对象的发展动力模型。本项目将利用系统分析的方法对宁夏特色旅游商品及其产业化的内部动力机制展开研究，试图从内在动力机制的角度为宁夏特色的旅游商品保护与市场化的互动发展寻求理想模式。

（三）研究的实施程序

（1）结合相关专业老师授课内容，整合所学的理论知识，了解有关国家政策、法律法规，了解本地区文化产业结构的现状及发展趋势以进行对比，以确定所需研究的问题。

（2）通过网络、图书馆、报刊和文献阅读等收集有关对本课题研究有用的数据，并对数据进行归纳整理。

（3）通过对旅游商品的管理方法与同类型（同类型指可以商品化）旅游纪念品经过对比分析后，进一步对资料进行收集与归纳整理，并找出适合宁夏旅游商品的保护方法及发展规划，以进一步对论文进行构思，确定论文研究大纲。

（4）结合整理的数据进行分析，并全面进行论文写作以写出初稿。

（5）按照指导导师对论文初稿的修改意见，对论文的初稿进行修改与补充以完成论文的写作。

四　概念厘定

旅游商品

根据世界旅游组织的规定（中国国家旅游局编译，1996），旅游购物支出指"为旅行准备的以及为旅行中（不包括食品、饮料和服务）消费品所做的所有支付。其中包括购买衣服、工具、纪念品、珠宝、报纸、书籍、音像资料、美容及个人物品、药品等等，但是不包括任何一类游客为商业目的所作的购买及为了转卖而作的购买，也不包括游客代表他们的雇主在商务旅游时的购买"。对旅游商品定义的探讨，国内外学者还未形成一个统一的概念，各学者关于旅游商品的认识，虽然角度不同，侧重点不同，但都有其科学性与合理性。概括起来，旅游商品主要包括以下几点：行为主体——旅游者；行为发生的环境——旅游活动过程；行为动作——出于商业目的以外的购买；行为指向——以物质形态存在的实物。

旅游商品：旅游商品不同于一般商品的特质，在于：

第一，它会打上某个文化区的独特文化或者意识印记；

第二，对旅游商品的消费，有消费者的主体与消费行为在同一空间发生的特点；

第三，就旅游购物行为发生的时间和空间而言，普遍认同"购买行为的异地性"，即发生在旅游途中；

第四，就商品的属性而言，所购物对象有别于服务产品，具有"有形性"。

旅游商品（或称旅游购物品）是指由旅游活动引起旅游者出于商业目的以外购买的，以旅游纪念品为核心的有形商品（见图1）。包括以下4个部分：

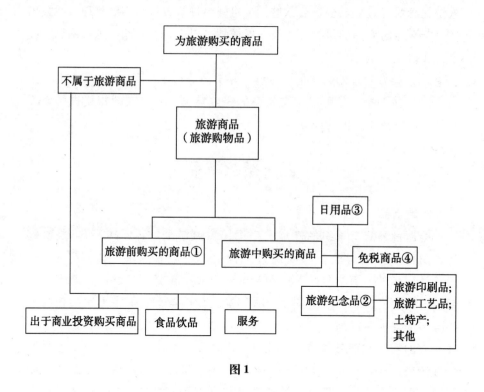

图1

①旅游者旅行前在居住地购买的，准备在旅途中使用的商品，包括旅游户外用品、旅游书籍、生活日用品以及用于探亲访友的土特产等。

②旅游者在旅游中购买的，具有旅游目的地"地方特色"的商品，称之为旅游纪念品。它是旅游商品的核心组成部分，包括旅游工艺品、土特产和旅游印刷品等。

③旅游者在旅游中购买的，满足日常生活需要的日用品。

④国际旅游者在已经办完出境手续，即将登机、上船和乘车前往境外之前，在免税商店购买的商品，称为免税商品（duty free）。

五　宁夏地区旅游商品的整合营销传播策略

本人认为区域旅游商品开发要与区域旅游开发相整合，依托旅游发展所创造的优势条件包括交通线路、客源市场、旅游基础设施等，注重在设计旅游商品时与该区域旅游产品的设计思路相结合，注重与该区域其他各类旅游商品相结合，同时需要综合考虑对旅游商品在开发设计中涉及的设计、生产、销售等各环节相关要素的分析，整合各个环节，使区域旅游商品的开发形成一个整体，实现资源有效配置，取得良好的社会、经济和生态效益。

形成由国有企业主导、呈轮轴型结构的地方产业集群。主导企业与其他中小企业最终达成互惠共利的品牌共享协定，将原来散、小、乱的市场状况转换成产业集群企业共享的区域产业品牌。

（一）宁夏地区旅游商品的开发策略

在商品开发过程中，应当注重考虑其文化渊源和文化价值。

文化区作为研究文化空间的基本单位，指的是具有特定文化丛的地理区域。指因功能上相互联系而组合成的一组文化特质。它往往与人们的某种特定活动有关，而且往往是物质文化和非物质文化的特殊结合。

文化丛是指许多文化质点按一定方式形成的聚合。通常是以某种文化质点为中心，在功能上与其他文化质点发生一系列的连带关系，或构成一连串的活动方式。

文化质点，也即文化因子、文化特质，是对民族文化形态作离析研究，可一层一层地分解到不可再分解的最小单位，这就是文化因子。文化因子、文化质点同时又是一种民族区别于他种民族文化的最小单位。

我们可以将地理上的宁夏回族自治区看作一个文化区，以"五胡乱华"时期，各民族在宁夏地区的冲突和交融作为其文化特征的发端，以西夏文化和回族文化为其标志。

根据问卷调查问卷问题：您认为宁夏最有代表性的非物质文化是什么？（235份有效，出现频率较低的词汇未予列出）

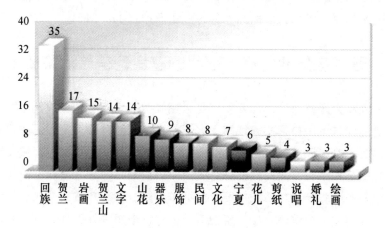

图2　宁夏代表性的非物质文化

对于调查结果进行 SWOT 分析可得出：

第一，优势：（1）对于在大众意识中，认知度较高的文化热点，理应进行相关产品开发，以满足已有市场的需求，这是我们已有的优势；（2）国有公司拥有雄厚的资本实力、土地资源和融资平台。

第二，机会：对于在大众意识中呈现空白的，但是宁夏独有的文化资源，也应进行开发，这是机会。比如西夏文化，在大众认知中程度很弱，知名度不高，认知模糊，但是它是宁夏独有的、不可复制的文化资源，从营销的角度来说，是一个市场空白，应当视此为机会，充分开发西夏文化的价值，对地方旅游业，地方经济作出贡献，提升本土的文化内涵，点燃地方的文化自觉意识。

第三，劣势：主导产业集群的国有公司目前没有自主的产品和品牌。

第四，威胁：和已有的手工艺行业协会等组织相比属于后进。

1. 旅游线路开发

（1）旅游开发应该体现多层次性：例如 2001 年湖南旅游局曾推出长沙—屈子祠—岳阳楚湘文化游；长沙—韶山—花明楼名城名人游等，均以湖南文化为主题，值得借鉴。立足于宁夏本土的开发可形成多个层次：国际级层次，国家级层次，各地区县级文化热点层次。

（2）形成多个系列：比如，银川周围××公里范围的名人游线路，将历史上在这个区域留下过印记的名人整合成一条旅游系列线路；银川周围××公里范围的特色建筑旅游线路；宁夏全境的西夏文化探访线路；回族文化探访线路。

2. 品牌监控体系开发

（1）导入 CI 战略统一提升区域内旅游商品的设计、造型、色彩、装饰、品种、质量、款式、品牌、包装。创立自有零售品牌的企业要有较强的经济实力，其需要在旅游商品的创新开发、质量、设计、装潢和推广方面进行投资。

（2）建立区域旅游商品管理机构，实行行业管理。对目前各自为政的旅游商品开发商进行协调，建立相关的"区域旅游商品开发协会"机构，协调和指导各企业的行为，相互传递信息，发生横向联系。

（3）建立品牌认证制度，强化品牌管理。品牌区域旅游商品是对现有的生产、销售模式的规范与提升，对研发的该区域的拳头产品要及时注册商标、进行品牌经营。各区域只有创出区域品牌，才能在激烈的旅游商品市场竞争中占有市场并取得好的经济效益和社会效益。

3. 品牌识别系统开发

将受到过现代设计系统训练的设计师与传统手工艺人结合，激发新的创意思维，准确地把握市场脉搏，根据市场需求开发旅游商品，同时要加强对商品生产者的要求，为自有品牌确定更高的质量标准，根本杜绝假冒伪劣商品，真正取信于旅游者。

4. 城市景观开发

将"品牌俱乐部"的特色产品或标识，以具象的形式和城市景观结合，我们前期计划将艺术家们的构思——剪纸、布艺等宣传回族文化、西夏文化特色的艺术品以雕塑的形式摆放在城市的街道、公园。提升城市文化内涵，打造从旅游前到旅游中、旅游后，不间断的感官互动链条。在节庆活动期间，将民俗作品制作成灯笼挂在路灯两边，彰显宁夏节庆的独特品位。

5. 知名文化符号衍生品开发

（1）把民俗文化用现代传媒来表现。我们计划制作以宁夏非物质文化遗产作为表现形式的动画片、故事片。

（2）把宁夏的非物质文化遗产作为设计元素附着在生活用品上，如瓷器、家用产品、车用产品等，增加其文化价值。

（3）与艺术家合作签约，把他们的非遗绝活以科普读本的形式写出来，在各大书店销售。

（4）开发已经形成影响力，具有宁夏地域特色的文艺精品的衍生旅游产品；用知名品牌冠名"品牌俱乐部"，例如"月上贺兰"这样的知名品牌。

（5）开发适合新建大剧院的销售品，计划首先开发以月上贺兰为主题，剪纸、回族服饰、沙画等工艺为载体的文化纪念品。

6. 文化产业基地开发

以文化产业园为基地纳入典型的民俗产品和传媒制作机构，以不收租金，盈利后提点的经营方式海纳百川，快速做大；在园区建立分类展馆，使每一类工艺的领航者主导同类别资源整合，主导公司主要责任在监控把关，掌握销售情况，从中分成；和旅行社合作将园区纳入旅行路线，和艺术家共享门票收入，以留住人才，达到保护与开发结合的目的。

（二）宁夏旅游商品销售策略

1. 销售策略一

实行专卖：

在旅游区内，由专营商店销售专项旅游商品。景区景点只卖独有的东西，那些最能体现本景区、本景点特征的旅游商品，既不允许流出旅游区外销售，更不允许仿制品、复制品在旅游区内销售。也坚决不售卖其他"大路货"。以旅游业最为发达的法国为例，巴黎的各个名胜古迹处都只卖独有的东西，如凡尔赛宫纪念品店里，多为介绍凡尔赛宫的书籍及其标记的对象，并没有太多的其他商品。

2. 销售策略二

实行出售标记制度：

宁夏少数民族旅游区，对出售石刻拓片加盖文物管理部门的公章，就具有这一性质。出售由旅游者亲身参与制作的旅游纪念品，可以在旅游风景区或风景点设立一些集设计、制造、生产和销售于一体的旅游商品中心，将旅游商品制成半成品。留下容易完成的工序由旅游者参与制作，有意识地让游客留下自己的制作印迹后再出售。

3. 销售策略三

限制条件式的旅游商品：

规定旅游者只有具备某种旅游经历之后，方可允许购买某项旅游纪念品。富士山的钥匙圈：上 1 000 m、上 2 000 m 和上 3 000 m 的钥匙圈各不相同，旅游者若没能爬到 3 000 m，决不能在别处买到只有爬上富士山 3 000 m才能买到的钥匙圈纪念品。可以用西夏文印章的突出防伪功能作为体现独特旅游历程的标记。

4. 销售策略四

采用前厂后店的方式

形成体验式营销的氛围，增加消费者参与度，降低旅游过程中"钱"，"挨宰"的意味。

5. 销售策略五

组合销售

这种销售方式有两层含义：①将当地的各类旅游购物商品组合在一起销售，如将风味小吃、特产和小型工艺品组合在一起，以当地特产的原材料包装。

（1）实施购物退税制：结合港澳和境外地区的经验，利用宁夏内陆经济实验区的政策优势，开创对旅游纪念品的特殊税收政策。

（2）积极发挥文投集团投融资部的金融支持功能，探索文化企业资产评估机制，运作文化产业种子基金和众筹融资平台，盘活文化资产，提升产业集群的运作效率；建立文投基金和政府支持资金和艺术家共享机制、透明运作机制，消除众人疑虑，坚定团结一致向前看的经营信心。

（三）宁夏旅游商品的传播策略

网络传播：

1. 利用已有的电商平台，采用利润质押或者期权质押方式开拓外销管道。比如利用中国最大的外贸在线 B to B 国富商通的平台，参加在线广交会；利用宁夏地区中阿论坛的影响力，自主参与打造中国与阿拉伯世界的电商平台。通过和电子商务平台的合作，打开通道、开辟外销管道。打造宁夏首个民俗文化商品在线交易平台。

2. 结合银川市正在形成的"智能城市"系统，以信息科技联手品牌联盟，确实形成"智慧旅游"的一站式和个性化服务。

电视电影传播：

前期广告要投入资金，用来制作宣传片（公益类），网络网站精确投放。

和央视联合打造西夏文化的纪录片并在央视播放，配上宁夏红的广告，形成品牌联动效应。

打造西夏文化和回族文化的影视剧，并在剧中植入自己产品的广告，起到多面开源的经济效果。

实体终端传播：

制作介绍民俗的杂志，成为宁夏专门介绍"非遗"的杂志读本。争取国家在出版方面的优惠政策，免费发行到机场、火车站、客运站和各酒店宾馆等客源集散地。加大宣传，利于销售。

3. 门店销售：在沙坡头、沙湖、镇北堡西部影城、西夏王陵、博物馆等旅游景点或文化集散地进行现场销售，可以对市场反应做初步的试水和信息回馈收集，可以作为其他终端的模板和基点。

4. 整合地区民俗资源，打包参加国内国际各大相关展会。比如义乌文博会、中国旅游展会、深圳文博会等，有主导公司打包地区资源参加。借用已有的产业集散点的管道来提升销售业绩，比如义乌商品市场等国内知名相关产品集散点。

关联事件传播：

5. 通过举办非遗作品联展、手工艺创意大赛来集聚关注度，又可以提升宁夏地区的文化品位，培育非遗市场，更可以为后续的销售打响开门红。

6. 每月办一次主题展览，每次签约一名艺术家，一方面利用公司的平台提升艺术家的影响力，另一方面公司可以开拓市场，共同盈利。

7. 多与宁夏的公益组织相结合，参加公益拍卖等活动，宣传"非遗"产品。

8. 建立拍卖的管道，把关艺术家作品的精品比例，打造宁夏民俗艺术收藏平台。

专业刊物传播：打造具有行业水平的编辑部，第一，可以以此宣传推广宁夏地区的旅游商品和"非遗"产品；第二，海纳百川，吸引行业内各地区的高水平从业者投稿或者发布信息，逐渐形成"品牌联盟"自主举办展会的根基也即客户资料的收集。

传播效果监控：

9. 运用大数据平台，例如百度大数据，锁定目标受众，有针对性地制定高效宣传策略，并监控广告效果回馈。

六　结论和建议

旅游商品的种种属性决定了旅游商品生产经营企业并非"强大"型企业的典型，众多弱、小的旅游商品生产经营企业聚集在某个特定的地方，其外部规模经济就产生了。

第一，众多企业聚集在一起，使旅游商品产业在生产的技术或商品设计上的发明能够迅速得到传播，并成为旅游商品创新的源泉；

第二，旅游商品生产企业之间的交流会进一步加强，行业的"搭便车"现象以及生产工艺的仿效竞争会越来越多，致使旅游商品生产的平均成本下降；

第三，在旅游商品产业集群的附近或者内部，为其提供辅助服务或者相关支持的行业与机构就会产生，进一步增强产业集群的规模与优势；

第四，旅游商品产业集群的形成与发展会消除单个旅游商品生产经营企业小、弱、散、乱的不利局势，从整体上实现商品产量或数量的扩大，从而形成具有优势的整体品牌或地理名片。

建议：

（一）布局、培育、整合文化旅游商品前期投入大，难度高，见效慢，公司以丰补歉困难较大。政府及相关部门应协调给予政策性补贴、贴息或相关联的一些项目（如：节假日氛围布置、大型会议会展、代表宁夏参展国内外大型博览会等）。

（二）对于目前形成的展销平台、民俗商品在政策支持、宣传导向、媒体宣传上协调相关部门给予扶持、帮助。

（三）对于文化旅游商品在税收政策上应该尽快协调、督促落实到位。

（四）在"非遗"传承人特色商品整合、研发、策划上应该由相关职能部门、协会牵头，采取政府搭台、企业唱戏的模式，提高可信度，形成互动高效运行。

参考文献

蔡建刚（2013）。旅游商品产业集群的理论基础、形成因素与动力机制。湖南社会科学,4。

曹国新（2005）。解析中国旅游商品的市场失灵。经济经纬,2,124-126。

车婷婷、黄栋（2005）。民族文化与旅游商品开发。甘肃农业,1,45-45。

陈爱梅（2007）。世界旅游商品开发现状。当代经济,07S,92-93。

陈钢华、黄远水（2008）。国外旅游购物研究综述——ATR和TM反映的学术态势。旅游学刊,22（12）,88-92。

陈文君（2002）。节庆旅游与文化旅游商品开发。广州大学学报:社会科学版,1（4）,51-54。

成媛（2006）。旅游人类学视野中的宁夏旅游。西北第二民族学院学报（哲学社会科学版）,4。

方百寿、罗玲（2002）。中国旅游商品研究。商业研究,12,142-144。

房雅文、王涛（2010）。宁夏旅游业调查分析。科技信息,28。

冯娟（2001）。旅游商品的虚拟经营。思想战线,27（2）,72-74。

苟自钧（2005）。深度开发旅游商品拉长宁夏旅游产业链。经济经纬,4。

郝索、刘迎辉、邢晓玉、吕宁（2008）。关于西安市入境旅游者的购物需求与旅游商品设计的思考。生产力研究,8,83-85。

胡华、宋保平、马耀峰（2009）。基于旅游者个性差异的旅游购物感知风险研究。统计与决策,14,60-62。

黄继元（2004）。中国旅游商品的发展问题研究。云南社会科学,2（004）。

苟自钧（2005）。深度开发旅游商品拉长我国旅游产业链。经济经纬,4。

蒋丁新、陈献民、周群（1980）。旅游商品价值,价格问题初探。浙江大学学报（人文社会科学版）,3,99-101。

金涛、朱小立、蔡题（2008）。基于3G的旅游商品信息平台。电子商务,10,73-74。

李景宜、孙根年（2002）。旅游市场竞争态模型及其应用研究。资源科学,24（6）,91-96。

李陇堂（2008）。宁夏旅游商品开发现状及对策。重庆工学院学报（社会科学版）,9。

李杨、黄诗鸿（2009）。浅谈旅游商品设计。艺术与设计（理论），2，62。

李志飞（2007）。体验活动对冲动性购买行为的影响：情感反应视角。心理科学,30(3)，708 - 711。

梁学成、郝索（2006）。对国内旅游者的旅游商品需求差异性研究——以西安市旅游商品市场为例。旅游学刊,20(4)，51 - 55。

刘海燕（2013）。甘肃旅游商品开发研究。未出版硕士论文：西北师范大学，兰州。

刘曙霞（2009）。旅游商品营销创新研究。中国流通经济,10。

刘志江（2004）。旅游商品市场的培育和完善。旅游科学,18(3)，49 - 51。

马进甫（2007）。国内旅游购物研究综述。北京第二外国语学院学报,9，9 - 14。

马耀峰、白凯（2007）。基于人学和系统论的旅游本质的探讨。旅游科学,21(3)，27 - 31。

马治鸾、高辉（2003）。我国旅游商品开发存在的问题及对策研究。成都理工大学学报:社会科学版,11(1)，43 - 48。

毛凤玲（2007）。宁夏旅游发展研究。宁夏大学学报（自然科学版）,2。

苗学玲（2004）。旅游商品概念性定义与旅游纪念品的地方特色。旅游学刊,19(1)，27 - 31。

彭蝶飞（2006）。区域旅游商品的营销策略。经济地理,26(3)，526 - 529。

石美玉（2003）。中国旅游购物研究。产业经济学，中国社会科学院。

石美玉（2004）。关于旅游购物研究的理论思考。旅游学刊。

石美玉（2005）。旅游者购物行为研究。旅游学刊,20(5)，70 - 75。

陶雨芳（2002）。论宁夏旅游商品的深层次开发。市场经济研究,5。

汪克会（2010）。夏旅游演艺产品开发研究——以舞剧《月上贺兰》为例。中国商贸,6。

汪永太（2010）。中部地区旅游商品开发与中部城市发展研究。城市发展研究,3。

王海平（2011）。宁夏非物质文化"走出去"的旅游路径研究。宁夏大学：人文地理。

王红宝、谷立霞（2010）。基于旅游体验视角的旅游商品开发研究。广西社会科学,12。

王明星（2002）。旅游商品的市场细分与营销调控——以广东省为例。经济地理,22（3）。

王蕊、苏勤（2008）。国外旅游购物者分类研究综述。北京第二外国语学院学报,5, 36 - 42。

王运宏（2013）。湖南特色旅游商品开发探究。湖南社会科学,1, 151 - 153。

王增强、闻建华、周静（2008）。论旅游商品的知识产权保护。资源开发与市场,24（1）, 83 - 85。

文军（2006）。论我国旅游商品开发。商业研究,8。

吴克祥（1994）。旅游商品开发与文化因素。旅游学刊,3, 38 - 40。

吴叶宏（2008）。旅游商品市场的 SCP 分析——以黄山市为例。安徽农学通报,13（22）, 100 - 101。

杨桂红、王在峰、郑彬（2006）。云南省旅游商品产业化发展模式分析及对策研究。西南民族大学学报:人文社会科学版,27（3）, 151 - 154。

杨学燕（2008）。从小区居民对旅游影响的感知谈回族民俗文化的旅游开发——以宁夏永宁县纳家户村为例。宁夏大学学报（自然科学版）,1。

杨竹青、杨路明（2006）。电子商务环境下的旅游商品物流体系研究。物流科技,29（2）, 4 - 6。

张蓓（2007）。我国旅游商品发展问题探析与策略思考。经济纵横,6, 35 - 37。

张萌（2000）。旅游商品创新开发的若干思考。社会科学家,15（2）, 44 - 46。

张祖群（2013）。宁夏旅游的错位层次分析。石家庄经济学院学报,3。

赵黎明、王迈、辛长爽、王刚（2005）。信息不对称对旅游商品市场的影响及治理策略。北京第二外国语学院学报,1, 1 - 3。

赵燕妮（2008）。宁夏旅游电子商务初探。安徽农业科学,33。

郑璐（2011）。试论旅游商品的开发——以重庆万州为例。生产力研究,1。

中国国家旅游局编译（1996）。旅游统计数字的收集和编纂（技术手册），8－73。

钟志平（2003）。宁夏旅游商品市场诊断及旅游商品开发创新能力分析。湖南社会科学,3。

钟志平（2005）。中国旅游商品市场变动分析。湖南商学院学报,11（6），53－55。

周优光、骆高远、秦颖（2011）。基于4C营销理论的金华旅游商品开发。安徽农业科学,9。

Kim, S., & Littrell, M. A. （2001）. Souvenir buying intentions for self-versus others. *Annals of Tourism Research*, 28（3），638－657.

Swanson, K. K., & Horridge, P. E. （2006）. Travel motivations as souvenir purchase indicators. *Tourism Management*, 27（4），671－683.

西安城郊乡村旅游发展动力
系统评价研究

段兆雯　李开宇

西安外国语大学

摘　要：目的：探析影响西安城郊乡村旅游发展动力系统运行的评价指标体系和主导动力因素。方法运用文献分析法、德尔菲法和主成分法进行探讨。结果将影响乡村旅游发展动力系统运行的评价指标划分为 4 个层面 20 个指标，运用主成分法对 2013 年西安城郊乡村旅游发展情况进行了测算和分析。结论：影响西安城郊乡村旅游发展动力系统运行的 4 个主导因素分别为供给动力因素、需求动力因素、资源动力因素和区位动力因素，在此基础上构建了西安城郊乡村旅游发展动力系统模型，并提出完善西安城郊乡村旅游发展动力系统的建议。

关键词：乡村旅游，动力系统，评价，西安市

Research on Evaluation of Dynamic System
in Xi'an Rural Tourism

Duan Zhaowen，Li Kaiyu

Xi'an International Studies University

Abstract：Purpose：To explore the influence index system and leading factors of dynamic system in Xi'an rural tourism. Methods：document analysis，Delphi method，and principal component analysis. Results：divided the influence index system into 4 layers, 20 indexes in total and used principal component analysis method to predict and analyze the data of Xi'an rural tourism in 2013. Conclusions: A dynamic model of tourism development was built and some advice to improve Xi'an rural tourism dynamic system were proposed based upon the principal factors of the influence index system as followed: the supplying dynamic factor, the demanding dynamic factor, the resource dynamic factor, and the regional dynamic factor.

Key words: rural tourism, dynamical system, evaluation, Xi'an

一　引言

2014 年新年伊始，中共中央、国务院颁布了《关于全面深化农村改革加快推进农业现代化的若干意见》。该文件明确指出，中国农村整体发展正处于一个以粮食生产为核心的多业态并举的转型阶段，在这个阶段，乡村旅游自然而然成为农村产业结构调整的重要形式和主要内容（吴必虎，2014）。因此，国内乡村旅游业发展必将进入新一轮的发展时期，这就需要克服目前乡村旅游发展过程中所存在的种种问题，培育乡村旅游可持续发展动力系统。而现有文献对乡村旅游发展动力系统的研究基本上停留在定性的问题和对策研究上，涉及具体研究区域乡村旅游发展动力系统运行评价文献相对较少，尤其缺乏定量分析。本文以西安 10 区（县）为研究案例区域，采取主成分分析法对西安城郊乡村旅游发展动力系统运行进行评价和研究，这为促进西安城郊乡村旅游可持续发展提供理论依据和政策支持。

二　文献综述

在 20 世纪 80 年代后期，国外学者开始关注对乡村旅游发展动力系统的研究，主要涉及旅游发展动力系统结构研究和影响旅游发展的主导动力因素的研究这两个方面。在旅游发展动力系统结构研究方面。Fleischer（2000）认为，追求差异化的反向性是乡村旅游活动的根本驱动力，客源地的城市性与目的地的乡村性是推动乡村旅游的发展决定力量。Gunn（2002）在前人研究的基础上构造了旅游功能系统模型，该系统模型强调供给子系统和需求子系统是旅游系统中两个最基本的子系统，二者相互作用构成了旅游系统的基本结构。其中，供给子系统主要包括吸引物、促销、交通、信息和服务等5个要素，通过这些要素间的相互作用、相互依赖，为旅游市场提供符合其需要的产品。其次，在对影响乡村旅游发展主导动力因素的研究。国外学者认为乡村旅游的发展不是某个因素单独驱动的结果，而是各种因素之间相互作用而达到的一种平衡。Miller（2001）认为，影响美国乡村旅游的主要因素包括旅游者满意、环境可持续、雇用当地人、经济溢出、环境等因素等；Lee（2009）以韩国乡村旅游为例，采用实证研究的方法构建了影响韩国乡村旅游发展的经济影响、社会文化影响、环境影响、管理影响四个维度和17个因素。Roberta MacDonald（2003）以加拿大东部阿卡的亚地区为实证研究，认为在文化乡村旅游发展的四个阶段中，促使其发展的主要动力因素是不同的。国内学者逐渐开始运用系统的思维和方法，对乡村旅游发展动力系统的研究，其研究成果逐步系统化并有了一定的深度。

　　杨军（2006）认为，乡村旅游是个复杂的系统，其主要由城市居民、当地农民、旅游业和政府四个子系统构成。并按照各个子系统在乡村旅游中的基本诉求不同，分为需求动力、供给动力、营销动力和扶持动力，这四个主要动力构成了乡村旅游发展动力系统的核心。叶红（2007）以供给和需求为基础，认为需求与供给是推动乡村旅游发展的基本动力。在此基础上，潘顺安（2007）进一步认为除了需求和供给这两个乡村旅游发展的基本动力外，乡村旅游需求、乡村旅游供给、乡村旅游支持和乡村旅游媒介等构成了乡村旅游动力系统，这四个子系统紧密联系，相互作用推动了乡村旅游的发展。

三　西安城郊乡村旅游发展动力系统运行评价

（一）西安城郊乡村旅游发展现状

　　2003年后，以"农家乐"为主要形式的乡村旅游景点在西安的各郊县大量出现，乡村旅游步入数量扩张阶段。2006年，随着国家旅游局"中国乡村旅游年"这一主题口号的推出以及建设社会主义新农村的新形势，使得乡村旅游在西安受到了空前关注，开始迈向规范化发展的轨道。西安市除新城、碑林、莲湖三区外，其余6区4县均发展了乡村旅游点，其中以长安区、灞桥区、雁塔区、未央区、户县等最为集中。2013年西安10区（县）乡村旅游经营收入达到38 723万元，比上一年增加

39.64%。目前，西安城郊乡村旅游发展存在以下四个特点：从空间特征上存在城郊型、景郊型、村寨型三大类型；从开发模式上形成以农业观光和农家乐为主体的格局；从开发层次上看乡村旅游仍处于低水平开发阶段；乡村旅游正处在以初级的农家乐形式向乡村休闲度假的新模式转换的过渡时期（张传时，2010）。

（二）评价方法

纵观国内外乡村旅游发展的历程，可以发现影响乡村旅游发展的动力因素不仅数量繁多，而且复杂多变。因此在选择对乡村旅游发展动力系统运行评价方法上选择了主成分分析法，它满足多指标、综合性的要求。主成分分析法是一种把原来多个变量化为少数几个综合指标的一种统计分析方法，从数学角度来看，这是一种"降维"处理技术，即用较少的几个综合指标即主成分来代替原来较多的变量指标，而且使这些较少的综合指标既能尽量多地反映原来较多指标所反映的信息，同时它们之间又是彼此独立的（林海明、杜子芳，2013）。因此，本文拟采用主成分分析法，以西安2013年乡村旅游发展数据，对西安城郊乡村旅游发展动力系统的运行进行评价和研究。

（三）评价指标的选取和量化

综合上述乡村旅游发展动力系统的研究，遵循简单性、完整性、可量化性和可操作性等原则。把影响乡村旅游发展动力系统运行的因素归结于产业基础、产业发展规模、乡村旅游资源和乡村旅游社区管理水平等4个层面，并采用德尔菲法征询行业内相关专家的意见，经过筛选最终确定乡村旅游发展动力系统评价指标体系（表1）。

表1　乡村旅游发展动力系统评价指标体系

因素层	指标层	代码
乡村旅游产业基础 B1	土地面积	X1
	耕地面积	X2
	造林面积	X3
	人口	X4

续表

因素层	指标层	代码
乡村旅游产业基础 B1	人口密度	X5
	地区生产总值	X6
	第一产业	X7
	第三产业	X8
	农林牧渔	X9
	城镇居民人均可支配收入	X10
	农村居民人均纯收入	X11
乡村旅游产业规模 B2	乡村女性从业人数	X12
	本年度新增农户比例	X13
	本年度经营收入增加比例	X14
	直接从业人数	X15
	间接从业人数	X16
乡村旅游资源 B3	高等级旅游资源	X17
	旅游资源平均等级	X18
	距市中心平均距离	X19
乡村社区管理水平 B4	村委会数量	X20

（四）数据来源及处理

1. 数据来源

表 1 中指标 X1—X20 数据主要来源于 2013 年《西安旅游统计年鉴》和西安市旅游局，对西安 10 区（县）即灞桥区、未央区、雁塔区、阎良区、长安区、临潼区等 6 区和周至、蓝田、户县、高陵县等 4 县进行研究。着重对 X17、X18 和 X19 等指标进行进一步的说明，本文将西安城郊乡村旅游资源按照其知名度分为五个等级：无星级、1 星级、2 星级、3 星级和 4 星级。X17 高等级旅游资源数量是指 1 星级以上旅游资源的数量；X18 乡村旅游资源平均等级是指 1 星级以上旅游资源分别与相应的权数相乘并相加得到，权数的确定分别为 4 星级为 0.4，3 星级为 0.3，2 星级为 0.2，1 星级为 0.1。X19 距市中心平均距离是指研究西安 10 区（县）1 等级以上的乡村旅游景点的经纬度与西安市中心标志物钟楼的经纬度之差的加权平均距离。

2. 数据处理

为方便比较和计算，首先对 20 个原始指标进行无量纲化处理。根据现有指标的性质，采取标准化方法进行处理，最后得到这些原始指标的标准化结果：

$$Z = \frac{x_i - \overline{x}}{\theta} \qquad (1)$$

（1）式中：Z 为标准化变量，x_i 为变量，$\overline{x}$ 为 x_i 的均值，θ 为 x_i 的标准差。上述指标数据根据公式（1）得到标准化矩阵后，建立数据库进行分析。

3. 数据结果分析

利用 SPSS 18.0 统计软件，通过对 20 个指标进行"降维"处理，可以得到主成分特征值和贡献率（表 2）和旋转成分矩阵（表 3）。在表 2 中提取 4 个主成分，累计贡献率达到 90.849%，信息损失率仅为 9.151%，因此这 4 个主成分基本代表了 20 个指标所包含的全部信息。表 3 是主成分因子载荷矩阵表，从该表中可以看出四个主成分与各评价指标变量间的载荷矩阵。由因子载荷矩阵分析的结果，可以看出一些样本指标的内在联系。它反映了原始指标与主成分之间的相关度，同时也反映主成分在多大程度上能够代表被解释变量，绝对值较高，越说明该主成分能够代表原始变量。

表 2　主成分特征值和贡献率

成分	初始特征值			提取平方和载入		
	合计	方差的%	累积%	合计	方差的%	累积%
1	9.155	45.775	45.775	9.155	45.775	45.775
2	5.506	27.530	73.305	5.506	27.530	73.305
3	2.201	11.004	84.309	2.201	11.004	84.309
4	1.308	6.540	90.849	1.308	6.540	90.849

表 3　主成分因子载荷矩阵表

	成分			
	1	2	3	4
土地面积 X1	0.841	−0.076	−0.121	0.478
耕地面积 X2	0.939	0.115	0.051	−0.215

续表

	成分			
	1	2	3	4
造林面积 X3	0.800	−0.035	−0.361	0.103
人口 X4	0.238	0.931	0.094	0.116
人口密度 X5	−0.892	0.398	−0.190	0.053
生产总值 X6	−0.526	0.798	−0.020	0.017
第一产业 X7	0.806	−0.043	0.411	−0.323
第三产业 X8	−0.431	0.838	−0.133	0.246
农林牧渔 X9	0.837	−0.082	0.349	−0.336
城镇居民人均可支配收入 X10	−0.776	0.341	0.281	0.021
农村居民人均纯收入 X11	−0.867	0.358	0.162	−0.059
乡村女性从业人数 X12	0.948	0.225	−0.151	0.000
本年度新增农户比例 X13	−0.062	−0.712	0.438	0.459
本年度经营收入增加比例 X14	−0.217	−0.512	0.486	−0.232
直接从业人数 X15	0.600	0.677	0.386	0.023
间接从业人数 X16	0.466	0.696	0.503	0.041
高等级旅游资源 X17	0.661	0.631	−0.323	0.130
旅游资源平均等级 X18	−0.289	0.242	0.793	0.341
距城市中心平均距离 X19	0.434	−0.635	0.074	0.563
村委会数量 X20	0.820	0.495	0.046	0.090

提取方法：主成分分析法。

a. 已提取了 4 个成分。

由表 2 和表 3 可知，第一主因子主要由变量 X1、X2、X3、X7、X9、X12 和 X20 组成，其中，X12、X2、X1 和 X9 作用在第一主因子上的载荷量最高，依次为 0.948、0.939、0841 和 0.837。这四个指标即乡村女性从业人数、耕地面积、土地面积和农林牧渔总产值等，主要反映了乡村旅游供给条件对乡村旅游发展的主导推动力，可定义为供给动力因子。第二主因子主要由变量 X4、X8 和 X6 组成，即地区总人口数量、第三产业生产总值和地区的国民生产总值，它们的作用在第二主因子上的载荷量分别为 0.931、0.838 和 0.798。这三个指标反映了地区需求对乡村旅游发展的拉力，可定义为需求动力因子。因为地区乡村旅游主要的旅游者是本地居民，地区人口基数越大，则反映乡村旅游者的基数越大；地区第三产业总值和地区国民生产总值代表着地区经济实力，经济实力越强，可供旅游者消费的可支配收入越高，则乡村旅游的可能性大大加强。第三主因子变量X19组成，即乡村旅游资源平均等级。主要反映了乡村旅游资源的质量对乡村旅游发展的主导推动力，可定义为资源动力因子。第四主因子主要由变量X19组成，即乡村旅游景点距市中心的平均距离，这个指标主要反映乡村旅游地的可进入程度，间接地反映了乡村旅游地所处的区位是否良好，所以乡村旅游地的区位是乡村旅游发展的主导推动力，可定义为区位动力因子。

（五）西安市乡村旅游发展动力系统模型构建

通过以上分析可知，推动西安市乡村旅游发展的主要动力为：供给动力因子、需求动力因子、资源动力因子和区位动力因子等四个主导动力。在此基础上，构建出西安市乡村旅游发展动力系统模型，见图1。

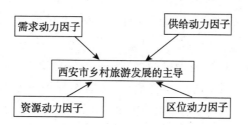

图1　西安城郊乡村旅游发展动力系统模型

四　结论和建议

（一）结论

本文在梳理国内外乡村旅游发展动力系统相关文献研究的基础上，将影响乡村旅游发展动力系统运行的评价指标划分为产业基础、产业规模、乡村旅游资源和乡村社区管理水平等四个层面，构建了乡村旅游发展动力系统运行评价指标体系，并运用主成分法对2013年西安10区（县）乡村旅游发展情况进行了测算和分析。研究发现，影响西安城郊乡村旅游发展动力系统运行的主导因素为供给动力因素、需求动力因素、资源动力因素和区位动力因素等，并构建了西安城郊乡村旅游发展动力系统模型。

（二）建议

1. 实施企业差异化发展战略，提供差异化的乡村旅游产品和服务

差异化的战略是指企业通过提供差异化的产品或服务，在全行业范围内形成具有独特性的产品或服务。就西安大多数乡村旅游经营者而言，其所提供的旅游产品大同小异，产品的差异化程度不高。因此，只能在其所提供的服务方面如交通、停车、服务态度、旅游产品的品牌形象与营销宣传等方面，提高差异化程度（段兆雯、李世平，2011）。

2. 提升乡村旅游的文化内涵，促进乡村旅游产品的升级换代

乡村旅游被越来越多的旅游者看作一种重要的文化活动，通过体验乡村旅游产品获得精神的享受和文化知识（林宗贤、吕文博、吴荣华、莫晓杜，2013）。这就促使乡村旅游产品不能够仅仅停留在"吃农家饭、看农家景、干农家活"，应迎合旅游者新的旅游需求，增加其文化内涵，开发出具有独特性、多元性、精品性的乡村旅游产品（张艳、张勇，2007）。如开发主题农庄、乡村主题博物馆、乡村民俗文化体验村落、乡村旅游俱乐部等。

3. 针对经营者的创业动机的性别差异，培育中小乡村旅游企业

在西安城郊乡村旅游发展过程中，女性乡村旅游经营者的数量占大多数，她们的创业动机与男性有着很大的不同，更偏向于生活形态的质量提升，希望改善当地乡村经济生活，进而发展农业社会（林宗贤、吕文博、吴荣华、莫晓杜，2013）。所以，政府在制定乡村旅游相关政策时，应为女性经营者提供更多乡村旅游相关经济利益的机会。

4. 扩大公交线路的辐射范围，增强乡村旅游地的可达性

扩大西安市旅游公交线路的辐射范围，在原有 5 条旅游巴士线路和 2 条环山旅游线路的基础上，增加旅游公交线路的站点和班次，在乡村旅游景区（点）集聚区域设置站点，这样会大大提升乡村旅游目的地的可达性，降低游客的交通成本。

参考文献

Fleischer, A., & Felsenstein, D.（2000）. Support for rural tourism: Does it make a difference? *Annals of Tourism Research*, *4*, 1007 – 1024.

Gunn, C. A. , & Turgut, Var. （2002）. Tourism Planning：Basics Concepts Cases（4thed）. New York：Routledge.

Miller, G. （2001）. The development of indicators for sustainable tourism：Results of a Delphi survey of tourism researchers. *Tourism Management*, 22（4）, 351 – 362.

Lee, B. C. , & Kim, D. K. （2009）. Relative importance to tourism decision makers of indicators for sustainable rural tourism development in South Korea：Using AHP approach. *Journal of Tourism*, 10（2）, 21 – 43.

Robert, A. , Macdonald, Lee, & Joliffe, （2003）. Culture rural tourism：evidence from Canada. *Annals of Tourism Research*, 30（20）, 307 – 322.

杨军（2006）。中国乡村旅游驱动力因子分析及其系统优化研究。旅游科学, 4, 7。

叶红（2007）。乡村旅游发展的动力机制研究——以成都市乡村旅游发展为例。农村经济, 8, 79 – 82。

潘顺安（2007）。中国乡村旅游驱动机制与开发模式研究。吉林：东北师范大学。

张传时（2010）。西安市都市型乡村旅游开发研究。西北大学学报（自然科学版）, 3, 510 – 515。

林海明、杜子芳（2013）。主成分分析综合评价应该注意的问题。统计研究, 8, 25 – 32。

段兆雯、李世平（2011）。基于企业竞争理论的我国乡村旅游业战略研究。西北大学学报（自然科学版）, 2, 153 – 158。

张艳、张勇（2007）。乡村文化与乡村旅游开发。经济地理, 3, 509 – 513。

王云才（2002）。国际乡村旅游发展的政策经验与借鉴。旅游学科, 4, 52 – 56。

林宗贤、吕文博、吴荣华、莫晓杜（2013）。乡村旅游创业动机的性别差异研究——以台湾为例。旅游学刊, 5, 89 – 9。

澳门会展旅游的 SWOT 分析及对策研究

李嘉伟

广东省科学技术职业学院

摘　要：CEPA 的实施为澳门的经济发展带来了机遇，其中发展会展业将是澳门产业多元化最重要的一个方面，在这种背景下如何发展会展业？澳门发展会展业具备些什么条件，本文在进行文献梳理的基础上，用 SWOT 方法对澳门会展进行分析和研究，并在此基础上提出会展业应与博彩旅游业互动发展，打造特色会展品牌，香港、珠三角区域联合发展，培养和引进会展人才的对策，以期为实现澳门会展业又好又快发展提供一点理论支撑。

关键词：会展旅游，SWOT 分析

An Analysis and Countermeasure Research
on Macau MICE Tourism

Li Jiawei

Guangdong Institute of Science and Technology

Abstract：The implementation of CEPA brought opportunities for Macau's economic development, in which Macau MICE tourism played an important role especially in industrial diversification. How to develop MICE industry under such circumstance? What are Macau MICE tourism equipped with? Based on studies of related literature, the researcher used SWOT method to analyze and study Macau MICE tourism. For future theoretical reference，this research proposed 4 suggestions to realize a sound and fast economy development：integrating MICE tourism and gambling tourism together，building a unique MICE tourism brand，integrating Hong Kong and Pan-Pearl-Delta Region together，cultivating and attracting talents.

Key words：MICE tourism，SWOT analysis

近年来，澳门特区政府积极推动澳门发展成为区域性的会展中心。随着多个大型会展场地的投入及使用，澳门会展场馆总面积已超过 14 万平方米，吸引不少国际性、专业性的展会在澳门举行，澳门会展业在未来的市场潜力相当大。据不完全统计：2013 年澳门会展场地面积达到 14 万平方米，举办的会议活动达到 1 000 多场，参会人数 160 多万人，增长26.2%。来澳游客 2 800 万人，博彩收入占财政收入的 82.6%，博彩收入是拉斯维加斯的 7 倍。澳门特区本身是微型经济体，资源不足，内部市场发展空间有限，要想发展第一产业是不现实的，澳门基本没有可以开发的土地。大力发展第二产业的现实性也不是很大，加上珠三角地区正在崛起以加工制造业为主的城市，对澳门的制造业发展构成威胁，只能有选择地发展高附加值的出口加工业。最有可能形成澳门的新经济增长点的还是在第三产业，在第三产业里面寻找发展空间是澳门的最优发展策略。对于澳门要重点发展的产业选择要遵循以下几个原则：（1）无污染；（2）占地小；（3）附加值高和产业带动能力要强；（4）有发展基础，并具有竞争优势；（5）与周边的产业群有内在的联系，可以获得较广泛的外部支持。要符合以上几条原则，在澳门发展什么产业筛选中，会展业成了不二的选择。

一　澳门发展会展旅游的 SWOT 分析

（一）优势分析（Strengths）

1. 独立的政治制度

澳门最大的优势就是制度优势，作为一个特别行政区，享有行政管理权、立法权、独立的司法权和终审权；可自行制定有关行政、经济、民事、刑事等方面的法律；在经济、贸易、金融、航运、社会、文化、教育、科技等方面，可以"中国澳门"的名义，单独地同世界各国、各地区及有关国际组织，保持和发展关系，签订和履行协议；保持财政独立，其财政收入全部由特区政府自行支配，不上缴中央政府；实行独立的税收政策，中央政府不在澳门征税；保持自由港地位，实行自由贸易政策，资金的流动和进出不受限制等等。这些特殊政策，比回归前的澳门现行政策，还要宽松、灵活，势必给澳门未来的发展创造更优越的条件。会展业肯定涉及相关的法律法规，澳门特区政府可以根据实际情况制定相应宽松的政策法规来支持澳门会展业发展。澳门的制度鼓励各种正当的商业与文化会展活动的存在，可为各种会展活动提供必要的帮助和鼓励。澳门实行自由经济制度，鼓励跨区域、跨国家的经济活动和提供资源配置基础，有利于会展业的形成和发展。稳定的社会制度和治安秩序，减少会展的举办风险，有利于增加会展组织者选择澳门和参展商的信心。

2. 独特的经贸平台

中葡经贸平台作为中国内地和葡语系国家的桥梁，澳门可以通过会展活动提供中国与葡语系国家的贸易平台。在国家的支持下，澳门逐步成为一个具有特色的区域性的服务平台，为泛珠三角成员打开了葡语系国家市场。中葡论坛（中国—葡语国家经贸合作论坛的简称）近几年取得了长足发展。在葡萄牙的殖民统治中，葡语国家的文化与中国文化在澳门碰撞，在澳门留下了文化碰撞的痕迹，澳门到现在还采取葡萄牙国家的法律体系，这为中国和葡语国家进行经济合作奠定了基础。澳门已经成功举办了两届"中国—葡语国家经贸合作论坛（澳门）"，我们可以预见，这种论坛会定期地举行下去。另外，澳门与欧盟国家的关系也很特殊。澳门是 WTO 的成员及单独关税区，而且一直与欧盟国家保持着紧密而独特的联系。中国的崛起日益引起欧盟的关注，中国广阔的市场也需要欧盟国家的投资，欧盟国家走入中国市场需要一个平台，而澳门将是其首选。澳门特区利用自身的特色和优势，已逐步确立为中国内地与葡语系国家经贸联系合作的重要平台。澳门可利用这一独特的优势，联系内陆与欧洲，对内积极融入 9 + 2 经济合作圈，充分利用 CEPA（Closer Economic Partnership Arrangement，简称 CEPA）即《关于建立更加紧密经贸关系的安排》政策，打造澳门休闲商务娱乐时尚文化遗产等多元化旅游城市形象，加大营销宣传，消除负面形象，吸引赌客以外的其他高消费旅游群体；对外还要加强与欧洲其他国家的会展旅游合作，树立高质量休闲娱乐和会展旅游目的地新形象，吸引更多的欧洲游客，拓展国际商务会议旅客，为会展旅游业提供持久的动力。

3. 单独的低税区制

澳门是世界上少有的历史悠久的自由港，其税制简单，是亚太区内极具经济活力的一员，无论对于展览会组织者还是会展服务商投资澳门发展都是有利的因素。特别是澳门简单的税制和低税率有利于吸引世界各地的会展公司来澳门设立分公司或举办展会。澳门实行自由港政策已有 100 多年历史，它和香港一样，是中国仅有的两个自由港之一，货物、外汇、资金均自由进出，人员进出境也较为方便。澳门一直以低税制闻名于世，税种简单、税率低平，为亚洲各国和地区之最，其最高所得税税率仅为 15%，大部分货物进出口免征关税。这对于会展业的发展来说，特别是对于展览业来说避免了一些麻烦的手续，提高了会展业的办事效率，人员的自由进出也使得参展企业和参展人员可以自由地出入澳门，给会展的成功举办带来便利。

4. 最大的博彩资源

澳门因博彩而闻名，对会展组织者和参展商及专业观众来说极具吸引力，利用博彩业，借拉斯维加斯会展发展的经验，可发挥澳门独有的优势。旅游资源优势：澳门一直以来就是一座旅游城市，基础设施完善，2005 年澳门历史城区申遗（申请列入《世界遗产名录》）成功，吸引了世界的目光。2005 年，访澳游客已超过 1 800 万人次，到 2013 年游客达到 2 800 万人次。众所周知，澳门拥有世界文化遗产，其独特的"欧陆小镇"的风格让人感觉十分惬意和舒服，是休闲旅游的好去处。可以说，参加会展的人员都在某种程度上是旅游消费者，在会展之余可以享受澳门特有的欧陆风情。随着人们生活水平的提高，逐渐从服务经济向体验经济过渡，这就使得人们对娱乐的要求逐步提高，澳门独特的旅游业和经过多元开发的博彩娱乐业将逐渐被人们追捧，这些也将吸引会展商的进驻。从而实现一条腿到三驾马车，博彩＋会展＋旅游，博彩是火车头，带动会展和旅游。

5. 完备的配套设施

澳门会展场馆面积共计 14 万平方米，会展场馆种类齐全，举办各类会议、展览，以及体育赛事、文艺演出、节庆活动等的场馆和配套设施条件已经具备。澳门酒店各类设施俱全，可以向会展客商提供质优价廉的住宿服务。2006 年前，澳门展览场馆建设相对滞后，将澳门旅游塔会展娱乐中心、澳门渔人码头、澳门东亚运体育馆、澳门文化中心等可供展出面积加在一起，不足 4 万平方米。2006 年之后，澳门威尼斯人、美高美等多家大型度假酒店相继落成启用，2008 年可用的展览会场地达到 25 万平方米，其中 10 万平方米以上的展览会址有 20 个，而超过 2 000 人参与的国际会议厅有 3 个，各种中小型会议室达到 100 个。会展项目数量由 2006 年的 360 个快速递增到 1 177 个。据统计暨普查局对 2010 年酒店业调查，澳门有 2 万间客房，配置有会展中心的酒店可以随时接待三四千人的会展活动，并可提供 10 万平方米的会展场馆和一站式的住宿、餐饮服务，可以同时满足 8 000 人以上的活动的需求。这些场馆和基础设施及配套设施为澳门国际会展的发展奠定了基础。目前澳门具备举办各类会议、展览会以及体育赛事、文艺演出、节庆活动等场馆和配套设施的条件。据不完全统计，目前澳门有近 70 家酒店及 31 家公寓，客房总数为 21 676 间，酒店入住率高达 90%。新建成的酒店在选址上，全部位于交通便利的地点，周边被风景名胜所包围并具备齐全的生活服务设施；澳门酒店各类俱全，酒店平均标价明显低于香港地区，向参展客商提供质优价廉的住宿服务，可以满足中型展会乃至部分大型专业性展览会外来客商的入住需求。

二　弱势分析 (Weaknesses)

1. 缺乏高品质的会展品牌

澳门会展近年来发展势头不错，大大小小的会展也举办过很多，比较有影响力的有澳门贸易投资促进局举办的澳门国际贸易投资展览会、澳门国际游艇进出口博览会、澳门国际汽车博览会、中国餐饮业博览会等。但是高质量品牌的展会除了澳门国际贸易投资展览会之外，还没有培育起来。相对于香港和广东广州、东莞等地的会展，澳门的会展起步比较晚，缺乏一些比较成熟的经验。另外也可能与澳门没有坚实的产业基础很难形成以当地产业为特色的会展经济相关。澳门制造业基础相对薄弱，不像广东省的其他城市有不同程度的制造业产业集群，为其举办会展奠定了产业基础。

2. 会展人力资源缺乏

澳门年轻的劳动力大都从事"荷官"工作，无心向学，严重阻碍了澳门本土人力资源的开发。特别是对于会展人才的教育和引进，还没有形成成熟的体制。要想发展会展业，必须从香港、大陆或者国外引进相关专业的人才。由于过去相当长的时期内，很少人专门从事会展行业，从而导致了目前澳门既缺乏有实践经验的专业人员，更缺乏受过系统培养训练的专门人才。会展业是一个专业性较强的行业，专业人才的缺乏将成为制约澳门会展业发展的重要元素。

3. 产业结构单一

在澳门现代产业中，20 世纪 80 年代形成了出口加工业、金融服务业、地产建筑业、旅游博彩业四大支柱产业。旅游博彩业领先于其他产业，2002 年开放赌权后这种情况得到进一步加强。曾经在澳门经济中起到举足轻重作用的出口加工业，因受到内外因素的影响而略呈萎缩。旅游博彩业是澳门最大的支柱产业，对澳门整体的经济发展产生明显的拉动作用。澳门旅游博彩业主要由博彩、娱乐、酒店、餐饮等行业组成。博彩业一直是推动澳门旅游业及整个经济发展的支柱产业。博彩业的急剧膨胀也逐渐凸显出澳门一业独大的产业结构特征，导致澳门产业结构单一，经济抗风险能力低，难以发展具有竞争力的其他产业。从总体上看，澳门第一产业地位微不足道，只有有限的渔业，产值在本地生产总值中占 0.5% 以下，而且在近年的政府统计中已经不再出现第一产业的统计数据；第二产业地位薄弱，只有加工业而没有基础工业，主要是以纺织品为主的出口加工业和房地产业；第三产业处于绝对的优势地位。博彩业属于第三产业，占据绝对龙头；在澳门政府统计项目中归属于第三产业中的公共行政、文娱博彩及其他服务业。虽然博彩业在税收上的贡献是有目共睹的，2000年之后的几年之内更是实现了 3 倍的增长，博彩业毛收入从 2001 年的 195 亿澳门元猛增到 2010 年的 1 883 亿澳门元，博彩税收从 2001 年的 63 亿澳门元增长到 2010 年的 716 亿澳门元，2010 年博彩毛收入、博彩税收分别占到澳门 GDP 的 82.3% 和政府财政收入的 85.9%；但是澳门产业类别与规模的局限性，也使得澳门会展业的发展障碍重重，发展会展的选择余地有限。许妙玲（2012）指出了澳门会展业发展的劣势：（1）教育落后，人力资源缺乏；（2）澳门没有坚实的产业基础，很难形成以当地产业为特色的会展经济。

三　机遇分析 (Opportunties)

1. 中央政府和澳门政府大力推动经济多元化

中央政府和特区政府的政策支持，为澳门会展业的发展提供了宽松的政策环境。一方面，中央政府在澳门回归后，为保持澳门的经济繁荣和政治稳定，不仅积极支持地方政府加强与港澳地区的经贸合作，还在国家"十二五"规划纲要中明确提出，支持澳门经济适度多元化，加快发展会展业。同时，还将会展业合作补充列入 CEPA 协议中贸易投资便利化的产业领域；在签订的 CEPA 补充协议《内地与澳门关于建立更紧密经贸关系的安排》中，更明确提出内地支持和配合澳门举办大型会议和展览，以促进澳门产业多元发展（林宙，2006）。此外，CEPA 协议还进一步放宽了工商企业以及居民个人进出港澳地区的限制，为澳门会展业背靠国内市场、分享国内经济增长成果提供了便利和政策保障。目前，内地 49 个城市已经开放了个人赴港澳旅游，这使得内地来澳门展览的人员来往更加便利。另一方面，在特区政府成立伊始，澳门特区政府施政报告中就已明确提出将会展业作为澳门的支柱产业之一。在开放博彩业招标时，特区政府参考拉斯维加斯会展业的经营理念与模式，将建设会展中心作为参与投标的附加条件之一。澳门特区旅游局的"会展及奖励旅游研究暨资料中心"计划启用后，致力于向业界人士提供最新的会展业信息，并积极吸引海外团体和专业公司来澳门举办会展及奖励旅游活动，促进澳门成为会展活动的目的地。

2. 打造世界旅游休闲中心

建设澳门世界旅游休闲中心，是继国务院 41 号文、海南国际旅游岛之后，又一个国家战略层面的旅游新命题。事实上，2008 年，《珠三角改革发展规划纲要》首次把澳门定位为世界旅游休闲中心。2010 年 11 月，温家宝总理访问澳门期间，提出"支持澳门建设世界旅游休闲中心"。2011 年颁布的国家"十二五"规划和《粤澳合作框架协议》，都提出支持澳门建设世界旅游休闲中心。之所以仍旧称之为一个旅游新命题，并不是说提出的时间不长，而是说直到最近才开始引起较为普遍的关注，并有了系统性考察与贯彻落地的动向。

3. CEPA 等的利好政策

CEPA 的签订，促进澳门会展旅游业的持续发展。《泛珠三角区域合作框架协议》（亦称"9＋2"）为澳门注入新活力。泛珠三角九省（区）及港澳特区的经济互补性很强，澳门作为"9＋2"的成员，根据本身的优势和特点，在这个合作框架协议下能更有效地发挥中葡经贸合作平台功能，促进泛珠三角各省区与葡语国家及国际市场之间的贸易和投资。2012年9月21日，为进一步落实《更紧密经贸关系的安排》中有关会展业合作的内容，促进两地会展业合作及共同发展，国家商务部副部长蒋耀平和澳门经济财政司司长谭伯源签署《关于加强会展业合作协议》。另外，现在《珠江三角洲规划纲要 2008—2020》的出台对澳门的经济发展也有更大的促进作用。使澳门成为：一是作为中国内地，特别是广东西部地区的商贸服务平台；二是作为中国内地与葡语国家经贸联系与合作的服务平台；三是作为全球华商联络与合作的联络平台。

四　威胁分析 (Threats)

1. 前有劲敌

澳门会展业发展面临的首要挑战来自于临近及周边地区会展业迅速发展所带来的市场竞争，其最大的竞争对手就是香港，香港会展业经过多年的运作，在珠三角会展格局中，澳门目前处于弱势竞争地位。珠三角地区不仅是中国经济最活跃的地带之一，而且相对来说会展业同样非常发达。香港会展业有悠久的历史和传统，已有一套成熟的运行程序，无论是资金、客源、信息还是设施优良的展馆和完善的服务体系，澳门会展同香港会展相比都是存在一定差距的，尽管澳门会展发展具有众多优势和机遇，但是香港仍然是澳门会展客源市场的主要竞争对手，如何实现澳门会展经济的腾飞，得到国内乃至国际办展商的认可将是澳门会展业发展当前面临的首要挑战。

2. 后有追兵

与澳门毗邻的珠海会展业发展迅猛。除了香港这个老牌会展之都外，珠海近年来兴建了一批规模宏大、设施一流的会展中心，新办的展会和会展公司林立。会展业里群雄四起，在粤、港、澳会展经济大格局中，澳门目前处于明显弱势竞争地位。一方面，澳门会展经济起步较晚，远不及香港会展业发展之完备；另一方面，由于自身产业和地理因素上的局限，澳门会展业发展的势头远不及广州珠海等地的情况，发展的硬件基础比较薄弱。目前，珠三角已经成为我国内陆地区五个重要的区域展览中心之一，广州、深圳、珠海、东莞、佛山等地的会展业发展成绩突出。广东省品牌会展主要集中在珠三角地区，包括广交会、深圳高交会、珠海航空展、东莞厚街名家具展、佛山陶瓷博览会、虎门国际服装交易会、顺德家电博览会等众多展会。广东省平均每天举办 3 个展会，合计每年举办超过 1 000 个展会；广东省目前在建展馆面积超过 100 万平方米，仅广州、深圳、东莞三地的在建会展场馆就已达 50 万平方米。相对香港和珠三角地区而言，澳门会展业目前明显处于弱势竞争地位。

五　澳门会展业的发展对策
——如何实现华丽转身？

1. 会展业应与博彩旅游业互动发展

会展业应与博彩旅游业结合发展，借助旅游、博彩等产业优势，开发国际会议、中小型特色展览会、独特的文化节庆事件等重点特色会展产品，树立澳门会议旅游城市的形象。从澳门经济发展实际来说，博彩业是澳门经济发展的基石，是澳门旅游休闲产业的骨架，离开博彩业来实践世界会展产业建设，恐怕不太现实。澳门发展会展业，应当是在博彩业上做加法，而在关联性旅游休闲业上做乘法，注重利用博彩所开创的世界性城市品牌和所开拓的国际性客源市场，依托博彩延伸和丰富休闲产业要素，丰富和提升澳门经济内生增长动力。澳门博彩旅游业具有重要地位，发挥其带动效应。国外会展旅游发达的城市，虽然其会展管理模式不尽一样，但会展业与旅游业间的联动模式几乎都是依靠会展业聚集人流而发挥产业联动效应，从而对旅游业产生经济辐射效应，使两者相得益彰。可见，会展功能处于主导性的带动地位，旅游功能起到辅助吸引、配合宣传的从属地位，在某种程度上可以说是因"会"而"游"。而在澳门恰好相反，旅游所起的主导带动性作用强于会展功能，在某种程度上可以说是因"游"而"会"。澳门博彩旅游业居于四大支柱产业之首，在总量上与其他产业反差悬殊，加上历史原因等其他因素，造成产业结构发展畸形化。"以旅游博彩业为龙头，以服务业为主体，其他行业协调发展"的方针符合澳门实际，但短期内难以改变旅游博彩业的龙头地位，不过可以充分发挥其产业带动作用，如发展壮大会展业、物流业、文化创新产业等。

2. 打造特色会展产品

培育高品质的会展品牌，鼓励建立专业会展公司（PCO）、目的地管理公司（DMC）等，形成市场运作机制，保证会展品牌的高品质；也应选择加入亚洲太平洋地区展览会及会议联合会（APECC）、亚洲会议旅游局协会（AACVB）、国际大会和会议协会（ICCA）等著名的国际会展组织，增强会展品牌的知名度。澳门作为一座具有浓厚文化气息的古老城市，既具有独特的人文文化，又具有独特的旅游资源，因此澳门在会展形象定位时，要以整个城市的定位和形象为依托，展现澳门独特的人文气息，充分利用自然风光以及人文景观的旅游资源，构建真正的"休闲会展之都"，培育澳门会展核心竞争力。澳门会展定位要结合自身特点，以会议和展览双线发展，向国际商务会议业和中小型、专业性展会进行多层次拓展，结合澳门的自身特点，培育和打造会展产品。（1）突出国际会议；（2）构建中小型特色展会；（3）发展独特的文化节庆事件。陈章喜、王江（2012）提出澳门会展业与广东之间存在以下互补性：（1）粤澳产业结构上的互补性；（2）粤澳会展市场发展程度的互补性；（3）粤澳会展客户源的互补性；（4）粤澳会展人才的互补性；（5）粤澳会展城市吸引力的互补性。并指出了粤澳会展业合作的方向性思路：（1）政府努力推动；（2）协会积极参与；（3）重视人才培养；（4）创建会展品牌。

3. 与香港、珠三角区域联合发展

重视泛珠区域的会展旅游市场优化与对接。充分利用 CEPA，加强粤澳边境合作，通过基础设施建设衔接、消除边境障碍来加强与珠江三角洲地区的经济一体化，构筑粤港澳大三角会展旅游区，协助澳门本地会展旅游业界开拓内地市场。借助珠三角区域内各城市的优势，联合各方会展资源，打造会展联合平台，避免同香港以及珠三角区域会展市场之间的不良竞争，共同开拓国内外会展市场。减少港澳两地在会展领域的恶性竞争，争取发挥区域合作优势。澳门举办会展的参展费比香港低 50% 以上，且威尼斯人的会议展览中心面积是香港会展中心的 2 倍。澳门可以引入香港的会展公司，进而借助香港的国际影响力，以香港会展活动的分馆为契机，逐步扩大自己的会展影响力。在香港会展档期紧张的时候可以考虑将部分中小型展会移到澳门举办。

4. 培训和引进会展人才

加强与内地及海外会展机构的合作，开办会展理论和实务培训课程，

尤其是具有国际认可性及专业性的课程，如 PCM、PEM、CEM、CMP 等专业培训课等，鼓励和支持相关部门工作人员参加培训；对急需的会展管理人才，应该放宽限制，积极引进。人才是关键，大力发展和引进人才。会展业也是一个智力行业，需要专业人才的支持。而澳门本土的教育水平不高，需要从内地和香港引进相关人才，或者组织本地人才到香港或国外进修学习。另外，必须对澳门从事会展组织工作者尤其是 CEO 们进行一次会展业策划与组织的培训，以现代的会展技术与理念武装澳门未来的主人。时代不同了，笔者不希望现代青年像我们那个年代那样摸着石头过河、走太多冤枉路。澳门的会展业需要跳跃式发展，才能赶上周边城市的水平。因此会展人才也必须快速成长才能满足澳门会展业的需求、满足特区政府的期望。正因此，建议由会展发展委员会牵头，进行一次高水平的培训。

六　小结

通过以上文献的梳理研究和逻辑的推理后，从澳门会展业的发展来看，澳门会展业所具备的优势：独立的政治制度，独特的经贸平台，单独的低税区制，最大的博彩资源，完备的配套设施，是支持澳门会展业发展的优势。在充分运用这些优势的基础上，扬长避短。并采取会展业应与博彩旅游业互动发展；打造特色会展品牌；香港、珠三角区域联合发展；培养和引进会展人才的对策来实现澳门会展业的持续、快速、健康的发展。

参考文献

许妙玲（2012）。澳门发展会展业的优劣势分析。区域博览，2，48－51。

陈章喜、王江（2012）。澳门会展业的经济效应与粤澳会展业合作。产经评论，3（2），73－81。

基于 IPA 分析的澳门博彩娱乐场服务感知价值测评研究

曾　韬　孔繁帆

澳门城市大学

摘　要：澳门博彩业在迅猛发展与为澳门经济社会带来辉煌成绩的同时，也面临来自内外的压力与挑战。因此，让消费者获取高质量的服务感知价值，从而赢得竞争优势，已成为澳门博彩企业需要关注的重点问题。本研究透过感知价值视角，以澳门知名娱乐场（新葡京、永利与威尼斯人）为案例，剖析博彩娱乐场服务感知价值维度，提出其具 7 维度结构；并采用重要性—绩效 IPA 模型，测评澳门博彩娱乐场服务感知价值"继续保持"、"急需改善"、"暂缓考虑"、"控制投入"四方面，最后依据 IPA 分析结果为澳门博彩娱乐场未来服务对策改善的重心提出合理化建议。

关键词：感知价值，服务，博彩娱乐场，维度，IPA 模型

Evaluation of Customer's Service Perceived Value in Macau Casinos by Using IPA Model

Zeng Tao, Kong Fanfan

City University of Macau

Abstract：Macau's gambling industry, developing rapidly, faced internal and external pressures and challenges. Therefore, to ensure customers' granted high-level perceived value has become a contested point among Macau casinos. This study, taking Grand Lisboa, Wynn and Venetian as data collection sites, found seven certain dimensions of customer perceived value in Macau casinos. By using the IPA method, the analysis mainly focused on four aspects of customer perceived value as follows: continuous maintenance, urgent improvement, deliberation and input control. Reasonable Suggestions on how to improve service were proposed based on the results of collected data.

Key words: perceived value, service, casinos, dimensions, IPA model

一　引言

(一) 现实背景

在博彩业全球化发展的趋势下 (Goodman, 1996), 享有"东方赌城"美誉的澳门于 2002 年实行赌权开放, 引入外资与竞争机制 (钟坚、朱敏, 2005), 大力发展以博彩为中心, 带动旅游、餐饮、零售、会展产业的综合旅游业。这一改造推动了澳门博彩业的高速发展, 不仅极大提高了澳门的国际知名度 (王珏, 2013), 让其从一个小小的赌城华丽转身为名副其实的国际博彩旅游中心, 更让澳门博彩业为澳门的经济与地区竞争力带来显著提高, 成为澳门的支柱产业 (封小云, 2008)。然而, 在迅猛的发展势头与为澳门经济与社会带来辉煌成绩的背后, 澳门博彩业也同时面临来自内外的压力与挑战。

第一, 受澳门博彩开放经济高速发展所带来的影响, 澳门周边的国家及地区也陆续或打算开放博彩业: 周边韩国、马来西亚、越南等国博彩的合法化, 以及香港越开越多的公海赌船 (郑向敏、陈傅钱、龚永珩, 2004) 与新加坡 2010 年先后开放的两家大型赌场, 令澳门博彩业发展面临更大的竞争, 博彩收入年增幅正不断放缓 (郝雨凡、吴志良, 2012), 博彩产业收入面临下降的趋势; 第二, 内地为澳门旅游产业最大客源地, 也是澳门博彩收入的最大贡献地区, 如何维持如此庞大的客源对澳门各博彩企业是个极大挑战; 第三, 澳门博彩品牌繁多, 市场占有率此增彼长, 博彩企业之间的竞争愈演愈烈 (周岩、姜凌, 2012); 第四, 自 2007 年金融危机以来, 澳门政府意识到博彩业在旅游业中一枝独秀的地位, 容易成为澳门经济社会可持续发展的重大隐患（郭永中，2010）。因此，旅游业多元化发展备受澳门政府重视，文化遗产旅游、节事旅游、影视旅游等产业的兴起开始撼动着澳门博彩业的主导地位。

基于上述，在对内对外都存在激烈竞争的不争事实面前，如何能保持自身竞争力的不断提升，让消费者获取高质量的服务价值，从而赢得游客忠诚的行为意愿，已成为澳门博彩企业生存发展的关键问题。

（二）理论背景

博彩产业研究是一个学术新兴的研究领域，兴起于 20 世纪 80 年代中期（Pizam，1985），国外目前关于博彩产业的研究成果主要集中在博彩旅游业的影响、博彩消费者研究与博彩旅游企业的经营管理 3 个方面。然而，对博彩消费者的相关研究则主要集中于博彩消费者类型以及博彩消费者动机两个方面，针对博彩消费者在博彩娱乐场的感知方面的研究相对较少。

国内博彩旅游研究始于 20 世纪 90 年代，相关研究主要来自澳门，由于博彩业是一项操作性极强的服务性行业，因此国内博彩的理论成果相对落后于实践发展的需要。笔者于万方数据库、中国知网与华艺数据库等学术网站搜索关于澳门博彩旅游研究时，发现其研究领域主要集中于博彩业对社会影响、博彩的道德问题与博彩企业发展管理，从游客角度出发探讨博彩企业管理改善对策的研究较少，而有关博彩游客感知价值的理论成果更为稀少。目前，感知价值为企业营销研究的焦点问题（随丽娜、李颖科、程圩，2009），被认为是消费者忠诚的根源（Zeithaml，1988）与企业竞争优势的源泉（Woodruff，1997；黄颖华、黄福才，2007），上述情况反映国内学术界，尤其是澳门学术界亟须全方位对博彩消费者在娱乐场的服务感知价值方面进行深入的研究。

经上所述，本研究以澳门博彩娱乐场为案例，通过实证研究剖析博彩娱乐场消费者的服务感知价值内在维度，并采用重要性—绩效分析模型（IPA）研究方法对博彩娱乐场服务感知价值维度与项目进行评价与讨论。一方面，探讨感知价值内涵，以期拓展感知价值理论应用领域，同时为博彩娱乐场管理实践提供实用科学的测量工具；另一方面，有依据地为澳门博彩娱乐场未来的服务对策改善的重心与资源分配的优化提出合理化建议，并为娱乐场管理者更好地了解消费者心理，作出更有效的服务对策提供参考建议。

二　文献回顾

（一）感知价值概念相关研究

在消费者行为研究视角中，感知价值可以理解为顾客价值（Gallarza & Saura，2006），主要可从得失角度进行定义，又分为得失比较观与得失综合评价观。得失比较观中，Jackson（1985）认为，价值是感知到的利益与价格之间的比率。国际营销学大师 Kotler（2000）从顾客让渡价值的角度描述了顾客价值的定义，他认为顾客价值是总顾客价值与总顾客成本之差。得失综合评价观代表人物为 Zeithamal（1988），她定义感知价值为：顾客基于感知到的所得与感知到的所失对产品效用的综合评价。顾客价值得失观得到 Bojanic（1996），Jayanti & Ghosh（1996），Oh（1999）与 Parasuraman & Grewal（2000）等学者的认同，据此提出顾客服务感知价值为：顾客在感知利益与感知损失比较的基础上对所获服务效用的总体评价。

（二）感知价值维度相关研究

目前感知价值维度研究主要分为三个视角（Holbrook & Hirschman，1982；张涛、贾生华，2008）：理性视角、关系视角与体验视角。关系视角主要应用于商务市场研究，因此本文主要对理性视角与体验视角进行相关回顾。理性视角认为感知价值主要由感知所得与感知所失两类正负维度构成。消费品市场感知价值研究中，Kotler（2000）指出顾客价值包含顾客总价值与顾客总成本两类正负维度，顾客总价值包括产品价值、功能价值、人员价值、形象价值等；顾客总成本主要包括货币成本、时间成本、体力成本、精力成本等。Zeithamal（1988）把感知所得分为两个层次，低层次维度为产品内在属性（质量）与产品外在属性（包装）；高层次维度为产品抽象价值（企业形象）；感知所失分为货币成本（购买价格）和非货币成本（精力，时间或风险）。

服务行业方面，Heskeet，Sasser & Schlesinger（2001）得出服务感知价值的四个维度：服务效用、服务质量、服务价格与获得服务成本。服务效用取决于服务任务的大小及其对顾客的重要程度，服务质量主要从服务的可靠性、反应性、权威性、体贴性以及有形证据等几个方面来衡量，服务价格指服务货币支出，获得服务的成本是指顾客付出的除价格之外的其他成本，如时间、精力等。白长虹（2001）参考西方顾客价值研究成果，认为服务企业顾客感知价值维度包括服务质量、价值、系统组织学习和顾客关系。理性视角虽然对感知价值正负维度进行了比较具体的细分，但对消费中情感层面的重视程度不够（张涛、贾生华，2008）。

体验视角十分关注产品的实用性与享乐效用，重视消费者的情感体验。Holbrook（1996）指出顾客价值是一种互动，相对且具偏好性的体验。他把顾客价值从内在/外在、自我/他人、主动/被动三个方面分为效率、卓越、地位、尊敬、娱乐、美感、伦理与心灵 8 个维度。服务感知价值维度相关研究，Jensen & Hansen（2007）透过体验视角得出 5 个关于饮食消费价值维度：卓越、和谐、情感刺激、得到承认与环境价值。马凌、保继刚（2012）发现节庆旅游感知价值具有文化认知价值、享乐价值、社交价值、服务价值、经济便利价值、情景价值与功能价值 7 个维度。体验视角注重顾客享乐感知，因此更准确地分析出顾客的正面感知价值。然而，此视角中感知价值的负面维度如感知价格、感知风险等皆受到一定的忽视（张涛、贾生华，2008），因此本研究拟将理性视角与体验视角结合进行研究，以期更全面准确地剖析消费者服务感知价值。

（三）感知价值测评相关研究

Petrick（2002）通过对加勒比海两条相隔 3 星期的不同游船线路的旅游者的服务感知价值调查，得到游客服务感知价值 5 个维度：服务质量、情感反映、货币价格、行为价格和名誉声望，并构建了旅游服务顾客感知价值量表——SERV-PERVAL 量表，为体验类产品顾客感知价值提供了重要启示（随丽娜、李颖科、程圩，2009）。Sanchez 等学者（2006）开发出旅行社游客整体感知价值量表——GLOVAL 量表，量表维度结构为：旅行社功能价值，服务人员职业水平，包价旅游质量，价格，情感价值与社会价值。黄颖华与黄福才（2007）用旅游者感知价值量表——TOUR-PERVAL 量表调查赴港游客，得出游客服务感知价值具有感知旅游质量、感知经济成本、情感价值、社会价值及感知非货币成本 5 个维度。程兴火（2009）构建了森林生态景区游客的 FECOSAVAL 量表，量表中包含服务价值、功能价值、特色价值、品牌价值、教育价值、情感价值、感知成本、环境价值 8 个维度。

表1 国内外游客服务感知价值测量量表维度总结

		Petrick SERV-PERVAL 量表	Sanchez GLOVAL 量表	黄颖华 TOUR-PERVAL 量表	程兴火 FECOSSAVAL 量表
测量维度	服务质量	√	√（功能价值）	√	√（功能价值）
	享乐/情感价值	√	√	√	√
	社会价值	√（声誉价值）	√	√	√（品牌价值）
测量维度	认知价值	无	无	无	√（教育价值）
	货币价值	√	√（价格）	√	√
	非货币价值	√	√	无	无

数据来源：研究者整理。

上述量表均较理性地关注到顾客在消费过程中感知所得与所失，也考虑到顾客在体验服务中声誉社交、情感享乐等因素，具有较好的实用性与借鉴意义，但也有其局限之处。首先，SERV-PERVAL，GLOVAL，TOUR-PERVAL 量表没有考虑到认知价值因素，Sheth（1991）等学者指出认知价值为产品具有引起顾客好奇心、提供新奇感或满足顾客对知识追求的能力，应纳入顾客感知价值维度。博彩娱乐场中，如百家乐、骰宝与老虎机等众多项目的玩法都需要运用一定的数学概率知识，消费者能通过体验各种博彩娱乐等方式获得原来生活中没有的知识与经验，感受独有的博彩娱乐文化。因此，认知价值应成为娱乐场服务感知价值维度之一。其次，4 个量表均忽视旅游方面的审美要素，而旅游经济很大程度属于眼球经济，博彩娱乐场有形因素除了基本的服务设施，还拥有赏心悦目的外观、装修设计与炫目的灯光布置等，顾客不仅仅满足于基本的有形要素，还要追求高层次的视觉或精神享受，Gallarza & Saura（2006）对大学生旅游调查中指出感知价值应包括审美价值。基于上述，审美价值也应纳入顾客服务感知价值维度。通过对表 1 游客服务感知价值测评量表维度的比较与补充，得出博彩娱乐场服务感知价值 7 个初始维度：服务质量、情感价值、审美价值、认知价值、声誉价值、货币价格与行为成本。

（四）消费者研究中 IPA 分析方法的应用

Martilla & James 于 1977 年提出 IPA （Importance-Performance Analysis）——产品重要性与绩效评价方法。IPA 方法建立在服务质量特征的重要性和绩效对比基础上，并常被应用在辨识商标、产品、服务等的优势与劣势，是一个广受欢迎的管理工具（谢丽佳、郭英之，2010）。IPA 方格图共分为四个象限，第 I 象限是重要性和绩效都高的区域，是"继续保持成果的方面"；第 II 象限是重要性高而绩效低的区域，被称作"急需要改进的方面"；第 III 象限是重要性和绩效都低的区域，所以称为"不做重点考虑的方面"；第 IV 象限是重要性低但绩效高的区域，被叫作"可能浪费资源的方面"。因此，根据 IPA 方格图可以比较准确地判断出调查对象中哪些要素需要重点保持，哪些维度需要加强改善，哪些维度不列入重点考虑之列。

国外相关研究中，Evans & Chon （1989）基于 IPA 分析对美国东岸两个旅游目的地的旅游政策进行规划与评估。Almanza （1994）等采用 IPA 方法评价消费者对大学食堂服务的满意度，并指出研究中基于 IPA 建立的模型是一个有效的消费者满意度检测工具。国内代表性研究包括：宋子斌、安应民与郑佩（2006）等学者运用 IPA 分析法探讨西安居民对海南旅游目的地的形象感知，拓展了 IPA 分析法在国内旅游学中的应用领域；谢丽佳与郭英之（2010）对上海会展旅游特征感知进行 IPA 分析研究；石定芳、杨晓霞与子涛（2012）采用 IPA 方格图分析世界自然遗产地游客对解说系统的满意度，并提出相关的规划与建设意见。

三　研究方法

（一）研究对象

本研究选取澳门 3 家知名娱乐场：新葡京娱乐场，永利娱乐场与威尼斯人娱乐场作为研究对象，3 家娱乐场分别为澳门 3 家具有博彩专营权（赌牌）的大型博彩企业的代表娱乐场（王五一，2012）。新葡京娱乐场隶属新葡京五星级旗舰酒店，为澳门最高、最豪华的博彩娱乐场；具有拉斯维加斯风格的永利赌场酒店，不仅拥有 600 间豪华客房与 200 张赌台，还设有世界名牌服装专卖店、一流的温泉浴场与美容中心；坐落于金光大道的威尼斯人娱乐场，其超大型度假村更是集会议展览中心、赌场酒店、娱乐休闲与购物于一体。3 家娱乐场在促使澳门博彩旅游业迅速崛起成为最具规模的世界级产业，同时带动澳门整体经济的高速增长方面起着重要作用（龚唯平，2007）。因此，以新葡京娱乐场、永利娱乐场与威尼斯人娱乐场为案例进行研究，具有一定的代表性与意义。

（二）问卷设计与样本确定

本研究在中外相关文献回顾的基础上并结合澳门娱乐场实际情况，总结出博彩娱乐场服务感知价值 7 个维度与 40 个问项，形成测评量表（见表 2）。

表 2　博彩娱乐场服务感知价值量表及理论依据

维度		问项	理论依据
服务质量	有形能力	1. 娱乐场环境整洁 2. 娱乐场服务设施足够 3. 娱乐场服务设施现代化 4. 娱乐场标志清晰明确 5. 服务人员仪容及外表整洁	Frochot & Hughes, 2000 Akama & Kieti, 2003 Maryam, 2003 梁文娟等人，2010
	承诺能力	6. 服务人员及时完整地提供承诺的服务 7. 服务出现错误时能尽力补救更正 8. 游客遇到困难时服务人员乐意帮助	Akama & Kieti, 2003 Maryam, 2003 梁文娟等人，2010
	快捷能力	9. 服务人员能及时处理游客投诉 10. 会员中心服务人员办理业务速度快 11. 账房服务人员兑换筹码及现金快捷 12. 娱乐场服务设施使用便捷 13. 娱乐场交通工具快捷方便	Akama & Kieti, 2003 Maryam, 2003 程兴火，2009
	保证能力	14. "荷官"技能过硬，准确不出错误 15. 服务人员能准确回答游客咨询 16. 服务人员热情礼貌，对游客尊重	Parasuraman, et al, 1988 Petrick, 2002 Maryam, 2003
	关怀能力	17. 服务人员能及时满足游客特殊需求 18. 服务人员提供周到贴心服务 19. 娱乐场针对不同游客提供多元化服务	Parasuraman 等人（1988） Akama & Kieti, 2003 Maryam, 2003

续表

维度	问项	理论依据
情感价值	20. 到此让我心情愉快	Holbrook，1996
	21. 到此让我身心放松	Sweeney & Soutar，2001
	22. 到此我感到非常刺激	Petrick，2002
	23. 到此让我有新奇体验	张涛、贾生华，2008
	24. 到此我感到很休闲	隋丽娜等人，2009
认知价值	25. 在娱乐场能学到新的知识	Sheth，et al，1991
	26. 在娱乐场能体验到澳门独特的文化	程兴火，2009
	27. 通过此次旅游开阔了眼界	李文兵、张宏梅，2010
		马凌、保继刚，2012
审美价值	28. 娱乐场外观美观，具吸引力	Akama & Kieti，2003
	29. 娱乐场室内装修设计赏心悦目	Maryam，2003
		Gallarza & Saura，2006
	30. 娱乐场氛围良好，有格调	张涛、贾生华，2008
		马凌、保继刚，2012
声誉价值	31. 娱乐场知名度高	Petrick，2002
	32. 我很早就听说过该娱乐场	程兴火，2009
	33. 身边很多人对该娱乐场评价很高	
货币价格	34. 娱乐场住宿价格划算	Kotler，2000
	35. 娱乐场博彩消费价格划算	Sweeney & Soutar，2001
	36. 娱乐场产品价格划算	Petrick，2002
		李文兵、张宏梅，2010
	37. 娱乐场休闲娱乐项目价格划算	马凌、保继刚，2012
行为成本	38. 在娱乐场所花的时间值得	Zeithamal，1988
		Holbrook，1996
	39. 在娱乐场消耗的体力值得	Petrick，2002
		李文兵、张宏梅，2010
	40. 在娱乐场付出的精力值得	马凌、保继刚，2012

数据来源：研究者整理。

　　本研究以曾经或正在澳门参与博彩娱乐项目的消费者（包括旅澳游客与澳门居民）为研究样本。调查时间为 2014 年 4 月 10 日—5 月 10 日，于新葡京娱乐场、永利娱乐场与威尼斯人娱乐场向客人派发问卷，均采用现场填写并现场回收的方式，以便能随时对受访者予以解释，并保证问卷的回收率与填答结果的可靠性。大规模调研共派发问卷 270 份，回收问卷 265 份，有效问卷 249 份，有效问卷率 92.2%。

四　数据分析

本研究采用 SPSS 21.0 软件分析资料，分析步骤有：（1）探索性因子分析与信效度检验，对问卷维度及项目进行筛选，并验证其可靠性与有效性；（2）问卷维度、问项的期望与实际体验均值对比与配对样本 T 检验，检验重要性与表现性之间是否具显著差异；（3）IPA 分析，利用 IPA 模型展示澳门 3 家博彩娱乐场在服务上"亟须改进"、"继续保持"、"暂缓考虑"、"可能浪费"四方面。

（一）探索性因子分析

本研究对 249 份问卷进行因子分析，首先检验总量表 KMO 值，结果显示 KMO 值为 0.776，Bartlett 球形度检验定位卡方值，为 11 444.326，且显著性为 0.000，参考邱皓政（2009）的观点，总量表适合做因子分析。

探索性因子分析采用主成分方法萃取维度，通过方差最大的正交旋转法来解释新生成的维度。旋转结果得出 8 个特征值大于 1 的维度，不过发现"第 32 项 我很早就听说过该娱乐场"独立成一个维度。吴明隆（2003）指出共同成分所包含的指标个数应不少于 3 个，因此删除该项。其余 7 个维度对量表总变异量的解释累积到 74%，表示 7 个维度能解释量表变量 74%，因子分析筛选出来的问项能较好地被服务感知价值 7 个维度所解释。因子分析结果与原来假设的维度有如下变化：（1）原先假设的 3 个维度（愉悦价值、认知价值与审美价值）合并成一个维度，马惠悌（2003）指出休闲包含愉悦体验、自我提升与审美要素，与上述 3 个维度的内涵相吻合，因此命名为"休闲价值"；（2）原来假设的 2 个维度（声誉价值与价格成本）合并成一个维度，根据内容命名为"声誉消费价值"；（3）服务质量中"快捷能力"与"保证能力"两个维度合并成一个维度，根据内容命名为"快捷保证价值"，其他维度与问项则按最初的假设会聚得较好。

对新生成 7 个维度进行信效度检验，各维度信度系数 Cronbach's α 系数在 0.896 到 0.935 之间，参考赖国毅与陈超（2010）提出的量表信度标准，量表具备优秀的信度，同时因子负荷量在 0.504 到 0.903 之间，参考邱皓政（2009）的因子负荷量标准，因子分析旋转后的量表拥有较高构念效度（分析结果见表 3）。数据分析结果显示，博彩娱乐场服务感知价值包括休闲价值、声誉消费价值、快捷保证价值、有形价值、承诺价值、行为成本与关怀价值 7 个维度。数据分析结果与 Petrick（2002）、Sanchez（2006）等学者的研究结果相符，同时，可能由于上述学者未能考虑对消费者视觉审美与知识增长方面的因素，本研究假设的审美价值与认知价值通过了数据检验，纳入休闲价值维度中，较好地弥补了此局限，因此数据分析得出的博彩娱乐场服务感知价值维度均具有一定的理论与实际意义。

（二）配对样本 T 检验

本研究将博彩娱乐场服务感知价值维度与问项期望部分与实际体验部分的得分均值进行对比与配对样本 T 检验，以了解消费者对娱乐场服务各个方面的期望与差距，并验证期望与实际体验之间是否具显著差异。

表 3　探索性因子分析与信效度检验结果

维度（KMO = 0.776）	问项（累积 74%）	因子负荷量	α 信度系数
休闲价值	20. 到此让我心情愉快	0.668	0.935
	21. 到此让我身心放松	0.668	
	22. 到此我感到非常刺激	0.808	
	23. 到此让我有新奇体验	0.802	
	24. 到此我感到很休闲	0.841	
	25. 在娱乐场能学到新的知识	0.704	
	26. 在娱乐场体验到澳门独特的文化	0.742	
	27. 通过此次旅游开阔了眼界	0.771	
	28. 娱乐场外观美观，具吸引力	0.554	
	29. 娱乐场室内装修设计赏心悦目	0.667	
	30. 娱乐场氛围良好，有格调	0.562	

续表

维度（KMO = 0.776）	问项（累积74%）	因子负荷量	α信度系数
声誉消费价值	31. 娱乐场知名度高	0.680	0.930
	33. 身边很多人对该娱乐场评价很高	0.569	
	34. 娱乐场住宿价格划算	0.903	
	35. 娱乐场博彩消费价格划算	0.889	
	36. 娱乐场产品价格划算	0.902	
	37. 娱乐场休闲娱乐项目价格划算	0.882	
快捷保证价值	9. 服务人员能及时处理游客投诉	0.504	0.904
	10. 会员中心服务人员办理业务快	0.724	
	11. 账房服务人员兑换筹码及现金快捷	0.790	
	12. 娱乐场服务设施使用便捷	0.750	
	13. 娱乐场交通工具快捷方便	0.622	
	14. "荷官"技能过硬，准确不出错误	0.658	
	15. 服务人员能准确回答游客咨询	0.649	
	16. 服务人员热情礼貌，对游客尊重	0.594	
有形价值	1. 娱乐场环境整洁	0.809	0.931
	2. 娱乐场服务设施足够	0.878	
	3. 娱乐场服务设施现代化	0.859	
	4. 娱乐场标志清晰明确	0.672	
	5. 服务人员仪容及外表整洁	0.692	
承诺价值	6. 服务人员及时完整地提供承诺的服务	0.683	0.902
	7. 服务出现错误时能尽力补救更正	0.769	
	8. 游客遇到困难时服务人员乐意帮助	0.697	
行为成本	38. 在娱乐场所花的时间值得	0.840	0.929
	39. 在娱乐场消耗的体力值得	0.891	
	40. 在娱乐场付出的精力值得	0.894	
关怀价值	17. 服务人员能及时满足游客特殊需求	0.659	0.896
	18. 服务人员提供周到贴心服务	0.740	
	19. 娱乐场针对不同游客提供多元化服务	0.803	

数据来源：研究者整理。

通过量表各维度与问项期望和实际体验对比分析（见表 4），可以发现娱乐场感知价值中各维度及每一项的实际体验得分均值均少于期望得分均值，表示 3 间娱乐场所提供的服务有不少方面仍达不到游客要求，有待改进。T 检验结果显示：第 6 项、第 9 项、第 10 项、第 11 项、第 12 项 Sig 值大于 0.05，反映此类项目的期望得分均值与实际体验得分均值不具显著差异，该 5 项不适合进行 IPA 分析，而其余项目及每个维度 Sig 值均小于 0.05，其期望均值与实际体验均值具显著差异，可以进行 IPA 分析。

表 4　量表各维度与问项期望、实际体验均值比较与配对样本 T 检验

问项/维度	期望	实际体验	期望—实际体验	显著性 Sig（双侧）
休闲价值	4.16	3.90	0.26	0.000
1. 到此让我心情愉快	4.40	3.87	0.53	0.000
2. 到此让我身心放松	4.29	3.73	0.56	0.000
3. 到此我感到非常刺激	4.11	3.87	0.24	0.000
4. 到此让我有新奇体验	4.18	3.81	0.37	0.000
5. 到此我感到很休闲	4.27	3.81	0.46	0.000
6. 在娱乐场能学到新的知识	3.92	3.81	0.11	0.091
7. 在娱乐场体验到澳门独特的文化	4.13	3.93	0.2	0.002
8. 通过此次旅游开阔了眼界	4.05	3.90	0.15	0.017
9. 娱乐场外观美观，具吸引力	4.16	4.07	0.09	0.127
10. 娱乐场室内装修设计赏心悦目	4.24	4.17	0.07	0.158
11. 娱乐场氛围良好有格调	4.06	3.99	0.07	0.221
声誉消费价值	3.99	3.42	0.57	0.000
12. 娱乐场知名度高	3.88	3.83	0.05	0.494
13. 身边很多人对该娱乐场评价很高	3.84	3.67	0.17	0.007
14. 娱乐场住宿价格划算	4.13	3.24	0.89	0.000
15. 娱乐场博彩消费价格划算	4.06	3.24	0.82	0.000
16. 娱乐场产品价格划算	4.06	3.17	0.89	0.000
17. 娱乐场休闲娱乐项目价格划算	3.95	3.34	0.61	0.000

续表

问项/维度	期望	实际体验	期望—实际体验	显著性 Sig（双侧）
快捷保证价值	4.40	3.81	0.59	0.000
18．服务人员能及时处理游客投诉	4.30	3.73	0.57	0.000
19．会员中心服务人员办理业务很快	4.27	3.73	0.54	0.000
20．账房服务人员兑换筹码及现金快捷	4.25	3.80	0.45	0.000
21．娱乐场服务设施使用便捷	4.41	3.99	0.42	0.000
22．娱乐场交通工具快捷方便	4.42	3.92	0.5	0.000
23．"荷官"技能过硬，准确不出错误	4.52	3.86	0.66	0.000
24．服务人员能准确回答游客咨询	4.49	3.66	0.83	0.000
25．服务人员热情礼貌，对游客尊重	4.52	3.82	0.7	0.000
有形价值	4.44	4.14	0.3	0.000
26．娱乐场环境整洁	4.51	4.19	0.31	0.000
27．娱乐场服务设施足够	4.48	4.06	0.42	0.000
28．娱乐场服务设施现代化	4.33	4.20	0.13	0.000
29．娱乐场标志清晰明确	4.41	4.01	0.4	0.000
30．服务人员仪容及外表整洁	4.46	4.27	0.19	0.000
承诺价值	4.50	3.81	0.69	0.000
31．服务人员及时完整地提供承诺的服务	4.42	3.89	0.53	0.000
32．服务出现错误时能尽力补救更正	4.47	3.76	0.71	0.000
33．游客遇到困难时服务人员乐意帮助	4.46	3.78	0.68	0.000
行为成本	3.67	3.29	0.38	0.000
34．在娱乐场所花的时间值得	3.64	3.34	0.3	0.000
35．在娱乐场消耗的体力值得	3.60	3.25	0.35	0.000
36．在娱乐场付出的精力值得	3.64	3.29	0.35	0.000
关怀价值	4.27	3.97	0.3	0.000
37．服务人员能及时满足游客特殊需求	4.20	3.84	0.36	0.000
38．服务人员提供周到贴心服务	4.36	4.01	0.35	0.000
39．娱乐场针对不同游客提供多元化服务	4.23	4.06	0.17	0.004

数据来源：研究者整理。

（三） IPA 分析

图 1 IPA 方格图中，笔者以期望分数为横坐标，实际体验分数为纵坐标，以实际体验平均值 3.76 与期望平均值 4.20 为原点（分割点），横坐标轴与纵坐标轴相交于此点时将整个二维坐标轴划分为四个象限，每个象限都有相应的定位。坐标轴的刻度基于期望与实际体验数值的范围制定，因此每个问项根据自身的期望与实际体验数值都会在图中有一个具体定位。

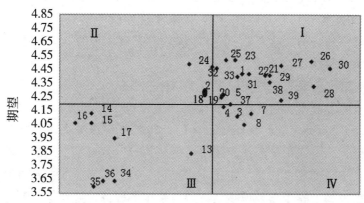

图 1 博彩娱乐场服务感知价值 IPA 分析

（数据来源：研究者整理。）

注：指标名称

● 第 I 象限（需要继续保持的区域）：

1 到此让我心情愉快；5 到此我感到很休闲；20 账房服务人员兑换筹码及现金快捷；21 娱乐场服务设施使用便捷；22 娱乐场交通工具快捷方便；23 "荷官"技能过硬，准确不出错误；25 服务人员热情礼貌，对游客尊重；26 娱乐场环境整洁 27 娱乐场服务设施足够；28 娱乐场服务设施现代化；29 娱乐场标志清晰明确；30 服务人员仪容及外表整洁；31 服务人员及时完整地提供承诺的服务；33 游客遇到困难时服务人员乐意帮助；38 服务人员提供周到贴心服务；39 娱乐场针对不同游客提供不同服务。

●第Ⅱ象限（急需进行改进的区域）：

2　到此让我身心放松；18　服务人员能及时处理游客投诉；19　会员中心服务人员办理业务很快；24　服务人员能准确回答游客咨询；32　服务出现错误时能尽力补救更正。

●第Ⅲ象限（不作重点考虑的区域）：

13　身边很多人对该娱乐场评价很高；14　娱乐场住宿价格划算；15　娱乐场博彩消费价格划算；16　娱乐场产品价格划算；17　娱乐场休闲娱乐项目价格划算。

●第Ⅳ象限（可能浪费资源的区域）：

3　到此我感到非常刺激；4　到此让我有新奇体验；7　在娱乐场体验到澳门独特的文化；8　通过此次旅游开阔了眼界；37　服务人员能及时满足游客特殊需求。

图1第Ⅰ象限属消费者期望与实际体验都高的区域，又称为"继续保持成果的方面"。共有16个要素处于该领域，分别为：1　到此旅游让我心情愉快；5　到此我感到很休闲；20　账房服务人员兑换筹码及现金快捷；21　娱乐场服务设施使用便捷；22　娱乐场交通工具快捷方便；23　"荷官"技能过硬，准确不出错误；25　服务人员热情礼貌，对游客尊重；26　娱乐场环境整洁；27　娱乐场服务设施足够；28　娱乐场服务设施现代化；29　娱乐场标志清晰明确；30　服务人员仪容及外表整洁；31　服务人员及时完整地提供承诺的服务；33　游客遇到困难时服务人员乐意帮助；38　服务人员提供周到贴心服务；39　娱乐场针对不同游客提供多元化服务。这16个因素均受消费者重视程度相对较高，而现状也相对良好，需要继续保持与巩固，在稳定中寻求完善与提高。

但值得注意，"5　到此我感到很休闲"、"20　账房服务人员兑换筹码及现金快捷"与"33　游客遇到困难时服务人员乐意帮助"3个项目虽然处于第Ⅰ象限，但可以发现其实际体验得分相对第Ⅰ象限的其他问项低，略高于平均线，说明该类要素在消费者心目中处于重要的地位，但感知到的现状并不足够理想，一定程度反映出新葡京娱乐场、永利娱乐场与威尼斯人娱乐场在营造休闲氛围、账房员工快捷能力与服务积极性方面存在一定不足。娱乐场管理者应对此予以关注，提高这些方面的服务实现能力。

　　第Ⅱ象限是期望值高但实际情况不佳的区域，被称为"急需改进的方面"。此象限的因素有 5 个，包括：2　到此让我身心放松；18　服务人员能及时处理游客投诉；19　会员中心服务人员办理业务很快；24　服务人员能准确回答游客咨询；32　服务出现错误时能尽力补救更正等要素。结果反映出，消费者认为娱乐场服务在"身心放松"、"服务人员专业性"与"服务补救态度"三方面比较重要，但实际的感知却不尽如人意。因此娱乐场管理者应对这几方面的因素引起特别的重视，尽快作出改善对策。

　　第Ⅲ象限中的对象期望与实际体验数值都相对较低，因此这个象限又被叫作"不做重点考虑的方面"。共有 5 个问项落入该区域：13　身边很多人对该娱乐场评价很高；14　娱乐场住宿价格划算；15　娱乐场博彩消费价格划算；16　娱乐场产品价格划算；17　娱乐场休闲娱乐项目价格划算。这些要素实际体验分值都相对较低，但受消费者重视程度也相对不高，因此暂时不做重点考虑，不过需要注意这些问项的期望均值只是相对而言较低，并不代表娱乐场就应该忽视该类因素的改善，应该时刻给予关注，将它们列入次要重点考虑对象。

　　第Ⅳ象限实际体验分数较高然而期望值不高，是"可能浪费资源的方面"，该象限要素包括"3　到此我感到非常刺激；4　到此让我有新奇体验；7　在娱乐场体验到澳门独特的文化；8　通过此次旅游开阔了眼界；37　服务人员能及时满足游客特殊需求。进入此象限的要素受重视程度不高，但表现较好，理论上认为其可能浪费资源，需要降低投入。不过可以发现这 5 项期望与得分均值都比较接近中线平均值，与平均水平偏差不大，不存在过度浪费的情况，娱乐场只需进行适当投入即可。

　　下面采用同样方法对娱乐场服务感知价值的 7 个维度进行 IPA 分析，如图 2 所示：

　　●第Ⅰ象限（需要继续保持的区域）：

　　3　快捷保证价值；4　有形价值；5　承诺价值；7　关怀价值

　　●第Ⅱ象限（急需进行改进的区域）：

　　没有维度进入该象限

　　●第Ⅲ象限（不作重点考虑的区域）：

　　2　声誉消费价值；6　行为成本

　　●第Ⅳ象限（可能浪费资源的区域）：

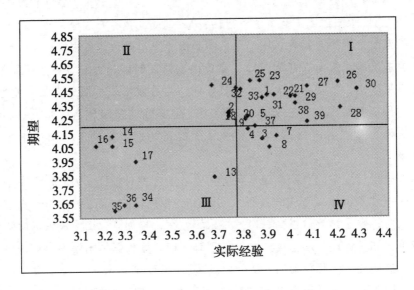

图 2　博彩娱乐场服务感知价值维度 IPA 分析

（数据来源：研究者整理）

注：指标名称

1　休闲价值

图 2 结果显示，属于"继续保持成果"的维度有 4 个：快捷保证价值、有形价值、承诺价值与关怀价值。说明消费者在新葡京、永利或威尼斯人娱乐场体验时，在服务质量的快捷、专业、基本条件与服务人员关怀方面的感知相对良好。娱乐场需要在这四个方面继续保持，力求提供给游客更好的服务。

第 Ⅱ 象限表示"急需改进的方面"，但没有维度落在其中，表示娱乐场提供给游客的服务没有出现明显不足的地方。但需要注意，快捷保证与承诺价值两个维度虽然位于第 Ⅰ 象限，不过它们的实际体验均值相对第 Ⅰ 象限其余两个维度要低，略高于中线平均值，有落入第 Ⅱ 象限的危险。娱乐场需要加以重视，在保持该两个维度的服务水平时，设法找出其中表现不佳的要素并加以改善，从而提高消费者感知价值。

声誉价值与行为成本两个维度进入第 Ⅲ 象限"不做重点考虑区域"，说明消费者对这两方面的感知价值相对而言不太看重，可以暂缓考虑，但需要保持关注，适当投入资源发展。

休闲价值维度处于第Ⅳ象限"可能浪费资源区域",但可以清楚地发现其期望得分只是稍微偏低,很接近平均值,并不存在表现好但重要性不高的状况,娱乐场不需要在此方面减少资源的投入。综上所述,7 个维度都在消费者服务感知价值中处于重要地位,新葡京、永利与威尼斯人管理者均需对其相关的项目保持重视与资源投入。

五　研究结论

（一）结论与建议

（1）博彩娱乐场服务感知价值具 7 维度结构

本研究以澳门博彩娱乐场为案例,通过中外相关文献回顾并结合澳门实际情况,构建出博彩娱乐场服务感知价值量表,经问卷调查与数据分析后得出量表具 7 维度:休闲价值、声誉消费价值、快捷保证价值、有形价值、承诺价值、行为成本与关怀价值。研究结果反映出,消费者既受理性的驱策,在娱乐场体验时讲究服务基本条件完善、便利性、价格划算等,同时又具有感性的一面,追求休闲愉悦的感受、关怀贴心的情感与受人仰慕的声誉。因此,娱乐场不仅要从理性—实用方面着手,提高服务质量,更要加强消费者在娱乐场的享乐休闲体验,重视娱乐场休闲娱乐项目的多元发展,如可结合澳门独特文化,定期以不同主题推出系列表演或娱乐项目,让消费者不仅只体验单一的博彩娱乐,也能参与更多新奇、刺激与惊喜的休闲体验,在娱乐场留下难忘回忆,借此提升消费者服务感知价值。

（2）新葡京、永利与威尼斯人娱乐场各问项服务感知价值偏低,身心放松、服务人员专业性与服务补救态度三方面急需进行改善

通过期望与实际体验均值对比分析,可以得到 3 家娱乐场服务感知价值问项实际体验得分均少于期望得分,表示新葡京、永利与威尼斯人娱乐场提供的服务有不少方面未能让消费者满意,有待改进。研究分别对问卷 7 个维度与 39 个问项进行 IPA 分析,得出了博彩娱乐场服务感知价值"继续保持"、"急需改进"、"暂缓考虑"与"控制投入"四方面。结果显示,量表中各项目实际绩效并没有达到游客要求,有待进一步改善。其中,"消费者身心放松"、"服务人员专业性"与"服务补救态度三方面处于"急需改进"区域,需要重点关注与改善。

基于上述，第一，笔者建议娱乐场应提供更多提升消费者舒适放松感知的服务，首先可以营造娱乐场博彩区域休闲的环境氛围（如改变灯光柔和度；增加绿色植物、假山或泉水等小景点，以让消费者有亲近自然的感觉；调整赌桌之间的距离位置，减少客人在娱乐场的紧逼感；也可考虑在每一个赌桌上放置耳麦，提供给客人柔和的轻音乐）；其次可以提供给客人专门的休息区域；然后，提高服务人员（尤其是"庄荷"）的服务态度，要求每一位"庄荷"对客人微笑服务，在博彩进行中适当使用幽默用语，以放松客人的心情。第二，建议娱乐场提高服务人员的专业水平，尤其是快捷服务的能力与应对游客咨询的能力，一方面，可以加强对员工的培训，并进一步完善相应员工激励机制，保证员工为客人提供高质量及快捷的服务；另一方面，娱乐场员工在回答游客咨询时不尽如人意，推测其部分原因为娱乐场员工类型国际化程度比较高，大多数外国员工普通话能力较低，与内地消费者较难进行交流。对此娱乐场可以考虑多招收能流利使用多种语言和方言（尤其是普通话与粤语）进行交流的员工，或定期进行语言培训，提升员工的语言交流能力。第三，完善娱乐场预期系统，对服务失误及客人突发事件进行预测，建立全面的应对预案，并对员工进行授权，让员工能在服务发生失误或客人遇到困难时第一时间作出反应与处理，从而减少客人负面感知价值。

（3）提升娱乐场品牌价值与消费价值

IPA 结果显示声誉消费价值为"暂缓考虑"方面，表示娱乐场管理者不需要将过度资源或精力投放于此，但需要注意该维度及其问项重要性只是相对较低，娱乐场管理者仍要对此保持适当关注与合理的投入。首先，娱乐场管理者可以在提升品牌价值方面下功夫，如加强宣传，强化自身在消费者心目中的形象，或适时开展文化节庆活动，借此提高娱乐场知名度；然后，娱乐场可以完善消费制度，如对学生、军人、老年人在住宿餐饮方面实行价格优惠，或降低博彩区域筹码的注额，以牺牲部分收入的方式吸引更多客人，并且让客人主动在娱乐场逗留更长时间，享受更多服务，从而有效提高消费者服务感知价值，为娱乐场赢来更多收益。

（二）研究贡献

1. 理论贡献

（1）探讨感知价值的内涵与领域延伸

感知价值研究兴起于 20 世纪 80 年代，目前研究成果主要集中于制造业与商品服务业，应用于娱乐服务业的文献较少。本文基于感知价值理论，对博彩娱乐场服务感知价值进行研究，明确服务感知价值概念、属性以及构成维度，建立适合博彩娱乐场的服务感知价值量表，为感知价值理论拓展其应用领域。

（2）为博彩娱乐场吸引力的增强提供理论指引

消费者是价值最大化的追求者（Kotler，2000），当消费者在体验服务时感知到的价值提高时，服务产品对消费者的吸引力自然会增大。本研究测评博彩娱乐场服务感知价值的维度，并对其中感知绩效较差的维度提出改善建议，为娱乐场服务感知价值提升、吸引力增大提供一定理论指引。

2. 实践贡献

（1）建立适合博彩娱乐场服务感知价值测评量表

本研究透过感知价值视角，以澳门新葡京、永利与威尼斯人娱乐场为例，建立博彩娱乐场的服务感知价值量表，并证明其具有良好的信度与效度，从而为博彩娱乐场管理实践提供科学测量工具。

（2）为澳门娱乐场服务对策改善的重心与资源优化配置提供合理化建议

本研究以澳门知名娱乐场（新葡京、永利与威尼斯人）作为研究对象，采用重要性—绩效（IPA）分析评价 3 家娱乐场服务中"继续保持"、"急需改进"、"暂缓考虑"、"控制投入"四个方面，依据测评结果为娱乐场服务对策改善的重心与资源分配的优化，提供合理化建议，同时为博彩娱乐场管理者更好地了解顾客心理，作出更有效的服务营销对策提供参考建议。

（三）研究局限与展望

（1）扩大研究范围与增加调查时间，增强研究结果的实用价值与准确性

由于时间、成本等关系，本研究仅挑选了 3 家博彩娱乐场进行调查与

研究，在样本的采集、结论等方面均具有一定的局限性。未来的研究可以将研究范围扩大，选取更多的博彩娱乐场为对象，并选择一年当中不同时间段进行调查，探讨不同娱乐场研究结果之间是否具有共性，及观察娱乐场服务感知价值的动态变化，以求拓展研究结论的应用范围，更深入地理解消费者对服务感知价值的真实感知。

（2）丰富研究方法，增加研究的科学性与合理性

研究通过文献回顾得出初始量表，在以后的研究中可以采用专家访谈等方法，如德尔菲法，以获取专家更深入的看法；或采用焦点小组访谈，以研讨会方式获取消费者更真实的想法，从而开发出更为科学合理的量表；在数据分析时除了使用探索性因子分析以外，也可尝试使用结构方程等验证性因子分析方法，得出更为可靠的结果。

（3）研究感知价值影响因素，探讨消费者作用机制问题

研究只对感知价值进行探讨，对消费者体验前后的其他心理变化并没有涉及。未来的研究中可以引入消费前动机、消费过程体验、消费后满意度和忠诚度等因素，探讨他们与感知价值之间的相互关系，进一步了解消费者行为作用机制的全面情况，为博彩娱乐场更为准确地把握消费者需求心理提供依据。

参考文献

白长虹（2001）。西方的顾客价值研究及其实践启示。南开管理评论，2，51-55。

程兴火（2009）。森林生态旅游景区竞争优势研究——基于顾客感知价值视角的分析。北京：光明日报出版社。

封小云（2008）。澳门经济适度多元化的路径思考——引入一个新的分析视角。广东社会科学，6，79-86。

龚唯平（2007）。澳门博彩旅游业的升级与发展：三维制度创新。学术研究，1，86-90。

郭永中（2010）。澳门经济的多元发展道路。学习与探索，2，149-151。

郝雨凡、吴志良（2012）。澳门经济社会发展报告（2010—2011）。北京：社会科学文献出版社。

牛海鹏（译）（2001）。Heskett, J. L., Sasser, W. E. & Schlesinger, L, A.（著）。服务利润链。北京：华夏出版社。

黄颖华、黄福才（2007）。旅游者感知价值模型、测度与实证研究。旅游学刊，22（8），42 - 47。

赖国毅、陈超（2010）。SPSS 17.0 中文版常用功能与应用实例精讲。北京：电子工业出版社。

李文兵、张宏梅（2010）。古村落游客感知价值概念模型与实证研究——以张谷英村为例。旅游科学，24（2），55 - 63。

梁文娟、张培培、朱俭（2010）。北京欢乐谷旅游景区服务质量评析。管理学家，9，377 - 378。

马惠悌（2003）。人类文化思想史中的休闲——历史、文化、哲学的视角。自然辩证法研究，19（1），55 - 65。

马凌、保继刚（2012）。感知价值视角下的传统节庆旅游体验——以西双版纳傣族泼水节为例。地理研究，31（2），269 - 278。

邱皓政（2009）。量化研究与统计分析——SPSS（PASW）数据分析范例。重庆：重庆大学出版社。

石定芳、杨晓霞、子涛（2012）。基于 IPA 方法的喀斯特洞穴旅游解说系统满意度评价的实证研究——以重庆市芙蓉洞为例。中国岩溶，31（1），94 - 98。

宋子斌、安应民、郑佩（2006）。旅游目的地形象之 IPA 分析——以西安居民对海南旅游目的地形象感知为例。旅游学刊，21（10），26 - 32。

隋丽娜、李颖科、程圩（2009）。中西方文化遗产旅游者感知价值差异研究。旅游科学，23（6），14 - 20。

王五一（2012）。繁荣与矛盾：澳门赌权开放十周年回望。广东社会科学，4，108 - 117。

王珏（2013）。赌权开放十年澳门博彩业发展回顾与未来展望。中国经贸，24，24 - 26。

吴明隆（2003）。SPSS 统计应用事务。北京：科学出版社。

谢丽佳、郭英之（2010）。基于 IPA 评价的会展旅游特征感知实证研究：以上海为例。旅游学刊，25（3），46 - 54。

张涛、贾生华（2008）。节事消费者感知价值的维度和测量研究。旅游学刊，23（5），74 - 78。

郑向敏、陈传钱，龚永珩（2004）。澳门旅游市场的旅游主体分析。华侨大学学报，3，36 - 43。

钟坚、朱敏 (2005)。澳门博彩业发展的历史考察与成效分析。深圳大学学报,22 (4), 6 – 11。

周岩、姜凌 (2012)。澳门博彩业品牌差异对顾客品牌敏感及忠诚意愿之关系研究。生产力研究,9, 87 – 89。

Akama, J. S., & Kieti, D. M. (2003). Measuring tourist satisfaction with Kenya's wildlife safari: a case study of Tsavo West National Park. *Tourism Management*, *24*, 73 – 81.

Almanza, B. A., Jaffe, W. & Lin, L. (1994). Use of the service attribute matrix to measure consumer satisfaction. *Hospitality Research Journal*, *17* (2), 63 – 75.

Bojanic, D. C. (1996). Consumer perceptions of price, value and satisfaction in the hotel industry: An exploratory study. *Journal of Hospitality and Leisure Marketing*, *4* (1), 5 – 22.

Evans, M. R., & Chon, K. (1989). Formulating and evaluating tourism policy using importance-performance analysis. *Hospitality Education and Research Journal*, *13* (1), 203 – 213.

Frochot, I., & Hughes, H. (2000). HISTOQUAL: The development of a historic houses assessment scale. *Tourism Management*, *21* (2), 157 – 167.

Gallarza, M. G., & Saura, G. I. (2006). Value dimensions, perceived value, satisfaction and loyalty: an investigation of university students' travel behavior. *Tourism Management*, *27* (3), 437 – 452.

Goodman, R. (1996). The luck business: The devastating consequences and broken promises of America's Gambling explosion. American: Touchstone Press.

Holbrook, M. B. (1996). Customer value-a framework for analysis and research. *Advances in Consumer Research*, *23*, 138 – 142.

Holbrook, M. B., & Hirschman, E. C. (1982). The experiential aspects of consumption: consumer fantasies, feelings, and fun. *Journal of Consumer Research*, *9* (2), 132 – 140.

Jackson, B. B. (1985). Build customer relationship that last. *Harvard Business Review*, *63* (6), 120 – 128.

Jayanti, R. K. & Ghosh, A. K. (1996). Service value determination:

an integrative perspective. *Journal of Hospitality and Leisure Marketing*, *34* (4), 5 – 25.

Jensen, ø. , & Hansen, K. V. (2007). Consumer values among restaurant customers. *International Journal of Hospitality Management*, *26* (3), 603 – 622.

Kolter, P. (2000). Marketing Management. Upper Saddle River: PRENTICE HALL, INC.

Martilla, J. A. , & James, J. F. (1997). , Importance-performance analysis. *Journal of Marketing*, *41* (1), 77 – 79.

Maryam, M. K. (2003). ECOSERV—Ecotourists' quality expectation. *Annals of Tourism Research*, *30* (1), 109 – 124.

Oh, H. (1999). Service quality, customer satisfaction, and customer value: A holistic perspective. *Hospitality Management*, *18*, 67 – 82.

Parasuraman, A. , & Grewal, D. (2000). The impact of technology on the quality-value-loyalty chain: A research agenda. *Journal of the Academy of Marketing Science*, *28* (1), 168 – 174.

Parasuraman, A. , Zeithaml, V. A. , & Berry, L. L. (1988). SERVQUAL: a multiple scale for measuring consumer perceptions of service quality. *Journal of Retailing*, *64* (1), 12 – 40.

Petrick, J. F. (2002). Development of a multi-dimensional scale for measuring the perceived value of a service. *Journal of Leisure Research*, *34* (2), 119 – 134.

Pizam, A. (1985). The perceived impacts of casino gambling on a community. *Annals of Tourism Research*, *12* (2), 147 – 165.

Sanchez, J. , Callarisa, L. , Rodriguez, R. M. , & Moliner, M. A. (2006). Perceived value of the purchase of a tourism product. *Tourism Management*, *27* (3), 394 – 409.

Sheth, J. N. , Newman, B. I. , & Gross, B. L. (1991). Why we buy what we buy: a theory of consumption value. *Journal of Business Research*, *22* (2), 159 – 170.

Sweeney, J. C. , & Soutar, G. N. (2001). Consumer perceived value: The development of a multiple item scale. *Journal of Retailing*, *77*, 203 – 220.

Woodruff, R. B. (1997). Customer value: The next source for competitive advantage. *Journal of the Academy of Marketing Science*, *25* (2), 139 – 153.

Zeithaml, V. A. (1988). Consumer perception of price, quality and value: a means-end model and synthesis of evidence. *Journal of Marketing*, *52*, 2 – 22.

高端酒店服务接触、服务质量、感知价值与关系质量的关系研究

——以澳门威尼斯人酒店为例

陈海明

澳门城市大学

摘　要： 澳门酒店业态规模巨大，该产业是澳门打造世界旅游休闲中心的重要产业，如何将酒店行业的服务水平和接待能力打造成世界级水平，是澳门打造世界旅游休闲中心的重要内容。酒店服务人员与顾客间人际接触作为服务传递的基本平台，其交互的每一个瞬间都能让顾客产生对酒店或是服务的直观感受，并折射酒店服务质量，直接影响顾客形成服务感知价值，然后影响顾客与酒店的关系质量。

本研究以澳门威尼斯人酒店为例，从酒店人员服务接触的角度出发，探讨高端酒店服务接触与服务质量、顾客的感知价值和关系质量之间的关系。研究者在对国内外相关文献进行梳理和归纳的基础上，提出了研究假设并构建了研究模型，然后通过问卷调查并取得数据，再使用 SPSS 21.0 软件验证研究假设并通过 AMOS 21.0 路径分析验证理论模型的适配度。

通过分析得出研究发现：不同属性样本在人员服务接触、服务质量、感知价值和关系质量等变量的感知程度中存在显著差异；人员服务接触对服务质量和感知价值有正向关联，人员服务接触和服务质量再通过感知价值正向影响关系质量；本研究构建的理论模型与观察数据具有良好适配度和契合度。根据这些研究发现，研究者提出以下改

善澳门高端酒店服务水平和接待能力的意见和建议：建议酒店高度重视酒店人员对顾客的服务接触工作、提升对年轻一代新兴市场顾客的服务接触水平和服务质量、注重提升本地顾客的服务接触和服务质量。

    关键词：服务接触，服务质量，感知价值，关系质量

Relationship between Service Encounter, Service Quality, Perceived Value and Relationship Quality in a High-end Hotel— A Case Study of the Venetian Hotel of Macau

Chen Haiming

City University of Macau

Abstract: In an enormous scale, the hotel industry is one of the most important industries of Macau as the city builds itself as a World Tourism Leisure Center. It is important to promote the service level and capability of Macau hotel industry to an international level. As a basic platform for servicing delivery between the hotel staff and customers, service encounter produces intuitive feelings about the hotel or service of customers and instantly reflects the hotel service quality, directly affects customers' perceived value in the consumption process, and then affects the relationship quality between the hotel and the customers.

This study discusses the relationship between service encounter, service quality, perceived value and relationship quality from the perspective of hotel staff service encounter based on the case of Venetian Hotel of Macau. The researchers put forward the research hypothesis and theoretical model based on foreign and domestic literature review, obtained data through questionnaire survey, validated research hypothesis through SPSS 21.0 analysis, and validated the fitness and correspondence between theoretical model and the observed data by the path analysis of AMOS 21.0.

Samples of different attributes showed significant differences about perception level in service encounter, service quality, perceived value and relationship quality.

Staff service encounter affects the service quality and perceived value positively, staff service encounter and service quality affect relationship quality by perceived value. Theoretical model building in this study and the observed data showed a good fit and correspondence. According to these findings the researchers put forward proposals to improve the service level and service capability of High-end hotels in Macau: hotel managers must attach great importance to the hotel staff's service encounter with the customer, improve service encounter and service quality to the emerging markets of the young generation and the local consumer market.

Key words: service encounter, service quality, perceived value, relationship quality

近年来，澳门游客量不断攀升，澳门国际地位和知名度不断提升，世界高端酒店品牌纷纷进驻澳门，成为澳门打造世界旅游休闲中心的重要步骤，这些高端酒店的服务接触、服务品质和顾客感知价值直接决定顾客与酒店的关系品质，并影响其持续发展。

一　研究背景与研究目的

（一）研究背景

1. 顾客感知价值和关系质量是澳门酒店行业持续发展的关键

澳门赌权开放以来，许多有实力的外资酒店集团纷纷投资澳门，超大规模的高端酒店异军突起。这些酒店试图依托博彩业，通过改善酒店环境、提升硬件质量、增加服务项目等来吸引消费者的光临，各酒店集团间竞争日趋激烈。但是，随着市场运行一段时间以来，更多酒店意识到酒店收入增长和盈利能力的提高并不是由酒店直接决定，要想赢得顾客青睐，获得顾客忠诚，必须要满足顾客需求，为顾客带来更高的感知价值，提高顾客的满意度，获得顾客的信任和未来消费承诺，即提升关系质量，从而有效稳定客源和降低酒店销售成本，使酒店获得持续效益。

2. 服务接触是提高酒店服务质量的核心

酒店业是典型的服务行业，酒店服务的基本特征是顾客亲身参与消费过程，因此酒店员工与顾客之间的服务接触成为决定服务质量高低的关键，酒店员工与顾客每分钟甚至是每秒钟都可能会发生接触。当顾客刚踏入一家酒店时，他可能首先会与门童接触，门童的神态、动作、服装，甚至是眼神都可能会影响顾客对这家酒店的评价，而当顾客进入酒店后，会接受一系列服务，如入住登记服务、问询服务、离店服务、客房服务、餐饮服务、康乐服务等，在每一次被服务的过程中，员工与顾客都会有接触，顾客会对每一次接触产生直观的感知，评价这家酒店的服务质量，无数个接触点合在一起最终形成顾客对酒店的整体评价。

酒店服务本身的无形性、异质性、不可储存性、生产和消费的同时性特点决定了服务质量的控制和管理无法同实体产品一样形成确定的标准，操作起来有一定的困难。从顾客的角度来看，当顾客与酒店服务人员接触时，一项服务在服务接触或者是"真实瞬间"中能够给其带来最生动的印象，服务接触成为影响顾客服务感知的直接来源。但是，由于服务接触过程涉及较多的顾客参与，增加了服务提供时的不确定性和运作管理上的难度与复杂性，任一接触环节应对不当，都可能引起顾客的不满。因此，对服务接触过程的服务质量进行监控和测评，已经成为服务质量管理的重点和难点。由于酒店开发新顾客所花费的成本多于维护旧客户的五倍（Crosby，Evans & Cowles，1990），服务企业须会把越来越多的资源投入到与顾客的互动和关系维护上，如何更有效地发挥服务系统效率，增强在服务接触环节的服务质量感知，也已经成为服务企业进一步提升服务竞争力的重要课题。

3. 澳门威尼斯人酒店是澳门高档酒店典型代表

在澳门众多的高端酒店中，威尼斯人酒店是访澳游客青睐的高端酒店之一。澳门威尼斯人度假酒店占地 6 万平方米，第一期投资 24 亿美元，是全球最大的赌场和亚洲最大的酒店（吴丹，2008）。目前拥有客房 3000 间，房间供应稳定。酒店内娱乐设施多元化，有购物、水疗、赌场及多个泳池等，酒店内建有 3 条威尼斯式运河，还有 8 万平方米、390 间店铺，比拉斯维加斯威尼斯人酒店多出 3 条运河和 290 间店铺；该酒店还拥有 150000 个座位的演出场地以及 12 万平方米的会议中心，相当于美国赌城拉斯维加斯威尼斯人酒店的 5 倍规模，其大型表演及比赛场地不时会有国际队伍登场，旅客在度假村内即使足不出户，一两天亦不愁困闷；目前已经启动的第二期规模更大，将建有 12 家酒店，投资高达 120 亿美元（屠海鸣，2008）。如此巨大的投资如何获得高额的回报是金沙集团投资考虑的关键问题，随着澳门高端酒店投资的增加，竞争日趋激烈，要在竞争中获得一席之地，必须重视酒店的服务接触，着力提升酒店服务质量和顾客感知价值，才能获得顾客的满意、信任和承诺，实现酒店的持续发展。

由于服务本身所固有的特征，无形的服务质量与有形的产品质量的概念存在较大的差别，各酒店集团对服务质量的认识远没有对产品质量那样深入。与此同时，对澳门酒店服务接触的理论研究也显得不足，从人员服务接触角度出发的文献更是寥寥无几，因此本文选择在澳门高端酒店中具有代表性的威尼斯人酒店作为案例，研究服务接触、服务质量、感知价值和服务质量的关系。

（二）研究目的

本研究通过文献梳理，主要研究酒店服务接触、服务质量、感知价值、关系质量之间的关系，研究目的主要包括：

1. 通过文献探讨和问卷调查，分析酒店服务接触、服务质量、感知价值、关系质量的维度。
2. 探讨酒店服务接触对服务质量的影响。
3. 探讨酒店服务接触、服务质量对顾客感知价值的影响。
4. 探讨顾客感知价值对关系质量的影响。
5. 验证本研究所提出的理论模型与观察数据具有契合度和适配性。

二　文献综述

（一）服务接触（Service Encounter）

"服务接触"最早出现在 20 世纪 80 年代初，是关系营销中概念。Bateson（1983）提出服务接触是顾客与服务人员和服务组织间的互动，三者之间相互影响和制约。他同时认为高质量的服务接触必须是三者达到均衡状态，任何一方出现问题都会影响服务接触的质量。服务接触过程的控制要做到满足顾客需求、符合员工个性与利益、保障组织效率、提高组织产出。服务组织提供一切顾客所需要的资源，确保服务能够顺利展开，服务组织作为后台控制者，制定服务流程、进行服务设计，提高企业的整体服务水平；而接触员工是指在服务中与顾客直接接触的员工，这些员工将服务一对一地提供给顾客，是顾客信息的来源，员工的服务行为将直接影响顾客对服务和企业的评价；顾客是服务接触中的核心因素，也是最为活跃的因素，服务是为了满足顾客的需求，在买方市场的背景下，如何满足顾客需求、提高顾客满意、维持顾客忠诚已经成为所有企业关注的重点。Solomon，Surprenant，Czepiel & Gutman（1985）以社会心理的观点来探讨在服务传递时，人与人之间的互动，即服务接触指服务企业员工与消费者间所发生的面对面的互动，而服务接触就存在于双方的互动过程中，在这一互动中，服务人员的态度、行为和服务技能将决定顾客感知的质量。

Shostack（1985）将服务分为有形和无形服务，并提出了服务接触中"服务蓝图"的概念，他认为应该正确地描绘服务系统的图片，整体的服务蓝图应该包括服务传递的过程与机制、员工角色、顾客的角色、服务过程中设施设备等有形成分、环境等。Bitner（1990）根据前人研究，认为服务接触并非只是顾客与员工间的互动，服务接触是抽象的且具有集体性的事件或行为，是顾客与服务系统间的交互，这一研究将传统意义上仅限于服务人员与顾客之间的互动接触扩展成为服务系统与顾客之间的互动，扩展了服务接触内容的广度，即顾客与服务组织、服务硬件、服务环境等有形因素间的交互也属于接触的范畴。Lovelock（2001）则进一步研究认为服务接触应包含技术核心和实体设施两部分，服务的产品需要两部分的结合，实体设施与核心技术共同组成了服务传递系统，通过系统顾客才能够全面接受企业提供的服务。他还将服务分为服务人员、服务设施、非人员沟通、其他人员四部分，服务人员在一定程度上被认为是直接代表企业和服务；顾客与服务设施间的接触载体包括建筑、停车场所、环境、车辆、自助设备等；顾客与非人员接触载体包括宣传册、广告、新闻等；顾客与其他人员的接触载体包括服务中碰到的其他顾客等。Carlzon（1987）从"关键时刻"的角度对服务接触进行定义，即顾客和员工互动的时刻，顾客的每一次关键时刻都会形成对服务的感知，从而影响顾客满意和顾客忠诚。

综上所述，尽管在服务接触的学术研究中，有学者将服务接触的范围从人员接触延伸到服务系统、服务组织和有形环境等多个方面。但关键时刻的存在不能否认，加上硬件环境往往是固定不能改变而人员服务接触是不断变化的，因此在服务接触对服务质量影响的研究中，人员服务是关键和核心，本研究遵循此原则而选择人员接触作为研究起步，并基于此探讨其对服务质量、感知价值和关系质量的影响研究。

Czepiel，Surprenant & Solomonl（1985）在研究服务人员与顾客互动接触中，提出服务人员的态度、行为和服务技能将决定顾客感知的质量，并依此提出了服务接触的量表，成为研究服务接触量表的基本雏形。Brady & Cronin（2001）进一步指出影响员工与顾客间接触质量的因素有三方面，包括服务人员的服务态度、行为方式和专业能力。服务态度指的是员工的友好性、礼貌性等；行为方式是员工的服务过程中主观的行为意向和意愿，包括员工的主动程度、行为的积极性等；专业能力指员工知识的丰富程度、对服务的熟悉程度、技巧的娴熟程度等。Lemmink & Marrsson（2002）从服务接触中员工的语言表达、面部表情和行为方式三部分测量其接触质量。Mikyoung & Giri（2007）研究了员工在服务接触过程中的表现对顾客满意的影响，研究结果显示影响韩国顾客满意度的有四个维度分别为：礼貌、对客服务态度、个人化程度和对顾客的关心（Kong & Jogaratnam，2007）。本研究在以上学者综述，根据人员接触的研究限定，将服务接触定义为酒店服务人员在与顾客面对面互动接触时体现出的服务态度、服务行为、服务技能和服务形象，本研究并依据此定义，整合服务接触维度为服务态度、行为方式、专业技能和服务形象。

（二）服务质量（Service Quality）

质量（Quality）概念很早就被提出，但早期对质量的描述和研究主要集中在有形产品中，Juran，Gryna & Bingham（1974）首先将外部顾客的需求纳入质量中考虑，使得以消费者使用为观点的质量渐渐受到重视，而研究服务质量的先驱 Sasser，Olsen & Wyckoff（1978）根据服务业的特性，以材料、人员及设备等三个研究变项来定义服务质量。由此，"服务质量"的概念在与有形产品质量的对比下被正式提出。Goetsch & Davis（1994）提出质量不只是有形产品的质量，还包含了无形的服务、人员、流程以及环境等等。由于质量为某一产品满足某个消费者的程度，质量的优劣乃由用户来判断（Garvin，1988；Garvin，1988）。因此，"服务质量"被认为是"满足顾客的需求和期望的程度"（Andrew，Faubion & Palmer，2002；Andrew，Clayton & Charles，2002）。

Parasuraman，Zeithaml & Berry（1988）认为服务质量是消费者对某一服务产品整体性的认知与评价，也就是一种认知上的质量，他们提出了SERVQUAL量表，将服务质量分为有形性、可靠性、反应性、保证性、关怀性等五个维度，成为研究服务质量的经典量表，尽管其他学者在研究中对服务质量量表有所改动，但大都是基于该量表进行细微修改。因此，本研究根据人员服务接触的研究范围，将人员服务质量定义为：酒店人员服务中所体现的服务可靠性、反应性、保证性、关怀性和便利性程度。本研究将服务质量维度确定为可靠性、反应性、保证性、关怀性和便利性等五个维度。

（三）感知价值（Perceived Value）

顾客感知价值的概念最初由 Thaler（1985）提出，他认为感知价值是获得效用和交易效用的差值，即感知利益与实际货币付出的比较结果。这一描述确定了顾客感知价值概念的基本含义，后来许多学者在研究感知价值时基本以这一定义为基础，但各自的描述形式不一。Kotler（2012）认为顾客价值指的是顾客评估一个供应品所感知的价值和成本之差。Zeithaml（1988）认为顾客感知价值就是顾客对获得产品或服务后感知到的利益与所付出的成本进行衡量与比较对产品或服务作出的总体评价。Monroe（1991）更加清晰地指出顾客感知价值就是感知利得与感知利失间的差值。Treaty & Wiersma（1995）认为顾客感知价值是顾客所获得的总收益减去获得产品时付出的交易成本。这些研究成果丰富了感知价值的含义。

由此可见，顾客感知价值存在于产品或服务的交换中，是顾客对产品或服务的一种认知和评价，来源于对所接触产品或服务的感觉和知觉，顾客对感知价值的判断都是主观的，价值的感知基于顾客的个人层面，由顾客决定而非企业决定。顾客感知价值的核心是顾客从所获得的产品或服务的正、负两方面进行权衡与判断，最终得出实际效用的评价，即顾客在消费时收获与成本之差。

Anderson，Jain & Chintagunta（1992）认为顾客感知价值是顾客对产品或服务相比较价格而言的实际感知效用，他们还提出了这种效用的几个方面，主要包括经济、技术效用、服务和社会等效益，这四个方面的效用，成为顾客感知价值维度和量表的基本依据。Ananthanarayanan Parasuraman & Grewal（2000）将顾客感知价值的驱动因素分成产品质量、货币价格和服务质量，这一研究得到了学术界的普遍认可，之后有关顾客感知价值的研究基本参照这一维度和量表。Sanchez，Callarisa，Rodriguez & Moliner（2006）也对旅游行业进行了研究，研究指出，旅游者的感知价值维度由旅游企业的功能价值、旅游企业服务人员的功能价值、价格价值、情感价值、旅游产品的功能价值、社会价值六个部分组成。Sweeney & Soutar（2001）基于耐用品行业对顾客感知价值进行了研究，并且归纳了四种感知价值维度，即质量价值、价格价值、情感价值和社会价值。根据以上几位学者的研究，本研究将顾客感知分为情感价值、价格价值、质量价值和社会价值四个维度。

（四）关系质量（Relationship Quality）

"关系质量"是由"关系营销"（Berry，1983；Gruen，1995）观念而发展出来的新概念，即在吸引、维持并提升顾客关系的营销中，强调与个别顾客间建立长期互惠之关系，强调双方关系的"质量"，从中塑造顾客忠诚度以获取顾客终生价值，以便增加将来交易的确定性，并在够降低交易成本，而获取更为持续的效益。由于公司开发新顾客所花费的成本是维护旧客户的五倍，使得提高企业与顾客间之关系质量和长期的交易关系成为企业经营的重要策略（Crosby，Evans & Cowles，1990）。因此，关系质量成为关系营销的终端，并在为企业带来持续效益的同时能有效减少成本。此特性在酒店业等人员服务更为突出的行业更为明显。因此，酒店在与顾客的服务接触中必须积极主动地了解顾客的需求，提供良好适当的服务质量，提高顾客的感知价值，以建立长久的顾客关系质量（Oberoi & Hales，1990）。

基于以上研究，Crosby，Evans &Cowles（1990）将关系质量定义为："企业与顾客双方关系强度的整体衡量，此衡量同时符合双方的需求和期望，从而形成买卖双方将来合作的基础和动力"。Smith（1998）认为"关系质量是一个包含各种正面关系结果的高阶构建，反映出企业与顾客关系的总体强度与质量。高的关系质量是指顾客对酒店服务产生信任，并对酒店未来的表现也有信心，因为顾客在其过去的交易经历中已有较好的满意程度。

综上所述，本研究以 Crosby，Evans & Cowles（1990）的论述将酒店

"关系质量"定义为："酒店关系质量是经由酒店人员与顾客的互动，增加顾客对酒店服务质量的信任感，减少顾客消费期望中的不安和不确定性，这将为未来双方合作建立良好互信基础和承诺"。

在 Crosby, Evans & Cowles（1990）最早提出关系质量模式时，认为关系质量应包括"满意"与"信任"两个维度，Dorsch, Swanson & Kelley（1998）在信任和满意两个维度的基础上增加"承诺"维度。满意是顾客对于企业服务的响应，是消费者对于交易或接触经历的评价和判断，由于消费者通常会根据过去消费感受来决断其未来的消费行为，因此顾客的满意与否成为影响建立良好关系的重要因素。信任的意义是指愿意相信贸易伙伴的信心，信任是使顾客成为忠诚顾客的前兆，由于信任有助于减少不确定性，因此当不确定性及风险的程度越高时，顾客信任的培养就更显重要。承诺是想要持续维持良好关系的意向，基于保持关系并由此获得较高利益的现实考虑，承诺代表一种对于未来继续合作的期望，是成功的长期关系之必要因素。Chuang（2013）就以满意、信任及承诺三个维度在酒店行业做了成功的实证研究。综上所述，以满意、信任、承诺三个维度对关系质量的研究比较成熟。因此，本研究采用满意、信任、承诺三个维度对关系质量进行研究。

（五）各变量之间的关系

1. 服务接触与旅游质量

Tian-Cole, Crompton & Willson（2002）通过实证研究证明服务接触对旅游质量有显著正向影响，即在顾客消费过程中，服务人员对顾客的服务接触的良好表现可以显著提高顾客的旅游质量。Sirakaya, Petrick & Choi（2004）通过对游轮游客的实证验证了服务人员与顾客的每次服务接触都会对服务质量存在显著的影响。

2. 服务接触与顾客感知价值

Cronin, Brady & Hult（2000）和 Park, Robertson & Wu（2004）通过实证研究证明服务接触质量对顾客感知价值具有正向影响，即当服务过程中服务人员与顾客的服务接触的良好表现可以显著影响顾客的感知价值。另外，Winsted（2000）对服务人员与顾客间的接触状况进行了探索性研究，研究表明员工的微笑、礼貌用语等服务态度会影响顾客对质量的感知和满意程度。Magnus & Sara（2008）进行了服务接触中员工微笑行为对顾客感知影响的研究，研究表明员工微笑对顾客的积极情绪反应有正向影响。

3. 服务质量与感知价值

探讨服务质量、知觉价值的因果关系的研究较多，Ananthanarayanan, Parasuraman & Grewal（2000）；Gallarza & Saura（2006）；Chen（2008）；Hume，Hume & Mort（2010）等学者研究认为服务质量对感知价值有显著正向影响关系，即企业服务质量的好坏会直接影响顾客感知价值的高低。

4. 感知价值与关系质量

Chen & Chen（2010）研究了文化遗产旅游中感知价值与满意度和行为意愿遗产游客，结论表明顾客感知价值影响顾客满意，并影响将来消费态度。Aurier & de Lanauze（2011）研究证实顾客购物时感知价值对关系质量和态度忠诚存在显著的正向影响。Raza，Siddiquei，Awan & Bukhari（2012）在研究酒店服务质量、感知价值、满意度与重游意向关系中，证实了感知价值正向影响顾客的满意度和重游意愿，从而直接影响关系质量。

三　研究假设与研究方法

（一）研究假设

经过文献整理和综述，本研究试图通过研究酒店的服务接触开始，探讨服务接触对服务质量的影响，然后分析服务接触和服务质量对顾客感知价值形成的影响，再分析顾客感知价值对关系质量的影响。研究假设如下：

H1：不同顾客属性在服务接触、服务质量、感知价值和关系质量存在显著差异；

H2：服务接触对服务质量存在显著正向影响；

H3：服务接触和服务质量对顾客感知价值存在显著正向影响；

H4：服务接触和服务质量透过顾客感知价值对关系质量存在显著正向影响；

H5：本研究所提出的理论模型与观察数据具有契合度和适配性。

（二）研究框架

根据以上研究假设，绘制研究框架图如下：

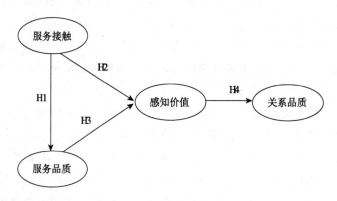

图1　研究框架图

（三）问卷设计与问卷调查

1. 问卷设计

（1）服务接触问卷设计

根据文献分析，本研究以 Czepiel，Surprenant & Solomonl（1985）和 Brady & Cronin（2001）等提出的服务态度、行为方式和服务技能三个方面的量表为基础设计问卷，但由于该三方面未能包含人员服务接触中的形象和语言。因此本研究还根据 Lemmink & Mattsson（2002）和 Mikyoung & Giri（2007）研究出的量表，将其中"服务形象"作为补充，包括服务人员态度、礼貌和技能之外的服装整洁、仪态大方和语言恰当清晰等内容。

（2）服务质量

根据文献综述，本研究将 Parasuraman，Zeithmal & Berry（1988）等学者所提出的 SERVQUAL 量表，作为本研究衡量酒店服务质量的工具，并根据本文研究的服务质量主要是基于人员服务接触，因此将反映酒店服务质量的"有形性"替换为"便利性"。

（3）感知价值

根据文献分析，由于 Sweeney & Soutar（2001）所研究的服务感知量表整合了 Anderson，Jain & Chintagunta（1992）和 Ananthanarayanan Parasuraman & Grewal（2000）等学者研究出的感知量表，因此本研究采用其构建的情感价

值、价格价值、质量价值和社会价值四个维度量表作为问卷设计依据。

（4）关系质量

通过文献分析得知，关系质量量表在 Crosby，Evans &Cowles（1990）和 Dorsch，Swanson & Kelley（1998）等学者的研究和努力的基础上，基本形成了满意、信任及承诺三个维度，并在相关领域的研究中得到进一步验证。因此本研究以满意、信任、承诺三个维度作为依据设计关系质量调查问卷题项。

2. 问卷调查对象和范围

本研究以澳门威尼斯人酒店为研究案例，通过随机抽样，选取 350 名顾客发放问卷，正式问卷调查期间为 2014 年 4 月 6 日至 26 日，以纸质问卷进行调查，发放问卷 350 份，扣除填答不完整者，共得有效问卷为 312 份，有效回收率为 89.14%，各项样本属性统计如表 1。

表 1　调查样本属性统计表

基本属性	属性	个数	百分比	基本属性	属性	个数	百分比
性别	男	182	58.3	受教育程度	初中及以下	20	6.4
	女	130	41.7		高中	60	19.2
年龄	18 岁以下	6	1.9		大专	66	21.2
	19～29 岁	128	41.0		本科	140	44.9
	30～40 岁	120	38.5		硕士及以上	26	8.3
	41～50 岁	40	12.8	职业	企业人员	152	48.7
	51～60 岁	18	5.8		服务及销售人员	58	18.6
月收入	3 000 元及以下	30	9.6		工厂员工	6	1.9
	3 001～5 000 元	48	15.4		农渔工作者	2	0.6
	5 001～10 000 元	114	36.5		事业单位人员	32	10.3
	10 001～30 000 元	90	28.8		公务员	8	2.6
	30 000 元及以上	30	9.6		学生	46	14.7
婚姻状况	未婚	116	37.2		退休人员	8	2.6
	已婚	196	62.8	居住地	澳门	86	27.6
	其他	0	0.0		香港	10	3.2
旅游方式	随团旅游	54	17.3		台湾	16	5.1
	单位组织	26	8.3		内地广东省	102	32.7
	自助旅游	232	74.4		内地其他省	98	31.4

数据来源：整理自本研究 SPSS 21.0 软件分析。

3. 数据分析方法

本研究将使用 SPSS 21.0 软件作为统计分析工具，主要采用的分析方法有：描述性分析、信效度分析、T 检定、单因素方差检验、回归分析。本研究还采用 AMOS 21.0 软件的路径分析验证本研究提出的理论框架与观察资料的适配度和契合度。

（四）问卷信效度分析

1. 效度分析

由于本研究问卷设计均依据相关文献和学者研究验证的量表，并在问卷的设计中反复征求专家意见，因此问卷符合专家效度。

为对问卷区分效度进行检测，本研究将问卷进行高低分段，对高低分组进行 T 检定，得出 T = 38.47 ＊＊＊，P = 0.000，说明本问卷具有较好的区分效度。

为进一步验证问卷不同维度各题项的构建效度，本研究采用因子分析法，检测出服务接触变量各题项 KMO 和 Bartlett 值，再采用主成分分析法，检验各维度和问项的成分值，如表 2，分析所得数据说明本研究各变量的题项具有较好建构效度。

表 2　各变量因子分析数据表

变量	KMO 值	Bartlett	sig.	各题项成分值
服务接触	0.91	2 732.492	0.000	0.617 至 0.828
服务质量	0.926	3 730.919	0.000	0.660 至 0.801
感知价值	0.911	2 405.731	0.000	0.546 至 0.816
关系质量	0.941	3 060.87	0.000	0.738 至 0.832

数据来源：整理自本研究 SPSS 21.0 软件分析。

2. 信度分析

为验证本研究调查问卷一致性，本研究对各研究变量中的不同维度分别进行信度检验，分析结果得出各维度的信度 α 值在 0.742 以上，详见表 3，说明问卷信度良好。

表3　各变量不同维度信度分析数据表

变量	维度	Cronbach's Alpha 值	变量	维度	Cronbach's Alpha 值
服务接触	服务态度	0.847	感知价值	情感价值	0.86
	行为方式	0.86		价格价值	0.875
	专业能力	0.844		质量价值	0.827
	服务形象	0.846		社会价值	0.852
小计		0.891	小计		0.886
服务品质	可靠性	0.904	关系品质	满意	0.742
	反应性	0.911		信任	0.682
	保证性	0.904		承诺	0.896
	关怀性	0.902	小计		0.815
	便利性	0.901			
小计		0.922			
总计		0.934			

数据来源：整理自本研究 SPSS 21.0 软件分析。

四　分析与结果

1. 描述性分析

本研究对调查对象设计了 8 个样本属性，根据研究假设 H1，假设不同顾客属性在服务接触、服务质量、感知价值和关系质量上存在显著差异，根据研究需要，采用独立样本 T 检定和单因素方差分析，监测不同样本属性对各变量感知程度是否存在显著差异，分析结果详见表4。

表4　不同样本属性 T 检定和单因素方差分析数据表

属性	服务接触	服务质量	感知价值	关系质量
性别	T = 1.006	T = -0.381	T = 0.043	T = -0.248
年龄	F = 9.471 ***	F = 2.911 *	F = 1.540	F = 2.161
受教育程度	F = 9.887 ***	F = 6.851 ***	F = 5.376 ***	F = 2.955 *
职业	F = 2.380 *	F = 1.806	F = 1.426	F = 1.371
月收入	F = 5.382 ***	F = 3.021 *	F = 2.445 *	F = 1.934
婚姻状况	T = -6.308 ***	T = -4.396 ***	T = -3.442 **	T = -3.662 ***

属性	服务接触	服务质量	感知价值	关系质量
旅游方式	F = 1.561	F = 3.478 *	F = 4.915 * *	F = 7.934 * * *
地区	F = 15.900 * * *	F = 10.403 * * *	F = 8.670 * * *	F = 5.202 * * *

p<0.05、 * p<0.01 、* * * p<0.001

数据来源：整理自本研究 SPSS 21.0 软件分析。

　　表 4 数据结果表明不同性别属性的顾客对服务接触、服务质量、感知价值和关系质量的感知程度没有显著差异；通过单因素方差分析发现，不同职业属性的顾客在服务接触、服务质量、感知价值和关系质量的感知程度没有显著差异，其他样本属性对不同变量的感知差异情况分析如下：

　　（1）不同年龄顾客属性单因素方差分析

　　对不同年龄顾客属性进行单因素方差分析结果详见表 5，数据结果显示19—29 岁顾客在服务接触方面的评价要显著低于 30—40 岁顾客和 41—50 岁顾客；而 30—40 岁顾客在服务接触方面的评价又显著高于 41—50 岁顾客。不同年龄顾客在服务质量、感知价值和关系质量等方面没有显著差异。

表 5　不同年龄顾客属性单因素方差分析数据表

		平方和	df	均方	F	显著性	事后比较
服务接触	组间	3 027.009	4	756.752	9.471	0	2 < 3 * * *;
	组内	24 529.644	307	79.901			2 < 4 * *;
	总数	27 556.654	311				3 > 4 * * *
服务质量	组间	1 536.602	4	384.15	2.911	0.022	
	组内	40 506.578	307	131.943			
	总数	42 043.179	311				
感知价值	组间	435.444	4	108.861	1.54	0.191	
	组内	21 706.235	307	70.704			
	总数	22 141.679	311				
关系质量	组间	667.247	4	166.812	2.161	0.073	
	组内	23 702.086	307	77.205			
	总数	24 369.333	311				

p<0.05、 * p<0.01 、* * * p<0.001

数据来源：整理自本研究 SPSS 21.0 软件分析。

通过表5数据分析得知,19—29岁和41—50岁顾客对服务接触感知程度显著较低,研究将该两个属性样本在服务接触变量上感知程度均值最低的三项分别列出,详见表6,以便针对性改善。

表6　19—29岁和41—50岁顾客对服务接触感知程度均值较低项列表

年龄	问项	均值	N	标准偏差
19—29岁顾客	5. 该酒店的服务人员能够主动询问我的需求	3.454	128	0.921
	6. 出现问题时,酒店的服务人员会迅速出现、处理	3.500	128	0.922
	8. 该酒店的服务人员能够根据顾客情况灵活地提供服务	3.485	128	0.813
41—50岁顾客	8. 该酒店的服务人员能够根据顾客情况灵活地提供服务	3.800	40	0.939
	7. 该酒店的服务人员服务主动、积极	3.850	40	0.975
	9. 该酒店的服务人员能够为顾客提供专业、到位的服务	3.950	40	0.932

数据来源:整理自本研究 SPSS 21.0 软件分析。

(2)不同教育程度顾客属性单因素方差分析

不同教育程度顾客属性的单因素方差分析资料结果详见表7,通过资料分析发现不同教育程度顾客在服务接触、服务质量、感知价值和关系质量的感知程度等四方面存在显著差异。在服务接触和服务质量方面,初中及以下顾客、高中学历顾客、专科学院顾客和本科学历顾客感知程度均显著高于硕士及以上学历的顾客;在感知价值方面,初中及以下顾客、高中学历顾客、专科学院顾客的感知程度均显著高于硕士及以上学历的顾客;在关系质量方面,高中学历顾客的感知程度显著高于硕士及以上学历的顾客。

表7　不同教育程度单因素方差分析数据表

		平方和	df	均方	F	显著性	
服务接触	组间	3 144.631	4	786.158	9.887	0.000	1 > 5 * * *;2 > 5 * * *;3 > 5 * *;4 > 5 * * *
	组内	24 412.023	307	79.518			
	总数	27 556.654	311				
服务质量	组间	3 445.598	4	861.399	6.851	0.000	1 > 5 * *;2 > 5 * * *;3 > 5 * *;4 > 5 * *
	组内	38 597.582	307	125.725			
	总数	42 043.179	311				

续表

		平方和	df	均方	F	显著性	
感知价值	组间	1 449.503	4	362.376	5.376	0.000	1 > 5 * * ; 2 > 5 * * ; 3 > 5 *
	组内	20 692.176	307	67.401			
	总数	22 141.679	311				
关系质量	组间	903.342	4	225.836	2.955	0.020	2 > 5 *
	组内	23 465.991	307	76.436			
	总数	24 369.333	311				

p < 0.05、 * p < 0.01、* * *p < 0.001

数据来源：整理自本研究 SPSS 21.0 软件分析。

通过表 7 分析发现，在不同学历层次的顾客中，硕士及以上学历的顾客对各变量的感知程度较低，研究将该属性样本在不同变量中感知程度最低的三项分别列出，详见表 8，以便针对性改善。

表 8　硕士及以上学历顾客对各变量感知程度均值较低项列表

变量	问项	均值	N	标准偏差
服务接触	5. 该酒店的服务人员能够主动询问我的需求	2.615	26	0.852
	9. 该酒店的服务人员能够为顾客提供专业、到位的服务	3.077	26	0.845
	6. 出现问题时，酒店的服务人员会迅速出现、处理	3.154	26	0.784
	7. 该酒店的服务人员服务主动、积极	3.154	26	0.675
服务品质	17. 该酒店人员会尽量为顾客提供方便	3.000	26	0.894
	6. 发生问题时，酒店人员会虚心检讨并且积极进行改善	3.077	26	0.628
	7. 该酒店人员具有丰富的专业知识来答询问题	3.077	26	0.845
感知价值	6. 该酒店服务物有所值	3.000	26	0.800
	12. 入住该酒店能使他人对我产生好的印象	3.000	26	0.894
	5. 该酒店服务价格合理	3.077	26	0.935
关系品质	2. 很高兴选对了该酒店	3.154	26	0.967
	5. 觉得该酒店的服务很诚实、很实在	3.231	26	0.710
	7. 会努力地支持该酒店	3.231	26	0.710
	8. 会维持与该酒店之间的关系	3.231	26	0.908
	11. 我会鼓励我的朋友和亲戚到该酒店消费	3.231	26	1.142

数据来源：整理自本研究 SPSS 21.0 软件分析。

（3）不同月收入顾客属性单因素方差分析

不同月收入顾客属性的单因素方差分析结果详见表9。通过表中的数据可知，不同收入的顾客在感知价值和关系质量方面感知程度没有显著差异；在服务接触方面，月收入在3 000元及以下的顾客感知程度要显著低于月收入在5 001～10 000元和10 001～30 000元之间的顾客；在服务质量方面，月收入在3 000元及以下的顾客感知程度要显著低于月收入在3 001～5 000元的顾客。

表9　不同月收入顾客属性单因素方差分析数据表

		平方和	df	均方	F	显著性	事后比较
服务接触	组间	275.579	2	137.79	1.561	0.212	1 < 3 * * *； 1 < 4 * *
	组内	27 281.075	309	88.288			
	总数	27 556.654	311				
服务质量	组间	925.732	2	462.866	3.478	0.032	1 < 2 *
	组内	41 117.447	309	133.066			
	总数	42 043.179	311				
感知价值	组间	682.724	2	341.362	4.915	0.008	
	组内	21 458.955	309	69.446			
	总数	22 141.679	311				
关系质量	组间	1 190.272	2	595.136	7.934	0	
	组内	23 179.062	309	75.013			
	总数	24 369.333	311				

* $p < 0.05$、* * $p < 0.01$、* * * $p < 0.001$

数据来源：整理自本研究 SPSS 21.0 软件分析。

通过表9分析发现，发现在不同收入的顾客中，月收入在3 000元及以下顾客对各变量的感知程度较低，研究将该属性样本在不同变量中感知程度最低的三项分别列出，详见表10，以便针对性改善。

表10 月收入3000元及以下顾客对相关变量感知程度均值较低项列表

变量	问项	均值	N	标准偏差
服务接触	2. 该酒店的服务人员对我使用了礼貌用语	3.000	30	1.050
	9. 该酒店的服务人员能够为顾客提供专业、到位的服务	3.133	30	0.900
服务品质	5. 该酒店的服务人员能够主动询问我的需求	3.133	30	1.042
	6. 发生问题时,酒店人员会虚心检讨并且积极进行改善	3.267	30	1.015
	14. 该酒店人员会满足顾客个性化需求	3.333	30	0.884
感知价值	5. 该酒店人员在繁忙时也能不慌不乱地帮助顾客	3.400	30	1.102
	1. 该酒店人员能及时发布相关服务讯息	3.400	30	0.814
关系品质	3. 该酒店人员服务有明确的目标并能确实执行	3.400	30	0.968
	4. 该酒店人员对我的需求能够马上响应、迅速处理	3.400	30	0.894

数据来源:整理自本研究 SPSS 21.0 软件分析。

(4) 不同婚姻状况顾客属性 T 检定分析

不同婚姻状况顾客属性独立样本 T 检定结果详见表11,通过表中数据显示,已婚的顾客在服务接触、服务质量、感知价值和关系质量四方面感知程度均显著高于未婚顾客。

表11 不同婚姻状况顾客属性独立样本T检定分析数据表

变量	数据选择方式	均值方程的 t 检验				
		t	df	Sig.(双侧)	均值差值	标准误差值
服务接触	假设方差不相等	-6.401	252.616	0.000	-6.558	1.025
服务质量	假设方差不相等	-4.361	235.36	0.000	-5.819	1.335
感知价值	假设方差不相等	-3.384	228.88	0.001	-3.344	0.988
关系质量	假设方差不相等	-3.691	247.483	0.000	-3.723	1.009

数据来源:整理自本研究 SPSS 21.0 软件分析。

通过表11分析发现,在不同婚姻状况顾客中,未婚顾客对各变量的感知程度较低,研究将该属性样本在不同变量中感知程度最低的三项分别列出,详见表12,以便针对性改善。

表 12　　未婚顾客对各变量感知程度均值较低项列表

变量	问项	均值	N	标准偏差
服务接触	5. 该酒店的服务人员能够主动询问我的需求	3.328	116	0.958
	8. 该酒店的服务人员能够根据顾客情况灵活地提供服务	3.466	116	0.879
	3. 该酒店的服务人员态度殷勤	3.466	116	0.899
服务质量	6. 发生问题时，酒店人员会虚心检讨并且积极进行改善	3.345	116	0.979
	5. 该酒店人员在繁忙时也能不慌不乱的帮助顾客	3.569	116	0.953
	14. 该酒店人员会满足顾客个性化需求	3.586	116	0.855
感知价值	1. 该酒店人员能及时发布相关服务讯息	3.586	116	0.855
	11. 入住该酒店能够改善别人对我的认知	3.397	116	0.931
	12. 入住该酒店能使他人对我产生好的印象	3.397	116	0.950
	6. 该酒店服务物有所值	3.414	116	0.970
关系质量	9. 我会向其他人宣传该酒店的优点	3.379	116	1.052
	7. 会努力的支持该酒店	3.397	116	0.874
	6. 相信该酒店是真诚关心我的需求	3.414	116	0.855

数据来源：整理自本研究 SPSS 21.0 软件分析。

（5）不同旅游方式顾客属性单因素方差分析

不同旅游方式属性的单因素方差分析结果详见表13，通过表中的数据结果可知，不同旅游方式的游客在酒店服务的服务接触和服务质量方面的感知程度没有显著差异；在感知价值方面，随团旅游顾客的感知程度要显著高于自助旅游的顾客；在关系质量方面，随团旅游和单位组织的顾客感知程度均显著高于自助旅游的顾客。

表 13　　不同旅游方式顾客属性单因素方差分析

		平方和	df	均方	F	显著性	事后比较
服务接触	组间	275.579	2	137.79	1.561	0.212	
	组内	27 281.075	309	88.288			
	总数	27 556.654	311				
服务质量	组间	925.732	2	462.866	3.478	0.032	
	组内	41 117.447	309	133.066			
	总数	42 043.179	311				

续表

		平方和	df	均方	F	显著性	事后比较
感知价值	组间	682.724	2	341.362	4.915	0.008	1 > 3 *
	组内	21 458.955	309	69.446			
	总数	22 141.679	311				
关系质量	组间	1 190.272	2	595.136	7.934	0	1 > 3 * ; 2 > 3 * *
	组内	23 179.062	309	75.013			
	总数	24 369.333	311				

＊ $p < 0.05$ 、 ＊＊ $p < 0.01$ 、 ＊＊＊ $p < 0.001$

数据来源：整理自本研究 SPSS 21.0 软件分析。

通过表 13 分析，发现在不同旅游方式顾客中，自助旅游顾客对各变量的感知程度较低，研究将该属性样本在不同变量中感知程度最低的三项分别列出，详见表 14，以便针对性改善。

表 14　不同旅游方式顾客对相关变量感知程度均值较低项列表

变量	问项	均值	N	标准偏差
感知价值	12. 入住该酒店能使他人对我产生好的印象	3.328	232	0.871
	6. 该酒店服务物有所值	3.336	232	0.957
	5. 该酒店服务价格合理	3.362	232	1.048
关系品质	9. 我会向其他人宣传该酒店的优点	3.448	232	0.979
	10. 将来一有需求时，我会首先选择该酒店	3.483	232	0.926
	11. 我会鼓励我的朋友和亲戚到该酒店消费	3.500	232	0.888

数据来源：整理自本研究 SPSS 21.0 软件分析。

（6）不同地区顾客属性单因素方差分析

不同地区顾客属性单因素方差分析结果详见表 15，通过资料分析发现，澳门地区顾客在服务接触和服务质量两方面的感知程度均显著低于来自台湾和内地的顾客；在感知价值和关系质量方面，澳门地区顾客的感知程度也显著低于内地顾客。

表 15   地区单因素方差分析

		平方和	df	均方	F	显著性	事后比较
服务接触	组间	4 729.178	4	1 182.295	15.9	0	1<3＊＊;
	组内	22 827.475	307	74.357			1<4＊＊＊;
	总数	27 556.654	311				1<5＊＊＊;
服务品质	组间	5 018.34	4	1 254.585	10.403	0	1<3＊;
	组内	37 024.84	307	120.602			1<4＊＊＊;
	总数	42 043.179	311				1<5＊＊＊;
感知价值	组间	2 247.437	4	561.859	8.67	0	1<4＊＊＊;
	组内	19 894.243	307	64.802			1<5＊＊＊;
	总数	22 141.679	311				
关系品质	组间	1 546.743	4	386.686	5.202	0	1<4＊;
	组内	22 822.59	307	74.341			1<5＊＊;
	总数	24 369.333	311				

数据来源：整理自本研究 SPSS 21.0 软件分析。

2. 回归分析

为验证假设 H2：服务接触对服务质量存在显著正向影响、H3：服务接触和服务质量对顾客感知价值存在显著正向影响、H4：服务接触和服务质量透过顾客感知价值对关系质量存在显著正向影响，研究采用线性回归分析，对各变量进行因果关系分析。分析资料详见表 17，表中的回归系数均大于 0.7，sig. 值均小于 0.001，说明研究中的假设回归关系全部成立，即假设 H2、H3、H4 中的回归关系全部验证成立。

表 17   各变量回归分析

变量之间关系	R 方	β 值	sig.
服务接触——服务质量	0.754	0.868	0.000
服务接触——感知价值	0.586	0.766	0.000
服务质量——感知价值	0.701	0.837	0.000
感知价值——关系质量	0.709	0.842	0.000

数据来源：整理自本研究 SPSS 21.0 软件分析。

3. 路径分析

为验证本研究所提出的假设 H5，研究采用 AMOS 21.0 对本研究假设模型和观察数据进行契合度与适配度进行分析，分析结果得出各路径关系系数均为正值，符合假设路径。另外，CMIN = 89.866，显著性概率值 P = 0.132 > 0.05，未达到显著水平，接受虚无假设，即假设模型图与观察数据契合，AGFI = 0.937 > 0.900，CMIN/DF = 1.182 < 4，RMSEA = 0.024 < 0.05；GFI = 0.965 > 0.900；CFI = 0.996 > 0.900，详见图 2，各项数据指针均达到模型可以适配的标准，说明假设模型与观察数据适配度较好。分析结果证明本研究假设"H5：本研究所提出的理论模型与观察数据具有契合度和适配性"成立。

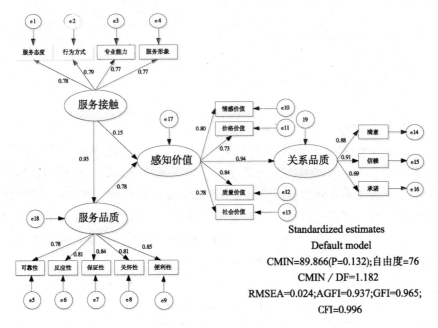

图 2 研究路径分析图

数据源：摘自本研究 AMOS 21.0 软件分析

五 讨论与建议

1. 建议酒店高度重视酒店人员对顾客的服务接触工作

本研究通过 SPSS 回归分析全部验证了研究开始所提出的回归关系假

设，并通过 AMOS 验证所提出假设理论框架适配度和契合度较高，验证了在澳门高端酒店代表的威尼斯人酒店中，酒店服务接触正向影响服务质量，服务接触和服务质量正向影响顾客感知价值、并通过顾客感知价值正向影响顾客与酒店的关系质量。由于关系质量包含有顾客对本次消费的满意情况和对将来与酒店关系、消费的承诺，因此，说明酒店的服务接触和服务质量影响顾客的感知价值，并影响顾客的满意、信任和承诺。

因此，建议酒店充分重视人员与顾客的服务接触。由于与老顾客良好的关系质量不但可以降低酒店营销成本，还能为酒店未来带来固定客源、增加未来经营的稳定性，酒店应该将服务接触作为酒店关系营销和酒店未来持续发展的重要策略，珍惜酒店人员与顾客的服务接触的每一瞬间，并全力做好服务，提升酒店人员的服务态度、服务行为和专业能力，以可靠性、反应性、保证性、关怀性和便利性为标准提升服务质量，以提高顾客的感知价值，进而提升顾客与酒店的关系质量。

2. 建议酒店提升对年轻一代新兴市场顾客的服务接触水平和服务质量

研究通过独立样本 T 检定和单因素方差分析，将不同样本属性在服务接触、服务质量、感知价值和关系质量等方面的感知程度进行差异分析，发现部分样本属性的顾客在不同变量的感知程度中存在显著差异，这些显著存在的差异可以为澳门威尼斯人酒店提供更加针对性的改善依据和方向。

年龄方面，分析发现 19~29 岁和 41~50 岁顾客对服务接触感知程度显著较其他层次年龄顾客低，研究将该两个属性样本在服务接触变量上感知程度均值最低的三项分别列出。其中 19~29 岁顾客对"该酒店的服务人员能够主动询问我的需求""出现问题时，酒店的服务人员会迅速出现、处理"评价较低；41~50 岁顾客对"该酒店的服务人员服务主动、积极""该酒店的服务人员能够为顾客提供专业、到位的服务"两项评价较低；二者都对"该酒店的服务人员能够根据顾客情况灵活地提供服务"项评价较低。说明威尼斯人酒店在提高服务人员灵活服务能力的同时，还要对年轻顾客做好互动交流，对 41~50 岁顾客的服务应该更加主动、专业和到位。

受教育程度方面，分析发现硕士及以上学历的顾客对各变量的感知程度较其他学历的顾客低。在"服务接触"方面评价最低的三项分别是

"该酒店的服务人员能够主动询问我的需求""该酒店的服务人员能够为顾客提供专业、到位的服务""出现问题时，酒店的服务人员会迅速出现、处理；该酒店的服务人员服务主动、积极"；在"服务质量"方面评价最低的三项分别是"该酒店人员会尽量为顾客提供方便""发生问题时，酒店人员会虚心检讨并且积极进行改善""该酒店人员具有丰富的专业知识来答询问题"；在"感知价值"方面，评价最低的三项分别是"该酒店服务物有所值""入住该酒店能使他人对我产生好的印象""该酒店服务价格合理"；同时这部分顾客还认为"觉得该酒店的服务很诚实、很实在"做得不够好。说明高学历顾客对威尼斯人酒店的服务整体要求较高，在要求高的服务质量的同时还追求"物有所值"。因此建议威尼斯人酒店要注重对高学历顾客的主动服务、专业服务，并注重服务的效率和虚心的态度。

收入方面，分析发现月收入在 3 000 元及以下顾客对各变量的感知程度较其他收入情况的顾客低，在"服务接触"方面，该部分顾客对"该酒店的服务人员对我使用了礼貌用语""该酒店的服务人员能够为顾客提供专业、到位的服务""该酒店的服务人员能够主动询问我的需求"三方面的评价最低；在"服务质量"方面，他们对"发生问题时，酒店人员会虚心检讨并且积极进行改善""该酒店人员会满足顾客个性化需求"等问项评价最低。由于这部分顾客通常是随家长等形式进入酒店消费，在消费金额上不够明显，因此没有引起服务人员的足够注意，但这部分游客的态度随着其职业成长和收入增加，对酒店未来关系营销和持续发展不利，因此建议酒店应重视对不同顾客的服务接触。

婚姻状况方面，分析发现未婚顾客对各变量的感知程度较已婚顾客低。在"服务接触"方面，他们对"该酒店的服务人员能够主动询问我的需求""该酒店的服务人员能够根据顾客情况灵活地提供服务""该酒店的服务人员态度殷勤"三项评价最低；在"服务质量"方面，他们在"发生问题时，酒店人员会虚心检讨并且积极进行改善""该酒店人员在繁忙时也能不慌不乱的帮助顾客""该酒店人员会满足顾客个性化需求"等方面评价较低；在"感知价值"方面，他们在社会价值和价格价值方面评价较低；"质量关系"方面，他们对该酒店是真诚关心顾客方面评价较低。说明未婚顾客由于社会关系相对简单和经济收入相对较少，因此他们不太注重社会价值，对物有所值等价格价值和质量价值比较在意，即在付出高出其他普通酒店的消费价格后希望获得质量更高的服务接触和服务质量。建议酒店重视该部分顾客的意见，针对评价较低的部分做好对应性改善。

旅游方式方面，分析发现自助旅游顾客对各变量的感知程度较其他形式顾客低，这部分顾客较为重视感知价值，在这方面，他们主要对"入住该酒店能使他人对我产生好的印象"、"该酒店服务物有所值"、"该酒店服务价格合理"等问项评价较低，他们在付出高于普通酒店的消费价格后希望得到更高质量的感知价值。建议酒店注重提升这部分顾客感知价值。

通过样本属性分析得知，从年龄、受教育程度、收入、婚姻状况、旅游方式等多方面归纳看来，代表年轻的、未婚的、高学历的、自助旅游的顾客对酒店服务接触、服务质量、顾客感知价值和关系质量的感知程度具有明显差异。这部分顾客是酒店的新兴市场，随着时代的进步，越来越多的新兴市场的年轻顾客开始追求高端消费和高质量服务，但酒店可能仍按照传统理解重视高收入、高职位、高层社会顾客的服务质量，未能及时注意到这部分年轻一代的新兴市场，因此要及时关注该部分顾客，实现酒店持续发展。

3. 注重提升本地顾客的服务接触和服务质量

在顾客的地区性属性方面，分析发现本地顾客对各变量的感知程度较低。其中他们对酒店的"服务接触"的"该酒店的服务人员能够根据顾客情况灵活地提供服务""该酒店的服务人员能够主动询问我的需求""出现问题时，酒店的服务人员会迅速出现、处理""该酒店的服务人员能够为顾客提供专业、到位的服务"等三方面评价最低；在"服务质量"方面，对"发生问题时，酒店人员会虚心检讨并且积极进行改善""该酒店人员能够耐心倾听每个顾客意见""该酒店人员会对顾客主动付出关怀"等方面评价较低。因而印象"感知价值"和"关系质量"评价较其他地区顾客低。本地顾客是澳门的东道主，他们对酒店日常经营的服务接触和服务质量比较了解，能够感知外地顾客短时间无法感知的许多细节，因此会更加客观和精确地评价酒店的服务接触和服务质量。由于本地顾客对酒店的服务评价和关系质量直接影响酒店的口碑和宣传，建议酒店根据这部分顾客的反映有针对性进行改善。

六 研究限制和后续研究

（一） 研究限制

首先，本研究由于时间和精力限制，调查样本的取样面还不够广，样本数还不够大，尤其是未能对外国游客选取样本，构成问卷调查方面的限制，从而使得研究不能更加全面和客观地反映研究问题。同时，在顾客属性的分类方面，不能针对度假、商务、探亲、会议等顾客进一步细分，因而不能更加深入地反映不同市场面的顾客感知程度。

其次，在理论研究方面，由于服务接触和关系质量同属关系营销范畴，但由于本研究试图在服务接触和关系质量的变量研究基础上，结合服务质量和顾客感知价值进行研究。因此，受研究范围和论文篇幅所限，未能将关系营销范畴进一步阐述和研究。

（二） 后续研究

通过以上分析发现本研究存在一些限制，建议后续研究可以具体针对以上这些研究限制有针对性开展进一步研究。

首先可以对样本进行进一步细分，增加顾客的度假、商务、探亲、会议等细分，同时扩大样本量，并收集一些外国游客的调查信息，使得研究样本更加科学、细致。

其次，可在本研究的基础上，对澳门高端酒店的关系营销展开进一步理论研究，探索在关系研究中，与服务接触和关系质量相关联的因素和变量，比如品牌价值等变量与关系质量的关系等。

参考文献

屠海鸣（2008）。"威尼斯人"给香港敲响警钟。沪港经济，12，28 – 29。

吴丹（2008）。Citect SCADA 在电力管理和控制系统中的应用——澳门威尼斯人度假酒店 PMCS 系统。软件，2，56 – 57。

Anderson, James. C., Jain, Dipak. C., & Chintagunta, Pradeep K. (1992). Customer value assessment in business markets: A state-of-practice-study. *Journal of Business-to-Business Marketing*, *1*（1），3 – 29.

Andrew, Jason. D. , Faubion, Clayton. W. , & Palmer, Charles. D. (2002). The relationship between counselor satisfaction and extrinsic job factors in state rehabilitation agencies. *Rehabilitation Counseling Bulletin*, *45* (4), 223 – 232.

Aurier, Philippe. , & Lanauze, Gilles. Séré. (2011). Impacts of instore manufacturer brand expression on perceived value, relationship quality and attitudinal loyalty. *International Journal of Retail & Distribution Management*, *39* (11), 810 – 835.

Bateson, John. E. G. (1983). Perceived control and the service encounter. Unpublished doctoral dissertation, London Business School, London.

Berry, Leonard. L. (1983). Relationship marketing. In L. L. Berry, G. L. Shostack, & G. D. Upah, (Eds.), Emerging Perspectives on Services Marketing (25 – 28). Chicago: American Marketing Association.

Bitner, Mary. Jo. (1990). Evaluating service encounters: the effects of physical surroundings and employee responses. *The Journal of Marketing*, 69 – 82.

Bojanic, David. C. (1996). Consumer perceptions of price, value and satisfaction in the hotel industry: An exploratory study. *Journal of Hospitality & Leisure Marketing*, *4* (1), 5 – 22.

Brady, Michael. K. , & Cronin Jr, J. Joseph. (2001). Some new thoughts on conceptualizing perceived service quality: a hierarchical approach. *Journal of marketing*, *65* (3), 34 – 49.

Carlzon, J. (1987). Moments of Truth. New York: Harper and Row.

Chen, Ching-Fu. (2008). Investigating structural relationships between service quality, perceived value, satisfaction, and behavioral intentions for air passengers: Evidence from Taiwan. *Transportation Research Part A: Policy and Practice*, *42* (4), 709 – 717.

Chen, ChingFu. , & Chen, Fu-Shian. (2010). Experience quality, perceived value, satisfaction and behavioral intentions for heritage tourists. *Tourism management*, *31* (1), 29 – 35.

Chuang, Shuhsin. (2013). The Effect of Perceived Value and Luxury Value on the Brand Relationship Quality and Customer Loyalty-An Empirical

Study of Restaurant Industry. Unpublished doctoral dissertation, MingChuan U-niversity, TaiPei.

Cronin Jr, J. Joseph. , Brady, Michael. K. , & Hult, G. Tomas. M. (2000). Assessing the effects of quality, value, and customer satisfaction on consumer behavioral intentions in service environments. *Journal of retailing*, *76* (2), 193 – 218.

Crosby, Lawrence. A. , Evans, Kenneth. A. , & Cowles, Deborah. (1990). Relationship quality in services selling: An interpersonal influence perspective. *Journal of marketing*, *54* (3). 68 – 81.

Dodds, William. B. , Monroe, Kent. B. , & Grewal, Dhruv. (1991). Effects of price, brand, and store information on buyers' product evaluations. *Journal of Marketing Research(JMR)*, *28* (3). 307 – 319.

Dorsch, Michael. J, Swanson, Scott. R. , & Kelley, Scott. W. (1998). The role of relationship quality in the stratification of vendors as perceived by customers. *Journal of the Academy of Marketing Science*, *26* (2), 128 – 142.

Gallarza, Martina. G. & Gil, Saura. Irene. (2006). Value dimensions, perceived value, satisfaction and loyalty: an investigation of university students'travel behaviour. *Tourism management*, *27* (3), 437 – 452.

Garvin, D. A. (1988). Managing Quality: The Strategic and Competitive Edge, New York: The Free Press.

Goetsch, David. L. & Davis, Stanley. M. (1994). Introduction to total quality: Quality, productivity, competitiveness. New York: Merrill.

Gruen, Thomas. W. (1995). The outcome set of relationship marketing in consumer markets. *International Business Review*, *4* (4), 447 – 469.

Hume, Margee. , & Mort, Gillian. Sullivan. (2010). The consequence of appraisal emotion, service quality, perceived value and customer satisfaction on repurchase intent in the performing arts. *Journal of Services Marketing*, *24* (2), 170 – 182.

Juran, Joseph. M. , Gryna, F. M. , & Bingham Jr, R. S. (1974). Quality control handbook. New York: McGraw-Hill Book Company. Chapters. *9*, 22, 7 – 48.

Kong, Mikyoung. & Jogaratnam, Giri. (2007). The influence of culture on perceptions of service employee behavior. *Managing Service Quality*, *17* (3), 275 – 297.

Kotler, Philip. (2012). Kotler on marketing. NewYork: *The Free Press.*

Lemmink, Jos. & Mattsson, Jan. (2002). Employee behavior, feelings of warmth and customer perception in service encounters. *International Journal of Retail & Distribution Management*, *30* (1), 18 – 33.

Lovelock, C. L., Walker, R. H., & Patterson, P. G. (2001). Services marketing: anAsia-Pacific perspective.

Oberoi, Usha., & Hales, Colin. (1990). Assessing the quality of the conference hotel service product: towards an empirically based model. *Service Industries Journal*, *10* (4), 700 – 721.

Parasuraman, A. Zeithaml., Valarie, A., & Berry, Leonard. L. (1988). Servqual. *Journal of retailing*, *64* (1), 12 – 37.

Parasuraman, Ananthanarayanan., & Grewal, Dhruv. (2000). The impact of technology on the quality-value-loyalty chain: a research agenda. *Journal of the academy of marketing science*, *28* (1), 168 – 174.

Park, JinWoo., Robertson, Rodger., & Wu, ChengLung. (2004). The effect of airline service quality on passengers' behavioural intentions: a Korean case study. *Journal of Air Transport Management*, *10* (6), 435 – 439.

Raza, Muhammad. Ahmad., Siddiquei, Ahmad. Nabeel., Awan, Hayat. M., & Bukhari, Khurram. (2012). Relationship between service quality, perceived value, satisfaction and revisit intention in hotel industry. *Journal of Contemporary Research in Business*, *4* (8), 788 – 805.

Sanchez, Javier, Callarisa, Luis, Rodriguez, Rosa. M., & Moliner, Miguel. A. (2006). Perceived value of the purchase of a tourism product. *Tourism Management*, *27* (3), 394 – 409.

Sasser, W. Earl., Olsen, R. Paul., & Wyckoff, D. Daryl. (1978). Management of service operations: Text, cases, and readings. Boston: Allyn and Bacon.

Shostack, G. Lynn. (1977). Breaking Free From Product Marketing. *Journal of Marketing*, *41* (April), 73 – 80.

Shostack, G. Lynn. (1985) . Planning the Service Encounter. In The Service Encounter (ed), John A. Czepiel, Michael R. Solomon, & Carol F. Surprenant (PP. 243 – 254) . Lexington MA: Lexington Books.

Shostack, G. L. (1985) . Planning the service encounter. *The service encounter*, 2.

Sirakaya, Ercan. , Petrick, James. , & Choi, Hwan-Suk. (2004) . The role of mood on tourism product evaluations. *Annals of Tourism Research* , *31* (3), 517 – 539.

Smith, J. Brock. (1998) . Buyer-seller relationships: similarity, relationship management, and quality. *Psychology & Marketing* , *15* (1), 3 – 21.

Solomon, Michael. R. , Surprenant, Carol, Czepiel, John. A. , & Gutman, Evelyn. G. (1985) . A role theory perspective on dyadic interactions: The service encounter. *Journal of marketing*, *49* (1), 99 – 111.

Sweeney, Jillian. C. , & Soutar, Geoffrey. N. (2001) . Consumer perceived value: the development of a multiple item scale. *Journal of retailing* , *77* (2), 203 – 220.

Thaler, Richard. (1985) . Mental accounting and consumer choice. *Marketing science*, *4* (3), 199 – 214.

TianCole, Shu. , Crompton, John. L. , & Willson, Victor. L. (2002). An empirical investigation of the relationships between service quality, satisfaction and behavioral intentions among visitors to a wildlife refuge. *Journal of Leisure Research*, *34* (1), 1 – 24.

Treacy, Michael. , & Wiersema, Fred. (1995) . How market leaders keep their edge. *Fortune* , *131* (2), 52 – 57.

Winsted, Kathryn. Frazer. (2000) . Service behaviors that lead to satisfied customers. *European Journal of Marketing* , *34* (3/4), 399 – 417.

Zeithaml, Valarie. A. (1988) . Consumer perceptions of price, quality, and value: a means-end model and synthesis of evidence. *The Journal of Marketing* , *52*, 2 – 22.

广东工业旅游发展创新研究

魏 卫 雷 鹏

华南理工大学

摘 要：在对旅游业态已有研究分析的基础上，运用文献和网络分析方法对广东 45 家工业企业从地域分布、项目特征、开发模式、营销模式及配套服务设施状况等方面论述广东工业旅游发展现状以及存在的问题。结合广东工业旅游实际，提出广东工业旅游创新发展路径。

关键词：旅游新业态，广东，工业旅游，发展创新

A Study on Development Innovation of Guangdong Industrial Tourism

Wei Wei, Lei Peng

South China University of Technology

Abstract：In reference to the analysis of existing research on tourism format, applying literature and network analysis methods for 45 industrial companies, the following problems were studied and analyzed：regional distribution, characteristics of item, exploited pattern, mode of salesmanship, matched serving establishment and existing problems of Guangdong industrial tourism. Based on the reality of industrial tourism, this study proposes the path of innovation and development of industrial tourism of Guangdong.

Key words：new tourism format, Guangdong, industrial tourism, development innovation

一　引言

2012 年我国人均 GDP 达到了 6100 美元。我国旅游业总收入达到了 2.57 万亿元，国内旅游人次达 29.6 亿人次。经济的快速发展，收入的持续增长，带来了人们消费水平的提高。随着体验经济时代的到来，旅游者需求更加多样化，旅游者开始从选择名山大川向具有文化底蕴的目的地转变，消费重点也从过去的基本需求向体验精神享受、体验文化方面转变；科技的快速发展，一方面使得旅游行业的竞争更加激烈，旅游产品更新的速度加快，另一方面也使得游客出行方式更加多样化；国家法定假日调整和带薪假期的落实；产业结构不断优化、产业能级不断提升；这些特点都进一步催生着新型旅游业态的不断涌现。"业态"（Type of Operation）一词在 20 世纪 60 年代日本零售领域首先产生，主要指"对某一目标市场，体现经营者意向与决策的营业形态"（《新经济词典》）。比如目前零售业的业态主要有以下几种：百货店、超级市场、便利店、仓储式商场、专业市场、专卖店、购物中心等。旅游行业既有和零售业相同的共性——面向大众的服务性特征，同时又有旅游业自身特性——复合型强、关联程度高。随着旅游产业的迅猛发展和分工细化，传统的"产业""行业"概念难以描述旅游业的发展状态，因此，旅游学者将商业中的"业态"引入旅游业。杨济诗、孙霞（2001）在其研究中首次提到了"旅游业态"一词；陈泳和许南垣（2006）、邹再进（2007）、石培华（国家旅游局课题组，2008）等从市场的角度（杨玲玲、魏小安，2009；许豫宏，2009），分别对旅游新业态的概念进行了探讨。还有许多学者研究了旅游与其他产业结合产生的新的旅游业态模式（王保伦，2003；刘德云，2007；胡浩、汪宇明，2004）。王燕（2011）与汪燕、李东和（2011）从营销学产品的角度对旅游新业态类型和形成动力机制进行了研究。高丽敏、程伟、史彦军（2012）提出了旅游新业态驱动力模型。在分析现有研究成果基础上，本文认为，旅游新业态就是旅游企业或者管理部门对旅游产品的生产、运营和流通等环节的具体方法和过程上的创新。简言之，就是旅游企业的组织管理方式和经营方式呈现出来的某种形态。工业旅游是旅游新业态中一种典型的业态形式。它是以工业生产过程、工厂风貌、工人生活、工业生产遗址、遗迹，以及工业发展历史、发展成就、产业形态、企业文化等与工业相关联的内容为主要吸引物的旅游活动。广东省是制造业大省，也是旅游强省，全国39个工业大类广东占有38个，"十一五"时期广东工业对全省经济增长的年均贡献率达到54.3%，年均拉动经济增长6.8个百分点。2010年，广东工业增加值达2.16万亿元，居全国各省之首，如果将广东作为单独经济体排位，其工业增加值位列世界第7位。然而，广东工业旅游的开展还没有得到应有的重视，在工业旅游资源的利用、主题的塑造、产品开发和环境营造等方面还有待挖掘与提升，本文结合新业态旅游的发展模式，以广东省旅游局所提供的45家工业旅游示范单位作为案例对象，深入分析广东省工业旅游项目开发现状和存在的问题，并提出广东省工业旅游创新发展路径，以期对工业旅游未来发展找到一些规律和经验，从而对评价、调控工业旅游发展起到借鉴作用。

二　广东省工业旅游开发现状和问题分析

本文以广东省旅游局2010年9月份认定的"首批广东省工业旅游示范单位"中所列出的45家工业旅游景点为对象，从工业旅游企业的地域分布、项目特征、工业旅游开发学者也对"旅游业态"一词进行了探讨研究。邹再进（2007）从经营的角度，魏小安等（2009）与许豫宏（2009）从产品的角度、营销模式、景点配套服务设施等方面对广东省工业旅游开发现状和存在问题进行分析。

（一）工业旅游企业的地域分布

从表1可以分析45家工业旅游企业示范单位的分布情况，从涉及的区域来讲，目前只有清远还没有工业旅游企业示范单位，地域分布呈现出既广泛又相对集中的特点。在经济学中洛伦兹曲线主要是用来反映一个国家收入分配平等或者不平等的状况。本文以拥有工业旅游景点的20个区域为空间单位，建立景点数量洛伦兹曲线（见图1），以直观反映工业旅游景点在各个区域的分布是否均衡，横轴是20个区域各要素由小到大的排序，纵

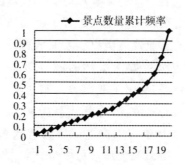

图1　工业旅游景点洛伦兹曲线

轴为景点数量累计百分比。

集中指数是表明某项经济活动在地域上集中程度的指标。借用经济学中的集中指数公式 $C = (1 - \dfrac{H}{T} \times 100\%)$（其中 C 为集中指数，T 为区域总数，H 为覆盖一半景点数目的区域数，按大小顺序排列），H 值较大时，C 值较小，表示工业旅游景点地域集中程度较低，区域分布较均衡；H 值较小时，C 值较大，表示工业旅游景点地域集中程度较高，地区差异比较明显。经计算广东省工业旅游地理集中指数 C = 0.81，以上的分析表明：广东省工业旅游景点地域集中程度较高，广州、佛山两个区域工业旅游景点数占广东省总工业旅游景点数的40%，虽然分布比较广泛但地区差异比较明显。这和广州作为省会城市以及佛山靠近广州有一定关系。

表1　广东省工业旅游景点数量、累计百分比及其离差值表

所属区域	Xi 各区域 工业旅游景点数量	各区域工业 旅游景点累计百分比	di 各区域工业 景点数量的离差值
潮州	1	0.02	-1.25
河源	1	0.04	-1.25
江门	1	0.06	-1.25
揭阳	1	0.08	-1.25
茂名	1	0.11	-1.25
汕尾	1	0.13	-1.25

所属区域	X_i 各区域 工业旅游景点数量	各区域工业 旅游景点累计百分比	d_i 各区域工业 景点数量的离差值
韶关	1	0.15	-1.25
深圳	1	0.17	-1.25
阳江	1	0.2	-1.25
云浮	1	0.22	-1.25
肇庆	1	0.24	-1.25
珠海	1	0.26	-1.25
惠州	2	0.31	-0.25
梅州	2	0.35	-0.25
汕头	2	0.4	-0.25
湛江	2	0.44	0.75
中山	3	0.51	1.75
东莞	4	0.6	0.75
佛山	7	0.75	4.75
广州	11	1	8.75

注：清远暂无企业被列入工业旅游企业示范单位，故未在表中列出。

根据各区域工业旅游景点数量离差值的大小和正负，将各区域划分为3个不同的层次：第一层次为热点开发区域（$d_i > 4$），包括广州、佛山2个区域；第二个层次为一般开发区域（d_i 为 $-1 \sim 2$ 之间），包括东莞、中山、湛江、汕头、梅州、惠州6个区域；第三个层次为冷点开发区域（$d_i < -1$）包括珠海、肇庆、云浮、阳江、深圳、韶关、汕尾、茂名、揭阳、江门、河源、潮州12个区域。其中2个热点开发区域拥有工业旅游景点18个，占40%；6个一般开发区域拥有景点15个，占33%；12个冷点开发区域拥有景点12个，占27%。说明广东省工业旅游资源虽然丰富，但并没有得到充分的开发。

（二）工业旅游景点企业项目特征

从广东省旅游局提供的材料分析可以看出，45家开展工业旅游项目的企业多为民企百强企业、大型合资企业、行业龙头企业、高新技术企业以及有影响力项目的高端制造企业，例如广州丰田汽车有限公司，TCL 集团股份有限公司等。具体分析如下。

1. 企业类型

根据国民经济行业分类对广东省开展工业旅游景点的 45 家企业进行分析，得出企业种类涉及 13 个行业（见表 2），其中 8 个属于第二产业，5 个属于第三产业。这说明广东省工业旅游不仅关注第二产业，第三产业在工业旅游中也占有重要位置。

表 2　经营工业旅游企业种类及数量

企业行业种类	数量/家	占百分比
食品制造业	8	17.78
电器机械及器材制造业	7	15.56
医药制造业	7	15.56
工艺品及其他制造业	6	13.33
饮料制造业	5	11.11
文化艺术业	3	6.67
非金属矿物制造业	2	4.44
农副产品加工业	2	4.44
文体教育用品制造业	1	2.22
交通运输设备制造业	1	2.22
纺织服装制造业	1	2.22
会展业	1	2.22
娱乐业	1	2.22
合计	45	100

注：企业行业分类参考《国民经济行业分类》。

从企业行业类型来看，开展工业旅游项目的企业类型集中在食品制造业、电器机械及器材制造业、医药制造业、工艺品及其他制造业、饮料制造业 5 类企业，这 5 类企业的数量占企业总数量的 73%，为工业旅游项目的主要企业类型。食品、医药、饮料是与消费者日常生活密切相关的产品，人们对这些领域有强烈的兴趣。需要重点说明的是：广东省交通运输设备制造业和纺织服装制造业在全国是领先行业，开展工业旅游的企业却各只有 1 家,从分析中看出这些行业并没有充分发挥行业优势来开展工业旅游,这也在一定程度上说明了广东省工业旅游发展还有很大的提升空间。

2. 企业的可进入性

可进入性(accessibility)是衡量一个旅游景区吸引力大小的重要因素。交通不便,可进入性差,往往是许多风景资源难以开发、旅游业"疲软"的制约因素(孙根年,2001)。由于广东省工业旅游企业多数位于市区,市区的交通条件比较优越,通过文献资料将工业旅游企业所依托的交通条件以所在区域城市中心为参照,分为区域城市中心、城市中心近郊地区和远离城市地区 3 个层次。经分析发现:在 45 家工业旅游企业中,位于区域城市中心的有 11 家,占 24.44%,其中文化艺术业都居于城市中心;位于城市中心近郊的有 25 家,占 55.56%,这些企业基本上处于所在城市的工业区内。9 家远离城市中心地区,占 20%,这些企业有些由于受原料资源的限制在选址时更多地考虑了靠近原材料产地。总之,无论工业旅游企业在哪个区域,从整体来说,广东省开展工业旅游项目的企业一般位于区位条件良好的地区。

(三) 旅游开发模式

根据已有的研究和实际情况的分析,本文将其目前开发模式分为生产流程模式、综合性景区模式、综合性旅游模式和主体产品文化模式 4 种模式。生产流程模式是指以工业企业产品的生产流程或生产场景为旅游吸引物,吸引游客前来参观旅游,例如广汽丰田汽车有限公司、燕塘乳业等企业。它是一种最简单的开发模式。综合性景区模式是指工业旅游景区为吃、住、娱、游、购于一体的多功能景区,例如广州工业名优产品展销中心等企业。综合性旅游模式是指工业旅游企业将附近的自然、人文旅游资源进行综合性的开发,例如广东蒙娜丽莎陶瓷有限公司。产品主体文化模式是指以收藏、保护、研究和展示与某一工业行业产品或其他特定主题相关的文物标本为目的的旅游场所,例如广东省九江酒厂有限公司等企业。经过对 45 家企业的分析发现:采取生产流程模式的有 19 家,占 42%,目前主要以这种模式为主,基本上是参观工业生产线的初级工业旅游阶段;采取产品主体文化模式的有 13 家,占 29%;将生产流程模式和产品主体文化模式相结合的有 8 家,占 18%;采取综合性景区模式的有 2 家,占 4%;采取综合性旅游模式的有 2 家,占 4%;将生产流程模式、综合性景区模式和综合性旅游模式相结合的有 1 家，占 2%，这是工业旅游发展的高级阶段。可以看出：企业开展工业旅游还处于探索初期，目前尝试性地开展了个别产品或者工艺流程参观项目，对产品的开发还不够深入；旅游产品形式单一，还没有形成多层次、高附加值的旅游产业链。

（四）工业旅游营销模式及景点配套服务设施情况

在工业旅游景点的宣传促销方面，通过对 45 家企业官网＋关键词"工业旅游"进行搜索整理发现仅 7 家拥有专业景点旅游网站，占 16%，其他企业多是使用传统的营销模式，例如报刊、杂志、电视广告宣传等。

目前这些企业多是和旅行社进行合作，并且游客对象多是企业、领导或学生。目前大多数企业并没有把工业旅游作为重点来发展。甚至有些企业把发展工业旅游看成一种负担，要有专人陪同，同时还涉及安全、生产保密工作等。

在景点的配套服务设施方面，45 家企业基本上都配有工业旅游的讲解人员，但在餐饮和娱乐方面提供配套设施的仅有 4 家，占 8%。仅 3 家企业提供了游客参与活动的体验区。多数企业内部接待设施比较完善，住宿和餐饮等多是借助周边附近的接待设施。

三　广东省工业旅游创新发展思考

工业旅游对游客来讲是新看点，它具有现场感、动态感和体验感，因而受到游客青睐。对企业来讲是新卖点，开展工业旅游对企业来说等于免费做广告，变看点为卖点，变游客为顾客。作为传统工业大省，广东省根据目前存在的问题如何对工业旅游资源进行优化组合，进行工业产业结构调整，让游客在游览中见证其发展，创造新的增长点是相关企业和部门值得深思的问题。从以下几点提出广东省工业旅游创新发展路径。

（一）整合工业与旅游业嵌入式设计

整合工业与旅游业嵌入式设计是指在工业企业设计建设前就考虑将企业的旅游功能融入建设过程中。目前很多产业在设计建设过程中都考虑其旅游的功能。最突出的一个实例是 2008 年 5 月 1 日通车试运营的杭州湾跨海大桥，其在设计之初就融入了景观设计的概念，使其不但具备了运输功能而且具有旅游观光功能。工业企业的建设可以借鉴这方面的实际经验，在企业建设规划时就将开展工业旅游所需要的配套设施整合在规划设计中。工业与旅游业整合的范例——广东罗浮宫国际家具博览中心，在2011年被评为"国家4A级旅游景区"。工业与旅游业嵌入式设计的整合在未来的发展中将是重点。

（二）以工业遗产旅游创造工业旅游新体验

广东省作为我国的工业大省，有悠久的历史和丰富的工业旅游资源。发展工业旅游时应以工业遗产旅游资源为基础，对工业遗产旅游的资源进行深入挖掘，提炼出具有本地特色的旅游体验主题，同时也避免资源的浪费。例如位于加拿大维多利亚市北端的布乍得花园（Butchart Gardens）被誉为世界十大最美花园之一，该花园建于1904年，面积35公顷，园主Butchart夫人在原来废弃的水泥采石场废墟上种植花木，逐步发展成加拿大最著名的花园。花园内不仅四季鲜花绽放，其庭园造景更是堪称园林的一个典范。广东工业旅游应借鉴国内外经验，创造工业旅游新体验。

（三）产学研合作助推研发设计与新技术应用

工业旅游的永久生命力源于其持续不断的创新，创新能够为企业带来发展工业旅游的活力。产学研合作能够将不断创新的理论知识转化为实际的生产，以增强企业的竞争力。广东省拥有众多高校、科研机构，具有较强的设计研究能力，而中小企业自身研发能力有限，产学研结合，可以破解工业旅游发展中的创新难题，例如华南理工大学和广州澳新达房产有限公司共同合作研发的新产品"拖挂式旅游房产"得到了工业设计界国际及国内著名专家的肯定，这说明产学研的合作能够为工业旅游的健康可持续发展提供源源不断的动力。

（四）搭建新媒体全方位渗透式营销平台

营销是工业旅游发展的关键因素之一，目前广东省多数的企业并没有对工业旅游采取有效的营销措施。多数的企业仅是和旅行社合作或者通过简单的发放宣传册来宣传企业的工业旅游。企业应该搭建全方位、渗透式的新媒体营销平台，包括利用门户、搜索引擎、微博、微信、SNS、博客、播客、BBS等新的媒体平台，全方位地营销企业的工业旅游。同时企业的营销思维也应该更加注重游客的体验性、沟通性、差异性、关联性等多样的需求变化。同时也可以鼓励拍客、驴友等进行宣传。

(五) 促进工业专业镇向宜业宜游旅游名镇发展

广东省现已发展了 340 多个省级专业镇。2012 年全省专业镇生产总值突破 1.8 万亿元，占全省经济总量的 31.5%，广东专业镇遍布全省 21 个地市，如果专业镇将旅游与工业发展有效结合，在促进生产的同时，改善环境，推进过去只重视生产的专业镇，向宜业宜游宜居的旅游明星镇发展，以"一镇一品，一镇一景"的发展模式带动企业的有效集聚，以呈现特色化、品牌化的特征，不断提升企业的知名度和美誉度。力争使每个镇都呈现出不同的工业旅游特色。

参考文献

陈泳、许南垣 (2006)。房地产业态分析：以丽江为例。云南财贸学院学报：社会科学版，4，79。

高丽敏、程伟、史彦军 (2012)。旅游新业态的产生发展规律研究。旅游经济，12，196-197。

国家旅游局课题组 (2008)。旅游新业态与增长潜力分析报告。国家旅游局：旅游科研课题成果精选。北京：中国旅游出版社，63-75。

胡浩、汪宇明 (2004)。中国旅游目的地房地产开发模式研究。桂林旅游高等专科学校学报，15 (4)，5-9。

胡江路 (2005)。工业企业主导的工业旅游开发模式。合作经济与科技，11，31-32。

刘德云 (2007)。高尔夫旅游发展模式研究。旅游学刊，22 (12)，23-27。

孙根年 (2001)。论旅游业的区位开发条与区域联合开发。人文地理，16 (4)，1-5。

汪燕、李东和 (2011)。旅游新业态的类型及其形成机制研究。科技和产业，6，9-12。

王保伦 (2003)。会展旅游发展模式之探讨。旅游学刊，18 (1)，35-39。

许豫宏 (2009)。旅游新业态的行业创新思考。取自 World Wide

Web：http：//www. yiwutour. com/lylt/200903/t20090323_ 173975. html。

　　杨济诗、孙霞琴 （2001）。小吃广场应走向休闲娱乐中心、社区购物中心。上海商业,9 , 45 –47。

　　杨玲玲、魏小安 （2009）。旅游新业态的 "新" 意探析。问题研究,6, 23 –26。

　　邹再进 （2007）。旅游业态发展趋势探讨。商业研究,12 , 156 –160。

　　邹再进 （2007）。区域旅游业态理论研究。地理与地理信息科学,5, 101。

旅游业"移动革命"的服务应用创新与前景

张文建　彭丽娜

上海师范大学

摘　要：在当前"移动革命"日趋渗透的新时期下，旅游业呈现出智能化、网络化、无线化等新特征，现代服务业和现代信息技术的发展推动着旅游移动服务的应用与创新。本文基于此新变化，从旅游服务理念、技术应用、产品功能、营销模式四个方面阐述了现代旅游业移动服务应用的创新进展，研究得出未来旅游移动服务将随着大数据时代的到来、行业大融合的显现、4G 时代的"智能"升级、旅游穿戴式智能设备和微智能载体的诞生，得以进一步深化。

关键词：移动互联网，旅游移动，应用服务创新

The Innovation and Prospects of Tourism Service Application in Mobile Revolution

Zhang Wenjian, Peng Lina

Shanghai Normal University

Abstract：With the mobile revolution constantly developing, tourism presents new features of the times, such as intelligence, networking and wireless technology. The development of information technology drives the application of tourism mobile service. Based on this background, the researcher started this paper by analyzing the innovation of tourism mobile service application from tourism service concept, technology, product features and marketing model. It is conclusive that travel mobile service will go further with the Age of Big Data, industry integration and the emergence of the Micro Smart Carrier.

Key words: mobile internet, tourism mobile service, service innovation

现今，以现代信息技术为代表的高新技术产业的迅猛发展，推动着全球产业结构转型和优化升级，带来了人类生产生活方式的深刻变化，信息技术、电信通信和旅游业将成为21世纪服务行业发展的领军者。伴随着3G技术的成熟和4G技术的兴起，迅速普及的移动互联网已广泛渗透到旅游业的各个领域，在中国，以宽带移动互联网为支撑，以手机为智能载体的旅游业的"移动革命"必将引领未来旅游的发展之路。

一　引言

20世纪下半叶以来，以信息、网络为特征的数字化革命，带给了人们生产方式与生活方式的转变，由这两大产业融合发展而来的移动互联网已成为当今现代服务业发展的重要引擎，移动化成为继信息化、网络化之后的新时代特征。基于新环境之下，供给市场出现新的变革，旅游的快速发展加剧了传统的旅游市场竞争，无线旅游成为新兴旅游市场的代表，据易观国际数据显示，2013年智能手机市场占有率已接近50%，2012年中国移动互联网用户数突破5亿，全面超过PC互联网用户数，这意味着无线旅游将拥有可观的用户基础，无线预订业务已成为旅行预订网站又一资源争夺点和利润增长点。与此同时，现代服务业新业态模式层出不穷，以团购为典型代表的O2O（Online to Offline）电子商务模式，已成为一种新兴产品销售形式广泛应用于旅游市场，并伴随着移动互联网的快速发展，移动化、位置化、社交化使得这种模式不断得到创新。除此之外，新载体、新应用的出现也在变革旧模式，例如腾讯开发的微信软件已在不经意间影响着旅游业的新格局，以交互为核心，超低廉的运营成本，并能够做到精准营销，将成为重要的旅游移动预订和服务渠道。

二　旅游移动服务应用的发展进程

数字化时代的旅游服务创新动力主要来源于与新技术的不断融合。每一次新技术应用都深刻触动了旅游发展的环境，导致新需求的产生，从而推动服务创新。计算机技术、互联网技术、移动互联网技术作为数字化时代具有里程碑意义的技术都在各自发展的阶段影响着旅游服务创新进程。

（一）计算机技术开启旅游服务智能化时代

计算机的应用推进服务运作过程的自动化和智能化，大量简单重复的工作被计算机取而代之，服务人员从大量的工作中解放出来，更加专注于旅游者的需求。计算机的信息输入/输出、存储与运算功能，提高服务运作、经营管理和预测决策的效率和水平。以酒店应用为例，计算机实现了从入住旅游者信息的搜集整理，服务产品的设计，服务质量的控制到对旅游者服务过程中各种信息的收集、整理、传输等环节，真正做到整个酒店的信息资源共享，提高酒店各部门的协作水平及整个酒店的运作效率与服务水平。

（二）互联网技术推动旅游服务网络化发展

互联网技术是在计算机技术的基础上发展而来，最大的功能就是使分散在各地的计算机连接起来，实现资源共享，人们能够从海量的信息中获取所需。互联网应用使全球范围内的旅游市场连成一片，各地的旅游信息能在第一时间内到达所需用户手中，对于旅游企业来说，能以更快的速度了解更加细分化的市场需求，从而使服务提供能够向着定制化、动态化和精准化方向发展，为企业创造更大的利润空间，而旅游者也能快速找寻自己所需的服务，更好地享受服务。

（三）移动互联网技术引领旅游服务无线化趋势

移动互联网技术的发展，"革命性"地催生了"手媒体"时代的到来，手机等移动智能设备将取代个人计算机的功能，逐步实现旅游服务的无缝对接，无线化将是现在及未来旅游发展的新趋势，旅游服务将在旅游的行走中得以实现。

三　旅游移动服务应用的创新

（一）服务理念创新

旅游经营者的服务理念是决定其成功与否的重要因素，脱离了服务理念的创新不是真正意义上的创新。因此，在移动互联网时代，旅游业要实现旅游移动应用的创新，首先必须在服务理念上得到体现。

1. 大众旅游服务向定制旅游服务转变（陈刚、童隆俊、金卫东等，2012）

移动通信技术的发展，特别是移动终端如手机、掌上电脑、无线笔记本电脑等的普遍应用，促进了移动服务和个性化服务的理念在旅游业中融合。类似于旅游线路的定制、基于位置服务的信息推送、场景驱动的信息搜索等功能，旅游服务供应商在提供产品信息、宣传营销时，都能根据旅游者的兴趣爱好、所处的时间空间，有针对性地进行。与此同时，技术的发展使手机渐渐成为个人信息的储存器，旅游者通过手机预订购买产品或搜索相关信息服务，甚至可以建立一个属于每个旅游者专属的消费行为模型，有利于旅游企业提供符合旅游者需求的个性化产品。

2. 单向旅游服务向交互旅游服务转变（邵雅琼，2009）

移动互联技术使旅游消费者和服务者之间即时点对点的交互成为可能，旅游供应商在完善服务时，更加注重用户体验，同时将消费者主权理念引入服务营销，旅游者充分参与旅游服务的开发过程，并享有一定的权利。类似于众多的旅游攻略网站，旅游者既是享受旅游服务的人群，也是旅游服务开发的贡献者，由于旅游者的参与，原本由旅游供应商提供的攻略服务逐渐完善且更符合旅游者需求。这种旅游者参与的开发模式满足了其个性化、人性化的需求，而旅游产品在加入旅游者的意志之后创新才得以更好地实现，因此旅游服务要从以前的单方面服务输出，转为旅游者主动参与的交互服务。这种交互存在于旅游者之间、旅游服务者之间以及旅游者和旅游服务者之间。

3. 粗放旅游服务向精细旅游服务转变（徐骏，2012）

旅游服务发展到今天，服务的竞争异常激烈，旅游服务水平的高低和竞争优势往往并不一定取决于旅游服务产品的设计、功能或者旅游服务的承诺，而更多的是取决于服务细节。移动通信技术的应用，使得这种精细服务有了有力的技术支撑，更多善于应用技术进行细微创新的企业才能在未来的发展中处于优势地位，微创新成为旅游企业服务完善的一个方向。例如，携程旅游网将打造精益求精的旅游旅行服务作为企业的服务准则，通过产品研发、流程优化、技术创新、知识管理、精准营销等服务创新手段，形成集标准化、精细化、群分化、系统化为一体的新服务运作体系。因此，在新的技术发展引领下，精益服务是一种更高级的现代服务业形态，也是服务企业提升自身竞争力并在激烈的市场竞争中取胜的法宝。

（二）技术应用创新

技术创新一直是移动互联网变革和发展的动力，同样技术创新带来移动互联网的创新直接推动了旅游技术的更新与升级，而这些技术的应用又推动了旅游创新向前发展。目前，在旅游技术应用中，LBS（位置服务）、AR（增强现实）、NFC（近场通信）、二维码是当前移动互联网发展较快的新技术，也是旅游技术创新发展的方向。

1. LBS（位置服务）

LBS，即我们所说的基于位置的服务，也称移动定位技术，它是在移动 GIS 技术、空间定位技术和网络通信技术的结合下，由移动通信运营商为移动对象提供基于空间地理位置的信息服务。在旅游业高速发展的今天，LBS 已经融入旅游发展中，并为旅游服务的创新提供技术支持，旅游信息的查询、旅游救援、旅游地营销、旅游公共信息服务、旅游车船管理都是 LBS 在旅游业应用的典型代表（阳佩玲，2009）。例如路趣网利用 LBS 技术，将手机客户端打造成基于位置的实时互动平台，旅游者可以多维度发现户外休闲的好去处，并能在景点签到、点评，与更多资深旅游者分享旅途中的乐趣，基于位置服务所带来的新鲜感、立体感、空间感，让旅行的点点滴滴变得既生动又形象。

2. AR（增强现实）

增强现实技术是在虚拟现实的基础上发展起来的新技术，也被称为混合现实。AR 是通过计算机系统提供的信息增加用户对现实世界感知的技术，将虚拟的信息应用到真实世界，并将计算机生成的虚拟物体、场景或系统提示信息叠加到真实场景中，从而人为地创造现实环境的虚拟环境，即虚拟现实（艾瑞咨询，2013）。新的旅途搜索方式和位置导航服务，利用摄像头位置搜索取代了繁复的文字搜索，能够帮助旅游者迅速地获取周围所需的信息。除此之外，景区也可以利用这项技术，营造更多的新鲜点来吸引游客，例如日本姬路城景区发布了"Plus AR"的手机应用，只要游客来到姬路古城广场或其他 3 个名字中带有"姬路"字样的观光地打开应用，就会显示一个 3D 卡通人物，伴随着旅游行程，这个卡通人物会送给旅游者虚拟徽章以标记所游览过的景点。

3. NFC（近场通信）

近场通信是基于 RFID 技术发展起来的一种近距离无线通信技术，允许电子设备之间进行非接触式点对点数据传输，在 10 厘米（3.9 英寸）内，交换数据。NFC 的应用大大简化了整个认证识别过程，使电子设备间互相访问更直接、更安全和更清楚。通过 NFC，智能终端之间可以很方便快捷地进行无线连接，进而实现数据交换和服务（韩露、桑亚楼，2008）；这项新技术带来的电子支付和信息读取功能应用于旅游业，则大大简化了旅游过程中烦冗的手续，使旅游者身份认证、旅游支付等功能得到完善与升级。例如，去哪儿网已经与手机制造商和酒店合作，通过这项技术使旅游者在去哪儿网旅行客户端上预订酒店，可以在抵达酒店前台时直接刷取手机获取会员优惠，自动完成入住信息输入，并直接成为酒店会员。

4. 二维码

二维码技术是在图形识别技术、计算机技术基础上发展起来的一种信息处理技术，是一个基于手机互联网的接入工具，可以容纳或链接文字、图像、声音、视频、网站、电话、短信等。通过手机二维码技术可以实现移动商务和移动营销的所有功能，包括信息服务、导航服务、身份识别、快捷输入、电子交易等，二维码正逐步成为生活中不可缺少的部分（雷源，2010）。在旅游生活中，旅游也进入了二维码时代，各大景区纷纷推出二维码门票、二维码地图，旅游者通过手机扫描二维码电子门票，获取优惠信息，也可以通过扫描景区提供的二维码地图对景区的线路、照片、特色、游玩心得等有深入的了解。除此之外，二维码认证也使旅游者获取服务的方式更加自由，不再仅仅局限于复杂、烦琐的键入式操作，更加便捷地得到需要的信息。

（三）产品功能创新

在移动互联网时代，产品功能创新体现在移动化的旅游服务模式，而这种模式主要体现在以 APP 客户端为代表的新型旅游移动服务获取方式上。面对日益激烈的旅游应用市场，旅游功能日趋多元化、细微化、人性化。总结目前旅游市场上所提供的 APP 客户端，可以将旅游移动应用功能归纳为五大类即移动旅游信息服务、移动旅游行程规划、移动旅游预订支付、移动旅游地图导览、移动旅途社区分享等。

1. 移动旅游信息服务

移动旅游信息服务包括移动旅游资讯功能和移动旅游信息搜索。在旅游业的应用中，增强现实技术则为自助旅游者提供了功能，是新技术下为旅游者提供信息的新方式，与传统形式相比，优势在于获取内容更加即时、精准，旅游者可以利用碎片时间随时收取信息，最终以更加灵活、个性化的方式满足旅游者对信息的需求。

2. 移动旅游行程规划

移动互联网发展加速了信息的流通，旅游者掌握到更多信息的同时，开始倾向于自行设计路线，并以此为乐趣与其他网友分享，移动旅游行程规划功能的开发则是顺应了这种需求，为旅游者享受行程规划的乐趣提供技术支撑，同时能根据不同旅游者的需要，提供个性化的定制服务。

3. 移动旅游预订支付

移动旅游预订支付功能兴起是在线旅游网站功能向无线旅游应用转移的一大体现，在线网络预订实现了旅游者个性化组合购买旅游产品的需求，移动旅游预订支付功能则在此基础上进一步实现了旅游者随身随时预订，更符合旅游者当即决策的思路，有利于解决旅途过程中所出现的突发状况，随时更改旅游计划，防止旅游的不确定性所带来的各项损失。

4. 移动旅游地图导览

移动电子导览功能颠覆了传统导游的定义，成为地图、导航、语音解说、行程规划等各种功能的叠加，既是自助旅游者旅行中不可或缺的工具，也是各大旅游景区创建智慧景区有力的支撑。现今，由于国内相对封闭和有限的信息来源、景区地图缺失等原因，其功能发展还在逐步完善，但潜力巨大。

5. 移动旅途社区分享

旅途社区为拥有相同经历、相同兴趣的人提供了互相交流、沟通的平台，旅游者可以通过写游记、发帖、留言等多种形式，传达自己的旅游心得和旅游感受。移动旅途社区功能的应用进一步推进了原有社区功能，打破通过 PC 登入社区的时空限制，旅游者仅依靠手机便能实现边走、边记、边分享。

（四）营销模式创新

管理大师彼得·德鲁克说："当今企业之间的竞争，不是产品之间的竞争，而是商业模式之间的竞争。"而营销模式是商业模式的一个重要组成部分，营销模式的创新对于现代企业商业模式的创新和服务型企业的发展都起到了积极的促进作用（郭向东，2010）。在数字媒体时代下，依托于新的技术支撑，新的营销模式应运而生，它将拥有更精准、更广泛的受众群体。

1. 无线营销模式

无线营销，即移动营销，指依托于移动互联网进行，在移动终端呈现给用户的，以各种移动媒体形式发布产品、活动或服务的促销或品牌信息的营销方式（艾瑞咨询，2011）。由此可见，无线营销是随着移动互联网的发展，手机等智能终端作为媒介和渠道的功能已被广泛认可下兴起的一种最具代表性的营销模式。分众、定向、及时、互动是其典型特征。在无线营销模式应用下，旅游企业在宣传、推广某个景点或某个旅游产品更加灵活，能够更好地根据旅游者的现实需要或行为偏好有针对性地推送广告、促销信息，同时由于受制于移动设备的屏幕尺寸，旅游者在接收信息的时候注意力更加集中，因此相对于传统的营销模式，营销内容和营销方式得到创新，进一步提升了营销效果。

2. 位置营销模式

位置营销是一种充分利用移动终端便捷性和随身性的创新营销模式，主要指通过移动定位技术获得手机终端用户的实时位置信息，或通过构建个人位置信息数据库，进而寻找到最佳营销机会的方式。在旅游业中，基于位置服务的营销模式较为典型，以去哪儿网的"今夜酒店特价"模式为例，如果旅游者希望在附近找到一个既方便又便宜的住宿地，便可以通过去哪儿网的客户端，在晚上 6 点以后打开，就可以通过 LBS 定位搜索自己周边的酒店，发现合适的房间，并且能够通过手机支付房费后直接入住。这种模式不仅满足了旅游者需求，更解决了酒店客房库存的现状。

3. 草根营销模式

草根营销模式是一种强调个体的营销推广方式，在互联网时代已得到广泛发展与应用，它与传统营销的区别在于：不再倚重对传统大众传媒的使用，而更注重使用那些贴近"草根"的传播途径，如口碑相传、SNS社区、博客网站等，在移动互联网时代，手机终端的随时随地性为更多的"草根"提供了一个及时便捷的言论发表平台，并能让言论迅速在网络流传，对大众产生一定影响力。草根营销对于旅游营销的作用也是不可估量的，旅游者一句简单的评论，一段朴实的心得，或是一篇精致的攻略都会深刻影响其他旅游者的旅游行为。例如，以提供旅游攻略、旅游社交平台为主要功能的蚂蜂窝，就汇集了大量的旅游"草根明星"，他们在上面自由发帖，分享旅途的心得与感受，每个人都可以成立一个独立的小团体，并有着自己的影响力。

四　旅游移动服务应用发展展望

《国务院关于加快发展旅游业的意见》明确指出"以信息化为主要途径，提高旅游服务效率。要求通过积极开展旅游在线服务、网络营销、网络预订和网上支付，充分利用社会资源构建旅游数据中心、呼叫中心，全面提升旅游企业、景区和重点旅游城市的旅游信息化服务水平"。在此指导思想下，我们要进一步前瞻性地看待旅游移动服务的创新发展趋势。

（一）旅游大数据时代的到来

互联网、云计算的出现，加强了人类信息储存、利用、挖掘的手段，一个大规模生产、分享和应用数据的时代正在开启，随着智能手机以及"可佩戴"计算设备的出现，我们的行为、位置，甚至身体生理数据等每一点变化都成为可被记录和分析的数据。而旅游业将在这个大数据时代展开，大量的旅游行为都将通过数据形式表现，在3G技术普及之前，旅游者的虚拟身份和现实身份是分离的，但是打破空间、时间限制的智能手机，使得这种虚拟身份与现实身份紧密联系，现实身份距离全面数据化越来越近。例如，旅游者在线购买一条线路，然后在实际旅游过程中，旅游者在什么时间进入哪个景区、什么时间入住哪家酒店，花了多少钱，什么地点遇到什么人，发生什么事情，都会被随身携带的智能设备与景区、酒店配备的智能服务终端以数据的形式保存下来，旅游结束之后，旅游者通过这些数据可以再现旅游中的场景，也就是说数据旅游时代，旅游无形性将会以数据这种信息形式有形地保留下来。

（二） 旅游与信息技术行业大融合

现代旅游业的发展不单单是需要服务优化、产品更新，更需要的是支撑其跨越式发展的技术动力。尤其是以互联网为代表的信息技术为旅游产业的创新与变革提供了强大的推动力，旅游业是信息密集型和信息依托型产业，与信息技术有着天然的耦合性，信息技术的发展和互联网的兴盛，是传统旅游业变革的主要驱动因素（杨彦锋，2012）。因此，对于信息技术行业来说，发展旅游业具有其他行业甚至是旅游自身行业所无法比拟的优势，行业融合在技术的推动下愈发明显，而如今，世界范围内出现了如 Expidea、Tripadvisor、Priceline 等一大批新兴业态的旅游企业。相应地，我国的旅游电子商务企业也不断成长，除了庞大的旅游网站群体之外，综合门户网站、旅游垂直搜索引擎、旅游网店、SNS、社会网络、博客、微博等旅游电子营销渠道飞速发展，可以断言在产业融合的大背景下，未来的旅游行业巨头很有可能是出现在信息行业。

（三） 微智能载体的出现并成为旅游者身份的象征

现今的社会是手机、电脑、平板、电视的四屏世界，而不久的未来将会进入包含谷歌眼镜等新设备的五屏、六屏世界，这些设备的出现将以更加简化的形式依附在人们身上，可能是一块手表，也可能是一根项链，甚至是一枚小戒指，未来的载体将越来越小而细化，对于旅游者来说，在旅游途中不必再携带复杂厚重的电子设备，可能一个手指上的小戒指便能帮你解决路上的难题。随着谷歌眼镜、苹果 iwatch 智能手表的相继问世，一个小小的设备可能涵盖数项功能或只专注于某一类应用功能。譬如，关注于健康功能的智能手环、通信功能的智能手表以及 GPS 定位的眼镜等等；多样化的产品外形使它不仅局限于手表、眼镜，可以是衣服、鞋子、挂件、背包等，身上任何的对象都能成为一个拥有特殊功能的智能设备。同时，所有的数据都是存储在云端的，只需要一个记录大量的身份信息、隐藏在微设备的小芯片和一个身份识别装置。未来的旅游预订、机票购买都不需要办理烦冗的手续，只要利用微智能设备靠近某个身份识别装置的时候，它会通过无线通信方式识别出其身份，然后和旅游者有关的信息流就可以通过屏幕显示出来，当旅游者离开后信息流即消失。

（四）4G 时代旅游移动服务的"智能"升级

2013 年 12 月，国家工信部正式向三大运营商（中国移动、中国电信、中国联通）发布 4G 牌照，预示着我国即将步入 4G 时代。4G 是第四代移动通信技术的简称，其高速传播、高质量输出的特征是以往所不可比拟的。可以说在 4G 时代，旅游移动即将经历一场全方位的"智能"升级，这包括功能的升级和效率的升级。功能升级意味着 4G 时代的移动载体将为我们提供意想不到的人性化服务，例如在旅游者即将到达某一景点，手机自动提示是否在线购买门票，实现智能下单；或是旅游者即将到达的景区人流量过大，它会提前提醒旅游者是否要转移目的地等，整个旅途过程，手机将像贴身管家一样为旅游者准备一切，而这些功能在操作设定上也将更加简单化，甚至是直接的语音命令；效率的升级则是 4G 网络通信速度快而灵活的产物，可以在旅途过程中实现旅游者与亲朋好友、旅游管理部门、景区负责人之间的"高速对话"。在与亲朋好友的"高速对话"下，实现边旅行边直播，通过高清晰度的图片、视频与众亲友共同分享旅途的美景。而在与管理部门、景区负责人的"高速对话"中，及时反馈旅途需求或问题，并能及时得到解决，同时也能让管理方实时监控景区情况，作出有效的管理决策。

（五）旅游的移动位置社交模式初见端倪

著名风险投资人 John Doerr 于 2011 年提出了"SoLoMo"这个概念，即 Social（社交）、Local（本地）、Mobile（移动），它将当下最新、最热的三项技术有机结合在一起，迅速得到了商家与消费者的青睐。目前，有部分的旅游企业运用了 SOLOMO 模式，例如蚂蜂窝推出的嗡嗡应用，通过手机定位功能记录你的旅行足迹坐标，看看你到的这个地方发生过什么，并可以与你附近的旅行者打个招呼，结伴旅行。"SoLoMo"对于旅游企业而言带来的是一种商业模式，但对广大使用智能手机的旅游者来说，"SoLoMo"则是一种旅游消费形态。举例来说，以往人们出去旅游前，或许只是在网上搜索一下相关的信息；但现在有了移动的智能终端，大多数人会选择在旅行前用手机（mobile）查看社交网（social），看看有没有朋友推荐的地方，到达目的地时，又通过位置服务（local），定位当地的较近而又评价高的餐馆用餐。放眼未来，旅游的"SoLoMo"会有着更好的发展前景。"SoLoMo"

正不断改变着旅游者获取信息的方式，在将来，智能终端不仅限于通过定位旅游者的位置来为他们提供道路引导、推销产品，或是允许他们实时分享旅游体验，还将提供更为定制化的功能进一步提升旅游者的体验。

参考文献

陈刚、童隆俊、金卫东等（2012）。智慧旅游：南京之探索。南京：南京师范大学出版社。

邵雅琼（2009）。基于现代网络和移动通信技术的旅游服务创新研究。未出版硕士毕业论文：上海师范大学，上海。

徐骏（2012）。基于信息技术的旅游业服务创新研究。中国商贸,19，177－178。

阳佩玲（2009）。LBS在旅游业中的应用探讨。重庆科技学院学报(社会科学版),1，106－117。

艾瑞咨询（2013.03.26）。2012年移动互联网相关新技术盘点。取自World Wide Web：http：//www.iresearch.com.cn/Report/1894.html。

韩露、桑亚楼（2008）。NFC技术及其应用。移动通信,6，25－28。

雷源（2010）。移动互联网改变商业未来：构建基于信息化的战略终端。北京：人民邮电出版社。

郭向东（2010）。营销模式创新路径探讨。武夷学院学报,6,25－28。

艾瑞咨询（2011.03.30），2011年中国移动营销行业发展研究报告。取自World Wide Web：http：//www.iresearch.com.cn/Report/1647.html。

杨彦锋（2012）。互联网技术成为旅游产业融合与新业态的主要驱动因素。旅游学刊,09，7－8。

创意旅游与北京城市发展互动机制研究

张胜男　李　欣

首都师范大学

摘　要：本文探究创意旅游对北京城市发展的互动关系及其运行机制研究。将近代以来中国城市发展变化的历史数据、自然要素、区域特征及其社会经济要素进行数据统计和相关分析，在时空维度层面，依托北京城市特有的生态环境和文化资源，通过针对游客参与的生产与消费模式研究，构建特别的"旅游空间"，探索不同功能类型的城市经济文化发展的地域模式，探索北京经济型旅游业向文化型旅游业转型之路，进而实现北京城市功能转型之路，并形成较强的辐射力和影响力。

关键词：创意旅游，城市发展，互动机制，北京

Interactional Mechanism Research on Creative Tourism and Beijing Urban Development

Zhang Shengnan, Li Xin

Capital Normal University

Abstract：This research explores the interactional mechanism of creative tourism and urban development in Beijing. Statistics and correlation analysis are carried out on the data of urban development, natural elements, social and economic elements and regional characteristics in modern China. Considering the special ecological environment, cultural resources, the production and consumption mode with tourists' participation, a special "tourism space" will be built in Beijing. The transforming path from economic tourism to cultural tourism, and the urban function transformation of Beijing, with more powerful radiation and influence will also be explored.

Key words: creative tourism, urban development, interactional mechanism, Beijing

一　"创意旅游"内涵与外延

"创意旅游"基于创意产业的发展而展开，最早由新西兰学者格雷·理查德（Grey Richards）和克里斯宾·雷蒙德（Crispin Raymond）于2000年首次提出，"通过旅游者的积极参与，为旅游者提供机会发展自己的创意才能"，"每个人都是有创意的"。"创意旅游"是主动的而不是被动的；是学习的而不是观察的，在自我发展的同时也促进经济发展。

创意旅游的内涵与外延不断深入与扩展。第一，"创意旅游"作为"文化旅游"的延伸而应用，解决了文化旅游中管理的"真实性"问题。创意体验中，真实性不是依靠外部的参照物或者体验的直接环境，而是取决于体验本身及旅游者的想象力与发挥技能的潜力。跨国"文化旅游线路"已经成为欧洲社区传播旅游的理想手段，成为欧洲旅游的主要增长点，支持经济发展和文化再造。而创意旅游不同于文化旅游的显著特点，体现在与当地居民的传统实践互动，或与更先进产业的互动。第二，"创意旅游"产品不同于一般旅游产品的根本点，在于创意旅游产品源于旅游目的地的"潜在创新"，建立在旅游和当地创意产业之间的联系之上。创意旅游产品因双方深层体验和共同创造而具有高附加值，不仅包含体验性的旅游形式，而且包含着主动参与和双向互动互助的动态创意过程。第三，创意旅游者具有生产者与消费者双重属性，并在旅游过程中不断挖掘自身的创意潜力并获得自我提升。创意旅游注重文化性和创意性，因而更加注重从生产和消费两个角度、构建创意旅游研究的基本框架。创意旅游的生产是"创意性的合作生产"，创意旅游者的需求、动机和行为模式等都不同于传统的文化旅游者。越来越多的"多才多艺旅游者"以生产者的角色从事体验活动，并在这个过程中得到发展，从而进一步冲淡了生产和消费的边界，称之为"生活方式形成范式"。创意是旅游供给中的一个完整的部分，正如同旅游目的地是完整的一部分一样。创意旅游者不仅是简单的体验消费者，而是从事自我发展的实践者。因而创意旅游者是促进城市发展的重要因素。

二 构建北京都市"特别的旅游空间"

在旅游市场运行机制有待于进一步加强和完善的特定背景下，当文化作为社会和经济再生的工具来使用时，文化旅游市场被相似的新的文化景点和遗产中心淹没，在解决文化连续复制和开发新的城市旅游产品的需求二者之间的矛盾中，鼓励和培养"创意"，借鉴英国伦敦、美国纽约等城市创意旅游发展的不同路径，探索北京创意旅游可行的发展规律，并进而向全国拓展。

创意旅游在更大的范围内拓展城市内容，使之成为更具包容性的旅游者与旅游目的地和谐发展的理想城市。城市为旅游者提供创意潜能的环境，构建激发旅游者参与创意的灵感空间。城市旅游已经不再是以往有明确定义的景区景点等旅游区域，而是带给游客体验和收获真实城市的更多机会。游客更加关注日常生活中的元素，寻找超越"传统的旅游空间"而以创意方式构建城市的"特别的旅游空间"。

北京的历史在文化中传承，首都的功能在文化中体现，都市的未来也在文化中谱写。前门文化产业聚集区作为老北京传统文化的代表区域，旅游不仅仅是一种经济生活，也是一种文化生活，一种行走的文化。

感受传统文化古都特色，体验城区市井生活韵味，将文化资源转化为具有核心竞争力的产品，关注体验性与参与性是选择开发创意旅游产品的重要因素。前门文化产业聚集区文脉清晰且风格独特，前门街区的大栅栏、鲜鱼口都曾是享誉全国的商业街，全聚德、都一处、张一元、同仁堂、瑞蚨祥、老舍茶馆、中国书店、南区邮局、尚珍阁工艺品店等百年老号群英荟萃，构成了一幅老北京市井生活图，是老北京百姓生活的真实写照，具有鲜明的民族性、地域性、历史性及强烈的文化感染力。作为中国古代强大的王朝元、明、清的都城，以及新中国的首都，北京文化以其独特性而获得政治文化中心地位，前门地区正处于首都文化的集中地带，前门文化区成为日益远去的传统生活与面向未来的现在经历的汇合点，在时空对接中形成强烈对比，引发旅游者无限的感悟。

正是在这个过程中，游客参与城市的发展改造及城市品牌的重塑。人的潜能与创造力的源泉，存在于平凡而充满情趣的日常真实生活中，这正是城市吸引力的核心。从体验到创意，深入到创意互动，游客参与城市的发展改造及城市品牌的重塑，在没有品牌的地方通过体验目的地生活而创造品牌，而正是在这个过程中，城市发展因各具特色都更具竞争力。

三　基于文化历史与信息技术的城市功能转型

其一，创意旅游孕育城市发展驱动力

城市发展的关键问题之一，是解决文化连续复制和开发城市新旅游产品需求之间的矛盾，因而开发和更新旅游产品成为实现社会文明进步与城市复兴的重要途径。城市吸引力已经不仅局限在有影响力的明确旅游区，更是深入城市日常生活细节的感受和体验机会。创意旅游强化了"真实的旅游体验"，拓展"旅游凝视"理论到多感官体验和创意领域，创意城市日益成为创意阶层基于文化、艺术、知识、交流、合作而产生新认同的城市。借鉴英国伦敦、西班牙萨拉戈萨等创意城市基础上，探讨北京城市发展与转型之路。旅游的实质价值在于游客置身其中而不是简单的游览活动，旅游者期待挑战传统景区之外的旅游区域，旅游正在从依靠博物馆、古迹等有形资源转型到生活方式、体验创造等无形资源。伦敦周边的伊斯林顿和岸边区，在保留历史街区与建筑等旧城原貌的基础上，重建一系列创意产业街区设施，以适合居民工作与生活之需。尽管没有刻意迎合"旅游者"而专门出台发展旅游的政策或旅游区规划的专门方案，但却因塑造了"真实"的伦敦而吸引了意想不到的众多游客，同时，游客也积极参与了城市品牌的塑造。城市游客和当地居民享受同样的活动，消费新的城市文化。

其二，创意集群及其互动效应促进城市功能转型

城市不仅表现了建筑和物质等有形元素，而且也表现诸如记忆、历史、社会关系、情绪体验和文化认同等无形元素。城市创意集群包括"文化集群"和"事件集群"并发挥关联效应。"文化集群"在当地政府的支持和规划下，依托美术、音乐、剧院、建筑、设计等类活动而建立。创意城市阿姆斯特丹同时发挥文化集群和事件集群，使用新技术创造区域

优势使阿姆斯特丹具有竞争优势。"事件集群"主要基于组织大型赛事、各种娱乐和文化演出而形成的创意资源关联效应，城市元素交织融合，"感受城市"成为城市的核心，使城市成为当地居民和旅游者共同享用的资源。在这个过程中，不是单纯强调旅游发展，而是在旅游发展中凸显"文化"的特性；不是单纯进行地区规划，而是基于民众情绪和心理感受的城市协调发展计划。城市文化集群与事件集群的互动与转化，需要建立支持行为者的网络管理系统，整合创意资源和提升现有资源，并将文化、艺术、休闲等无形资源转换成社会资源和城市生产能力。在借鉴世界城市成功案例基础上，增强北京创意旅游产业一体化趋势与集群趋势。横向一体化：通过相关产业融合，实现北京旅游产业向文化娱乐、体育健身、餐饮业等相关产业的扩散。与北京的城市文化资源相结合，创造创意旅游者与城市居民能够广泛参与的友好空间，扩大集群机会，并通过实现"文化集群"与"事件集群"的互动，实现城市与城市、居民的互动，城市与旅游者的互动。纵向一体化：重新审视城市发展与农村结构的有机协调性，依靠高新科技和新型媒介实现文化向休闲消费等更高层次发展。富有现代都市风格的城市文化需要与蕴含传统气息的乡村文化协调发展，进而实现城乡空间融合、功能互补、生态环境协调、传统文化与现代文明相交融。目的地吸引力源于旅游目的地内在文化核心驱动而非外在的物化表现。依托北京的历史与自然，提升北京城乡协调发展的经济联系与文化内涵。开辟新的创意旅游产品——包括"生活方式"这一富有生命力的新兴旅游产品，使先进的乡村成为北京城市居民的"家外之家"。构建文化集群与事件集群的关联效应，创建新的公共区域吸引新游客并提升目的地居民的日常生活。促进北京文化集群与事件集群的联合互补与转化，创新技术生态系统。建立北京公众参与创意的信息平台，通过数字城市的社会参与，在较大层面上实现城市与城市、居民和游客之间的互动，从而进一步增强北京的城市吸引力及竞争力。

参考文献

崔国、褚劲风、王倩倩、邹琳（2011）。国外创意旅游内涵研究。人文地理,6。

王缉慈（2001）。创新的空间：企业集群与区域发展。北京：北京大学出版社。

倪文彦等译（1989）。［美］刘易斯·芒福德原著。城市发展史：起源、演变和前景。北京：中国建筑工业出版社。

张胜男（20100220）。创意旅游与城市发展。光明日报（理论版）。

张胜男（2012）。旅游文化管理。北京：人民出版社。

Carta, M. （2007）. Creative City：dynamics, innovations, actions. London and New York：Rubbettino.

Caves, R. E. （2000）. Creative Industries：Contracts between Art & Commerce. Harvard University Press.

Duygu, Salman. , & Duygu, Uygur. （2010）. Creative tourism and emotional labor an investigatory model of possible interactions. *International journal of culture, tourism and hospitality research, 4*（3）, 186 – 197.

Richard, Florida. （2002）. The Rise of the Creative Class：And How It's Transforming Work, Leisure, Community and Everyday Life. New York, NY：Basic Books.

Greg, Richards. , & Julie, Wilson. （2006）. Developing creativity in tourist experiences：A solution to the serial reproduction of culture? *Tourism Management, 27*, 1209 – 1223.

国际管家的服务价值提升与品牌创新

李家乐

湖北大学

摘　要：国际管家为酒店（或物业）与客户之间的特殊服务人员，其扮演的角色十分重要，国际管家能为顾客提供独特的服务，打造贵族化生活。只有提供给客人比其他竞争者更多的价值，即优异的顾客价值，才可能在维系好老客户的基础上拓展新客户，不断提高客户满意度和忠诚度，保持酒店持续发展和盈利能力，在竞争中立于不败之地。国际管家服务价值提升旨在提高服务水平，提升服务质量，增强客户满意度，进而提升其服务价值、形成竞争优势，最终实现酒店持续盈利的目的。品牌创新是品牌自我发展的必然要求，是克服品牌老化、使品牌生命不断得以延长的唯一途径。在激烈的竞争环境下，国际管家为了提升其在市场上的竞争力，品牌创新是必要且重要的。本文主要从国际管家的服务价值提升和品牌创新两个方面来探讨，以期为国际管家竞争力的提升及服务业的可持续发展提供参考。

关键词：国际管家，服务价值，品牌创新

The Service Value Upgrade and Brand Innovation
of the International Butler

Li Jiale

Hubei University

Abstract：International House Hotel（or property）between the customer and the special service personnel, plays a significant role. The international bulter can provide a unique service for customers. If it could offer better and more than the value of the service offered by competitors, through superior customer value, it can develop new customers as the basis for the maintenance of old customers. It can also continuously improve customer satisfaction and loyalty, at the same time keep the sustainable development of the hotel land profitability. The value of international butler service promotion aims to improve the service level, improve service quality, enhance customer satisfaction, improve its service value, form a competitive advantage, and finally achieve the purpose of a sustainable and profitable hotel. Brand innovation is the inevitable requirement of self-development of brand, is the only way to eliminate brand aging, and extend the brand life. In a fierce competitive environment, the housekeeper needs to enhance its competitiveness in the market, and brand innovation is a necessity. This paper mainly discusses the brand innovation of the international Butler from the two aspects of service value and enhancement. It also offers a reference for sustainable development in order to enhance the competitiveness of the international bulter and service industry.

Key words: international butler, service value, brand innovation

一 国际管家的内涵

国际管家起源于 100 多年前的英国，Butler 起初源自英国上层社会红酒庄园，最初仅仅是负责倒酒，后来逐渐演变为酒窖的管理者。传统意义上，国际管家可分为两种，即：

1. 私人管家

私人管家是家政职业经理人，管家领导着厨师、司机、园丁、裁缝、斟酒师、儿童监护者、保镖等服务团队为客户进行服务，在为客户营造出舒适的环境同时，为其提供超出预期的服务。

2. 酒店（或物业）管家

酒店（或物业）与客户之间的特殊服务人员，其扮演的角色为：眼睛：眼观六路，及时在客户之前即发现问题，视野开阔、深入。耳朵：耐心、细致地聆听，保持与客户良好的沟通。手：是具体措施执行的跟进者、监督者、协调者，但一般不执行具体事务。知识库：具有丰富的专业知识，从熨烫衣物、园艺维护、红酒鉴赏到雪茄存储，乃至现场急救、枪支保养，其为绅士中的绅士，贵族中的贵族。

二　国际管家的分级与分类

根据不同级别，管家可以分为以下几类：

分级	组成	职能	技能
管家	高校在校大学生	提供个性化服务，服务于前厅、餐饮、客房等	礼仪接待、服务接待、沟通接待、问题处理
白金管家	主管、部门经理	部门协调，服务于VIP客人	服务流程掌控
首席管家	酒店总监	统筹全局，服务于老板	
大管家	区域总监	统领示范，服务于总统级客人	
首席大管家	全国总监	制定服务规范和考评标准	

三　国际管家的职能与职责

1. 综合业务技能

由于管家的服务对象主要是具有高消费能力的客人，这就要求服务人员除了具备超强的服务意识和熟练掌握酒店各部门综合业务技能外，还要拥有丰富的经验、超强的亲和力以及灵活的应变能力，以满足不同类型客人的需求。

2. 服务职能

皇金管家提出"六心"式服务技巧，分别是对重要客人精心服务、对特殊客人贴心服务、对反常客人热心服务、对困难客人细心服务、对挑剔客人热心服务、对普通客人全心服务。管家们必须深谙服务之道，懂得提前预测和分析客人的需求。

3. 沟通职能

良好的沟通是人与人正常交流的基础，作为管家，具备较强的沟通能力，至关重要，及时了解客户需求，协调各方面因素，让客户有较好的用户体验，对于保持品牌形象，提升服务水平有着重要作用。

4. 督导职能

国际管家不仅要以其身正其职，做好模范带头作用，提高自身的修养，用自己的智慧圆满美好地解决问题。同时还要能教会和影响身边的同事，能做好服务现场的组织和管理，这一点也是国际管家所必须具备的重要职能。

5. 组织技能

管家手下都会有一支精英团队，包括高级保姆、私人厨师、高级园艺工人、高级保健师等等，所有的工作在严格的监督下完成，按规则和标准统领众仆，分派工作岗位、监督和验收，使工作做到完美。

6. 培训职能

企业可以先行派遣少数员工前往国外受训，在受训结束后，请受训员工将其经验及学校内容传承给新进或资浅的服务人员。

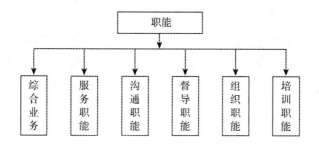

四　国际管家的服务标准

从过去到现在，国际管家在服务行业扮演的角色是相当多元化的，不仅深得顾客的信任与倚重，有时候顾客更会将他们当作朋友，事无巨细都会交由管家打理，他们的角色涵盖了家务、护理、家庭理财甚至私人秘书等方面。国际管家如何为顾客提供满意服务并取得顾客的信任有一套完善的服务体系和标准，主要包括以下几个方面：

1. 灿烂的微笑

灿烂的微笑，似蓓蕾初绽，洋溢着感人肺腑的芳香，使人如沐春风。管家在服务过程中要时刻保持精神饱满，面容祥和，嘴角微微上翘，露出上齿的八（六）颗牙齿，随时准备好为顾客提供必要的服务，听候顾客的召唤。

2. 真挚的问候

一丝真诚胜过万两黄金，一声问候带来温馨甜蜜。管家一声真挚的问候能表达热情友好的心意，是一份能抵御万里寒霜的温暖。管家在对客服务时应热情迎候，真诚欢迎，以表现对顾客发自肺腑的欢迎，使顾客有宾至如归之感。

3. 主动的帮助

助人为乐是快乐之本，帮助他人，快乐自己，主动地伸出手去关爱顾客，把热心变成一种责任。管家通过观察顾客的行为举止，提前预示顾客的需求，在顾客提出要求之前主动地帮助顾客，并优先处理顾客的难题。

4. 保持冷静

冷静使人理智，使人有耐心，是妥善处理好事情所必备的手段。管家需要时刻保持冷静，关注自己的情绪和行为，沉着而不感情用事。管家在对待顾客的投诉时，要冷静地处理，以谦和的态度做好说服工作，尽量消除误会。

5. 善于倾听

倾听是一门艺术，不仅仅要用耳朵来听说话者的言辞，还需要一个人全身心地去感受对方在谈话过程中表达的言语信息和非言语信息。管家要尊重顾客，让顾客清晰完整地表达，不要匆忙下结论或急切地表达建议，而是从多角度来考虑问题，尽可能地保证思维的完整性。

6. 关注细节

服务由种种细节构成，决定成败的必将是微若沙砾的细节，细节的竞争才是最终和最高层面的竞争。管家在服务的过程中，是否关注到服务的细节至关重要，包括是否关注到顾客的行为，是否关注到顾客的喜好，是否关注到顾客的习俗等等。

7. 考虑全面

全面的考虑是指管家观察顾客的需求，考虑到服务场景的性质，提供有针对性的服务，达到顾客满意的效果。包括管家是否为顾客准备好所必需的物品；管家是否记录顾客的要求并帮助顾客安排行程；管家是否了解顾客的宗教信仰及忌讳；管家是否提醒顾客注意事项等。

五　国际管家的服务价值提升

国际管家服务价值提升旨在提高服务水平，提升服务质量，增强客户满意度，进而提升其服务价值，形成竞争优势，最终为酒店实现持续盈利的目的。那么，作为一个优秀的国际管家，怎样提高自己的服务价值？马勇教授认为应该包括"三雅（优雅、高雅、儒雅）"、"三度（态度、速度、尺度）"、"三致（精致、雅致、极致）"。

1. 三致

（1）雅致

雅致，谓高雅的意趣；美观而不落俗套。在国际管家工作生活中，雅致主要体现在需要有儒雅亲切的形象以及为顾客创造出高雅的氛围两个方面。国际管家一般着深色的燕尾管家服，雪白的衬衫和手套，举止优雅；待人亲切热情、礼貌主动，有绅士风度；谈吐文雅，气质高雅，淡定从容，沁人心神，让顾客倍感亲切。在管家服务中，如能创造一种高雅别致的氛围，会让顾客的感受更奇妙，让顾客有尊荣无上的感觉。

（2）精致

精致，谓精巧细致、细密，也指精美工巧、美好等。作为管家，如何在其日常工作生活中体现精致呢？国际管家应做到五个"精"，即精细、精通、精心、精妙、精诚。即国际管家在服务中要做到注重细节、体现专业、周到体贴、服务巧妙、待人真诚等几点，让顾客得到极致的体验。

（3）极致

君子无所不用其极。极致，体现在做事上，是精益求精、卓越完美；体现在做人上，是自我完善、自我超越。在新形势、新挑战的情况下，国际管家要想达到尽善尽美的境界，需做到目标追求要极致，工作创新要极致，工作状态要极致，工作效果要极致，管家服务要极致等，管家要竭尽所能使自己的服务达到极致。

2. 三雅

（1）高雅

高雅，高尚雅致，不粗俗，一般是形容人的品位，表现受过良好教养的高尚举止或情趣。语出《三国志·魏书·崔林传》："禀自然之正气，体高雅之弘量。"一个优秀的管家要有高雅的品位、志趣、情操、气质和情致。

（2）优雅

优雅一词来自拉丁文 eligere，意思是"挑选"，是一种类似于美丽但高于美丽的和谐的状态，美丽是与生俱来的，是上天对人们的恩赐，而优雅则是艺术的产物，是后天修炼而成的结果，美丽强调的是一种外在表象，而优雅的气质却是由内而外散发出来的。国际管家所要强调的优雅气质来源于个人的自我修养，包括妆容优雅、神情优雅、仪表优雅、体态优雅、举止优雅、言谈优雅等。

（3）儒雅

儒雅一词取自《汉书·张敞传》——以经术自辅，其政颇杂儒雅，往往表贤显善，不醇用诛罚。汉语辞典解释为两义：一，学识深湛，二，气度温文尔雅。其实，这两解也是互为因果关系的，只有学识深湛，才能真正做到气度温文尔雅；而气度温文尔雅，则是学识深湛的外在表现。气度儒雅，不是装腔作势，故作高深；不是掉书袋，乱矫情。儒雅是骨子里的东西，真正儒雅的人，一举手一投足，就能体现出来，无须刻意表现。

3. 三度

（1）态度

态度决定一切。管家作为企业的窗口，代表着企业的形象与标志，其态度彰显着企业的文化与精神，是企业的核心竞争力之一。通过热心、耐心、细心、忠心、恒心五心来表现管家的态度。

（2）速度

速度决定成败。管家队伍全由高素质人才组成，管家的速度之快体现了其专业性和特殊性，管家的速度主要表现在办事效率高、响应时间短、服务意识超前、服务方位全和时间成本低五个方面。

（3）尺度

尺度决定规范。管家使生活成为一门艺术，在服务的整个过程中处处体现着个性化、现代化和时代化。从管家的标准流程、管家的标准服务、管家的标准礼仪、管家的标准形象、管家的标准语言五部分分析管家的尺度。

六　国际管家的品牌创新

品牌创新是指随着企业经营环境的变化和消费者需求的变化，品牌的内涵和表现形式也要不断变化发展。品牌是时代的标签，无论是品牌形式，如名称、标识等，还是品牌的内涵，如品牌的个性、品牌形象等，都是特定客观社会经济环境条件下的特殊产物，并作为一种人的意志体现。社会的变化、时代的发展都要求品牌的内涵和形式不断变化，经营品牌从某种意义上就是从商业、经济和社会文化的角度对这种变化的认识和创新。如果一个品牌缺乏创新，比如会给人以落伍和死气沉沉的感觉，并可能承担其品牌市场份额被其他品牌侵占的风险。

所以说，品牌创新是品牌自我发展的必然要求，是克服品牌老化、使品牌生命不断得以延长的唯一途径。

1. 国际管家品牌创新的动因

（1）消费者需求的变化，激发品牌创新

品牌是时代的标签，无论品牌形式，如名称、标识等，还是品牌的内涵，如品牌的个性、品牌形象等，都是特定客观社会经济环境条件下的特殊产物，并作为一种人的意志的体现。随着经济的发展，社会的进步，消费者的价值取向和审美品位也在发生着变化。品牌如果一成不变，就会失去许多潜在消费者以及动摇品牌忠诚者；如果品牌长时间没有与消费者沟通，没有向消费者传播新的消息，不能给消费者带来一点新鲜感，那么，消费者很快会将这个品牌淡忘。基于对消费者的洞察和对时代的理解的品牌创新，可以与消费者的感性和理性需要同步调整，保持与消费者心理变化的统一节奏，激发消费者的共鸣。

（2）新的竞争环境需要品牌定位的修正与形象的更新

品牌创新与市场环境的变化有着直接的关系。中国加入 WTO 后，中国品牌面临的市场竞争日趋激烈，正如逆水行舟，不进则退。社会的变化、时代的发展要求品牌的内涵和形式不断变化。

2. 国际管家品牌创新策略

（1）产品创新和技术创新策略

品牌是以产品为载体的，离开了高质量的产品，品牌也就成了无本之木，无源之水。品牌创新最重要的是依靠技术创新，技术创新必然带来产品创新。在服务行业，国际管家所提供的服务产品与技术也需要创新。

（2）品牌延伸策略

品牌延伸是指企业在原有品牌名下连带推广新产品。品牌延伸的好处是可以利用消费者长期积累形成的品牌认同和品牌偏好，更为重要的是，品牌延伸能丰富品牌旗下的产品，给品牌注入新鲜感。

（3）品牌形象更新策略

在品牌经营中，品牌形象变与不变、什么时候变，都是需要企业决策者在反复权衡时机与风险之后才能作出的重大抉择。比如在消费者的心目中，以往摩托罗拉的品牌形象偏向于：严谨的、技术雄厚的、令人尊敬的、与成功人士相匹配的——充满质感的"刚性"元素满溢其中，少了些亲和力。为了把企业和消费者之间的距离拉近，摩托罗拉公司将原来"MOTORALA"的名称简化为"MOTO"，这样更贴近消费者，更通俗易懂，更富有人性色彩。服务管家也应将其品牌形象设计得更符合消费者需求以及及时的更新。

（4）互动沟通策略

品牌是活在消费者心中的，同样，品牌创新也是在与消费者互动过程中完成的。因此，适时与消费者进行互动沟通，让品牌内涵根植于消费者的内心，是品牌创新的又一重要举措。国际管家为实现品牌创新，与消费者的互动沟通是不可缺少的环节。

七　总结

信息技术的飞速发展和广泛应用，使服务业提供的产品越来越趋于同质化。企业只有提供给客户比其他竞争者更多的价值，即优异的顾客价值，才可能在维系好老客户的基础上拓展新客户，不断提高客户满意度和忠诚度，保持企业持续发展和盈利能力，在竞争中立于不败之地。因此，创新客户服务体验，进一步提高客户忠诚度，以此来保持市场份额和实现服务价值，已成为通信企业形成差异化、竞争力和影响用户选择的关键因素。同时面向客户和企业内部服务的客户服务中心，是企业与客户之间海量信息的接触和传播点，也是顾客感知其获取服务与所付出的成本权衡后，对服务效用作出整体评价——即实现客户价值的有效载体。它通过提供高品质服务让客户满意，通过提升服务价值减少总成本，增加企业利润；通过服务过程中信息有效传递、反馈和应用，优化企业内部管理体制、宣传并改善企业形象、提高企业品牌影响力。品牌创新是一个企业得以延续发展的动力，它推动着企业向前发展，对企业有着重要的作用。

参考文献

程桢（2004）。品牌创新的动因及策略。管理百科，6。

刘宝玲（2008）。关于企业品牌创新及保护的战略选择。生产力研究,8。

墨溢（2010）。贴身管家揭示服务真谛。经营实战。

未知（2009）。谈"管家式服务"在酒店工作中的有效运作。现代商业工贸,12。

吴亚娟（2011）。浅谈体验经济时代下的酒店管家服务。现代商业,8。

张志波（2008）。现代管家理论研究述评。山东社会科学,11。

五

课程建设与教材编制

中国会展教育与专业课程设计研究

邓爱民　万芬芬　方　草

中南财经政法大学

摘　要：会展是城市形象推介的重要名片，在各国经济发展中的重要性地位日益凸显。中国会展业在如火如荼发展的同时，人才匮乏问题也在逐渐浮现。教育是人才培养的有效途径，专业课程设计则是重要的桥梁。本文通过对中国会展业人才培养及会展专业课程设计现状的分析，总结其主要特点和方式，发现中国会展人才培养设计与专业课程之间的联系，以此为突破点，找到中国高素质会展专业人才培养的着力点，推动中国会展业人才战略的前进。

关键词：会展，人才培养，专业课程设计

Study on MICE Education and Professional Courses Design in China

Deng Aimin, Wan Fenfen, Fang Cao

Zhongnan University of Economics and Law

Abstract：MICE as an important city image promotion industry occupies an increasingly important position in the national economy. Chinese MICE is showing a trend in full swing but talent shortage problem is also serious. Education is an effective way of cultivating talents, and professional curriculum design is an important bridge. In this paper, researchers analyzed the current situation of Chinese MICE education and professional courses design, summarized the main characteristics and its mode, found the contract between the cultivating talents and design and professional courses design, as a breakthrough point, found the key strategy of high-quality professional talent training of Chinese MICE, and promote Chinese MICE talents strategy forward.

Key words：MICE，talent cultivation，professional courses design

引　言

近年来，中国会展业表现出极高的发展活力，成为反映中国经济状况的"晴雨表"，也是中国吸引投资、促进经济发展的助推器。中国会展业的年平均增长率达到20%，据最新的《中国会展行业发展报告》显示，2013年中国会展经济创造了3870亿元的直接产值，其中展会的直接销售收入占据近8%的比重，达304.2亿元。会展业的大发展带来了中国对会展人才的较高需求，人才缺口也成为制约中国会展业保持高速发展的重要瓶颈之一。会展人才培养最有效的途径是会展教育，本文致力于对中国会展教育现状、会展教育课程设置的分析，找到合理的会展教育课程设计方法，以期为促进中国会展业的进一步发展献出微薄之力。

一　中国会展教育现状

中国会展专业快速发展促使中国会展教育也迎来了快速发展时期，诚然，中国会展教育从2000年才开始有会展专业，但经过十多年，已经取得了长足的进步。根据《中国会展教育发展报告》，中国会展教育主要有以下几个方面的特点。

（一）规模增长迅速

2003年北京第二外国语学院建立起中国第一个会展管理系，教育部也在这一年开始接受部分高等教育院校的"会展经济与管理"专业申报，而上海师范大学、对外贸易学院获批设置会展经济与管理本科专业资格，才正式开启了中国会展高等教育时代。经过10年的发展，中国会展教育呈现出遍地开花的良好发展势头，无论是会展高等院校的数量，还是会展招生人数及会展专业应届毕业生，中国会展教育都有了极大规模的增长。中国会展专业院校 2008 年仅 106 所，到 2014 年已经增长了一倍，达到 229 所；在招生人数上，2011 年会展招生人数首次过万，达 10 176 人，而从 2008 年到 2014 年招生人数呈明显的上升趋势；在应届毕业生上，2014 年为 10 297 人，预计今后三年应届毕业生分别为 11 707 人、12 523 人和 13 855 人。

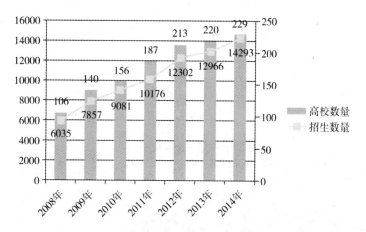

图 1　2008—2014 年中国会展专业院校和招生人数

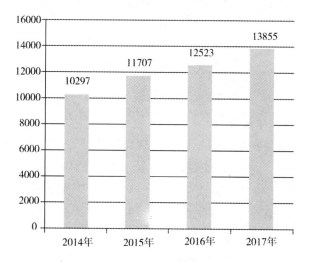

图 2　2014—2017 年中国会展专业应届毕业生人数

资料来源：《中国会展教育发展报告》。

（二）职业院校为主

中国会展教育在多年发展过程中，多元化的发展思路明显，普通高校、职业院校都在不断发展中，但从总体的构成形式上来看，职业院校是中国会展教育的主力军，每年，在所有设置会展专业的院校占据 70% 以上的比例，在招生人数上，职业院校的招生比例和增长幅度都远远超过本科院校。截至 2014 年，全国仅有 58 所本科院校招收会展专业学生，仅占所有会展专业院校的 25%，且在本科院校中，会展教育多衍生于旅游学科。

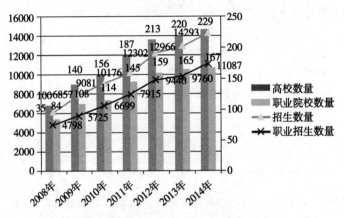

图 3　中国会展专业院校和职业院校数量及招生人数

资料来源：《中国会展教育发展报告》。

（三）区域集中程度高

目前，中国会展教育院校已经呈现出遍地开花的态势，分布在中国 21 个省、直辖市，包括 66 个城市。从会展教育的分布区域特点来看，会展专业院校多分布在中国会展业较为发达及信息化程度较高的地区，长三角、珠三角和环渤海地区会展教育走在前列，尤其是广东、浙江两省和上海、天津、北京三个直辖市，5 个省市本科会展院校数量占据全国总数量的 50% 以上，其中上海在院校数量和招生人数上常年居于领先地位，是中国会展教育的中心。其他区域，重庆、湖北、辽宁、湖南、河北、陕西等地的会展专业数量则增加明显，但与前面 5 省市相比仍存在较大的差距。

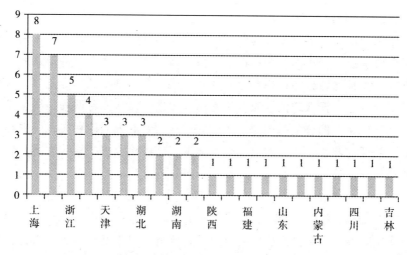

图4　中国本科会展院校地区分布
资料来源：《全国会展本科教育统计分析报告》。

二　中国会展教育课程特点分析

中国会展教育晚于西方20多年，近年来随着专业人才匮乏问题的凸显，会展教育问题才逐步地得到重视，还处于探索阶段，但也发展出具有中国特色的课程体系。

（一）专业基础多元化

总的来说，中国会展专业的课程设计主要是"会展经济与管理"和"会展艺术与技术"，且一般与其他专业嫁接，主要依托于国际贸易专业、旅游类专业、艺术类专业和外语类专业开设；在培养目标上，"会展经济与管理"专业主要以培养出具有先进的会展理论，掌握会展学、管理学、经济学、外交学、旅游、法学、营销学等全面理论体系，具备外语、计算机沟通与交流技巧与技能的专业人才为目标，在课程设置上，除了会展专业课，还会有相关管理学、经济学等方面的课程；"会展艺术与技术"专业则主要以系统掌握会展艺术的基本内容和相关知识点，熟练操作会展艺术涉及的软件及相关操作技能的人才为目标。

（二）课程结构清晰化

中国会展专业课程设计与院校的资源优势密切相关，各院校依托于自身的优势资源进行不同的课程设置，但总体而言，主要有两种形式的课程结构，一是根据课程的作用分为公共基础课、专业基础课、专业方向课和实践课；二是根据课程的性质分为必修课和选修课。两种课程结构各成体系，相互交叉，即公共基础课、专业基础课、专业方向课和实践课中都设置有必修课的课程，也设置有选修课的课程。各院校根据培养方案，进行课程结构比例的分配。

（三）课程内容全面化

中国会展专业课程设计在内容上主要侧重于以下几个方面：首先，响应中国教育改革中对学生德智体美全方位发展的要求，设置政治理论课、体育课等课程，以提高学生素质和指导学生以正确的心态走上工作岗位；其次，外语课程，中国会展业的国际化发展会愈加深入，对会展人才的外语能力提出了较高要求，因此会展院校都非常重视对学生外语能力的培养，在课程设置中都将外语课程作为重点内容；最后，是业务课程，即会展专业的基础课程和方向课程，针对"会展经济与管理"专业，会注重对经济学、管理学、会计学等会展相关领域基础理论学科的内容设置，而针对"会展艺术与技术"专业则会设置会展企化与创意、展示空间与模型、CI 设计、3DMAX 等课程内容。

表 1　中国会展专业课程设置主要内容

课程类型	课程设计目的	代表性课程
公共基础课	满足国家对高校生的素质要求	毛泽东思想概论、邓小平理论、马克思主义哲学、外语、体育等
专业基础课	满足毕业生毕业论文撰写及工作需要	管理学原理、公共关系、会展概论、会展法律、会展经济学、会展礼仪等
专业方向课	会展专业在基础上依据培养目标而细分具体的人才培养方向	会展实务、会展企化与创意、会展策划与实务、展示空间与模型、会展企化与创意、CI 设计、3DMAX 等
实践课	培养会展人才的实践能力	展馆业志愿者服务、会展项目调研、会展文案、展示设计、展览馆、展示企业实习等

三　中国会展教育课程设计主要问题分析

中国会展教育一直在不断完善和发展，也取得了累累硕果，但毕竟中国会展教育的人才培养只有 10 多年的历史，在课程设计上存在一定的缺陷，主要表现在以下三个方面。

（一）核心课程不明确，缺乏指导性

中国会展专业主要依托于国际贸易专业、旅游专业、艺术专业及外语专业，在课程设计上，多属于课程嫁接的模式，导致会展专业的核心课程设置受到限制，不仅表现在核心课程的课时安排上受到挤压，不能够让学生学习到更多的专业知识和技能；还表现在专业课程的方向不明显，不能够实现对学生的因材施教。因此，中国会展专业在课程设计上具有极大的随意性和盲目性，与会展教育的人才教育目标相背离，也不能有效地缓解中国会展人才的匮乏问题。

（二）实践课程不重视，缺乏深入性

会展专业的实践性较强，需要在课程设计中融入较多的实践性课程，但中国的会展教育课程设计却忽略了对实践课的重视，往往将重心放在会展的理论课上。首先，实践课在整体的课程设计中通常不到 10% 的比例，使学生缺乏动手实践能力，走上工作岗位后，不能很快的发挥人才价值；其次，会展课程设计中的校企对接也做得不到位，很少有院校与会展企业建立联系，帮助和鼓励学生参与会展企业的实践学习，使得学生空有理论，而无法培养出真正的能力。

（三）培养目标无特色，缺乏针对性

会展产业链的延伸以及新技术对会展产业的渗透，使得会展专门化的程度提高，对会展教育则提出了专门化和职业化的需求，其课程设计也需要与时俱进，进行针对性的设计。但中国会展专业课程设计却显得单一化，缺少针对性和创新性，除了按照国家规定开设的公共基础课外，院校之间专业课程差别较小，且多带有依托专业的烙印，使得会展专业学生不能够获得方向性指导，不利于培养职业化的人才队伍。

四　中国会展专业课程设计对策分析

人才培养的最终目的是满足社会需求，而课程设计的最终目的是培养人才，归根结底，人才培养与课程设计互通有无，对人才能力的培养要从课程的不同设置来实现。结合前文的中国会展教育现状及课程设计特点的分析，中国高等院校在会展专业的课程设计上应当坚持一个目标、两大核心板块、三大基本原则和四个补充层次。

（一）坚定培养全面发展会展人才的目标

中国目前会展专业的教育情况包含本科教育与专科教育，两者在培养人才上的侧重点不同。由于会展专业具有较强的应用性，属于应用型专业，多数的会展专业分布在技术、职能为导向的专科教育中，能培养具有创新能力、管理能力高端核心人才的本科教育由于理论性强、实践性弱受到了较多的质疑。面对此情况，首先应明确本科人才与专科人才同为人才不同类型的道理，专科人才培养定位为专业领域的专精型人才，而本科人才培养定位则是具有远大目光、通融识见、博闻强识的全面型人才；从术业专攻的角度看，专科型人才在面对市场时好比齿轮与齿轮的咬合，更容易无缝对接，迅速定岗，本科人才短期内无法融入市场，但以教育、学习的目的——各种能力和谐发展的角度和人的终身成长性分析，本科教育起步早于专科，与此同时，中国会展行业研究、开发、策划、营销以及项目运营管理类的核心专业人才一直处于极少数的境地，核心专业人才将是今后的重要需求，未来趋势上对于本科人才需求将会出现大比例上升，因此中国会展教育应该清晰认识本科教育和专科教育的不同培养目标，从全面发展的角度进行课程设计，既不能过于忽略专业课程的重要性，也不能过分集中开设专业课，根据适度的比例设计课程。

（二）厘清课程基础和提升两大板块

一般的，高等院校专业课程包括公共基础课、专业基础课、专业方向课、实践课，或者，有些院校将其分为学科基础课程、通识课、专业必修课、专业选修课等等，各大高校各个专业分类方法各异，叫法杂多，但从专业相关性程度和课程安排时序划分，可分为两大板块，第一大板块为基础素质板块：以公共基础课或学科基础课、通识课、实践教学环节为主的专业相关度较低的课程体系，如军事课、政治理论、大学数学/英语、通识选修等，分布于1—4学期。第二大板块为专业提升板块：以专业素质培养为核心的专业课体系，部分学校还将专业实习列入毕业考核中，分布于5—7或5—8学期。两大板块呈现相反的课程数量安排趋势，板块一平均学期课程量随时序逐渐增加，板块二平均学期课程量随时序逐渐减少，板块一整体课程量大于版块二，学期课程门类数量为8—13门。以此为参考，会展专业课程体系安排应依据专业相关程度由浅及深，根据学期时序循序渐进。

（三）　明确以三方利益相关者为主体的原则

总的来说，课程涉及利益相关者可以概括为社会、学生、学校三方，以这三方为主体，课程设计的原则可分为三大方面。

首先，从市场需求出发，紧随市场动态变化。以市场需求为出发点不仅仅是指课程设计在内容上迎合市场缺口，如会展行业缺乏运作人才，其专业课程就增加会展运作与管理，而是在课程内容满足当前社会需要的同时，随时关注行业动态，跟着行业变化"走"，有针对性地及时改变专业体系构建：一般高等院校的课程设计是以当下现实社会情况为基础的，变化着的社会情况产生新的需要，进一步催生人才需求。因而，紧跟时代，实时更新或替换课程体系中落后的课程门类、教材、课程计划等在课程设计中就显得比较重要。

其次，着眼于学生基础，注重自主长远成长。课程设计的最终目的是培养人才，培养人才应因材施教，注重差异化学生的整体塑造，大学在招收学生时会遇到来自四面八方不同地区水平各异的学生，很少有人在进行课程设计时提到或考虑进入同一大学同一专业的学生的差异性，如何在课程设计中减少由被教育者的不同带来的课程效果稀释性，减少其削弱程度，值得我们深入思考。同时，我们在考虑人才培养时，比较注重强调课程设计或教育方法与社会、企业的对接，让学生在学习中被动安排，获得对接的本领，却忽略了指导学生自主成才，让学生从自身角度不断提升，主动对接社会需求，也即是说课程设计中应注意增加各类吸引力大的、指导性和导向性强的课程，如会展行业分析、会展行业就业指导等，保证学生学习知其意义，懂其要义，悟其目的，把握自身长远成长。

最后，适宜学校发展，细节与整体兼顾。在把握课程设计的主体对象和基本原则时，还应将课程设计与环境现状、学校发展、资源情况相结合，如中央法规、地方教育局规定、学校可用资源、实施限制等，考虑其是否符合师生之需，是否符合教育学原理，是否符合专业知识规则等等，在设计过程中，应充分变通，把握学科组合连接、师资需求分配、教学进度及时间表等细节，注重课程专家、学科专家、教育行政人员、学生多方合作，广泛吸纳课程设计系统内各层级需求与建议，使会展专业课程向成熟学科靠拢，逐步稳定向前发展。

（四）推进课程体系建设的四大互补层次

课程设计最终仍将回归到课程门类的选择与布置上，最终成果的呈现仍以学生专业课表为主，理论学习为重，社会实践为辅。在会展课程设计中，应注意四大层次，第一，以政治思想为导向的基础层面，培养学生政治方向、政治原则和良好的道德品质；第二，以专业素质培养为本的主要层面，培养学生应需之能、立足之本和完备的专长体系；第三，以补充支撑培养为辅的优化层面，培养学生广阔视野、长远目光和拔尖之才，包括语言、文化、艺术等的补充和完善；第四，以对接完善培养为重的提升层面，培养学生工作技能、实践本领和社会处世能力。以互补的方式调整四大层次间的权重与平衡，使学生在学习期间全方位获得成功的可能性。

五　结语

中国会展人才培养任重道远，课程设计研究方兴未艾，只有立足于现状：以中国会展十年发展情况探其梗概；把握其特点：以中国会展教育特色特征问其症结；抓住其本质要害，以中国会展人才培养的问题寻其解惑方案；总结其可行方法，以前人经验投石问路，创新中国会展专业课程设计；才能始于问题研究、终于问题解决，促进中国会展教育稳步发展。

参考文献

郭巍（2008）。高等院校会展专业课程设置研究。未出版之硕士论文，辽宁师范大学硕士学位论文，辽宁。

刘敏（2012）。国外高等院校会展专业课程体系分析。第四届中俄旅游教育论坛论文集。

邬适融（2009）。中国高校会展专业的模块式课程设计。经济与管理研究。

马勇、肖轶楠（2005）。中国会展专业的课程设置与人才培养。旅游科学。

王起静（2010）。会展经济与管理专业课程设置的实证研究。旅游论坛。

张玉明（2007）。中国高校会展管理专业的学科定位与课程设置研究。中国会展经济研究会学术年会论文集。

胡平（2011）。中国会展人才培养现状与路径探讨。中国会展。

梁文慧（2007）。亚太地区旅游会展教育论丛。北京：清华大学出版社。

情境教学法对培训澳门旅游从业人员的影响研究

刘炯超　许　丹　梁宝儿

澳门城市大学

摘　要：现时澳门旅游从业人员的培训课程主要以传统教学模式为主，但这种方式只着重对学习者在知识上的传递，即便学习者完成整个学习课程，在投入工作面对复杂多变的工作环境时亦无法做到面面俱到，而旅游从业人员的工作是必须要与他人互动并需要拥有决断能力及丰富的经验，在教学过程中引用情境教学法，创设多种情景、营造实际工作环境，从而加强学习者的应变能力及见识，通过讨论总结经验，让学习者在投身现实工作环境前亦能对工作有比较实在的了解及认知，提升对紧急事情的应变能力，以及为旅客提供良好的服务。

关键词：情境教学法，澳门，旅游从业人员

Effects of Situational Teaching Method to Macau Tourism Staff

Lao KuengChio, Ku Dan, Leong PouI

City University of Macau

Abstract：Many current training courses for Macau tourism staff are conducted in the traditional method inclined to knowledge transmission. Even though students have finished all the courses in school, it is still difficult for them to adapt into a real complicated work environment. It is a must for tourism staff to interact with others, and decisiveness and a rich experience are necessary in interacting. Incorporating the situational teaching method into actual teaching activities and building a virtual environment are better ways to improve staff's ability and enrich their core knowledge so that they could function more effectively in the workplace.

Key words：situational teaching methodology, Macau, tourism staff

一　前言

近年来，随着澳门旅游业的快速增长，其在澳门整体经济的贡献程度不断增加，如何发展澳门旅游业已经成为一个重要的探讨课题。澳门是一个东西方文化交汇历史较悠久的城市，其独特的自然风光和融合欧亚特色的建筑风格吸引了世界各地的游客。作为澳门的首要产业，旅游业（含博彩业）的从业人员占了整体劳动力市场的三分之一，其总产值占澳门本地生产总值（GDP）的比重更接近四成。根据澳门统计暨普查局旅游及博彩入境旅客 2014 年 2 月刊数据统计显示，2014 年 2 月入境旅客数量达到 2 560 560 人次，而跟团旅客数量仅以 2014 年 2 月为例，达到了 850 000 人次（澳门统计暨普查局，2014 年）。通过数据可以体现，澳门旅游业所面对着的巨大人客市场，往往选择跟团旅游的人，都是对目的地存在陌生感及新鲜感，他们希望通过旅行团到达陌生的地方，透过旅游从业人员的服务，得到对旅游目的地最直观的了解。这些参团者都是透过旅游从业人员而对澳门有了第一认知，所以旅游从业人员的服务素质直接影响到旅客对澳门的旅游感受。

以现时为例，对澳门旅游业从业人员的培训通常采用传统的讲授教学方式（讲授教学法，又被称为传授教学法，它采取的是"讲授—接受"的教学模式。其代表人物是捷克教育家 Comenius, Johann Amos（1592—1670），在这种模式下培训者通过系统讲解而使学习者获得大量知识）。学习者在报读相关课程并通过考试后，便可于澳门旅游局登记并取得导游工作证，即可开始从事旅游业相关的工作（《澳门特别行政区第 42/2004 号行政法规》）。但是越来越多的旅游事件表现出，当这些新进的旅游从业人员在进入实际工作环境时，出现了对现场操作的不适应，在未能累积到一定的工作经验时，无法处理紧急情况等，因为现场情况往往与课堂上所学习的内容存在一定的落差，导致越来越多旅游纠纷出现。因此，对于将投身于旅游服务工作的旅游从业人员来说，除了具备良好的职业道德和较高的文化素养外，还要有较强的应变能力。所以单一的教学方法已无法满足旅游从业人员在实际社会中的应用，要在培训中适当使用情境教学法，加强被培训者的实际操作训练，提高带团能力和服务水平，为澳门旅游业的可持续发展作出贡献，促进澳门向世界旅游休闲中心方向发展。情境教学法对培训澳门旅游从业人员会起到一定的作用。

二　情境教学观点之概貌

以情境教学的理念及方法作为教学的手段和策略早已被运用在培训中，例如中世纪的艺徒制度或我国春秋时代孔子带学生游学，均可视为情境教学的应用。然而，真正提出此概念的则是 Brown、Collins 及 Duguid，三人合作发表的 *Situated Cognition and the Culture of Learning*（1989）一文中提出，其主要观点认为，学习如果与情境脱离而只是一个单独的事件，其所产生的知识将无法对学习者发挥明显的作用。一般而言，学习者所处的情境中，具有自然的、丰富的资源及多样的学习脉络，学习者在知识形成的学习过程中，并非只是被动地接受外界的刺激，他们会经由自我选择来驾驭刺激的经验与知识，使其变成有意义或无意义的诠释（Black 和 Schell，1995）。因此，情境教学之主要观点概括：

（一）强调真实情境脉络对知识学习的重要性

大多数支持情境教学理念者坚信：知识是来自于相关的情境脉络（context）之中，无法从情境中单独地隔离出来；知识间的关联性也必须靠适当的情境来连接整合（Brown，et al.，1989；Cunningham，1992；杨家兴，1995）。既然学习者所学的知识无法与其所在的实际情境割离，则学习的情境应是自然化（unintentional），而不是以人为方式刻意塑造出来的（Lave & Wenger，1991）。它必须能反映学习者学习某个概念或经验的实际环境；亦即，知识只有在它所产生及应用的情境中来解释，才能产生意义。此外，将知识转化为抽象概念的过程，是人类独特而有利的心智能力。建构学派指出，转化的过程是将已经学习的经验与知识从情境中剥离出来，学习者以内在的诠释方式将之抽象化后，再应用到新的情境脉络中学习新的东西（Merril, 1992）。因此，学习者在真实的情境脉络中，仍可能在一般抽象化形式的学习中，建构成个人的知识能力。

（二）强调合作学习与社会互动（social interaction）的重要性

Lave 及 Wenger（1991）发展出 Legitimate Peripheral Participation（LPP）情境学习模式的理论，强调为学习者安排真实化的学习情境，透过小组共同合作学习的方式，由教师（专家）或其他较有经验的学习者，扮演教练（coach）的角色，引导学习者主动参与学习，同时重视小组讨论的过程，借以厘清学习者的理念，以建构共同的知识意义（朱则刚，1994）。Lave & Wenger（1991）也指出，当初学者或新进学习者自学习情境的外缘逐步地向学习情境核心趋近时，他们会表现出更主动、更积极地浸润在情境脉络的文化中，臆想自己是一个专家或前辈的角色。此外，建构学派不采用"合作"的方式，也不以小组中的工作分摊或达成共识为主要目的，而是倾向在接受、容忍个体间"不同观念"的角度上，容许不同形式的证据及争论存在，使多元化的观点蓬勃发展。而学习者透过这种合作的努力，从与他人妥协的过程中，学习到对方的异同观点，同时也因自己的参与及贡献，促使某一个观念得以蓬勃发展（Bednar, et al., 1992）。此外互动未必仅是人与人之间的行为，它也包括了人与情境之间的互动，特别是当期望学习者能成为一个独立自主的思考者及学习者时，借由情境赋予学习者自我管理学习的机会与经验，以造成学习者与情境间的有效互动，此亦是情境教学者视为重点之一（Perkins, 1992；杨家兴，1995）。

由情境教学法对培训澳门旅游从业人员的作用可见，情境教学法是一种虚拟的实践性教学方法。在情境教学的过程中，教师针对具体的教学主题而创设一些教学情境，包括对剧情的设计、方案的优化、人员的调配以及整个教学过程的组织、控制与创新等，都需要学生全程参与进来，积极引导学生扮演好某一角色，并使某一情景的发生、发展和结局的过程虚拟再现，学生通过某一角色的扮演，把相关专业知识在这一种实践教学的过程中不断理解和掌握，这样就极大地提高了学生的组织协调能力、理论联系实际的能力和应变能力。另外，情境教学法亦能相对地节约实践教学成本投入，因为情境教学的地点主要在教室中进行，侧重模拟或假设一种教学情景，与传统的社会实践教学形式相比，节省了大量的人力物力和财力，可以是一种投入小而学生收获大的教学形式。特别通过这些成功的案例、失败的案例、困境的案例以及危机的案例中学习更多的实践知识，为学生步入社会打下坚实的基础，这也是情景模拟实践教学的目的所在。

三　情境教学法对培训旅游从业人员的作用

（一）情景模拟，沉着应对

仿真导游课程是利用现代化电子教学设备及情境教学手段，通过对旅游活动的示范和演练，尤其是对导游所遇到的各种情景的设计和举例，启发旅游从业人员综合运用所学的知识和导游服务的专业知识，培养旅游从业人员实际导游服务能力的一门实践课。因此，在模拟导游课程教学中要引导学习者有意识地将所学到的知识灵活地应用于导游服务现场。而导游服务现场复杂多变，出现的问题和性质各不相同，尤其是各种突发问题与事故，例如游客突患重病、旅游地出现自然灾害，需要从业人员具备快速反应和应变能力，要根据现场实际情况果断地采取应急措施，灵活妥善地处理；一旦处理不当，就会影响旅游活动的顺利进行甚至危及游客的生命安全。情境教学法应用于模拟导游课程的教学过程中，其目的在于为学习者营造"身临其境"的感觉，引导学习者将所学到的相关服务理论知识应用于现场，以培养学习者分析、解决实际问题的能力及加强他们的应变能力，并能尽快胜任实际旅游专业的服务工作。

（二）激发情感，总结经验

在情境教学中，学习者作为现场处理参与者，随着情景的出现一起思考、解决问题，成功产生喜悦、失败及遗憾，因此比较容易激发学习者的情感。培训者对学习者在情景现场处理中的出色表现，甚至微小的进步要予以适时、恰当的表扬，满足他们的成就感，激发他们的学习热情。模拟情景结束后，培训者应组织学习者进行讨论及总结，最后培训者针对课程实际表现进行总结，对角色扮演中的关键问题与事故以及情景中所提出的解决问题的办法一一点评，提出表扬和建议，以便下一次练习的提升；同时积极引导学习者的创新思维，并要适时总结现场处理各种突发问题与事故的经验；最后要求学习者应认真撰写培训心得报告，令学习者在进行自我总结中吸取经验。

（三）提升对问题的分析及应变能力

情境教学法在模拟导游课程的应用教学效果良好，除了改变以往在课堂上只能被动接受不能主动参与的状况，更能使学习者真正体会到学以致用的含义，而且针对现场的仿真，能锻炼组织、应变能力及运用知识的能力，为学习者能很快适应工作打下了基础，树立了信心。经过情境教学，学习者在到旅行社或其他旅游企业进行专业实习或工作时会感觉能够较快适应工作，因为课堂现场与实际工作现场极为相似，而且培训者在设计场景时亦尽量模拟服务现场，使之具有真实性、针对性和现实性。

在模拟导游教学实践中，采用情境教学法不仅使教学效果起到事半功倍的作用，更主要的是激发了学习者的参与性和学习兴趣，使学习者在学习中充满热情。学习者积极查阅有关服务的相关资料，变被动学习为主动学习，积极参与实践训练活动，既强化了学习者的综合技能，也锻炼和提高了学习者的思维能力、分析解决问题能力以及应变能力。因此可见，情境教学法在模拟导游课程教学中是一种实用有效的好方法。

四　总结

情境教学理念的特色是以学习者为中心，承认学习者的差异是必然存在的事实，而满足个别学习差异最好的方法，就是将学习者安置于贴近真实的情境脉络之中，让学习者自动地构建其学习历程与架构。故而强调情境脉络的真实性和适切性与学习者之学习相契合，重视学习者对学习经验与知识的内在诠释，及其知识迁移至其他情境的问题解决能力，情境教学理念与人本主义的思想与做法相当接近，而且在当前多元化的时代，颇能满足大众的学习兴趣与需要。

旅游培训教学面临着空前紧迫的历史使命，因此旅游培训教学改革势在必行，作为为社会培养大量一线旅游从业人员的院校，如何适应形势发展需要而提供最适合的旅游培训？如何更快更好地培养旅游人才？如何将旅游教学与学习者未来的职业需求联系起来？如何使学习者将所学知识与社会、行业和未来职业需求相适应？值得各院校级教育者思索和探讨。

情境教学法与传统的言传加面授的课堂教学方法的分别在于，前者是一种由学习者主导的情景模拟式的教学方式，它可以通过培训者为学习者设计一个模拟现实的实践平台。学习者以小组的形式组成一个团队，分别担任不同的角色，在培训者的引导下来要求学习者模拟出事件发生的过程和环境，并通过表演或研讨等多种方式置身这些场景，真正使学生了解和掌握专业知识，自主完成发现问题、提出问题、分析问题，并运用该专业的理论知识来解决问题。由于情境模拟教学法具有引导学生注重能力和知识相结合的优势，同时也特别容易与旅游的特点联系起来，越来越受到师生们的欢迎和重视。这种教学法能够帮助学习者在短时间内高效地掌握知识并运用于工作，具有极高的实践性。情境教学法的实践性、自主性强的优势正适应了人力资源管理教学的特点，能够帮助学习者更好地掌握与运用。目前，市场对人才的需要与日俱增，为了培养出能够应用于企业管理的实务型人才，培训人员需要牢记人才培养的目标，创设出合理有效的情境教学模式提高学生的专业能力，使学习者在步入社会时，情境教学法对培训澳门旅游从业人员的作用能够对即将面对的工作内容有一定程度的认知，为培养更多的旅游业人才作出更大的贡献，并将情境教学法加以改进，最终推动整个教学的改革进程，培养出旅游市场需要的优秀人才。

参考文献

Bedner, A. k., Cunningham, D., Duffy, T. M., & Perry, J. D. (1992). Theory into practice: How to we link. In T. M. Duffy, & D. H. Jonassen (Eds), Constructivism and the technology of instruction: a conversation (pp. 17 – 34). Hillsdale, NJ: Lawrence Erlbaum Associates.

Black, R. S., & Schell, J. W. (1995). Learning within a situated cognition on framework: Implications for adult learning. Eric Reproduction Service: No. ED 389939.

Brown, J. S., Collins, A., & Duguid, P. (1989). Situated cognitive and the culture of learning. *Educational Researcher*, *18*, 32 – 42.

Cunningham，D. （1992）. Assessing constructions and constructing assessments：A dialogue. T. M. Duffy & D. H. Jonassen （eds. ），Constructivism and the Technology of Instruction：A Conversation （pp. 35 – 44）. NJ：Lawrence Erlbaum Associates.

Lave，J.，& Wenger，E. （1991）. Situated learning：Legitimate peripheral participation. NY：Cambridge University Press.

Merril，M. D. （1992）. Constructivism and instructional design. T. M. Duffy，& D. H. Jonassen （Eds. ），Constructivism and technology of instruction：a conversation （pp. 99 – 114）. Hillsdale，NJ：Lawrence Erlbaum Associates.

Perkins，L. （1992）. What constructivism demands of the learner? In T. M. Duffy，& D. H. Jonassen （Eds. ），Constructivism and the technology of instruction：a conversation （161 – 166）. Hillsdale，NJ：Lawrence Erlbaum Associates.

朱则国 （1994）。教育工学的发展与派典演化。台北：师大书苑发行。

澳门特别行政区公报 （2004）。第 52 期，第一组副刊。

澳门统计暨普查局 （2014. 02）。2014 年旅游及博彩旅行团及酒店入住率。取自 World Wide Web：http：//www. dsec. gov. mo/Statistic. aspx？NodeGuid = f22bc742 – c891 – 4988 – 9b6e – 3952db8000e9。

澳门统计暨普查局 （2014. 02）。2014 年旅游及博彩入境旅客 2014 年 2 月刊。取自 World Wide Web：http：//www. dsec. gov. mo/Statistic. aspx？NodeGuid = 251baebb – 6e5b – 4452 – 8ad1 – 7768eafc99ed。

杨家兴 （1995）。情境教学理论与超媒体学习环境。教学科技与媒体，22，40 – 48。

六

成功模式

新型城镇化下中国旅游产业规划设计的三观六要素

王 河

广州大学

摘 要：通过上述对世界旅游产业的分析，结合我国旅游产业发展现状，笔者认为，要想缓解我国旅游产业逆差的问题和改善国内旅游发展不均衡态势，必须从旅游产业的规划建设入手，在城镇化建设的初期规划设计时间，必须将地域性旅游产业规划考虑在其中，即做到：（1）兼顾城乡，将传统与现代相结合，回归自然的"现代城乡观"；（2）在现代多元文化背景下，继承传统文化精髓，增强民族自信的"民族文化观"；（3）尊重自然规律，将环保意识、绿色生活融入旅游规划中去的"永续发展观"。旅游产业建设要注重旅游要素的利用与城镇化建设相结合：地缘经济要素、人文自然要素、综合资源要素、商业功能要素、乡土民俗要素、宗教文化要素。最终形成可持续的、人与自然和谐共生的全景式"生活式旅游、旅游式生活"的新型旅游格局。

关键词：新型城镇化，中国旅游产业规划设计，三观，六要素

Three Concepts and Six Factors in Planning and Designing the Chinese Tourism Industry under New Urbanization

Wang He

Guangzhou University

Abstract：This study started with an in-depth analysis of world tourism industry, and then compared with the current situation of Chinese tourism industry. The author regarded planning and designing of Chinese tourism industry as the key factor to release the problem of the industry deficit and the imbalanced growth. Three concepts must be taken into consideration for planning and designing the construction of urbanization in the primary period. First, modern urban-country concept means to combine traditional and modern styles together, and appropriately balance urban and country; Second, national culture concept is to inherit the traditional cultural quintessence under the background of diversified modern culture, and to strengthen national confidence; Third, sustainable development concept includes environmental consciousness and green life into tourism planning, and most important is to respect natural rules. In addition, the syntheses of construction of urbanization and six tourism factors, which are as follows: geo-economics, humanistic nature, integrated resource, commercial function, local folk life, and religious culture. Lastly, to foster a new tourism pattern, tourism is a life style and people live in tourism, which is sustainable and harmonious.

Key words: new urbanization, planning and designing of Chinese tourism industry, three concepts, six factors

一　我国新型城镇化建设发展的近况

旅游行业发展中旅游资源的综合利用的重要性，突出表现出其发展的轨迹与各地城市化的密切关系。人们就是因为有了城市生活方式才有了旅游需求。同时旅游产业的发展也推动了人类城市化发展的多样性。

我国的城市化建设有着 6000 多年的历史，6000 多年来，中国的城市进程从来就没有停止过。1991 年，辜胜阻在《非农化与城镇化研究》中首次使用了"城镇化"的概念，在其后来的研究中，他力推中国的城镇化概念，并陆续发表了一批颇有见解、影响较广的研究成果。自此，中国的"城市化建设"逐渐被"城镇化建设"所代替。

当前，我国的城镇化建设是我国当前发展的一项重大国策。按照 2014 年 3 月 16 日中国国务院公布的《国家新型城镇化规划》称，2020 年要实现常住人口城镇化率达到 60% 左右，户籍人口城镇化率达到 45% 左右，户籍人口城镇化率与常住人口城镇化率差距缩小 2 个百分点左右，努力实现 1 亿左右农业转移人口和其他常住人口在城镇落户。2013 年我国城市化率为 53.7%。【说明：2012 年全国按户籍人口计算的城镇化率仅有 35.29%，常住人口的城镇化率跟户籍人口的城镇化率相差大概 17 个百分点。这 17 个百分点则包含了没有完全市民化的人群。若按城镇中农业转移人口市民化程度平均为 40% 推算，中国真实的完全城镇化率只有 42.2%，比国家统计局公布的常住人口城镇化率低 10.4 个百分点。这表明，按照市民化的标准，目前中国城镇化率大约被高估了 10 个百分点左右】。(数据来源：中国社会科学院近日发布的 2013 年《城市蓝皮书》)。因此，我国城镇化建设项目将在未来一段时间内有着巨大的发展空间。

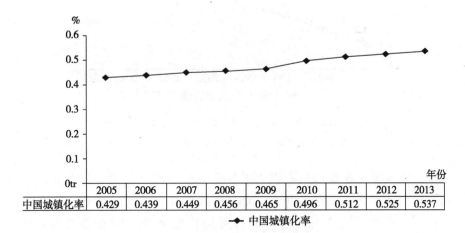

图 1　2005—2013 年我国城镇化率增长情况

数据来源：根据国家统计局资料整理。

城市是人类文明的标志，是人们经济、政治和社会生活的中心。人口城市化的程度是衡量一个国家和地区经济、社会、文化、科技水平的重要标志，也是衡量国家和地区社会组织程度和管理水平的重要标志。人口城市化是人类进步必然要经过的过程，是人类社会结构变

革中的一条重要线索，经过了城市化，标志着现代化目标的实现。只
有经过城市化的洗礼之后，人类才能迈向更为辉煌的时代。

我国的城镇化建设进程在近 30 年的时间里发展非常迅猛。这和
我们国家经济的迅猛发展有着密切的关系。城镇化建设带来的巨大成
就之一是大大改善了我国居民的住房条件，为广大青年农民转变为产
业工人提供了物质基础。

改革开放 30 多年来，中国城乡居民的居住条件和生活环境发生
了天翻地覆的变化。据国家统计局统计数据显示，2012 年，城镇居民
人均住宅建筑面积 32.9 平方米，比 1978 年增加 26.2 平方米，增长
超过 5 倍。

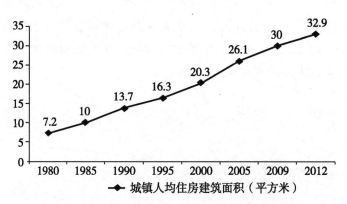

图 2　1980—2012 年我国城镇居民人均居住面积情况

数据来源：国家统计局、中国住房和城乡建设部。

我国城镇化建设虽然有很大的发展空间和发展潜力，但是实践证
明城镇化速度并不是越快越好，健康的城镇化建设必须能够创造足够
多的就业岗位、良好的人居空间和可持续发展的和谐社会环境。因
此，我国城镇化建设必须走科学、理性的道路，并以科学发展观为指
导，稳步推进。

目前，我国城镇化建设大规模推进的过程中，还存在着诸多问
题，这些问题对今后我国社会、经济、文化都有着难以估计的负面影
响。因此，我们要意识到相关问题的重要性，寻求解决问题的办法。

1. 城镇化建设规划单调统一，缺乏区域特色和文化个性

在一些二、三线城市郊区的城镇化建设中，规划设计者往往只从

原有城市格局出发，将区位功能化放在首位，忽略了当地乡村文化、传统以及农业特色经济发展和村民劳作习惯等因素。而这些因素是当地未来经济发展、人文教育资源不可或缺的基础。而这种忽略带来的只是千篇一律的西式高楼、毫无特色的市集和到处复制的相同街道。让人一时无法识别自己身处异乡还是故里。这是中国城镇化最为突出的尴尬局面。

如果在规划设计的过程中能够多一些关注当地的地理环境、人文历史，那么在祥和安居、永续发展的理念下，结合有效的挖掘和整理，势必可实现具有当地人文特色的建筑、景观和自然山水一起勾画出的集商住、购物、休闲、历史人文景观、自然风景、特色工艺品和特色农业经济作物生产种植基地等为一体的"美丽村镇"。

2. 在规划设计中对自然景观和资源的利用、开发的环保意识不足

我国大部分二、三线城市的市郊和附近乡村，都有较好的自然景观、人文历史遗存和经济资源。这些资源对于当地民众而言是习以为常的生活附件，但对长期生活在城市、只有短期休息日的人们来说可能处处都是景色、件件都是稀奇，连乡村随处可呼吸的空气都是宝贝。

因此，在城镇化建设的进程中，规划设计者们不能单一地考虑当地的工业发展产业配套需求，把放在家门口的无烟、无污染的旅游产品、旅游产业发展所需的功能要件随便处理掉了。这种所谓"工业经济挂帅"、过分强调工业经济的区域经济发展作用的理念，势必带来先建设、先污染、后调整、后治理的恶果。其实，在欧洲一些国家和地区已经基本没有传统意义上的纯工业经济结构的概念了，休闲、旅游在后工业时代产生的经济效益已经是这些地区赖以生存的产业支柱了。这也是为什么我国居民去欧洲旅游人数急剧增加，国内入境游客逐年减少的原因之一。

经验告诉我们，在我们进行城镇化建设的大背景下，我们需要未雨绸缪，将可用旅游资源提前进行规划利用，避免无序开发和破坏。即在满足人们日益增长的休闲、运动、人文教育的需求的基础上，为当地旅游业的发展奠定基础。

3. 当下对旅游资源的开发利用和城镇化建设之间互补性认识不强

我国十余年来快速发展的经济和城市建设，使得我国大部分城市

的土地资源价格不断上涨，很多地方在进行城镇化建设过程中，往往单一追求城市开发的经济效益，使得一些地方，城镇化建设成了"房地产"开发，土地经济成为当地的支柱经济。这样一来，使得一些地方的人文景观、历史遗迹、古建民居等被人为地破坏，而通过土地转让、房屋拆迁而获得补偿款的当地农民由于没有工业生产技能，在挥霍掉补偿款后即变成了"无业游民"。

随着上述现象的出现，社会矛盾也逐渐凸显，原有的二元城乡结构问题并没有通过城镇化解决，反而加剧。如：2014 年 10 月 14 日发生在云南的由于土地强征一事与施工方对峙，并爆发冲突造成 8 人死亡、18 人受伤的事件。

因此，简单的拆迁并村和粗放的工业化不能成为城镇化发展的主流。必须树立资源综合利用、合理开发的理念，在城镇化建设规划初期就要实现全面的城乡资源统筹，把资源综合利用开发和产业结合配套进行有效整合，使得宜居、宜生活、宜发展的新型城镇化格局得到推广。同时把满足当地居民生产、生活所需的基础设施和原生态资源结合起来，形成吸引外来旅客，实现经济创收的旅游产业基础。

二　国际旅游业现阶段发展概况及其特点

近代旅游业发端于 19 世纪 50 年代的西欧和北美。伴随着火车和轮船的出现，19 世纪中后期，西欧和北美出现了专门组织国内和跨国旅游的旅行社。随着科学技术革命，世界经济文化迅速发展，国际交往的日益频繁，旅游从局面区域的少数群体活动开始向跨国、跨洲扩展，现代意义的旅游产业发展进入了一个全新阶段。

根据世界旅游组织的有关统计数据估算，从 1950 年到 2013 年的半个多世纪，全世界国际旅游者流量增长了将近 43.48 倍，国际旅游收入总量增长了近 575 倍。

1. 世界各国旅游业发展差异加大，亚太地区成为旅游市场领头羊

由于世界各国经济发达水平不同，旅游业的发展存在很大差异。根据世界旅游组织发布的数据，2007 年国际旅游人数 8.98 亿人次，其中欧洲依然是旅游首选目的地。吸引游客 4.8 亿人次，市场份额为 53.5%，欧洲因为集中了全球最多的工业国家，经济发达，旅游市场相对成熟，游客

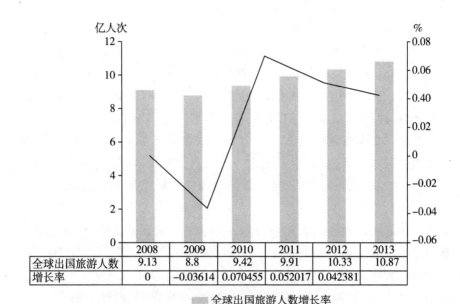

	2008	2009	2010	2011	2012	2013
全球出国旅游人数	9.13	8.8	9.42	9.91	10.33	10.87
增长率	0	−0.03614	0.070455	0.052017	0.042381	

全球出国旅游人数增长率

图3　2008—2013年全球出国旅游人数统计

数据来源：根据世界旅游组织公布数据整理。

占世界整个旅游市场份额的一半以上，为全球最大的旅游市场。从各地区入境游客增速来看，中东增速最快达到13.4%，其中沙特阿拉伯和埃及发展迅速；亚太地区也保持了较快的增速为10.2%，其中中国增速为10%；非洲增速为7.9%；美洲和欧洲的增速较为平稳，分别为4.7%和4.2%。可以看出，发展中国家的增速要明显高于发达国家。同时，2007年发展中国家的入境游客已达3.6亿人次，占全球40%的份额。

　　到了2013年，在以区域划分的旅游业增长中，世界旅游格局已经发生巨大变化。亚太地区的增长在2013年已居全球之首，为5%至6%；非洲地区以4%至5%的增长紧随其后；然后是美洲和欧洲，其增长率分别为3%至4%和2%至3%。

　　2. 世界各国将旅游产业发展作为国民经济发展的重点

　　旅游业是世界上发展最快的新兴产业之一，对各国和地区经济社会发展的促进作用日益增强。目前，全球有120多个国家和地区将旅游产业列为本国国民经济发展的支柱产业，并纷纷制定出台扶持旅游产业发展的相关政策与法规，成立相应的旅游研究机构和管理机构，加大对旅游产业的政府主导力度。许多国家元首、政府首脑和政要亲自宣传本国旅游，甚至担任"旅游大使"，把旅游作为参与国际事务的平台或媒介，积极扩大本国的国际影响力。比如，美国、法国、西班牙等发达国家都把发展旅游产业作为重要国家战略。美国制定旅游促进法，设立旅游促进基金，以带动经济增长；法国专门成立旅游战略委员会，并发起"2020 年目的地法国"旅游计划；西班牙实施旅游促进工程，每年投入 15 亿欧元用于推动旅游产业发展。日本在 2006 年制定了《推进观光立国基本法》，出台了"推进观光立国基本计划"，举全国之力，促观光立国。韩国则明确提出了"全体国民旅游职业化，全部国土旅游资源化，旅游设施国际标准化"的口号。由此可见，旅游产业已经进入了由政府积极主导的新的发展时代。许多国家把发展国际旅游作为改善国际收支平衡的有效途径。同时，各国日益重视旅游与文化的结合，通过旅游促进文化交流，展示文明成果，进而提升国家的文化软实力。

3. 经济全球化和区域经济一体化使得旅游市场呈现区域旅游盛行格局

根据世界旅游组织统计，1989 年区域旅游者占全世界游客的 2/3，这种趋势在以后的旅游业发展过程中将保持不变。首先，受全球经济一体化的影响，邻近国家之间政治、经济、文化联系更为紧密。如欧洲各国之间，由于申根协议的签订，相互往来手续便捷，加上欧盟体制内的政治、经济和文化紧密结合，使得欧洲国际客源中的 80% 在区域内流动。其次，区域旅游时间短、花费少。进行短期的区域旅游则可利用节假日，甚至周末就可出行。

这种现象在亚太地区也很活跃，现在已经运行的中国—东盟自由贸易区，是一个拥有 17 亿消费者、近 2 万亿美元国内生产总值、1.2 万亿美元贸易量的经济区。

根据万事达国际组织（MasterCard Worldwide）2013 年 5 月 27 日公布的"全球旅游目的城市指数"，泰国曼谷夺得冠军，前 10 名入榜的亚洲城市还包括第 5 名的新加坡与第 9 名的香港。另外，2013 年亚太区十大旅游目的城市中，中国有香港（第 4）、上海（第 6）、台北（第 8）、北京（第 9）与广州（第 10）等 5 座城市入榜。

区域旅游由于其地利、人和的优势，将会以保持更快的增长速度，成为世界旅游业的发展主流。中国作为亚太区域的经济龙头将尽享区域旅游产业发展带来的核心优势。

4. 休闲度假旅游成为现代人重要的生活方式

从世界旅游产业发展历史看，休闲度假旅游的发展历程已经走过了半个多世纪。随着世界各国经济的发展和生活水平的提高，原来流行于欧美地区的休闲度假旅行方式也逐步对以"金砖四国"为主体的新兴发展中国家的民众带来了全新的旅游价值观的改变。众多旅游者旅游的目的也从传统的开阔眼界、增长见识向通过旅游使身心得到放松休息、陶冶生活情趣等转变，休闲度假旅游活动成为现代人生活的重要组成部分。

从20世纪70年代末开始，旅游者已不满足于传统的大众化的观光旅游产品，开始选择具有鲜明地域特色、时代特色和个性特色的休闲度假旅游产品。因此，各国旅游业者便着力打造世界一流的旅游度假胜地品牌产品，这些旅游地除了有得天独厚的自然资源和历史文化资源以外，核心就是休闲度假地特有的、不可复制的社会资源、民俗文化资源和交通、通信、网络等基础设施以及度假地的游憩设施，形成规模性的复合型度假产品体系，满足各个层面的游客需求。度假者在度假期间除了在度假地活动以外，往往还会以该地为中心，做短途游览，进行观光、考古、探险、运动等，认识、感悟和体验不同旅游度假地的特色文化，扩大视野，放松身心，提升内涵。

在美国，美国人已有1/3的休闲时间，2/3的收入用于休闲，1/3的土地面积用于休闲。在中国，随着带薪休假制度的落实，民众每年有近115天的休闲时间。2014年10月7日俄国家杜马劳动委员会发布消息称，俄罗斯工作日或将缩减至4天。此类作息时间的调整对世界各国职工权益的伸张有着标杆效应，一旦在全球经济发达地区形成气候，势必将大大刺激现代休闲度假式旅游模式的盛行。

休闲度假已成为现代社会人们的重要生活方式，休闲经济将成为经济社会发展的重要经济形态。

5. 生态旅游逐步成为世界旅游发展的备受关注的产品

生态旅游（Ekotourism）是由国际自然保护联盟（IUKN）特别顾问谢贝洛斯·拉斯喀瑞于1983年首次提出。

生态旅游系统主要有生物和非生物的环境两大部分组成。系统内的生物群落即生命系统，包括生产者、消费者、分解者；非生物环境即非生命的系统，包括：阳光、空气、水、土壤和无机物等等，它们共同构建了一个丰富多彩的相对稳定的结构系统，成为组成生态旅游的主要吸引物。良好丰富的自然生态环境是生态旅游的目的地。

近年来，地球的温室效应带来的海平面上升、区域性自然生态系统出现快速转变、自然灾害频发等生态危机，促使人们反思自己的生活方式，以及对任何与自然和谐共处、可持续发展等内容进行思考等等，使更多的旅行者开始热衷于生态旅游。旅游业者也陆续推出了一些世界知名的生态旅行项目，如：阿根廷的"南极探险"、旅游创汇大国巴西的"亚马孙流域生态游"、墨西哥的"蝴蝶之家"、中国的"罗布泊沙漠徒步探险"等等，走向自然、回归自然、绿色消费的生态旅游必定在全球旅游发展中占据重要地位。

生态旅游要求自然生态系统容不得任何耗竭性的消费，是对自然生态系统的正常发展、循环稳定的维护，同时也包括对人与自然和谐相处系统的维护，即对当地文化的尊重。这种对旅游对象尊重与保护的责任是生态旅游可持续发展的重点，也是生态旅游吸引旅行者的核心要件。是"留下脚印、带走照片"的旅行价值体现。

目前，此类旅行由于对旅行目的地的自然生态条件、辅助设施、交通工具等要求较高，因此，这类旅行产品的价格较高。但其吸引力不可小觑。随着不同档次产品的开发，将对现代旅游发展带来新的机遇。

6. 散客和体验式旅游成为当下年轻旅行者的首选

时下很多旅游者追求更为灵活多变的旅游方式，避免跟团旅行带来的时间、景点、交通等违我的因素，将自由出行作为旅行必要的条件，很多旅游业者开始设计、推出满足不同需求的"散客套餐"供旅行者选择。

同时，随着世界各地旅游设施的建立健全，世界性预订服务网络的普及完善，使散客旅游越来越方便。在追求个性化的时代潮流引领下，全球散客旅游人数已超过旅行社固定包价的旅游人数，散客旅游和中短距离区域内的家庭旅游在旅游者人数中所占比例将逐渐增加，小包价、个人委托代办服务也占有越来越重要的市场份额。

如：中国在实施小长假方案后，在交通条件极大改善的前提下，也推出了高速公路对小型车辆实施免费政策，推动游客选择自驾游和自助游作为出游的主要方式。根据九寨沟景区管理局统计，2013 年国庆黄金周九寨沟景区接待游客结构与往年相比发生重大变化，散客占游客总数

69.60%，团队仅占 30.40%。

对于旅游过程中参与性和娱乐性活动，也成为广大青年青睐的亮点。此类旅游者对那些富有活力、情趣、具有鲜明特点的旅游场所有着特有的敏感度，喜欢那些轻松活泼、丰富多彩、寓游于乐、游娱结合的旅游方式。既能亲身体验当地人民的生活，直接感受异国的民族文化风情，又通过参与和交流得到感情的慰藉和心灵的撞击。因此，旅游产品设计开发将更加注重民族风情、地方特色、游娱的结合以符合旅游者热衷参与的需求。

7. 互联网在线旅游产品服务将成为未来旅游行业营销的主要模式

旅游行业是对市场信息综合利用率非常高的行业，现今互联网上海量的旅游信息，使得旅行爱好者和潜在的旅行消费者能及时互动，随时提取相关数据。同时，也催生出新的旅游服务企业在线提供越来越多的旅游目的地的信息，这些信息可以直接查询获取，并且图文并茂。大到目的地概况、风土人情，小到具体的酒店、餐馆、出租车，都可以在计算机屏幕上得到较为详细的了解和直观的感受。其次，这类企业打破了生产者和消费者之间的传统关系。在计算机网络中，大量详尽的信息资源可以共享，旅游者可以在互联网上查询各种自己感兴趣的旅游产品要素信息，并根据自己的情况进行组合，从而设计适合于自身的旅游消费品。

现阶段，计算机互联网络的商业用途越来越受到关注，在旅游业中，通过在线支付已经可以在很短的时间内将原有的线下咨询、签约和付款等交易过程全部完成。这种自由、便捷和可定制的旅游服务成为今天旅游行业中最有竞争力的手段之一。并且，这种在线服务已经培育出新的旅游者群体，"说走就走"的自由旅行者群成为最主要的旅游形态。

按照网络研究分析者所做的研究，在线旅游在中国始终只占到整个市场的几个点，从 2009 年到 2013 年，分别是 4.8、5.1、6.1、7.2、8.5。而据说美国有三分之一的旅游是在线旅游，美国有 70% 的旅游者通过网上购买过旅游产品（杜一力，2014）。

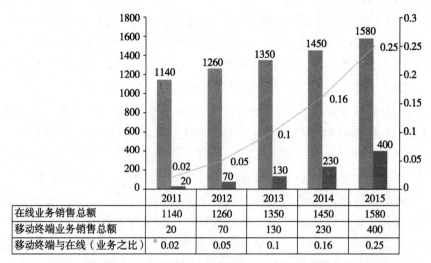

	2011	2012	2013	2014	2015
在线业务销售总额	1140	1260	1350	1450	1580
移动终端业务销售总额	20	70	130	230	400
移动终端与在线（业务之比）	0.02	0.05	0.1	0.16	0.25

▬ 在线业务销售总额　▬ 移动终端业务销售总额　⁓ 移动终端与在线（业务之比）

图4　美国在线旅游业务中移动终端的比重（单位：亿美元）

数据来源：根据 **PhoCusWright** 资料整理。

　　全球领先的互联网监测机构 comScore 的数据显示，2012 年，美国在线旅游产品销售总额超过了 1000 亿美元。航空旅行占到了其中三分之二的比重。其中移动互联网终端正在快速成长为一个新的旅游行业销售管道，为在线旅游产品推广点对点的贴近客户成为旅游行业的新宠。全球旅游业权威研究机构 PhoCusWright 认为，整个旅游行业的增长率将会比较保守，但移动终端旅游业务的增长会明显超过行业总体和在线业务的增长速度，2015 年占到美国在线旅游预定总额的 25% 以上。这将会在移动端转化成一个价值 400 亿美元的旅游商业市场。

　　中国互联网在线旅游服务提供商，如：去哪儿网、酷讯旅游网、携程旅行网、艺龙旅行网等在巩固在线业务的同时，也正在发力移动终端业务拓展。未来在中国相关业务的发展将完全颠覆传统旅游市场业态。

三　我国旅游产业发展概况

1. 我国旅游业发展现状

我国旅游业随着 20 世纪 80 年代中叶国家改革开放政策的实施，开始进入快车道发展。30 多年来，随着我国经济持续快速发展和居民收入水平较快提高，我国旅游人数和旅游收入都以年均两位数以上的增速持续发展，已经成为国民经济的重要产业，成为继住房、汽车之后增长最快的居民消费领域。

根据中国旅游协会和国家统计局的相关数据显示，2013 年我国旅游行业收入达到 2.95 万元，占当年我国国内生产总值（GDP）的 5.18%，成为我国国民经济支柱型产业。

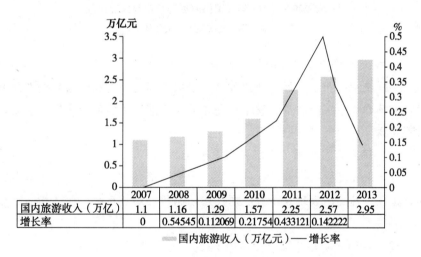

图 5　2007—2013 年我国旅游行业收入变化情况

数据来源：根据国家统计局资料整理。

当前，我国人均 GDP 已经达到 6629 美元（数据来源：国际货币基金组织官方网站），按照国际上的一般看法，当人均 GDP 达到 1000 美元时，旅游需求开始产生；突破 2000 美元，大众旅游消费开始形成；达到 3000 美元，旅游需求就会出现爆发式增长。因此，我国旅游行业正处在快速发展阶段。

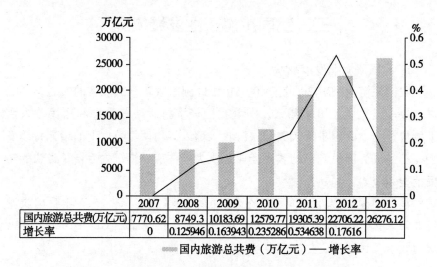

万亿元	2007	2008	2009	2010	2011	2012	2013
国内旅游总共费(万亿元)	7770.62	8749.3	10183.69	12579.77	19305.39	22706.22	26276.12
增长率	0	0.125946	0.163943	0.235286	0.534638	0.17616	

国内旅游总共费（万亿元）—— 增长率

图 6　2007—2013 年我国国内旅游总花费情况比较

数据来源：根据国家统计局资料整理。

2. 我国旅游产业发展面临的困境

我国旅游产业虽然处在快速发展的阶段，但是面对国际市场的竞争和国内市场增长势头的回落，整个行业正处于高速发展后的瓶颈期，主要有以下问题。

（1）国际市场与国内市场发展不平衡

近年来我国旅游产业的快速增长，但境内境外市场发展不平衡问题却逐步显现。其突出表现在于我国居民出境游势头增长迅猛，而入境游市场却出现逐年下降趋势。

（2）我国旅游行业综合竞争力下降

根据总部设在日内瓦的世界经济论坛 2013 年 3 月 7 日发布的《旅游业竞争力报告》，在有 140 个参评国家和地区的全球最新旅游业竞争力指数排名中，瑞士、德国和奥地利位列前三，中国名列第 45 位。

该报告是根据 2012 年就政策、环境、安全性、卫生、旅游业优次、航空基建、旅游业基建、价格竞争力、人力资源、天然资源、文化遗产等 14 项指标，对 140 个国家和地区给予的评分。

我国由 2011 年世界排名 39 位跌至 45 位。究其原因除了旅游配套硬件需要改善外，主要是旅游业的可持续发展方面的工作还存在不足。

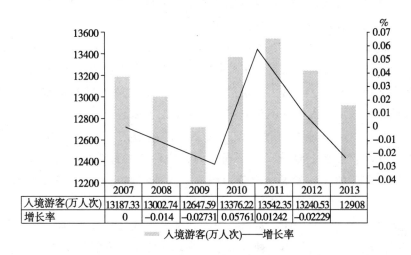

	2007	2008	2009	2010	2011	2012	2013
入境游客(万人次)	13187.33	13002.74	12647.59	13376.22	13542.35	13240.53	12908
增长率	0	−0.014	−0.02731	0.05761	0.01242	−0.02229	

▨ 入境游客(万人次)——增长率

图7　2007—2013年我国入境游旅客数量变化情况（单位：万人次）

数据来源：根据国家统计局资料整理。

（3）我国旅游行业区域资源开发利用水平不高

中国既是一个幅员辽阔、自然地理资源非常丰富的国家，也是一个具有悠久历史文化的文明古国。在旅游资源开发方面，我们无论在深度或广度上能做的工作很多。但是，从目前我国旅游景区的建设和旅游景区的收入来看，基本还是集中于国内众多的世界自然、文化遗产区域。而其他有着发展潜力、区域地位不明显的二、三线城市及乡镇旅游行业发展却非常缓慢。

这样造成节假日期间一些世界自然、文化遗产景区人潮如织，压力巨大，使得其周边旅游配套设施超负荷运行，旅游服务质量下降等不利于旅游行业长期稳定的问题突出。如：北京故宫景区，由于旅游人数过大，不得不以限制人流量的方式减压。再如：四川九寨沟景区，虽然采取错峰管理，但在国庆假期也无法承受爆发的游客量，诸多不利因素使得一些区域内的景点还面临着自然资源退化以及历史文化遗存被人为破坏的危机。

因此，如何合理规划、利用旅游资源，分流游客解决旅游产业发展不平衡的问题，是未来一段时间相关部门必须认真研究解决的重点。

（4）我国旅游景区规划、建设不合理、同质化等问题严重

随着各个地方政府对旅游行业发展的重视，在全国各地掀起了发展旅游的浪潮。但是一哄而上的众多旅游建设项目，却正面临着旅游文化商品

化、景区开发城市化、地方特色消失化的危机，最后势必导致所有景区同质化，景区景观与生态遭到严重破坏。

例如：为了进军高端旅游项目，各地方纷纷上马高尔夫主题旅游项目，由于盲目开发，最后带来的是游客量不足、维护费用高和效益低下等不良后果。同时，浪费大量优质农业生产用地，使得当地农民怨声载道。为此近年来由于农民得不到应有补偿而出现了多起暴力维权事件。

另外，一些地方出现"圈山为景，围湖造园，建个山门就是景区、截个水坝就搞水上旅游"等短视行为，这种多快好省的无序扩展，势必对旅游产业的长远发展造成负面影响。这种"靠山吃山、靠水吃水"的建设，不仅破坏了原有生态，污染当地水资源，也给当地居民的生产、生活造成了许多负面影响，甚至使得一些地区陷入经济发展困境。

其次，一些地方漠视现有的原生态环境资源，竟能将原有自然、人文景观肆意破坏、改造和拆迁，使得原有极高价值的现成景点被一些钢筋混凝土仿古建筑替代，完全失去了其原有的景观价值。

四　世界旅游产业发展经验及其影响

1. 旅游产业已经逐步成为各国国民经济当中的支柱型产业

随着科学技术的快速发展，解放了生产力，使得大量的劳动力有了更多的休闲时间出外旅游，而旅游带来的经济收益使世界上许多国家看到了新的经济发展方向。从而，一些国家，如：美国、英国等都把发展旅游业作为国家战略，并把旅游产业竞争作为国家间竞争的重要平台。像中国周边的日本、韩国、泰国等国家都投入大量财政改善国内公共服务设施，开发相关行业旅游产品，国家元首、政府高官纷纷为本国旅游产业代言，推销本国的旅游产业。这些国家强大的宣传攻势使得像韩国、泰国一些国家都成为外国观光客的首选，旅游业成为这些国家促进经济发展、培养新经济增长点的重要手段。

2. 旅游产业的发展带动了各国国内其他配套产业的增长，为促进就业提供了管道

旅游产业的发展势必带动交通、餐饮、酒店、农产品加工和手工制品生产等多个行业的联动发展，对旅游地国家的就业状况的改善有着积极的作用。

旅游业属于第三产业，是劳动力密集型产业，具有对劳动力的高容纳

性特点，就业门槛相对较低，可以从不同的工种、不同的部门吸纳劳动力，为社会提供大量的就业机会。据世界旅游组织统计，旅游行业每直接收入 1 元，相关行业的收入就能增加 4.3 元；旅游行业每增加 1 个直接就业机会，社会就能增加 5—7 个就业机会。

根据联合国世界旅游组织预测，到 2015 年中国将成为世界上第一大入境旅游接待国和第四大出境旅游客源国。届时中国入境旅游人数可达 2 亿人次，国内旅游人数可达 26 亿人次以上，出境旅游人数可达 1 亿人次左右，游客市场总量可达 30 亿人次左右，居民人均出游可达 2 次，旅游业总收入可达 2 万亿元人民币左右。这将为就业创造巨大的潜力。到 2015 年，中国旅游直接拉动和间接就业总量将达 1 亿人左右。

3. 旅游产业的发展是文化输出的有效方式，是国家软实力对外展示平台

软实力是文化和意识形态吸引力体现出来的力量，是世界各国制定文化战略和国家战略的一个重要参照系。表面上文化确乎很"软"，但却是一种不可忽略的伟力。任何一个国家在提升本国政治、经济、军事等硬实力的同时，提升本国文化软实力也是更为特殊和重要的。

一个国家的人文、社会、历史等综合文化因子是构成国家软实力的主要内容。旅游产品的内涵即是对国家软实力的有效展示。随着全球化、信息化等深入发展，国家意识、民族意识开始产生广泛影响。越来越多的国家和地区意识到，发达的旅游业是输出国家文化、价值观和影响力的重要传播管道，许多国家借助旅游文化活动，广泛吸引国际旅行者，通过不同层面的交流互动，扩大本国在世界舞台的影响。在 2011 年世界旅游组织还将"旅游与各种文化高度耦合"作为年度主题，中国国家旅游局也将 2011 年的年度主题确定为"中华文化之旅"。随着旅游业与科教、文娱、体育、会展等产业的结合，许多国家竞相把旅游产业提升到国策层面，进行长远规划。

4. 旅游产业的发展提升了各国对自然资源的保护意识

自然资源是旅游产业中不可再生的无价宝库。旅游产业对旅游资源具有极强的依赖性，自然资源得不到有效保护，旅游业的发展也就失去了发展的根基。如：由于地球温室效应的影响，世界旅游胜地水城威尼斯、大堡礁、马尔代夫群岛等即将消失在水底，再如：由于人为的滥砍滥伐而大面积缩小的"生物学家的天堂"亚马孙热带雨林等。这些旅游胜地的消

失和破坏不但对当地的旅游业带来诸多负面影响，也对当地居民的生活生存造成了极大的威胁。因此，保护自然资源既是对人们赖以生存的环境保护，也是对旅游产业可持续发展的保护。其相辅相成的关系目前已经在各国政府进行区域性旅游开发时得到了落实。生态改善和环境保护日益受到世界各国的高度重视，旅游产业中生态经济的发展已经成为世界旅游业者热捧的对象。

五　新型城镇化建设中旅游产业规划应该遵循的"三观论"

我国城镇化建设的总体指导思想是：按照"统筹城乡、布局合理、节约土地、功能完善、以大代小"的原则，以科学规划为龙头，以增强综合承载能力为重点，大力推进新型城镇化，构建以中心城区为核心，以县城为骨干，以重点镇为基础的设施共享、产业联动、优势互补、错位发展的城镇体系。

按照这一原则，我们在城镇化建设的初期规划设计时间，必须将地域性旅游产业规划考虑在其中，即做到：

1. 兼顾城乡，将传统与现代相结合，回归自然的"现代城乡观"

城镇化建设不是一味地将现有城市周边的农村全部拆迁、将村与村进行兼并、将农田建上高楼大厦，这种片面的理解城镇化建设是对乡村文化的彻底破坏。乡村自古以来是和城市伴生的，在未来较长的一段时间内其功能性是城市无法替代的。因此，我们在进行城镇化建设的初期规划设计时就要做好城乡布局，不能一味地将城市摊大，而要充分地发挥乡村的自然、人文资源，合理地融合到现代城市建筑理念当中去，尊重农村农业发展的规律，将民族遗产不可再生性、潜在的旅游资源合理存在性和传统农业循环经济载体的功能性有效地结合起来，在遵循"时代性、地域性、大众性和经济性"的建筑原则基础上回归建筑设计的本源。

在新型城镇化建设中"城乡统筹、合理规划，将乡村自然、人文资源与现代城市功能需要相结合"，不简单地将农村、农地和农民与城市捆绑在一起，而是将农村、农地和农民等区位要素进行城市化塑造，在保留原始农耕文化的同时将其重新赋予现代商业文明所需要的旅游、休闲、养生等功能。

2. 在现代多元文化背景下，继承传统文化精髓，增强民族自信的"民族文化观"

30多年来，随着改革开放，西方文化对我国民族文化带来了极大的冲击，建筑行业尤为明显。特别在我国城镇化建设过程中，大量的西式建筑充斥其中。这些欧陆风格、新古典主义风格、维多利亚风格、地中海风格和英伦风格等建筑大量出现在中国各级城市中，有些还成为标志性建筑。此类建筑设计文化的西化对我们中国传统文化的传承和发扬带来很多的影响。

建筑文化是民族文化和社会发展成果的综合体现。一个地区和一个国家的原生文明的存在是民族身份识别的重要标志。中国是有着 5 000 多年历史的文明古国，其建筑文化与民族精神有着紧密联系。中国建筑经过数千年的发展有着其自有的"天人合一"文化内涵，许多传统民居建筑风格往往与当地的自然环境是相适应的。这种科学的与自然和谐共生的建筑文化是我国建筑文化的精髓。

例如：广州亚运城村长院的规划设计，大量地运用岭南建筑文化元素，把中国传统牌坊、照壁、石狮、石鼓、青花瓷缸、屏风、宫灯、明清家具、楹联等元素科学地运用在整个村长院的建筑之中。同时考虑到村长院作为国际外交会见场地，其应照顾到亚运会各民族的不同审美观和情趣，尊重各民族的风俗与传统的特点，设计师把现代建筑的功能化需求进行科学的安排。既满足了贵宾接待所需要的尊贵、典雅、舒适的效果，又恰到好处地把岭南建筑特有的砖雕、石刻雕、木雕、彩画、陶塑、灰塑、瓷贴、铜铁、玻璃饰件等岭南特色装修工艺融入其中。

广州亚运城村长院是一个完美的乡村古建与现代建筑群的融合范例，给我们新型城镇化建设提供了一个思考空间。即在展示民族传统文化的同时也能够很好地发挥现代建筑所需要的功能，避免盲目的崇洋媚外，活化古老传统民居方面是有可为的。此类建筑将在满足人居要求的同时，可成为很好的旅游景点资源。

3. 尊重自然规律，将环保意识、绿色生活融入旅游规划中去的"永续发展观"

近年来，我国大规模的经济建设过程中，对自然资源的利用方面出现了大量野蛮式开发、粗放式利用的事件。此类事件的出现带来了难以弥补的灾难。如：在城镇化的过程中，大量的城市原有的污染型工业企业迁向

广州亚运城村长院（之一）

广州亚运城村长院（之二）

农村；城市在自我扩张中把大量的地产项目树立田间地头，造成原有自然环境优美的村庄周围出现大量的混凝土垃圾；以及出现沥青马路在田间、泥土飞扬通村里的现象。

在城镇化建设的过程中要想杜绝这样的现象出现，就必须遵循中国传统的"天人合一、道法自然"的人文精神，把人与自然、城市与自然、建筑与自然之间和谐共生的思想放在首位，使得城市成为绿色生活的载体，成为人类文明可持续发展的摇篮。

六　旅游产业建设要注重旅游要素的利用与城镇化建设相结合

1. 地缘经济要素

在经济一体化、区域协作发展的大环境下，中国目前已形成三大经济圈：以上海为龙头的"长三角"、以港深穗为中心的"珠三角"和以京津为核心的环渤海地区。其中，"珠三角"由于地理位置特殊，是中国对外开放的窗口和中国经济发展的示范区。当前，珠三角中"粤港澳"的地缘经济特色鲜明，自然环境优美、社会和谐、经济发达、宜居条件等因素使得区域内发展国际旅游市场前景广阔。

因此，如何借助地缘经济发展优势推动区域内旅游产业发展是当下新型城镇化建设过程中必须重视的问题。

例如：广东长隆集团就是紧紧抓住珠三角地缘经济优势大力发展现代特殊旅游产业。长隆集团创立于 1989 年，集主题公园、豪华酒店、商务会展、高档餐饮、娱乐休闲等营运于一体，是中国旅游行业的龙头集团企业。目前，长隆集团旗下共拥有广州长隆旅游度假区与珠海长隆国际海洋度假区两大超大型一站式综合性主题旅游度假区，依托粤港澳的国际性区位竞争优势，长隆集团珠海板块和广州板块联动发展，组成中国首个跻身旅游产业规模化经营的世界级民族品牌。

2. 人文自然要素

广州帽峰沁苑酒店（厅、亭结合，山水共融）：

帽峰沁苑酒店位于风景美丽的广州帽峰山森林公园内，环境清幽，景色宜人，空气清新。坐落在海拔 350 米的帽峰山主峰上，是广州市内海拔最高的度假酒店。

规划上，以客家围屋的形式呼应帽峰山的"帽"，山水共融。厅、亭结合的岭南庭园设计手法在"帽峰沁苑"的空间上的充分应用，每栋开敞通透的厅房与外部景观巧妙结合，互为景观。

3. 综合资源要素

三亚珠江（南田）温泉酒店（海棠湾之韵，热带岛派风格）：

三亚珠江南田温泉度假区位于三亚市藤桥镇西北 2.5 千米处赤田水库南面，总用地面积 96000 平方米，区内有天然温泉和原始热带椰林，风景优美。规划中将地方文化恰当地融入自然生态中，使文化与自然相得益彰。建筑形式及平面参考巴厘岛热带建筑的元素和布局模式，结合海南地方特色黎族民居样式统一考虑。

4. 商业功能要素

（1）南海西岸中旅养生谷（都市情怀之风）：

本项目是中旅集团在广东南海建设的全新国家级旅游试验基地。

总体鸟瞰图

"气韵生动"是道家美学的一种体现，酒店的设计以"气"为主线，以水为核心，"鹤舞银湖"、"玉桥映月"是构成专案的灵魂。

（2）商务酒店空间广州"从都"：

　　从都国际峰会酒店坐落于广州从化凤凰山脚下，绿色丘陵环抱四周。酒店将"狩猎行宫"的概念融入会所的设计当中，借鉴宫殿建筑的艺术风格和形制，层次分明，等级有序，符合礼仪。从每座建筑的屋顶和宽广的岭南庭院式设计可以深深感受到浓厚的文化底蕴及古帝王时代的浪漫气息。

（3）商业空间——佛山三水奥特莱斯（骑楼空间的活化）：

项目位于佛山市三水区芦苞镇，占地 3000 多亩，形成奥特莱斯将购物中心区、休闲娱乐区、居住区融为一体的城市新中心。

项目秉持构建"绿色生活圈"的理念，营造一个面向未来的新城市中心和绿色生活圈。建筑设计除了契合奥特莱斯欧洲风情小镇的风格，还融入了适当的岭南元素，强调清新轻快的格调，体现的是人类对未来的生活空间的追求与态度——随性、秩序、简单、丰富。

（4）广州美食园（百年老食街旧貌新颜）：

泮塘——"一湾春水绿，两岸荔枝红"。泮塘位于广州西关，一半是地，一半是水，泮塘之名由此而来。

中国美食在广州，广州美食在泮塘。

2010年广州利用亚运盛会契机，打造美食广州的城市名片。荔湾发掘传统饮食文化资源，大力推进广州美食园建设，打造汇聚广州传统美食的大型美食中心和旅游消费热点，使百年食街旧貌换新颜，焕发出西关传统美食的魅力。

5. 乡土民俗要素

莲塘春色稻田酒店（田园风光之情）：

本项目位于广州增城莲塘村，是增城莲塘春色新农村建设的重点配套旅游酒店。

平和、宁静的稻田赋予酒店休闲、自然、亲切的氛围，采用岭南热带风格的建筑屋顶形式，在立面上反映岭南地区特色和民居情调。

6. 宗教文化要素

宗教空间——中山古香林寺（规划及建筑方案设计）：

中山古香林寺修建于唐贞观（627—649）年间，位于中山市东区新安村，已有1 300余年的悠久历史。

重建古香林寺，规划总用地1 649亩，建筑面积约25 000平方米。体现山水生态特性，传承和弘扬香山文化。以盛唐风格为依托，结合岭南建筑的特点，因地制宜，独具特色，精致高端，体现人杰地灵、古色古香的文化意境，塑造香山千年的佛教文化风貌。

古——千年古刹、香山文脉的弘扬与传承。

香——悠久的香山历史文化，焕发古刹香火之光。

林——古香林山，山寺共生，生态和谐。

古香林寺金钟阁：

观音坛座：

功德堂：

七　总结

通过上述对世界旅游产业的分析，结合我国旅游产业发展现状，笔者认为，要想缓解我国旅游产业逆差的问题和改善国内旅游发展不均衡态势，必须从旅游产业的规划建设入手，全面地、系统地将旅游产业规划与我国当前城镇化建设进行有机结合，坚持科学发展观，应用建筑学、生态学、环境科学、美学、经济学等以及其他相关学科的原理和方法，从旅游产业资源综合利用开始着手确定区域性旅游资源和所在地城镇化建设功能规划发展用途的适宜性和限制性，科学地划分旅游景区自然资源、人文环境和居民休闲生活的可利用等级，统筹确定整体开发强度、限定游览区域、使用生态材料、控制环境风险等。同时，对旅游区内的旅游设施的风格、布局选址、规模和材料的选择等尽可能地融入所在地人居文化中去，实施就近取材、就地取材的模式，最终形成可持续的、人与自然和谐共生的全景式"生活式旅游、旅游式生活"的新型旅游格局。对城镇化建设者而言同样要坚守"与城市共存、与自然共生，和谐发展、绿色生活"的原则。

参考文献

杜一力（2014年3月14日）。旅游业者之变。中国旅游报。

辜胜阻（1991）。非农化与城镇化研究。杭州：浙江人民出版社。

韩永进（2009）。提高国家文化软实力。中国作家网。

刘文海（2012）。世界旅游业的发展现状、趋势和启迪。中国市场。

刘易斯·芒福德（2009）。城市文化。北京：中国建筑工业出版社。

世界经济论坛（2013）。旅游业竞争力报告。

王河（2008）。岭南建筑新语。北京：清华大学出版社。

王河（2012）。岭南建筑学派。北京：中国城市出版社。

中国社会科学院（2013）。城市蓝皮书。

以产学结合模式开创澳门旅游相关产业人才培养新态势

——澳门城市大学经验分析

梁文慧　李　玺　高俊辉

澳门城市大学

摘　要：人才一直是服务业的核心竞争力所在，对于旅游相关产业而言，优秀的人力资源更是业界和教育界关注的焦点。澳门自 1999 年回归后，游客数量逐年剧增，促成澳门旅游产业急速发展，带动酒店业和博彩业等旅游相关产业人力需求的快速增长。为应此一趋势，本文将从澳门旅游业的发展与现况、现代旅游服务业人才需求的特点、人才培养的途径、人才供求的矛盾等方面，综合思考出对澳门旅游相关产业人才培养模式创新的思考与实践，并以个案分析方式从澳门城市大学国际旅游与管理学院与澳门旅游业产学结合模式经验分析其重要内涵，通过访谈法访谈澳门旅游业界代表并以问卷调查方式探究产学结合模式人才发展计划的实施成效，最后提出具体的优化建议。

关键词：产学结合模式，澳门旅游业，人才培养，澳门城市大学。

Developing Professionalsin Hospitality and Tourism with Industry Partnership— The case of City University of Macau

Aliana Leong，Jacky Li，Gary Kou

City University of Macau

Abstract：In understanding the sustainability of tourism，this paper analyzes the connotation of competitiveness in the tourism industry and proposes that the quality of human resources is an important basis for sustainable competitiveness. This paper dissects the characteristics of personnel required by the tourism industry and explores the challenges of enhancing these qualities to strengthen the competitiveness of tourism practitioners. The paper takes the case of the Faculty of International Tourism and Managementu, City University of Macau to introduce innovative modes of developing professionals in Hospitality and Tourism Management. Through questionnaire surveys and interviews conducted to the student participants and to the industry representatives to investigate the implementation and effectiveness of the industry partnership modes, the authors came up with concrete optimization strategies.

Key words: industry partnership mode, Macau tourism industry, professional development, City University of Macau

一　前言

由于观光市场的竞争越来越激烈，国家观光竞争力的议题亦逐渐受到研究者的重视（Enright & Newton, 2005），澳门近年旅游相关产业发展迅速，加上具有中西文化交融的特色，为创造世界休闲城市涵养了良好条件，加上自 1999 年回归后，游客数量逐年剧增，促成澳门旅游产业急速发展，带动酒店业和博彩业等旅游相关产业人力需求的快速增长。Hall 与 Page（2002）就认为了解旅游需求是旅游分析的起点。目前，澳门旅游业正逐步进入以综合娱乐和休闲度假为主要产品形式的发展阶段。此时，除了对旅游专业人才有数量上的急迫需求外，澳门旅游业的人才需求具有了更深层次的内涵：既要具备扎实的理论知识，又要积累丰富的实践经验；既要了解本地文化，同时又应具备国际视野和眼光；既要熟悉一线实务操作，又须懂得战略管理；既能严格遵循国际惯例，又敢于推动服务创新。为因应此一趋势，本文将从澳门旅游业的发展与现况、现代旅游服务业人才需求的特点、人才培养的途径、人才供求等方面，综合思考出对澳门旅游相关产业人才培养模式创新的思考与实践，并以个案分析方式从澳门城市大学国际旅游与管理学院与澳门旅游业产学结合模式经验分析其重要内涵，通过访谈法访谈澳门旅游业界代表并以问卷调查方式探究产学结合模式人才发展计划的实施成效。

二　旅游竞争力内涵及竞争力提升的挑战

世界经济论坛（World Economic Forum，WEF）自 2007 年起，公布之《全球观光旅游竞争力报告》（Travel and Tourism Competitiveness Report，TTCR），为当前涵盖层面最广的旅游地竞争力调查（Das 和 DiRienzo，2009）。对于旅游竞争力的观点，已由单纯探讨旅游目的地资源之吸引力条件之内涵（Mihaliè，2000），逐渐扩展为多个面向的探究。旅游目的地本身的管理及定期监视其环境状态对于维持旅游竞争力而言是相当重要的，如何监视及评估则需要有一个旅游目的地管理完整的组成项目（Crouch & Ritchie，1999）。

（一）旅游竞争力内涵

对于竞争力具体内涵的理解，则会根据不同的视角以及不同的时代而发生变化。Poon（1993）提出"新旅游"的几项特质：（1）竞争优势并不是天生就能较持久的；（2）观光的本质是易发挥、敏感、且极端的竞争产业；（3）观光产业是不断地经历快速且激烈的转变，此游戏规则就是每天都在变；（4）所谓的风险不只是观光本身还包括了那些借由观光所产生经济活动的厂商；（5）观光业未来发展和生存仍是依赖经济活动，不只是单纯依靠观光本身，还包括整个完整的服务产业。随着时代的不断演变，消费者的行为和习惯也在发生变化，酒店消费者意识的演变和成熟，也改变了业界对于旅游竞争力的理解。

目前来看，对于旅游产业竞争力，至少应该包括以下内容：

1. 服务个性化：旅游企业及旅游目的地可以通过差异化的服务，形成一定的品牌认知和识别度，从而增强消费者对于旅游企业或旅游目的地的认可和记忆（赵毅，2002）。

2. 体验情感化：旅游企业或旅游目的地销售的不仅仅是以景观资源、服务设施为基础的硬件和有形产品，更为重要的是以上述设施为基础的服务，销售的是人与人之间的接触和情感交流。

3. 人才稳定化：一般而言，相对稳定的员工队伍，能够更为协调地进行服务与协作，更有利于形成团队的合力。

4. 资源整合化：资源的利用效率对于旅游产业的竞争力具有直接的影响，为此，旅游产业竞争力的强弱表现在对各种资源的整合应用能力，可利用各种品牌资源对各类有形及无形资产的整合、整合及利用各种社会资源或外部资源提升旅游产业的要素质量等。

5. 品牌强势化：规模经济和集团化发展是近年来旅游产业发展中的趋势之一，通过品牌化的发展道路，不断拓展市场规模，增强旅游企业或旅游目的地品牌的市场影响力也是旅游产业竞争力的体现。

尽管上述对旅游产业竞争力的内涵之理解涉及众多领域，但是不难看出，其中，旅游产业中的人是最基本，同时也是最为核心的竞争力要素（王立新，2006）。

（二）澳门旅游相关产业从业人员竞争力提升的挑战

Chughtai（2008）旅游相关产业从业人员的工作投入是竞争力的重要因素之一。学者们亦指出旅游教育应致力于课程的专业化及客制化，并培养出有竞争力的人才（Churchward & Riley，2002；King, et al.，2003；Dale & Robinson，2001）。Crouch（2010）也指出，在建构旅游竞争力综合指数的同时也要强化旅游竞争力的决定性属性。

1. 人才培养的时间与资源投入的挑战：王诺斯（2010）通过研究，认为中国旅游及酒店业的人才培训存在以下问题：培训缺乏战略指导、不系统、现有培训大多缺乏激励管理制度；培训师对于酒店及行业不熟悉；员工对于培训的认识有偏差，没有主动精神。

2. 员工发展与旅游企业发展同步化的挑战：学者通过研究认为：工作强度大，时间长，薪酬待遇不尽如人意；缺乏对员工的职业生涯设计等是旅游酒店员工较高流动性的主要原因（邹晓慧，2010）。

3. 既定的环境下培养创新思维的挑战：创新需要外界的信息进行刺激。为此，向旅游企业的员工提供具有启发性的管理、服务等方面的信息和理论，并鼓励其将相关信息与自身工作结合起来，就能够较为有效地激发员工的创新意识和思维。

三　澳门旅游相关产业人才需求的特点与途径

（一）现代旅游相关产业人才需求的八大特点

澳门旅游相关产业人才的需求特征，我们可以将其归纳为以下八个特点：

1. 熟练的基层服务操作：作为服务行业的从业人员，对于基层服务操作的熟悉程度在很大程度上决定了其管理创新的能力。为此，旅游相关产业的人才应该具备的最基本的特征就是要对基层的服务操作非常熟悉。

2. 熟悉专业化的管理运作：对于从业人员而言，为了迎合经济竞争全球化的发展趋势，在注重吸收和借鉴国际化的服务标准和管理模式，同时，加强本土化的特色氛围和企业文化的营造，是现代旅游相关产业运作的趋势之一。

3. 熟悉管理法律法规：行政管理需要在符合法律规范的前提下，为此，行业人才除了在服务管理方面有独特的专长外，还应该对旅游相关产业领域内的法律法规较为熟悉，特别是国际惯例和处理问题的模式。

4. 具有战略管理眼光：随着旅游业竞争的不断升级，未来同业竞争不仅存在服务管理、经营管理层面，更加重要的是要具备战略管理层面的竞争优势。为此，具有战略管理眼光的员工十分重要。

5. 丰富的经营管理经验：经营管理方面的锻炼和积累能够强化人才对于市场气候的感知和应变能力，因此，对于业界的人才需求而言，同样十分重要。

6. 职业素养与专业背景：专业化的职业素养和理想的酒店管理专业背景对于未来管理者和高级人才而言，是一个重要的指标。

7. 语言沟通、组织协调和业务拓展能力：作为行业中的人才和明日之星，还应该在语言沟通、组织协调和业务拓展能力方面有突出的表现，以更好地实现与客户和员工间的沟通和交流协调。

8. 管理心智技能与创新思维：个性化和创新化是酒店业服务发展的趋势之一，为此，具有较好的心智管理技能以及具有较强的推进服务创新的能力，对于未来的人才而言，较为重要。

（二）现代旅游相关产业人才成长的六大途径

围绕上述的未来旅游相关产业人才需求的八大特征，可以将目前人才培养和成长的主要路径归纳为以下六个方面：

1. 知识的系统学习：所谓知识的系统学习，主要指人才的成长需要有较为系统的学习旅游及酒店业相关知识的过程。

2. 技能的实操训练：技能是高效率服务的重要支撑，为此，业界的人才还应该接受较为系统和强度的技能实操训练，从而为基层服务实践和服务管理创新打下坚实的基础。

3. 经验的持续积累：旅游相关产业从业人员的成长有一个不可缺少的过程和要素，那就是时间。通过较长时间的经验积累，配合自身的专业素养，能够帮助人才快速成长。

4. 情商的培养修炼：管理工作绝大多数情况下是与人打交道，因此，情商的培养与修炼也是现代旅游相关产业人才成长的关键步骤。

5. 眼界的拓展升级：通过在不同的管理文化氛围中工作，以及通过各种形式的交流，从业人员的眼界会逐步拓展。眼界决定境界，此时，从业人员无论是在服务质量还是在管理方略上都会有相应的提升。

6. 智商的磨炼提升：智商并非简单指智力，作为一个优秀的旅游相关产业从业人士，应该积极磨炼和提升自身的智商。

四　旅游相关产业人才培养模式创新原则的思考与实践

（一）旅游相关产业人才培养模式创新原则

为了解决上述人才供需之间的矛盾，在管理专业的人才培养和教育方面，应有一些创新的模式和举措，其中必须遵循的一些原则包括：

1. 注重对本质认知的全程培养：如帮助学生建立正确的职业发展预期，注重员工基本素质的培养，如"五心、四勤、三度"等。

2. 强化实践操作对学习的引导：在人才培养方面，应该注重实践推动学习。如学生入学后即同时从事基层工作和学习，从而加深学生对所从事行业工作的感性认知。

3. 调整基层服务实践时空安排：将原本在高年级才进行的基层实习调整为低年级学习的同时进行，从而能够一方面缩短学生在基层工作的心理时间，同时帮助学生更早地开始服务和管理经验的积累。

4. 适当对接的需求与课程内容：为了加强教育的实战性和指导性，教育培训机构应该在正常的系统化的管理科目外，设立部分科目，由高层管理者进行讲授，并与学生在工作中所接触的案例建立关联。

5. 以培养战略思维和管理意识为重：为了体现人才培养的层次性和行业需求的导向性，人力资源的培训和教育机构还应适当加大战略管理方面的内容，从而为今后人才的成长打下基础。

（二）旅游人力资源竞争力提升的策略思考与实践

针对上述旅游从业人员竞争力提升的挑战，应该注重以下方面的调整：

1. 注重专业分工，让专业的人做专业的事：从旅游产业的价值链来看，大部分旅游企业的业务可以分为基本业务和辅助业务两个大的部分。以酒店为例，酒店型旅游企业的基本业务就是酒店提供的核心服务（杨文丽，2005）。

2. 全程化激励，提升旅游从业人员的忠诚度：旅游业从业人员的流失率相对较高，特别是酒店专业的学生从事酒店行业工作的比例不高（战冬梅，2010）。从员工入职开始就应该形成较为系统和全面的激励机制。

3. 营造创新思维环境，增加员工贡献度：从提升持续竞争力的角度来看，现代旅游企业应该努力发展成为学习型的企业。学习的主要来源是试图解决生活和工作中遇到的实际问题的持续的行动，以及对这些行动所进行的反思。

在上述思考的基础上，澳门城市大学国际旅游与管理学院，也与业界开展深入合作，探讨酒店从业人员的培养新模式和新方法，并实施全程化质量控制与管理。

五　澳门城市大学国际旅游与管理学院与业界合作的"产学结合模式"

学院充分利用人才智力资源优势和多年来与旅游酒店业界合作建立的行业优势，积极与澳门酒店业界开展合作，共同探讨解决酒店人才竞争力的创新途径与策略。

（一）喜来登——助学暨人才发展计划

"喜来登助学暨人才发展计划"是澳门喜来登酒店专为澳门城市大学"国际款待与旅游业管理"学士学位课程的学生而设，为学生提供难得良机，可以在攻读大学学历之余，于全球最大的喜来登酒店，亦是澳门最大的酒店——澳门喜来登金沙城中心酒店累积宝贵工作经验。

（二）博苗助学暨人才发展计划

澳门城市大学继续教育学院和十六浦度假村酒店管理有限公司合办"博苗助学暨人才发展计划"，十六浦不单为此次的博苗助学暨人才发展计划在四年内投资巨大，更总和多个部门的心力，为培养澳门年轻一代晋升为管理层提供机会，堪称澳门旅游业界与学界合作共赢、共谋发展的典范。

以上述理念为指导，澳门城市大学积极与澳门酒店业界开展合作，共同探讨解决酒店人才竞争力的途径与策略。最终，澳门城市大学与酒店业界合作开发了酒店人才培养的创新模式。该模式是一个集理论学习与实习实践相互并行的双轨发展模式。该培养方案中的成员需要通过大学组织的考试、酒店组织的面试，以及酒店组织的入职考试，只有综合表现优秀者才能脱颖而出，此举可以极大地提升入选者的成就感和荣誉感，形成初级阶段的精神激励。相关培养方案中的成员，需要完成四学年的学士学位课程，并通过全部考试；完成合作酒店之在岗实习；成为酒店之正式雇员；享有与同级员工同等之福利、培训及晋升机会；于不同的实习岗位进行实习；接受各种不同的职业培训，学习相对应的营运、管理的知识技巧，同时，在学费上获得酒店的资助。

六　研究方法及对象

（一）研究方法

本研究之研究方法如下：（1）问卷调查法：以问卷对参与上述计划的实习生进行问卷调查研究。（2）访谈法：以多元参与的方式，邀请澳门地区曾任旅游相关产业及对澳门实习制度有研究之专家学者访谈，搜集多样的意见借以辅助量表实证数据不足之处。

（二）研究对象

1. 问卷调查方面

在问卷调查方面，为顾及研究样本之代表性及考虑到母群的特性，研究对象为澳门城市大学国际旅游与管理学院与澳门十六浦酒店以及喜来登酒店共同合作的实习计划。为求全面性地了解该项计划的实施成效，本研究以普查方面，由于喜来登计划人才第三届学生才刚入学，实习期未满三个月，因此不列入调查对象。计发出调查问卷153份，回收146份，剔除拒答及填答不全等无效5份，有效回收问卷141份，有效回收率为96.6%。资料分析说明如下：

（1）性别：男性占59.6%（N=84），女性占40.4%（N=57）。

（2）人才计划：博苗计划人才占50.4%（N=71），其次为喜来登人才，占49.6%（N=70）。

（3）年龄：以21—30岁最高，占81.6%（N=115），其次为20岁以下，占18.4%（N=26）。

（4）学制：日间全日制学生占30.5%（N=43），夜间全日制学生，占69.5%（N=98）。

（5）实习津贴（澳门币）：5 001—10 000元者占44.7%（N=114），10 000元以上者占50.4%（N=71）。

（6）是否曾有实习经验：以曾有实习经验者最高，占77.3%（N=109），无实习经验者占22.7%（N=32）。

（7）实习场所：以博彩业最高，占49.6%（N=70），其次为酒店业占46.1%（N=65）。

（8）实习时间：以超过12个月以上最高，占95.0%（N=134）。

（9）有无职位轮转：以有职位轮转者居多，占 94.3%（N = 133），无职位轮转者居多占 5.7%（N = 8）。

2. 访谈专家学者方面：以立意取样抽取专家学者 7 人，作为专家学者访谈对象。

七　研究结果

（一）量化实证结果

本研究计将问卷填答数据输入计算机之后，即以计算机统计软件包 SPSS 20.0 for Windows 进行分析。题目部分皆采用李克特（Likert type）式五点量表计分，评价方式从 1 分至 5 分，说明如下：1 = 我觉得我的表现未如理想；2 = 我觉得我的表现低于预期；3 = 我达到了自我预期；4 = 我超出了自我预期；5 = 我达到了优秀的标准。

1. 实习生自我评价层面之现况分析

本分析旨在了解目前实习生自我评价层面之现况，根据 141 位受试者在问卷之填答得分加以分析，情形如表 1 所示。

表1　实习生自我评价层面得分之平均数、标准偏差摘要表

自我评价	最小值	最大值	平均数	标准偏差
1. 我很肯定自己的实习表现	3	5	4.29	0.692
2. 我对实习一直保持浓厚的兴趣	3	5	4.13	0.813
3. 我对实习充满着信心	3	5	4.28	0.776
整体	3	5	4.23	0.540

N = 141

结果显示，实习生自我评价平均得分为 4.23，标准偏差为 0.540，即在五点量表中，高于正向题的"我超出了自我预期"程度。

2. 实习生工作质量层面之现况分析

本分析旨在了解目前实习生工作质量层面之现况，根据 141 位受试者在问卷之填答得分加以分析，情形如表 2 所示。

表2　实习生工作质量层面得分之平均数、标准偏差摘要表

工作质量	最小值	最大值	平均数	标准偏差
1. 我相当重视实习质量	3	5	4.28	0.708
2. 我实习时会自我要求准确并注重细节	2	5	4.25	0.709
3. 我会尽力了解实习内容	3	5	4.40	0.573
4. 我与主管的工作关系很和谐	3	5	4.24	0.643
5. 我与同事的工作关系很融洽	3	5	4.34	0.653
整体	3	5	4.30	0.374

N = 141

结果显示，实习生工作质量平均得分为4.30，标准偏差为0.374，即在五点量表中，高于正向题的"我超出了自我预期"程度。

3. 实习生实习动机层面之现况分析

本分析旨在了解目前实习生实习动机层面之现况，根据141位受试者在问卷之填答得分加以分析，情形如表3所示。

表3　实习生实习动机层面得分之平均数、标准偏差摘要表

实习动机	最小值	最大值	平均数	标准偏差
1. 我会强化自我实习动机	3	5	4.28	0.690
2. 我能实践实习承诺	3	5	4.28	0.680
3. 我能主动地贡献所学	3	5	4.40	0.664
整体	3	5	4.32	0.498

N = 141

结果显示，实习生工作质量平均得分为4.32，标准偏差为0.498，即在五点量表中，高于正向题的"我超出了自我预期"程度。

4. 实习生实习技能层面之现况分析

本分析旨在了解目前实习生实习技能层面之现况，根据141位受试者在问卷之填答得分加以分析，情形如表4所示。

表4 实习生实习技能层面得分之平均数、标准偏差摘要表

实习技能	最小值	最大值	平均数	标准偏差
1. 我会运用计算和通信技术	3	5	4.34	0.715
2. 我有学习到商业与社会意识	3	5	4.32	0.669
3. 我有增进与人沟通能力与伦理素养	3	5	4.43	0.600
4. 参加实习能帮助我解决问题与提升创造力	3	5	4.41	0.598
5. 我学习到团队精神和领导能力	3	5	4.30	0.630
整体	3	5	4.36	0.395

N = 141

结果显示，实习生工作质量平均得分为4.36，标准偏差为0.395，即在五点量表中，高于正向题的"我超出了自我预期"程度。

5. 实习生时间管理层面之现况分析

本分析旨在了解目前实习生时间管理层面之现况，根据141位受试者在问卷之填答得分加以分析，情形如表5所示。

表5 实习生时间管理层面得分之平均数、标准偏差摘要表

时间管理	最小值	最大值	平均数	标准偏差
1. 我能够调适实习负荷	3	5	4.30	0.696
2. 我能配合轮班实习时间	3	5	4.40	0.608
整体	3	5	4.35	0.550

N = 141

结果显示，实习生工作质量平均得分为4.35，标准偏差为0.550，即在五点量表中，高于正向题的"我超出了自我预期"程度。

6. 实习生工作表现层面之现况分析

本分析旨在了解目前实习生工作表现层面之现况，根据141位受试者在问卷之填答得分加以分析，情形如表6所示。

表6　实习生工作表现层面得分之平均数、标准偏差摘要表

工作表现	最小值	最大值	平均数	标准偏差
1. 公司不同职位的工作特性会影响我的工作表现	3	5	4.32	0.589
2. 公司主管的领导行为会影响我的工作表现	3	5	4.28	0.667
3. 公司办理的教育训练会影响我的工作表现	3	5	4.40	0.596
4. 公司绩效管理制度会影响我的工作表现	3	5	4.21	0.715
5. 公司的薪资福利制度会影响我的工作表现	3	5	4.20	0.795
6. 公司的升迁发展制度会影响我的工作表现	3	5	4.38	0.682
7. 整体而言，我满意自己的工作表现	3	5	4.43	0.647
整体	3	5	4.32	0.409

N = 141

结果显示，实习生工作质量平均得分为 4.32，标准偏差为 0.409，即在五点量表中，高于正向题的"我超出了自我预期"程度。

7. 实习生实习成果层面之现况分析

本分析旨在了解目前实习生实习成果层面之现况，根据 141 位受试者在问卷之填答得分加以分析，情形如表 7 所示。

表7　实习生实习成果层面得分之平均数、标准偏差摘要表

实习成果	是（次数）	百分比
1. 我会推荐产学合作实习机会给朋友	132	93.62
2. 我对实习质量的评价甚高	136	96.45
3. 参加实习使我更具就业竞争力	138	97.87
4. 实习经验能增进大学毕业后的职场自信心	131	92.91

N = 141

结果显示，实习生实习成果之各面向所占比例均高于 90%，高于"我超出了自我预期"程度。

（二）实习学生意见反馈

实习学生所经历过的实习项目优点列举：

（1）得到适当的薪酬，获得不同的工作经验，增加对行业的了解，提升自己的社会和公司的价值观。

（2）认识自己，知道自己的不足，清楚明白自己的位置，对自己有一定未来职业规划。心智得到磨炼，从过程中改变自己。

（3）到不同部门学习的机会，知道各部门之间的关系，了解每个部门的营运工作。

（4）假期可以随意安排，可以选择放周休的日子。

（5）沟通能力、理解能力有所改善，增加耐性，适应环境的能力提高，可以训练自己的胆量，情商智商也有提高。

（6）更加清楚了解社会，多角度思考问题。

（7）学会高效率、高质量、高技巧地完成工作，随机应变，团队合作，管理能力提升，抗压能力的提升。

（8）社交上有所提高，认识更多的人，学到更多的东西，增长知识。

（9）能有足够的意志上班，不用浪费时间在睡觉上。

（10）可以令生活更充实，学会控制自己的情绪，调整心态，冷静处事，令自己更加自信、坚强。

八　结论与建议

（一）问卷意见方面

1. 实习生自我评价超出了自我预期程度：从参加产学结合模式的实习生回馈意见而言，大都能肯定自己的实习表现、对实习一直保持浓厚的兴趣以及能够对实习充满着信心。

2. 实习生工作质量超出了自我预期程度：实习生在实习期间相当重视实习质量，在实习时会自我要求准确并注重细节，也会尽力了解实习内容，与主管的工作关系和谐，与同事的工作关系融洽。

3. 实习生实习动机超出了自我预期程度：实习生在实习期间会强化自我实习动机，能实践实习承诺以及能主动地贡献所学。

4. 实习生实习技能超出了自我预期程度：实习生在实习期间会运用

计算和通信技术，学习到商业与社会意识，增进了与人沟通能力与伦理素养，并认为参加实习能锻炼解决问题的能力与提升创造力，同时也能学习到团队精神和领导能力。

5. 实习生时间管理超出了自我预期程度：实习生在实习期间能够调适实习负荷以及能配合轮班实习时间。

6. 实习生工作表现超出了自我预期程度：实习生在实习期间认为公司不同职位的工作特性、公司主管的领导行为、公司办理的教育训练、公司绩效管理制度、公司的薪资福利制度以及公司的升迁发展制度会影响实习生的工作表现，整体而言，绝大多数的实习生在实习期间满意自己的实习表现。

7. 实习生实习技能超出了自我预期程度：绝大多数的实习生会推荐产学合作实习机会给朋友，对实习质量的评价甚高，相信参加实习会更具有就业竞争力，也认为实习经验能增进大学毕业后的职场自信心。

（二）访谈分析方面

1. 企业方面

（1）适度延长实习时间有系统地完善培训长期服务员工；

（2）改变工作的价值观正确认知产学结合模式功能性；

（3）强化实习岗位轮转制度协助实习生了解各个部门的实际运作；

（4）积累长期实习经验到各部门学习轮转更具竞争力；

（5）参加产学结合模式开发个人职涯第二专长；

（6）企业成立专责部门统整实习生培训任务；

（7）实习制度能促进实习生对澳门企业的更深层次认识；

（8）实习期抵任用期促进实习生的升迁发展；

（9）建立实习评估项目及指针公平考核实习生表现；

（10）部门主管用心协助经验不足实习生适应职场生涯；

（11）从基层学起部就班厚植日后发展根基；

（12）合理安排实习任务建立实习成就感及职业自豪感；

（13）适时分组赋予不同的任务工作并激励其培养责任感；

（14）加深加广教育训练课程促进个人均衡成长；

（15）产学合作结合模式企业投入大量人力物力资源培育实习生；

（16）促进学业和行业接轨丰富学生就业出路；

（17）增进实习生与企业交流机会协助学生克服实习困难；

（18）持续改善本地生服务态度提升企业形象；

（19）人才培育计划持续提升澳门整体服务业水平；

（20）优化奖励晋升机制有助于提高实习生工作忠诚度。

2. 学院方面

（1）持续推动产学结合模式提供学习进修及工作机会；

（2）产学结合实习模式深化理论知识与实务技能面向学习；

（3）办学时段因应澳门轮班工作需求开设夜间课程或部分时间网络课程；

（4）寻觅澳门对口的澳门社团或组织加强营销合作机会；

（5）加强产学结合模式媒合澳门企业留用优秀学生；

（6）精进合作模式课程级别开设高阶研究生阶段人才培养计划；

（7）加强培训前线工作人员首重普通话流利度训练；

（8）学院应加强实习生监管力度督促学生进行学习活动；

（9）拓宽教学范围优化教学设计提高学生参与实习动机；

（10）缩短学用落差紧密结合市场人才需求；

（11）加强实习生专业伦理教育拉近海外生和本地生实习表现；

（12）加强提升学生个人素质及职业操守观念；

（13）指导实习生正视工作与学习态度培养积极性。

3. 政府方面

（1）政府重点行业与高等继续教育学院合作开办相关实习课程；

（2）政府设立实习优秀奖学金引导产学结合成功模式；

（3）政府劳工局进行人才需求调查重点资助实习津贴；

（4）公平对待本地与外地生源，合理分配教育培训资源；

（5）政府应给予学生补贴资助，激励企业发展人才培育计划。

参考文献

王立新（2006）。我国旅游人力资源开发对策研究。特区经济,3，219-220。

王诺斯（2010）。酒店培训工作存在的问题与对策。合作经济与科技，018，38-39。

杨文丽（2005）。构建中国星级酒店竞争优势的途径——业务外包。

旅游科学,3,5 – 10。

邹晓慧（2010）。试论高职酒店专业学生服务意识的培养。北京电力高等专科学校学报 *Macau* 社会科学版,30（10）, 206 – 206。

赵毅、牟松（2002）。突出特色是旅游规划的灵魂。经济地理,22（5）, 624 – 627。

战冬梅、战梦霞、黄璜（2010）。降低酒店员工高流失率的人力资源管理对策分析。企业经济,1 , 60 – 62。

Baum, T. (1993). Human resources in tourism: An introduction. In T. Baum (Ed.). Human Resources in International Tourism. Oxford: Butterworth-Heinemann.

Chughtai, A. A. & Buckley, F. (2008). Work engagement and its relationship with state and trait trust: A conceptual analysis. *Journal of Behavioral and Applied Management*, *10* (1), 47 – 71.

Churchward, J. & Riley, M. (2002), Tourism Occupations and Education: an exploratory study. *International Journal of Tourism Research*, *4* (2), 77 – 86.

Cooper, C. & Westlake, J. (1989). Tourism teaching into the 1990. *Tourism Management*, *10* (1), 69 – 73.

Crouch, G. I. (2010). Destination Competitiveness: An Analysis of Determinant Attributes. *Journal of Travel Research*, *50*, 27 – 45.

Crouch, G. I. & Ritchie J. R. B. (1999), Tourism, Competitiveness, and Societal Prosperity. *Journal of business research*, *44* (3), 137 – 152.

Dale, C., & Robinson, N. (2001). The theming of tourism education: a three-domain approach. *International Journal of Contemporary Hospitality Management*, *13* (1), 30 – 34.

Das, J. & DiRienzo, C. E. (2009). Global Tourism Competitions and Freedom of the Press. *Journal of Travel Research*, *47* (4), 470 – 497.

Enright, M. J. & Newton, J. (2005). Determinants of Tourism Destination Competitiveness in Asia Pacific: Comprehensive and Universality. *Journal of Travel Research*, *43*, 339 – 350.

Hall, C. M. &; Page, S. J. (2002). Managing Urban Tourism. Pearson Education: Harlow.

Mihaliè，T. （2000）．Environmental management of a tourist destination：A factor of tourism competitiveness. *Tourism Management*，*21*，65 – 78.

Poon，A. （1993）．Tourism，Technology and Competitive Strategy，CAB International，Wallingford，UK.

Porter，M. E. （1990）．The competitive advantages of nations. New York：The Free Press.